法学概论

周　静　王威宇　付雅慧／编著

中国政法大学出版社

2024·北京

图书在版编目（CIP）数据

法学概论 / 周静，王威宇，付雅慧编著. -- 2 版，修订版. -- 北京：中国政法大学出版社，2024. 8. -- ISBN 978-7-5764-1728-9

Ⅰ. D90

中国国家版本馆 CIP 数据核字第 20246XW289 号

出 版 者　　中国政法大学出版社

地　　址　　北京市海淀区西土城路 25 号

邮寄地址　　北京 100088 信箱 8034 分箱　邮编 100088

网　　址　　http://www.cuplpress.com（网络实名：中国政法大学出版社）

电　　话　　010-58908586(编辑部) 58908334(邮购部)

编辑邮箱　　zhengfadch@126.com

承　　印　　固安华明印业有限公司

开　　本　　720mm×960mm　　1/16

印　　张　　24.5

字　　数　　420 千字

版　　次　　2024 年 8 月第 1 版

印　　次　　2024 年 8 月第 1 次印刷

定　　价　　79.00 元

　　本书根据教育部《高职高专教育法学概论课程教学基本要求》和大学生的实际需要，以必需、实用为原则，在阐述法的概念、特征、本质、作用以及法的制定与实施等法学基础理论的基础上，吸收最新立法信息，反映最新司法实践。全书共十二章，包括法的一般理论、宪法、民法、商法、刑法、行政法、经济法、社会法、诉讼法与国际法等。

　　本书内容全面，注重从理论和实践的结合上说明问题，注重法学知识的科学性、系统性、完整性和思想性；不仅对法的基本理念进行了详细阐述，也对一些主要部门法的基本理念进行了深入的案例探讨，便于学生理解和记忆法学基础理论知识。本书既有理论法学知识，包括基本法律概念、基本原理基础知识，又有部门法知识运用案例指导；既有国内法，又有国际法；既有实体法，又有程序法。同时，本书将课程思政融入法学教育，结合法学专业的规范性、严谨性、逻辑性等特质，实现思政教育与法学专业内容优化结合。

　　本书结构合理，重点突出，阐释清楚，适用性强，可作为高等职业技术学校高等专科学校、成人高校和民办高校法律基础课通用教材及师范高等专科学校、电大政教等专业基础课教材，也可作为职业培训和普法教育用书。

　　本书各章撰稿人员是：

　　周静（黑龙江农业工程职业学院教授）：第一章至第四章；

　　王威宇（黑龙江司法警官职业学院副教授）：第五章至第八章；

　　付雅慧（黑龙江大学副教授）：第九章至第十二章。

编　者

2024 年 3 月

目 录

第一章
法的一般理论

　　我们要坚持走中国特色社会主义法治道路，建设中国特色社会主义法治体系、建设社会主义法治国家，围绕保障和促进社会公平正义，坚持依法治国、依法执政、依法行政共同推进，坚持法治国家、法治政府、法治社会一体建设，全面推进科学立法、严格执法、公正司法、全民守法，全面推进国家各方面工作法治化。

　　　　　　　　　——习近平在中国共产党第二十次全国代表大会上的报告

第一节　法的概述

一、法的定义

　　在我国，"法"一般被界定为：由国家制定或认可，以规范人们的权利和义务为调整机制，并以国家强制力保证实施的规范体系。

二、法的本质

　　法的本质深藏于法的现象背后，是法存在的基础和变化的决定性力量，对此，思想家们提出了许多解释，以解答"法是什么"的问题。

　　马克思、恩格斯在《共产党宣言》中谈到资本主义法律时指出："你们的观念本身是资产阶级的生产关系和所有制关系的产物，正像你们的法不过是被奉为法律的你们这个阶级的意志一样，而这种意志的内容是由你们这个阶级的物质生活条件决定的。"这一论述，科学地解释了法律的本质特征，对于我们探讨和研究法的本质有着普遍的指导意义。

（一）法是国家意志的体现

法是国家意志的体现，意味着法是国家专门机关以"国家"的名义制定和颁布的，法和国家是相辅相成的共生物。由于统治阶级掌握着国家政权，因此法是国家意志的体现又意味着这个阶级可以通过国家专门机关将自己的意志上升为国家意志，这种意志转化的意义一方面在于以"国家"的名义可以使本阶级的意志获得全社会一致遵循的效力，另一方面也可以借此获得国家强制力的保障。实际上，"国家意志"就是掌握国家政权的那个阶级的意志在法律上的体现，所以，法律是以国家意志表现出来的统治阶级的意志。

（二）法所反映的内容是由一定的物质生活条件所决定的

与自然规律不同，法是人们有意识创造的产物，但是，人们却不能随心所欲地立法，这是因为人们的意识总是渗透了一定的物质生活条件的内容。法所体现的意志的内容是由统治阶级的物质生活条件决定的。统治阶级的物质生活条件主要是指生产关系，即在一定社会中占统治地位的生产关系，特别是所有制关系，决定着该统治阶级的根本利益和意志。任何立法都离不开其物质生活条件，否则，即使制定出法律，也必然因为违背了客观经济条件而在实际生活中无法实现。

（三）经济以外的因素对法具有影响

社会物质生活条件在根本上决定着法的内容，但是法的形成与发展不仅反映了社会物质生活条件的要求，也反映了其他社会现象的影响和要求。因此，除了社会物质生活条件以外，思想、道德、文化、历史传统等都对法的形成和发展产生了不同程度的影响。

三、法的特征

法是社会规范的一种，同时也是一种特殊的社会规范。

（一）法是出自国家的社会规范

任何社会规范都具有程度不同的概括性、规范性和可预测性，但唯有法律所具有的概括性、规范性和可预测性出自国家。法是由国家制定或认可的社会规范，制定法律或认可法律是国家创制法律的两种方式。制定法律是指有权制定法律的国家机关依照法定程序制定具有不同效力的法律文件，国家制定的法律也称为成文法；认可法律是指有权的国家机关对社会上业已存在的行为规范（如风俗习惯、宗教伦理等）加以确认、赋予其法的效力，国家认可的法律通常被称为习惯法。

（二）法是规定人们权利义务的社会规范

法以权利义务的双向规定为调整机制，在法的规范中，权利义务往往相互呼应、彼此依存，法的这种调整机制使法区别于以义务或责任为重心的道德、宗教等其他社会规范。

（三）法是以国家强制力保证实施的社会规范

任何一种社会规范的实施都需要有一定的强制力来保障，但是强制力量的来源、强制的范围、程度和方式不同。由国家制定或认可的法，通过国家强制力保证实施，以暴力手段作为后盾，这种强制性表现为通过国家机关的法律适用活动，对违法行为予以制裁或强制人们履行法定义务，法的强制程度超过一切其他社会规范。必须指出，国家强制力只是法实施的最后保障手段或者是备用手段。但是，法以国家强制力为保障不等于国家强制力是保证法律实施的唯一力量。

（四）法是具有普遍适用性的社会规范

法的普遍适用性具有两层含义：（1）法作为一个整体，在一国主权范围和法所规定的界限内，具有普遍的效力；（2）法为社会上的一切人提供行为模式，法的普遍适用性也要求平等地对待一切人，要求法律面前人人平等。而其他社会规范由于不具有法所具有的高度统一性，因此在适用上也无法实现普遍性。

四、法的作用

法的作用，一般来说，是指法律对人们的行为、社会关系、社会生活产生影响。法的生命在于实施，法的实施必然对个人和社会产生这样或那样的影响，正是在这一过程中，法实现着它对社会的调整与控制。

（一）法的一般作用

（1）法律提供了自然资源、社会资源的分配方案。相对于人的需求和欲望而言，资源是稀缺和有限的，法律产生的最初目标就是要解决这个问题——把社会中的财富、机会、待遇等资源在不同的社会主体中进行分配和调剂，以避免无谓的争斗。正是在这个意义上，人们把立法称为资源的第一次分配。

（2）法律提供了社会交往和国家管理的行动指南。个人的行动受到诸多社会规范的调整，包括法律、道德、习惯、政策、纪律等，法律无疑是最重要的，它是由国家制定或认可的，体现了国家的意志并由国家强制力保障实施，为社会交往和国家管理提供了最基本的行动指南。对于个人来说，法律指导人们依法行使权利并履行义务，以此保证社会互动的正常进行；对于国家来说，法律约束国家机关及其工作人员依法行使权力进行社会管理，以此保障国家职能正常运转。

（3）法律提供了权威的纠纷解决机制。在远古时代，每当人们发生矛盾和纠纷时，往往采用复仇和战争的方式来解决。随着社会的不断进步，法律逐步成为权威而文明的纠纷解决机制。这种纠纷解决机制以法律的名义代表国家对争端作出裁判，纠纷各方必须遵守。在现代社会，针对不同类型的社会纠纷，法律提供了与其相适应的纠纷解决方式，大致可以分为三类：一是行政主导的解决机制；二是司法诉讼解决机制，这是现代社会最重要的纠纷解决机制；三是替代诉讼的纠纷解决机制，西方称之为 ADR（Alternative Dispute Resolution），指法院之外的往往带有民间性质的纠纷解决方式，包括谈判、和解、仲裁、调解等。

（二）法的规范作用

法的规范作用是由法作为特殊的社会规范的属性所决定的，是法内部诸要素和独特的逻辑结构所决定的，是法的固有属性。

（1）法的指引作用。法的指引作用是指法所具有的能够为人们的行为提供一个既定的模式，从而引导人们在法允许的范围内从事某种社会活动的作用。法的指引作用是通过规定人们的权利和义务以及违反法的规定应承担的责任来实现的，它为人们提供了三种行为模式：一是授权性指引，即允许人们可以为一定行为的指引，而人们是否为此行为则由行为人自行决定，允许自由选择，从而保护和鼓励人们从事法律所提倡（至少是不被禁止）的行为；二是义务性指引，这是法确定的人们必须为一定行为或者禁止为一定行为的行为模式，在行为方式上表现为作为的义务和不作为的义务。对法所确定的这种义务，人们必须服从，不允许自由选择，其目的在于防止人们作出或不作出某种行为；三是职权性指引，这是规定国家机关及其工作人员职务上的职权和职责的指引。

法的指引作用引导人们在法律所许可的范围内开展活动，从而把社会主体的活动引入可调控的、有利于社会稳定的社会秩序之中。

（2）法的预测作用。法的预测作用是指根据法的规定，人们可以预先知晓、估量相关主体（包括国家机关）之间的行为以及行为的后果，从而对自己的行为作出合理的安排。法的预测作用与法的指引作用紧密相关，两者的区别在于：法的指引作用是针对自己的行为，法的预测作用则针对人与人之间的互动关系。

法的预测作用建立在法的确定性、稳定性和连续性的基础之上，正是法的这种确定性、稳定性和连续性为人们进行相互间的行为预测提供了可能。法的预测作用可以使人们相互之间建立一种基本的信任，加强对自己行为和合法权益的安全感。正是人与人之间的这种基本信任，降低了社会运作成本，提高了社会运作效率。

（3）法的评价作用。法的评价作用是指法作为一种行为规则，具有判断和衡量人们行为是否合法的作用，即法是评价人们行为的准则。在现实生活中，任何社会规范都具有一定的评价作用，但法的评价作用具有统一性、公开性和客观性等特点，所以这种评价更加权威并具有决定性的作用，是现代社会最重要的评价标准。当然，法只能评价人们的行为是否合法或有无法律效力。

（4）法的教育作用。法的教育作用是指法的实施对人们的认识和行为产生的影响。这种作用一般是针对广泛的社会成员。法律作为一种重要的社会规范，包含和体现了国家认可和鼓励的价值标准和行为模式，在实施过程中必然会对公众产生影响。这种教育通过两个方面实现：一是通过对违法行为的制裁，在教育违法者本人的同时，对其他人可以起到威慑和警示的作用；二是通过对合法行为的保护、赞许或鼓励，可以起到表率和示范的作用，促使人们效仿，进而实现社会的稳定和发展。

（5）法的强制作用。法具有国家意志性和国家强制性的特点，因而自然地具有强制作用。这种作用在于以国家的名义制裁违法行为，这也是法的其他作用的重要保障。通过制裁加强法的权威性，保护人们的正当权利，增强人们的安全感。

（三）法的社会作用

一般认为，法的社会作用是指法对社会产生的影响和意义。

（1）建立和维护掌握国家政权阶级所需要的经济基础。法根源于经济又反作用于经济，成为服务与调整经济关系的重要手段。这种作用主要表现在确认和维护有利于掌握国家政权阶级所需要的经济基础，反映经济规律，发展生产力方面。

（2）建立和维护掌握国家政权阶级所需要的政治秩序。就政治领域而言，掌握国家政权阶级通过法律确立国家的政治格局，即确认和维护国家政权的性质和组织形式，规定国家机关的组织和活动的原则等，以保证国家的正常运行。法所关注的政治秩序，既要考虑协调统治阶级内部对权利要求的矛盾和冲突，还要考虑统治阶级与同盟阶级的分权关系，更要考虑有效地防止被统治阶级对现有秩序的破坏和反抗。

（3）执行社会公共事务。所谓社会公共事务，是指由一定的社会性质所决定的具有全社会意义的事务。在社会发展的不同阶段，社会公共事务的内容和范围会有所不同，但可以肯定的是，随着社会生产的发展和社会制度的变革，这类执行社会公共事务方面的法必然会日益增多，其在一国法律体系中所占的比重会越来越大，地位也会越来越重要。

第二节　法律渊源与法律部门

一、法律渊源的含义

法律渊源，也被称为"法源"，是一个有多重含义的概念，但较多的是指法律的效力渊源，即由不同国家机关依照法定职权和程序制定或认可的具有不同法律地位和效力的法的不同表现形式，也就是根据法律效力来源的不同，而划分法律的不同形式。

在历史和现实中，一般认为，法律渊源包括制定法、习惯法、判例法、国际协定和条约以及学说和法理。制定法是一个国家按照一定的程序制定并颁布的以条文形式表现出来的规范性法律文件。大陆法系国家以制定法为主要的法律渊源。判例法是指法院对于诉讼案件所作的判决具有法律效力，先前的判例所确立的原则是具有普遍意义的法律规范。在英美法系国家，判例是一种重要的法律渊源。习惯法是经有权的国家机关认可并赋予其法律效力的习惯和惯例。

二、当代中国法的渊源

根据宪法、立法法、有关国家机关的组织法和诉讼法的相关规定，当代中国法的渊源可概括为以下几种：

（一）宪法

宪法是具有最高效力的法律渊源，是国家的根本大法，是其他所有法律、法规的依据。与宪法相抵触的法律、法规均无法律效力，由于宪法所具有的这种重要性，所以只有全国人民代表大会才能按照特别的程序修改宪法，也只有全国人民代表大会及其常务委员会才有权对宪法加以解释。

（二）法律

在当代中国法的渊源中，法律是仅次于宪法的主要的法的渊源。需要特别指出的是，在现代汉语中，"法律"一词通常有广义和狭义两种用法。广义的"法律"是指所有由具有立法权的立法机关依据立法程序产生的规范性法律文件，包括宪法、法律、法规、规章等；狭义的"法律"，也被称为"严格意义上的法律"，专指由全国人民代表大会和全国人民代表大会常务委员会制定的规范性法律文件。这里的法律是指狭义的法律，包括全国人民代表大会制定的《刑事诉讼法》[1]《民事诉讼法》《民法典》《香港特别行政区基本法》等基本法律，也包括由全国人民代表大会常务委员会制定的《商标法》《文物保护法》《环境保护法》等基本法律以外的法律。

（三）行政法规

行政法规是国家最高行政机关国务院根据宪法和法律制定、颁布的规范性法律文件的总称。行政法规的效力次于宪法和法律，不能与宪法和法律相抵触，其目的是保证宪法和法律的实施。

（四）地方性法规

地方性法规是指具有立法权的地方人民代表大会及其常务委员会，根据本行政区域的具体情况和实际需要，在不同宪法、法律、行政法规相抵触的前提下所制定的规范性法律文件。依据制定机关等级的不同，地方性法规分为两类：一类是省、自治区、直辖市人民代表大会及其常务委员会制定的地

---

〔1〕《刑事诉讼法》，即《中华人民共和国刑事诉讼法》。为表述方便，本书中涉及我国法律文件省去"中华人民共和国"字样，直接使用简称，全书统一，后不赘述。

方性法规；另一类是较大的市人民代表大会及其常务委员会制定的地方性法规。地方性法规具有地方性，一般来说，其效力范围仅限于本行政区域内。

（五）自治条例和单行条例

民族自治地方的人民代表大会有权依据当地民族的政治、经济、文化的特点制定自治条例和单行条例，自治条例是民族自治地方根据自治权制定的综合性的规范性法律文件；单行条例是民族自治地方根据自治权制定的调整某一方面的规范性法律文件。自治条例和单行条例不得违背宪法，也不得与法律和行政法规的原则相违背。

（六）行政规章

行政规章是有关行政机关依法制定的规范性法律文件的总称，包括部门规章和地方政府规章。

部门规章是国务院所属部委根据法律、行政法规以及国务院的决定、命令，在本部门的权限内制定和颁布的各种行政性的规范性法律文件，也被称为部委规章。部门规章的地位低于宪法、法律、行政法规。

地方政府规章指省、自治区、直辖市和设区的市、自治州的人民政府以及省、自治区人民政府所在地的市、经济特区所在地的市、国务院批准的较大的市人民政府依法制定的规范性法律文件。地方政府规章除了不得同宪法、法律、行政法规相抵触，还不得同上级和同级地方性法规相抵触。

（七）特别行政区基本法

特别行政区基本法是我国根据"一国两制"的基本方针和宪法的规定，由全国人民代表大会制定特别行政区制度的规范性文件。它是我国法的重要渊源。

（八）军事法规

军事法规是中央军事委员会依据宪法和法律制定的调整和规定关于国防建设和军事方面关系的规范性文件，是我国重要的法的渊源之一。

（九）国际条约与国际惯例

我国所缔结和参加的国际条约、认可的国际惯例也是我国法的渊源。

三、法律体系与法律部门

（一）法律体系的含义

一般认为，法律体系是指一国现行的法律规范按照不同的法律部门分类组合而形成的有机联系的统一整体。

（二）法律部门的含义

作为一种系统存在，法律体系是各种具有差异性和多样性的法律规范的统一体，为了更好地了解和把握法律体系，我们根据一定的标准和原则将相同或相似的法律规范划归一个法律部门。区分法律部门的标准大致有两个：一是法律规范所调整的社会关系，调整同一性质和种类的社会关系的法律可以构成一个法律部门；二是法律调整的方法，是指法律在调整社会关系时用以影响和控制这些社会关系的手段和方法，调整方法的特殊性也能够使一个法律部门区别于其他法律部门。

（三）当代中国主要法律部门

1. 宪法法律部门

宪法作为一个法律部门，是我国社会主义法律体系的基础。凡涉及我国社会制度、国家制度、公民的基本权利和义务以及国家机关的组织与活动原则等方面的法律规范，即构成宪法法律部门。宪法法律部门最基本的规范，主要反映在《宪法》这部规范性法律文件中。

2. 民商法法律部门

民法是调整平等主体之间财产关系与人身关系的法律规范的总和，我国目前以《民法典》为核心法律文件，辅之以其他一些单行的民事立法。

商法是调整平等民事主体之间的商事关系和商事行为的法律规范的总和。虽然同样是调整平等民事主体之间的关系，但商法所调整的对象是平等民事主体之间的商事关系和商事行为，由于这种调整对象的不同，决定了商法中存在着许多有别于民法的特殊制度与规则。商法这一法律部门是在我国实行市场经济体制改革之后才开始被承认和逐渐发展的一个新兴的法律部门，在我国，属于商法法律部门的规范性法律文件主要有《公司法》《证券法》《票据法》《保险法》《海商法》《信托法》等。

3. 行政法法律部门

行政法法律部门，是指有关调整国家行政管理活动中社会关系的法律规范的总和，由国家行政管理的多样性、复杂性和广泛性所决定。从世界各国来看，行政法法律部门都没有形成一部统一的法典，而都是以若干单行的规范性法律文件来体现。我国已制定的行政法方面的规范性法律文件主要有《行政处罚法》《行政复议法》《行政许可法》《公务员法》《治安管理处罚法》《政府信息公开条例》等。

4. 经济法法律部门

经济法法律部门是我国改革开放以后，为适应国家对宏观经济实行间接调控的需要而发展起来的，由调整国家从社会整体利益出发对经济活动实行的干预、管理或调控而形成的法律规范构成。经济法法律部门与行政法法律部门都涉及国家行使职权，因此它们的法律调整方法基本相同，之所以将经济法法律部门作为独立的法律部门，是为了突出其调整领域与经济活动有密切关系。

经济法法律部门主要包含两个方面的内容：一是国家创造和维护平等竞争环境、维护市场秩序方面的法律，主要是反垄断、反不正当竞争、反倾销和反补贴方面的法律；二是国家宏观调控和经济管理方面的法律，主要是有关财政、税务、金融、审计、统计、物价、技术监督、工商管理、对外贸易和经济合作等方面的法律。

5. 社会法法律部门

社会法法律部门是调整有关劳动关系、社会保障和社会福利关系的法律规范的总和，它主要是保障劳动者、失业者、丧失劳动能力的人和其他需要扶助的人的权益的法律，涉及劳动用工、工资福利、职业安全卫生、社会保险、社会救济、特殊保障等内容。我国已制定的相关法律文件有《劳动合同法》《安全生产法》《残疾人保障法》《未成年人保护法》《妇女权益保障法》《老年人权益保障法》等。

6. 刑法法律部门

刑法法律部门是规定犯罪、刑罚和刑事责任的法律规范的总和，它所调整的是因犯罪而产生的社会关系。刑法所采用的调整方法是法律调整方法中最严厉的一种法律制裁方法——刑罚方法，这种制裁方法可以剥夺人的自由甚至人的生命。我国目前的相关法律文件有 1997 年 3 月 14 日修订后的《刑法》等。

7. 诉讼法与非诉讼法法律部门

诉讼法法律部门是调整因诉讼活动而产生的社会关系的法律规范的总和，它规定的是以诉讼方式解决争议的制度和机制。我国目前的诉讼法法律部门主要由三个子部门构成，即刑事诉讼法、民事诉讼法和行政诉讼法。这三个子部门各有一部标志性法律文件：《刑事诉讼法》《民事诉讼法》和《行政诉讼法》。

以非诉讼方式解决争议为越来越多的国家所认可，非诉讼方式是指不通过司法机关判决的途径解决争议的机制，通常包括调解、仲裁等方式，伴随其发展这一方面的立法也越来越正式，在我国这方面的法律文件有《仲裁法》《人民调解法》。

8. 军事法法律部门

军事法法律部门是指关于军事管理和国防建设方面法律规范的总称。目前我国制定的军事法律主要有《国防法》《国防教育法》《兵役法》等。

9. 自然资源和环境法法律部门

自然资源和环境法法律部门是关于自然资源的合理利用与保护，环境保护和污染防治以及其他公害防治的法律规范的总称。我国现行自然资源和环境法方面的主要法律文件有《森林法》《草原法》《渔业法》《矿产资源法》《环境保护法》《土地管理法》等。

第三节　法的效力

一、法的效力的含义

法的效力，即法的保护力和约束力。法的效力常见的分类有：从法的效力渊源上看，有规范性法律文件的效力和非规范性法律文件的效力，前者如宪法、法律、行政法规等，具有普遍的效力；后者如判决书、调解书、结婚证等，仅适用于特定的当事人，不具有普遍的效力。从法的效力位阶上看，有些法的效力位阶较高，如宪法、法律；有些法的效力位阶较低，如地方性法规、规章等。

我国学界所称法的效力，一般是指具有普遍约束力的法律规范的效力，即法律规范适用于哪些地方，适用于哪些人，在什么时间发生效力。因此，法的效力可以分为三类（法的效力范围）：空间效力、时间效力和对人的效力。明确法的效力范围，是正确适用法律的前提。

二、法的空间效力

法的空间效力，是指法在哪些地域范围内具有保护力和约束力。法的空间效力范围的大小，直接取决于制定该法律机关的性质和法律本身的规定。在我国，法的空间效力主要有两种情况：域内效力和域外效力。域内效力是指法在制定机关所管辖的领域内有效，包括法的效力及于制定机关所管辖的全部领域和法的效力只及于制定机关所管辖的部分领域两种情形。

三、法的时间效力

法的时间效力，是指法在什么时间范围内具有保护力和约束力，包括法何时生效、何时终止生效以及法的溯及力三个方面的内容。

（一）法开始生效的时间

在我国，法律的生效时间，一般表现为四个方面：（1）自法律公布之日起生效；（2）具体规定法律的生效时间；（3）比照其他法律以确定法律的生效时间；（4）自法律试行之日起生效。

（二）法终止生效的时间

同法律生效一样，法律可以通过明令废止或默认废止的形式，而终止其效力。我国法律的终止生效主要有下面五种形式：（1）新法律公布后，原有的法律即丧失效力；（2）新法律取代原有法律，同时宣布旧法作废；（3）法律本身规定的有效期届满；（4）由有关机关颁发专门文件宣布废止某个法律；（5）法律已完成其历史任务而自行失效。

（三）法的溯及力

法的溯及力，又称法律溯及既往的效力或法的追溯力，是指某一规范性法律文件颁布后，对它生效以前所发生而未经最后处理的事件或行为是否适用。如果适用，新的法律就具有溯及力；如果不适用，新的法律就没有溯及力。

一般来说，人们应该遵守的是现行的法律，不能苛求人们知道以后的法律将怎样规定，因此，各国法律一般都采用不溯及既往的原则。以此为基础各国又有不同的具体原则，包括从新原则，即新法有追溯力；从旧原则，即新法没有追溯力；从新兼从轻原则，即新法原则上溯及既往，但旧法对行为人处罚较轻时，则从旧法；从旧兼从轻原则，即新法原则上不溯及既往，但新法对行为人处罚较轻时，则从新法。"从旧兼从轻"这一做法为绝大多数国家所采用，我国《立法法》第 104 条规定："法律、行政法规、地方性法规、自治条例和单行条例、规章不溯及既往，但为了更好地保护公民、法人和其他组织的权利和利益而作的特别规定除外。"对法律的溯及力作这样的规定，体现了法治原则和公正理念的要求。

四、法对人的效力

法对人的效力是指法对什么人生效，即适用于哪些人。这里所说的"人"，既包括自然人，也包括法人、国家机关和其他社会组织。

在一个主权国家范围内，法对人的效力主要涉及的是对本国公民、外国人和无国籍人的约束力问题。对此世界各国的做法存在差异，大体有四种做法："属人主义""属地主义""保护主义"和"综合主义"（也被称为"折中主义"）。其中，"综合主义"以"属地主义"为基础，以"属人主义"和"保护主义"为补充，它克服了前三种做法各自的弊端，是一种比较切合实际的做法，被包括我国在内的许多国家所采用。

第四节　法律关系

一、法律关系的含义与特征

法律关系是法律规范在调整人们行为的过程中所形成的法律上的权利和义务关系。法律关系是社会关系的一种，但又具有不同于其他社会关系的特征：

（一）法律关系是根据法律规范建立的一种社会关系

任何法律关系，都是根据相应的法律规范而形成的。正是因为法律规范规定了法律关系的主体和客体、法律关系主体的权利和义务以及法律关系产生、变更和消灭的条件，当某种法律事实出现时，社会主体之间就以客体为中介形成某种法律关系，或享有权利，或承担义务。

（二）法律关系是以法定权利和义务为内容的社会关系

法律关系是以法律上的权利、义务为纽带而形成的社会关系，法律关系中的权利和义务的内容来源于两个方面：一是相应的法律规范的规定；二是法律关系参加者在法律规定的范围内所作的约定。

（三）法律关系是由国家强制力保障的社会关系

由于法律关系是由法所调整或创设的社会关系，这意味着法律关系一旦形成就受到国家强制力的保障，不能任意违反或破坏。例如，合同关系一旦依法成立，任何一方都不得自行变更或者废除，如果合同当事人一方不经对方同意，擅自变更或者废除，对方就有权请求有关国家机关责令其履行合同并赔偿损失。

二、法律关系主体

任何法律关系，均由法律关系的主体、客体和内容三要素构成。

（一）法律关系主体的概念和种类

法律关系主体是法律关系的参加者、法律关系中权利的享有者和义务的承担者。在每一具体的法律关系中，都包含了两个或两个以上的主体。例如，在房屋租赁关系中，出租人和承租人就是法律关系的主体。

法律关系的主体范围十分广泛。在我国，根据宪法、法律、法规的规定，能够参与法律关系的主体包括以下几类：公民（自然人）、机构与组织（法人）和国家。

（二）法律关系主体的能力

任何组织和个人要想成为法律关系的主体，实际享有权利和承担义务，就必须具有权利能力和行为能力，也就是要具有成为法律关系主体的能力。

1. 权利能力

权利能力，指能够参与一定的法律关系，依法享有一定权利和承担一定义务的法律资格。它是法律关系主体实际取得权利、承担义务的前提条件。

公民的权利能力始于出生，终于死亡。法人的权利能力自法人成立时产生，至法人解体时消灭。法人根据其成立或登记时所确立的宗旨，在法律规定或者主管机关批准的活动范围内享有权利能力。

2. 行为能力

行为能力是指法律关系主体能够通过自己的行为实际取得权利和履行义务的能力。

行为能力以权利能力为前提，即只有具备法律上的资格，主体才能通过自己的行为取得权利和承担义务，但是有权利能力不一定就有行为能力。有行为能力意味着主体具有意志自由，即主体能够理解并控制自己的行为。这种意志自由与人的年龄和精神健康密切相关，正是因为这样，各国法律都从人的年龄和精神健康状况方面，对主体的行为能力作出了规定。

世界各国的法律，一般都把本国公民划分为：（1）完全行为能力人；（2）限制行为能力人；（3）无行为能力人。

法人的行为能力，与公民的行为能力不同，法人的行为能力和权利能力同时产生、同时消灭。法人一经依法成立，就同时具有权利能力和行为能力；法人一经依法撤销，其权利能力和行为能力就同时消灭。且其行为能力的内容与权利能力的内容完全一致。

三、法律关系的内容

任何法律关系都是在法律关系主体之间形成的一种法律权利和法律义务关系，因此法律关系的内容就是指法律关系主体之间的法律权利和法律义务。

（一）法律权利

法律权利是指国家通过法律规定，对法律关系主体作出或者不作出某种行为，以及要求他人作出或者不作出某种行为的许可和保障。法律权利的实用性和有效性是由他人的义务与国家的强制力来保障的。

法律关系主体之权利行使有一个适度的范围和限度。超出了这个限度，就不为法律所保护，甚至可能构成"越权"或"滥用权利"，属于违法行为，将遭到法律的禁止甚至制裁。

（二）法律义务

法律义务是指法律规定的法律关系主体所应承受的行为约束，表现为：义务承担者按照权利享有者的要求以作为的形式作出某种行为，义务承担者按照法律的规定以不作为的形式作出某种行为；义务承担者不履行义务时，权利享有者有权请求国家机关依法采取必要的强制措施，强迫义务承担者履行义务，而义务承担者必须承受国家的强制。

正像权利行使是有限度的一样，法律关系主体义务的履行也是有限度的。要求义务人作出超出"义务"范围的行为，同样是法律所禁止的。

法律权利和法律义务作为构成法律关系的内容要素，紧密联系、不可分割。在具体的法律关系中，法律权利和法律义务往往相互依存，一方法律权利的实现有赖于另一方法律义务的履行，一方在享受权利的同时，必须承担相应的法律义务。

◆【案例】

甲是种子公司，乙是培育公司，甲给了乙1万斤种子，让乙在一年内培育出来，甲乙商量好定价是每斤1元钱。

问题：

该案例中，法律关系的主体、客体、内容是什么？

四、法律关系客体

法律关系客体是指法律关系主体之间权利和义务所指向的对象。它是构成法律关系的要素之一。

法律关系客体的种类包括物、人身、精神产品（财富）、行为。

（一）物

法律意义上的物是指法律关系主体支配的、在生产上和生活上所需要的客观实体。它可以是天然物，也可以是生产物；可以是活动物，也可以是不活动物。哪些物可以成为法律关系的客体或可以成为哪些法律关系的客体，通常由法律加以具体规定。在我国，大部分天然物和生产物可以成为法律关系的客体。但有四种物不得进入流通市场成为私人法律关系的客体：（1）人类公共之物或国家专有之物，如海洋、山川、水流、空气；（2）文物；（3）军事设施、武器（枪支、弹药等）；（4）危害人类之物（如毒品、假药、淫秽书籍等）。

（二）人身

在现代社会，人身作为法律关系主体的承载者，一般不允许作为法律关系的客体，但在某些情况下、在一定范围内可以成为法律关系的客体，特别是随着现代科技和医学的发展，输血、植皮、器官移植、精子提取等现象大量出现，可与身体分离之物逐渐成为捐赠、买卖等法律关系的客体。但须注意的是：（1）活人的（整个）身体，不得视为法律上之"物"，不能作为物权、债权和继承权的客体；（2）权利人对自己的人身不得进行违法或有伤风化的活动，不得滥用人身或自践人身和人格，例如，卖淫、自杀、自残行为等是违法行为或至少是法律所不提倡的行为；（3）对人身行使权利时必须依法进行，不得超出法律授权的界限。

（三）精神产品（财富）

精神产品（财富），是指法律关系主体从事智力活动所取得的成果，是法律关系主体通过脑力劳动在科技、文化等精神领域创造的产品，包括科学发明、学术著作和文艺创作等，是一种无形的财产。精神产品（财富）的价值和利益在于物中所承载的信息、知识、技术、标识和其他精神文化。通过国家法律的认可，法律关系主体可以获得发明权、发现权、专利权、商标权和著作权，并因此获得法律的保护，在这种情况下，精神产品（财富）成为法律关系的客体。

（四）行为

在很多法律关系中，其主体的权利和义务所指向的对象是行为。作为法律关系客体的行为是特定的，即义务人完成其行为所产生的能够满足权利人利益要求的过程或结果。这种过程或结果一般分为两种：一种是物化结果，即义务人的行为（劳动）凝结于一定的物体，产生一定的物化产品或营建物（房屋、道路、桥梁等）；另一种是非物化结果，即义务人的行为没有转化为物化实体，而仅表现为一定的行为（通常为服务行为）过程所产生的结果，例如货物运输合同、保管合同等。

需要注意的是，在很多具体的法律关系中，权利和义务所指向的对象并不是单一的，即法律关系的客体可能既有行为，也有物；既有精神产品（财富），也有人身。

五、法律关系的产生、变更和消灭

（一）法律关系的产生、变更和消灭的含义

法律关系的产生是指法律关系主体之间形成新的某种法律上的权利和义务关系；法律关系的变更是指法律关系主体、客体或内容发生部分变化；法律关系的消灭是指法律关系主体之间的权利和义务的终止。

（二）法律关系的产生、变更和消灭的前提和条件

1. 法律规范是法律关系产生、变更和消灭的前提

这是因为法律关系的产生、变更和消灭必须以相应法律规范的存在为前提，没有相应的法律规范，法律关系无从产生，更不用说变更和消灭了。

2. 法律事实是法律关系产生、变更和消灭的条件

这是因为法律规范本身并不能自动引起法律关系产生、变更和消灭，只

有当法律规范规定的那些情况出现时，才能引起法律关系产生、变更和消灭。这种能够直接引起法律关系产生、变更和消灭的现象和情况就是法律事实。

（三）法律事实的分类

法学上传统的分类，是根据法律事实是否以人的主观意志为转移，而将法律事实分为事件和行为。

事件是不以人的意志为转移的依法能够引起法律关系产生、变更和消灭的客观现象，如人的出生、死亡、自然灾害、意外事件等。当然，并不是任何一种客观事件都能导致法律关系的产生、变更和消灭，只有当它与人们的法律权利和义务有关时，才具有法律意义。

行为是由法律规范规定的，以人的主观意志为转移的，能够引起法律关系产生、变更和消灭的法律事实，如买卖、租赁、赠与等。需要注意的是，并非所有行为都能够引起法律关系产生、变更和消灭，只有那些具有法律意义、能产生一定法律后果的行为才能够引起法律关系产生、变更和消灭。

第五节　法的实施（我国社会主义法的实施）

在法的整个运行过程中，法律的创制是前提和基础，而法的实施则是结果和目的。法的实施是指法律的规定和要求通过各种方式在人的行为和社会生活中得到落实和贯彻。

一、我国社会主义法的实施的概念和方式

社会主义法的实施是指通过一定的方式使社会主义法律规范的要求在社会生活中得到贯彻和实现的活动，是法作用于社会关系的特殊形式。它不仅包括国家机关及其工作人员执行法律规范的活动，而且包括社会团体和公民实现法律规范的活动。通过这种活动，把法律规范中的权利义务关系转化为现实生活中的权利义务关系，转化为人们的具体行为和活动。

根据主体的不同，可以把社会主义法的实施形式分为法的遵守和法的适用。法的遵守是指社会团体和公民按照法律规范的规定，依法行使权利和履行义务。这是社会主义法的实施的主要的、基本的、大量的方式。当法的实施需要国家机关参与时，就产生了法的实施的另一种形式——法的适用。

二、我国社会主义法的适用的概念和特点

社会主义法的适用是指社会主义国家机关及其工作人员和国家授权的社会组织依照法定的职权和程序，运用国家权力，把法律规范的规定运用到具体的主体或场合，用来解决具体问题的一种行使权力的专门活动。它使具体的当事人之间发生、变更或消灭权利义务关系，或对违法者适用法律制裁。

社会主义法的适用有以下一些特点：

（1）法的适用的主体主要是国家机关，也包括国家授权的单位，如《学位条例》规定，经批准的大专院校和科研单位有权依法授予学位。这就是适用法律规范的活动。

（2）法的适用是国家机关及其工作人员将法律规范的一般规定运用到具体主体或具体场合，作出具有法律效力的个别性决定的活动。它使当事人之间发生具体的法律后果，并以判决、决定等个别性法律文件宣告这种后果。

（3）法的适用活动必须严格遵守法定的职权范围，遵守相关实体法和程序法的规定。

三、我国社会主义法的适用的基本要求与原则

我国社会主义法的适用的基本要求可以概括为：正确、合法、及时、合理、公正。正确，是指在适用法律规范时，要做到事实清楚，证据确凿，定性准确，处理适当。合法，是指在适用法律规范时，要合乎国家的法律规定，严格依照法定权限和法定程序办事。及时，是指法的适用活动的每个环节要严格符合法律所规定的时间要求，提高办事及办案效率。合理和公正，是指法的适用活动在保证符合法律要求的前提下，还应当符合社会主义道德的要求，符合广大人民的公平、正义观念，符合适用法的根本目的。

社会主义国家机关和公职人员在适用法律规范时还应遵循以下原则：

1. 以事实为根据，以法律为准绳的原则

以事实为根据，以法律为准绳，是我国社会主义法的适用的基本原则。我国《刑事诉讼法》第6条明确规定："人民法院、人民检察院和公安机关进行刑事诉讼，必须依靠群众，必须以事实为根据，以法律为准绳。"我国的其他重要法律也都有体现这一原则的规定。

以事实为根据，要求国家机关及其工作人员在适用法律规范时，必须弄清事实真相，掌握全部有关材料，把对案件的审理和判决建立在尊重客观事实的基础上。这是定性准确、量刑适当、正确适用法律规范的前提条件。

以法律为准绳，要求国家机关及其工作人员在适用法律规范时，必须严格按照法律的规定办事。法律是衡量案件是非的标准和尺度。一个人的行为是否构成违法犯罪，只能依法律来衡量，法律是判断合法与违法、予以保护或处罚以及定罪量刑的唯一准则。坚持以法律为准绳，不仅要求在处理实质问题上依法办事，而且要求在适用法律的全部过程中，国家机关及其公职人员的职务行为都必须符合法律规定，严格履行法律手续。任何离开法律标准的任意裁量、徇私枉法、营私舞弊的做法，都是同以法律为准绳的原则相违背的，是社会主义法治所绝对不允许的。

2. 公民在适用法律上一律平等原则

公民在适用法律上一律平等原则的基本含义是：（1）国家专门机关在适用法律规范的过程中，对全体公民不分民族、种族、性别、职业、社会出身、宗教信仰、教育程度、财产状况、居住期限，一律平等地适用法律规范，绝不能因人而异。（2）对任何人，只要是法律赋予的各项权利，国家法律就平等地予以保护，没有任何例外；而法律所规定的义务，都要求必须履行，也不得有任何例外。公民享有的法定权利和应尽的法定义务是统一的，不允许任何人只享受权利而不尽义务，也不允许只尽义务而不享有权利。（3）对任何人的违法犯罪行为都必须平等地追究法律责任，不允许有凌驾于法律之上、超越于法律之外的特权。对一切违法犯罪者不论其职务高低、资历深浅、功劳大小，都应当给予平等的制裁。

3. 司法机关依法独立行使职权的原则

在社会主义法的适用中，坚持司法机关依照法律规定独立行使职权的原则，是保障社会主义法律得以实现的基本措施之一。《宪法》第 131 条规定："人民法院依照法律规定独立行使审判权，不受行政机关、社会团体和个人的干涉。"第 136 条规定："人民检察院依照法律规定独立行使检察权，不受行政机关、社会团体和个人的干涉。"要贯彻这一原则，就必须做到：国家的司法权只能由国家司法机关统一行使，其他任何机关均不得行使司法权；司法机关依法独立行使职权，不受行政机关、社会团体和个人的干涉；司法机关处理案件必须符合法律的规定。

4. 专门机关的工作与群众路线相结合的原则

法的适用是国家机关的专门活动，各级各类国家机关必须依法行使职权，不得敷衍塞责或玩忽职守。同时，群众路线又是国家机关一切工作的根本路线，适用法律也要坚持群众路线。不仅行政机关处理问题离不开人民群众，司法机关审理案件，也要依靠人民群众的参与，如调查取证；同时，还应当切实发挥人民陪审员的作用，保证案件判决合法、合理。总之，只有专门机关的工作与群众路线相结合，才能保证准确地适用法律。

5. 实事求是、有错必纠原则

实事求是、有错必纠原则是由我国国家和法律的本质决定的，它体现了我国社会主义法的适用的正义性和严肃性。这一原则要求：法的适用必须置于法律监督之下；在法的适用中发现有错误的，必须依法纠正；由于错误地适用法律而给公民、法人造成损害的，国家必须给予适当赔偿。

四、我国社会主义法律解释

法律规范的解释又称法律解释，是指有关国家机关、组织或个人，为适用或遵守法律规范，根据有关法律规定、政策、公平正义观念、法学理论和习惯、惯例等对现行的法律规范、法律条文的含义、术语以及相关问题所作的说明。

法律解释按照解释的主体和法律效力的不同，可以分为正式解释和非正式解释。正式解释又称有权解释、法定解释、官方解释，是指由被授权的国家机关按照宪法和法律赋予的权限对法律进行的解释，具有法律效力。我国法学研究中一般将正式解释分为立法解释、司法解释和行政解释。

立法解释通常包括全国人民代表大会常务委员会对宪法和法律所作的解释，国务院对其制定的行政法规所作的解释，以及经全国人民代表大会及其常务委员会、国务院授权的其他国家机关对自己制定的法律、法规所作的解释。司法解释通常指最高人民法院和最高人民检察院在审判和检察工作中对于如何具体应用法律的问题所作的解释。行政解释通常指国务院及其下属各部门在行使职权时，对于如何具体应用法律的问题所作的解释。此外，有权制定地方性法规和地方政府规章的地方国家机关在法定职权范围内对地方性法规和地方政府规章所作的解释也是有权解释。

非正式解释也叫非法定解释或无权解释。这种解释可分为学理解释和宣传性解释。它虽不具有法律效力，但对法律适用有参考价值，对法律的实际适用有一定的说服力。

五、我国社会主义法的遵守和违法

（一）守法的概念及意义

社会主义法的遵守是指在社会主义国家里，一切国家机关和武装力量、各政党和各社会团体、各企业事业组织和全体公民都必须恪守法律的规定，依法行使权利和履行义务，严格依法行使职权。广义的守法不仅包括遵守宪法、法律、法规、规章和条例，还包括遵守国家的有关政策和劳动纪律等。这些也是我国社会主义法治所要求的。

遵守社会主义法有利于巩固人民民主专政，维护公民的权利和自由；有利于实现社会的稳定和秩序；有利于促进改革开放和经济建设的发展；也有利于同各种违法犯罪行为作斗争。因此，一切国家机关和武装力量、企业事业组织、社会团体、各政党和全体公民都必须自觉守法，严格依法办事。

（二）违法的含义、构成条件和分类

违法是指国家机关、企业事业组织、社会团体或公民，违反法律的规定，致使法律所保护的社会关系和社会秩序受到破坏，依法应承担法律责任的行为。

违法由下列条件构成：

（1）违法必须是人们违反法律规定的一种行为，包括作为和不作为。仅有思想而无行为不构成违法。

（2）违法必须是在不同程度上侵犯法律所保护的社会关系的行为，必须是对社会造成一定危害的行为。

（3）违法必须是行为者出于故意或过失，也就是行为人在主观上要有过错。

（4）违法的主体必须具有法定责任能力。

按照违法行为的具体性质、危害程度和所承担的法律责任的不同，违法可分为违宪、民事违法、行政违法和刑事犯罪四种。

（三）法律责任和法律制裁

1. 法律责任

法律责任一词有广义与狭义之分。广义的法律责任与法律义务相同，狭义的法律责任专指违法者对于自己实施的违法行为必须承担一定不利后果的责任。法律责任的特点是：它与违法有不可分的联系，违法是承担法律责任的前提和根据；它体现了国家对违法行为的否定性评价；它通常只能由有权的国家机关或经授权的组织予以认定；它是国家对违法行为实行法律制裁的根据。

按照违法行为的性质和危害程度，法律责任可分为：违宪责任、刑事责任、民事责任和行政责任。

2. 法律制裁

法律制裁是国家专门机关对违法者依其应当承担的法律责任而采取的惩罚措施。法律制裁的目的在于保护权利，惩罚违法行为，恢复被损害的法律秩序。法律制裁的主要特点是：它是由国家专门机关依法实施的；它是一种惩罚性的强制措施，必须以违法行为和法律责任为前提；它是一种"要式"的法律行为，即实施惩罚的国家机关必须遵守严格的程序，并制作相应的法律文件。

◆ 复习与思考

1. 谈谈你对法的规范作用的理解。
2. 列举当代中国法的渊源。
3. 当代中国主要法律部门有哪些？
4.《立法法》关于法的溯及力是如何规定的？
5. 什么是法律关系客体？包括哪些种类？
6. 什么是法的实施？法的实施包括哪些环节？

完善以宪法为核心的中国特色社会主义法律体系。坚持依法治国首先要坚持依宪治国，坚持依法执政首先要坚持依宪执政，坚持宪法确定的中国共产党领导地位不动摇，坚持宪法确定的人民民主专政的国体和人民代表大会制度的政体不动摇。加强宪法实施和监督，健全保证宪法全面实施的制度体系，更好发挥宪法在治国理政中的重要作用，维护宪法权威。

——习近平在中国共产党第二十次全国代表大会上的报告

第一节　宪法概述

一、宪法的概念和特征

宪法是规定国家的根本制度和根本任务、集中表现各种政治力量对比关系、保障公民基本权利的国家根本法。宪法的特征主要表现在：

（一）宪法是国家的根本法

1. 宪法规定国家最根本、最重要的问题

国家的性质、政权组织形式和结构形式、基本国策、公民的基本权利和基本义务、国家机构的组织及其职权等最重要的问题，都由宪法作出规定。其他法律所规定的通常只是国家生活中的一般性问题，而且只涉及国家生活和社会生活中的某些方面或某一方面。

2. 宪法的法律效力最高

宪法的最高法律效力主要体现在：（1）宪法是制定普通法律的依据，我国《宪法》明确规定，一切法律、行政法规和地方性法规都不得与宪法相抵触；（2）宪法是一切国家机关、社会团体和公民的最高行为准则。

3. 在制定和修改程序上，宪法比其他法律更加严格

这主要体现在：（1）制定和修改宪法的机关，往往是依法特别成立的（如制宪会议、宪法起草委员会等）。（2）通过宪法或者宪法修正案的程序，往往严于普通法律的通过程序。如我国《宪法》规定，宪法的修改，由全国人民代表大会常务委员会或者 1/5 以上的全国人民代表大会代表提议，并由全国人民代表大会以全体代表的 2/3 以上的多数通过。

（二）宪法是公民权利的保障书

近代意义上的宪法在基本内容上限制国家权力的初衷或基本出发点即在于保障公民权利。因而，保障公民权利在宪法中居于核心的支配地位。从当今世界各国的宪法条文来看，虽然宪法规定了国家生活的各个方面，但是其条文结构基本上可以分成两大块，即国家权力的恰当行使和公民权利的有效保障。

（三）宪法是民主事实法律化的基本形式

"民主"是指"大多数人的统治"。由于保障公民权利在宪法中居于核心的支配地位，因而这种对公民权利的保障是民主最直接的表现，或者说是民主事实的必然结果。宪法与民主紧密相连，民主主体的普遍化（或称民主事实的普遍化）是宪法得以产生的前提，而宪法则是民主事实法律化的基本形式。

二、宪法的本质

宪法的本质是指从总体上规定宪法性能和宪法发展方向的宪法的内部联系，是宪法比较深刻的、一贯的、稳定的方面。宪法的本质在于，它是各种政治力量对比关系的集中表现。

这主要体现在：（1）宪法是在阶级斗争中取得胜利的那个阶级的意志和利益的集中表现，这就决定了宪法不可能代表全民的意志，社会主义和资本主义的宪法都是如此。（2）各种力量的实际对比关系决定并影响着宪法的具体内容。虽然决定宪法内容的因素很多，但是，最重要的仍然是政治力量的对比关系。（3）当各种力量的实际对比关系发生变化时，必然引起宪法内容的变化。

三、宪法的历史发展

（一）近代意义宪法的产生

1. 早期主要资本主义国家宪法的产生

（1）英国宪法。17世纪的英国宪法是近代宪法的先驱，被称为"宪法之母"。其宪法体制的特点在于：在内容上，确立了君主立宪制的政治体制；在形式上，没有统一完整的宪法典，而是由在革命过程中陆续制定的、反映不同时期革命成果的宪法性文件、宪法惯例和宪法判例等构成（如1689年的《英国权利法案》、1701年的《英国王位继承法》），成为典型的不成文宪法。

（2）美国宪法。1787年制定的《美国宪法》是世界宪法史上第一部成文宪法。它所确立的三权分立原则与总统制的政体为后世许多国家所效仿，对宪法的发展起了较大的推动作用。美国现行宪法在很大程度上保持着1787年《美国宪法》的规定，只是陆续增加了一些修正案。《美国宪法》由序言和7条正文以及27条修正案构成。

（3）法国宪法。1789年，法国爆发了资产阶级革命，制宪会议通过了著名的《人权宣言》，确立了"主权在民""权力分立"和"法律面前人人平等"等资产阶级民主和法治的一系列原则。1791年，法国制定了法国第一部宪法，同时也是欧洲大陆历史上第一部成文宪法，《1791年宪法》以《人权宣言》为序言，宣布废除一切封建制度，取消特权。法国的现行宪法为1958年由戴高乐主持制定的《法兰西共和国宪法》。

2. 社会主义国家宪法的产生

1917年，俄国十月社会主义革命取得伟大胜利，建立了人类历史上崭新的苏维埃社会主义国家，1918年制定了《俄罗斯苏维埃社会主义联邦共和国宪法（根本法）》，这是世界上第一部社会主义性质的宪法。从此，宪法就有了两种历史类型的划分，即资本主义宪法和社会主义宪法。第二次世界大战以后，包括中国在内的社会主义国家先后颁布了自己的宪法，它们都属于社会主义类型的宪法。

（二）我国宪法的产生和发展

从1949年中华人民共和国成立前夕至今，在中国共产党的领导下，人民掌握了国家政权。我国先后制定和颁布了一部宪法性文件和四部宪法。

1. 起临时宪法作用的《中国人民政治协商会议共同纲领》

中华人民共和国成立前夕，中国人民政治协商会议第一届全体会议经过充分的讨论，一致通过了《中国人民政治协商会议共同纲领》（以下简称《共同纲领》）。之所以制定《共同纲领》而没有制定宪法，是因为当时中华人民共和国还没有成立，人民解放战争还在进行，国民经济有待恢复，人民民主制度有待继续巩固，普选的人民代表大会还没有条件召开，制定宪法的条件还不具备。因此，只能召开中国人民政治协商会议，由它代行全国人民代表大会的职权，制定起临时宪法作用的《共同纲领》。

《共同纲领》规定了中华人民共和国的社会制度和国家制度的基本原则，以及有关政治、经济、军事、文化教育、民族、外交等各项基本政策。这些规定是中华人民共和国成立初期国家建设的纲领和基础，在促进国民经济的恢复和发展，创建革命法制和巩固人民民主专政等方面，发挥了积极作用。

2. 1954 年《宪法》

中国人民在中国共产党的领导下，在中华人民共和国成立初期，认真贯彻执行了《共同纲领》，进了艰苦卓绝的工作，取得了丰富的经验和空前的成就。当国民经济恢复时期已告结束和社会主义建设即将开始的时候，我国国内政治力量的对比关系发生了新的变化，各级普选的人民代表大会普遍召开，制定宪法的条件已经成熟。这时，在中国共产党的倡议下，我国开始了制定宪法的工作。1953 年 1 月 13 日，成立了以毛泽东同志为首的中华人民共和国宪法起草委员会，负责《宪法》的起草工作。《宪法草案》经过全民广泛深入的讨论，于 1954 年 9 月 20 日第一届全国人民代表大会第一次会议一致通过。《宪法》诞生，这是我国历史上第一部社会主义类型的宪法。

1954 年《宪法》既以《共同纲领》为基础，又是《共同纲领》的发展。《共同纲领》所规定的各项基本原则，经过实践检验证明是正确的，都在《宪法》中予以继承。《共同纲领》所规定的已经实现了的任务，《宪法》则作了省略。

1954 年《宪法》既坚持了原则性，又有一定的纲领性，是一部很好的宪法。它适应了由新民主主义转变为社会主义的过渡时期的需要，对于巩固我国人民革命斗争的胜利成果，推动我国社会主义改造和社会主义建设事业的胜利发展，具有伟大的历史作用。

3. 1975 年《宪法》

1954 年《宪法》实施以后，我国的社会主义事业又前进了一步，在阶级关系以及政治、经济、文化和对外关系等方面都发生了重大的变化，有必要对《宪法》加以修改。但是，由于种种原因宪法修改工作一再被延搁，直到1975 年 1 月召开的第四届全国人民代表大会，才制定了 1975 年《宪法》。这部宪法是在"文化大革命"期间制定的，受到了极"左"路线的影响，因而存在严重的缺点和错误，在实际生活中并没有产生什么作用。

4. 1978 年《宪法》

1976 年 10 月，"四人帮"被粉碎，我国进入了一个新的历史时期。为了适应社会主义现代化建设的需要，就必须对 1975 年《宪法》进行彻底的修改。1978 年 3 月 5 日，第五届全国人民代表大会第一次会议通过了 1978 年《宪法》。但限于当时的历史条件，这部宪法也很不完善。尽管在 1979 年和1980 年曾分别对 1978 年《宪法》的个别条文作了修改，但这种修改，已远远不能适应新时期我国政治、经济、文化发展的客观需要，必须对 1978 年《宪法》作全面修改。

5. 1982 年《宪法》——我国的现行宪法

1982 年《宪法》是在完成了指导思想上的拨乱反正，全面开创社会主义建设新局面的正确纲领已经确立的情况下制定的。它继承和发展了 1954 年《宪法》的基本原则，总结和确认了我国社会主义发展的丰富经验，特别是党的十一届三中全会以来我国历史性的伟大转变，经济体制、政治体制改革的新成果和各条战线取得的新胜利，同时也注意吸取了国际的经验。可以说是既考虑到了当前的现实，又考虑到了发展前景。

1982 年《宪法》明确规定国家今后的根本任务是集中力量进行社会主义现代化建设，把四项基本原则作为立国之本，用根本大法的形式记载和确定下来，对改革开放这一强国之路作出了原则的规定。现行宪法对国家制度、经济制度、建设社会主义精神文明、公民的基本权利和义务以及国家机构的设置和职权范围等一系列重大问题，也都作了明确的规定。1982 年《宪法》颁布和实施以来的实践证明，这些规定是符合我国国情的，它为我国进行社会主义现代化建设，坚持四项基本原则和改革开放提供了宪法保障。

因此，这是一部具有中国特色的、适应新的历史时期社会主义现代化建设需要的新宪法。

为了适应社会主义建设事业的发展和进一步改革开放的需要，同时也是为了把已经取得的改革开放的成果用根本法的形式固定下来，宪法必须适时进行修改。

1982 年《宪法》实施以来，1988 年 4 月第七届全国人民代表大会第一次会议、1993 年 3 月第八届全国人民代表大会第一次会议、1999 年 3 月第九届全国人民代表大会第二次会议、2004 年 3 月第十届全国人民代表大会第二次会议和 2018 年 3 月第十三届全国人民代表大会第一次会议曾先后五次对其内容进行了修改，并通过了《宪法修正案》共 52 条（除序言外）。现行宪法逐步臻于完备。

第二节　我国的基本制度

一、我国的国家性质和根本制度

（一）我国的国家性质

国家性质即国家的阶级本质，或称"国体"，是指社会各阶级在国家中的地位。具体包括两方面内容：一方面是指在一个国家内谁是统治阶级，谁是被统治阶级；另一方面是指在统治阶级内部谁是领导者，谁是同盟者。在国家制度中，国家性质处于核心和决定性的地位。

《宪法》第一章总纲第 1 条第 1 款规定："中华人民共和国是工人阶级领导的、以工农联盟为基础的人民民主专政的社会主义国家。"这一规定，是对我国国家性质的确认。

（二）我国的根本制度

《宪法》第一章总纲第 1 条第 2 款规定："社会主义制度是中华人民共和国的根本制度。中国共产党领导是中国特色社会主义最本质的特征。禁止任何组织或者个人破坏社会主义制度。"

社会主义制度是人类社会最先进的制度。由于各国的具体国情不同，实行社会主义的各国没有统一的模式且各具特征。中国的具体国情决定了中国的社会主义必然具有许多中国特征，形成中国特色社会主义。在众多中国特征中，中国特色社会主义最本质的特征是中国共产党领导。中国共产党是中国特色社会主义的开创者、组织者和领导者。中国共产党的领导是中国特色社会主义不断进取和发展并取得节节胜利的推动力量和根本保证。如今，我们步入新时代，开创新征程，在中国特色社会主义道路上实现"两个一百年"奋斗目标（在中国共产党成立一百年时全面建成小康社会；在中华人民共和国成立一百年时建成富强民主文明和谐美丽的社会主义现代化强国），实现中华民族的伟大复兴，从根本上还是要依靠中国共产党的领导。2018年的《宪法修正案》，把"中国共产党领导是中国特色社会主义最本质的特征"这一科学论断写进《宪法》总纲，为新时代捍卫社会主义制度，坚持和加强中国共产党的全面领导，建设社会主义现代化强国提供了坚实的宪法基础和保障。

二、我国的政权组织形式

（一）人民代表大会制度是我国的政权组织形式

1. 国家的一切权力属于人民是人民代表大会制度的逻辑起点

这是人民代表大会制度的实质，也是这一制度推演的逻辑起点。解决了国家权力的归属问题，也就明确了据此建立的所有制度的目的以及运行原则。在我国，人民代表大会制度就是既有民主又有集中的政治制度。

2. 选民民主选举代表是人民代表大会制度的前提

人民代表大会制度是通过选举产生全国人民代表大会和地方各级人民代表大会，并以此为基础，建立全部国家机构，实现人民当家作主的一种根本政治制度。

3. 以人民代表大会为基础建立全部国家机构是人民代表大会制度的核心

虽然人民代表大会代表人民行使一切国家权力，但是在实际中，它也不可能直接管理所有的事项，故人民代表大会直接行使宪法和法律赋予各级人民代表大会的职权，而由通过人民代表大会选举产生国家行政机关、审判机关和检察机关，行使宪法和法律赋予它们的相应职权，并对人民代表大会负责，受其监督。

4. 对人民负责、受人民监督是人民代表大会制度的关键

我国《宪法》第3条第2款明确规定："全国人民代表大会和地方各级人民代表大会都由民主选举产生，对人民负责，受人民监督。"

由上可知，人民代表大会制度是指拥有国家权力的我国人民根据民主集中制原则，通过民主选举组成全国人民代表大会和地方各级人民代表大会，并以人民代表大会为基础，建立全部国家机构，对人民负责，受人民监督，

以实现人民当家作主的政治制度。人民代表大会制度直接全面地体现了我国的阶级本质，是我国国家机构得以建立健全和国家政治生活得以全面开展的基础，是其他政治制度的核心，反映了我国政治生活的全貌。

（二）我国选举制度的基本原则

1. 选举权的普遍性

选举权包括选举权和被选举权两个方面，它是公民的基本权利之一。选举权的普遍性，即享有选举权的人的广泛性。根据《宪法》和《全国人民代表大会和地方各级人民代表大会选举法》（以下简称《选举法》）的规定，除依照法律被剥夺政治权利的人以外，凡年满18周岁的我国公民，不分民族、种族、性别、职业、家庭出身、宗教信仰、教育程度、财产状况和居住期限，都享有选举权和被选举权。选举权的这种普遍性，决定了我国各级人民代表大会具有广泛的代表性和坚实的群众基础。

2. 选举权的平等性

选举权的平等性包括选民有平等的投票权和每一代表产生的人口比例相等这两个方面。

我国《选举法》规定，每一选民在一次选举中只有一个投票权。这表明我国已经实现了一人一票的平等原则。

根据《选举法》的规定，各级人民代表大会的名额和代表的产生都以一定的人口为基础。但在1953年制定第一部《选举法》时，我国城镇人口比重较低，根据当年人口普查统计，只有13.26%。考虑到我国当时工人阶级主要集中在城市的具体情况，为了体现工人阶级在国家政治生活中的领导地位和工业化发展方向，《选举法》对农村和城市选举每一个代表的人口数作了不同的规定，使城市代表所代表的人口数少于农村代表所代表的人口数。比如，规定全国人民代表大会代表的选举，各省按每80万人选代表1人，直辖市和人口在50万人以上的省辖市按每10万人选代表1人。这样规定，符合我国的政治制度和当时的实际情况，是完全必要的。改革开放后，我国经济社会快速发展，城镇化不断推进，城乡人口结构比例发生了较大变化，为了完善我国的选举制度，在其后的《选举法》修正中，对城乡人民代表大会代表所代表的人数比例作了适当的调整，但仍未达到完全相同。近年来，我国各级人民代表大会经历了数次换届选举，积累了丰富的经验，我国的社会主义民主政治建设和法治建设取得了巨大成效，我国人民民主专政的阶级基础和群众基础不断巩固和扩大，这表明，修改《选举法》，实行城乡按相同人口比例选举人民代表大会代表的客观条件已经具备。因而，在 2010 年《选举法》修正时，明确规定城乡按相同人口比例选举人民代表大会代表，从而完全实现了选举权平等的原则。

3. 直接选举和间接选举并用

直接选举是指人民代表大会的代表由选民直接选举产生；间接选举是指上一级人民代表大会的代表由下一级人民代表大会选举产生。目前，在我国，这两种办法同时采用。现行《选举法》把直接选举的范围由原先的乡一级扩大到县一级，既适应了我国政治、经济、文化的发展需要，也符合我国当前的国情。在县一级实行直接选举，把县一级的政权置于人民群众的直接监督之下，无疑会进一步调动广大人民群众特别是 8 亿农民的社会主义积极性。

4. 无记名投票

投票方法有秘密投票和公开投票两种。秘密投票亦称无记名投票，指在选票上不记投票人的姓名，选民按照自己的意愿填写选票，并亲自投入票箱。这样，选民可以排除外来干扰，自主地选出自己信赖的人担任代表。1953 年《选举法》规定举手表决和无记名投票并用。现行《选举法》则规定，全国和地方各级人民代表大会代表的选举，一律采用无记名投票的方法。这是我国选民文化程度提高和选举制度进一步民主化的一个标志。

5. 代表向选民或原选举单位负责并受其监督

选民对代表的监督权和罢免权是选举权不可分割的部分。选民只有选举权是不够的，还必须运用监督权和罢免权来保障选举权。我国《选举法》不仅规定各级人民代表大会代表受选民和原选举单位的监督，选民或原选举单位都有权罢免自己选出的代表，而且还具体地规定了罢免的程序。这就更能确保选举人行使其民主权利。

6. 从物质上和法律上保障选民的选举权利

我国《选举法》规定，所有选举经费都由国库开支。这是选举人和候选人都能实际上享受自由选举权利的物质保证。同时，为了保障选民自由行使选举权利，不受外力干涉，《选举法》还明确规定，对于采用暴力、威胁、欺骗、贿赂等非法手段破坏选举或妨害选民自由行使选举权和被选举权的人，将依法给予行政处分或刑事处罚。

不难看出，我国的选举制度不仅着眼于实际民主，而且根据我国的实际情况，也采取了尽可能完备的民主形式，充分体现了我国选举制度的优越性。

三、我国的爱国统一战线、多党合作和政治协商制度

（一）我国的爱国统一战线和中国人民政治协商会议

爱国统一战线是指由中国共产党领导的，由各民主党派参加的，包括全体社会主义劳动者、拥护社会主义的爱国者和拥护祖国统一的爱国者的广泛的政治联盟。现阶段我国的爱国统一战线包含着两个联盟：一是由祖国大陆范围内的全体劳动者和爱国者组成的以社会主义为政治基础的联盟；二是广泛团结港澳同胞、台湾同胞、海外侨胞，以拥护祖国统一为政治基础的联盟。

中国人民政治协商会议是爱国统一战线的组织形式，是实现中国共产党领导的多党合作和政治协商制度的重要机构。其主要职能是对国家的大政方针，地方的重要事务，群众生活以及统一战线内部关系等重要问题进行政治协商，并提出批评、建议，进行民主监督；吸收各民主党派的成员在各级国家机关中担任领导职务，积极参政议政。

（二）我国的多党合作和政治协商制度

中国共产党领导的多党合作和政治协商制度是我国的一项基本政治制度，是具有中国特色的社会主义政党制度。它对于巩固扩大爱国统一战线，发扬社会主义民主，促进全国各族人民大团结，实现党和国家的总任务具有重要意义。

我国的多党合作必须坚持中国共产党的领导，必须坚持四项基本原则，这是中国共产党同各民主党派合作的政治基础。"长期共存、互相监督、肝胆相照、荣辱与共"，是中国共产党同各民主党派合作的方针。

中国共产党领导的多党合作制度，根本区别于资本主义国家的两党制或多党制。民主党派是与共产党通力合作的友党，是参政党，不是在野党，更不是反对党。我国斗争的历史和现实的政治基础决定了在中国必须实行这种制度。

政治协商是对国家大政方针和地方的重要举措以及政治建设、经济建设、社会建设、文化建设、生态文明建设中的重要问题，在决策之前和实施之中进行协商。政治协商以会议为主要形式，并依据一定的程序和规则进行。实践表明，政治协商是我国人民在党的领导下发扬社会主义民主的一种重要形式，也是我国政治生活中的一项优良传统。通过认真协商，集思广益，有助

于党和政府在工作中坚持真理、修正错误；有助于调整好统一战线各方面的关系，充分调动各方面的积极性，把国家的事情办好；有助于使国家的政策、法律为群众所掌握，从而转化为社会主义现代化建设的物质力量。

民主监督是对国家宪法、法律和法规的实施，重大方针政策、重大改革举措，重要决策部署的贯彻执行情况，涉及人民群众切身利益的实际问题解决落实情况，国家机关及其工作人员的工作等，通过提出意见、批评、建议的方式进行监督。人民政协的民主监督既包括统一战线内部中国共产党和各民主党派之间的互相监督，也包括各界代表对国家机关及其工作人员进行的有组织的监督。政协组织的有关会议、建议案、提案、委员视察、民主评议、批评与举报等，是政协实行监督的主要形式。

参政议政是对政治、经济、文化、社会生活和生态环境等方面的重要问题以及人民群众普遍关心的问题，开展调查研究，反映社情民意，进行协商讨论。通过调研报告、提案、建议案或其他形式，向中国共产党和国家机关提出意见和建议。

四、我国的国家结构形式

（一）我国是统一的多民族国家

国家结构形式是指特定国家的统治阶级所采取的，按照一定原则来划分国家内部区域，调整国家整体和组成部分、中央和地方之间相互关系的形式。它是从纵向体现国家政权体系，而政权组织形式是从横向描述权力配置格局。

现代国家结构形式主要有单一制和联邦制两大类型。

单一制是指国家由若干普通行政单位或者自治单位组成，这些组成单位都是国家不可分割的一部分的国家机构形式。单一制的基本特征有：（1）从法律体系看，国家只有一部宪法；（2）从国家机构组成看，国家只有一个最高立法机关、一个中央政府、一套完整的司法系统；（3）从中央与地方的权力划分看，地方政府的权力由中央政府授予；（4）从对外关系看，国家是一个独立主体，公民具有统一的国籍。

联邦制是指国家由两个或多个成员国（邦、州、共和国等）组成的复合制国家结构形式。联邦制的基本特征有：（1）从法律体系看，除有联邦的宪法外，各成员国还有各自的宪法；（2）从国家机构组成看，除设有联邦立法机关、政府和司法系统，各成员国还设有各自的立法机关、政府和司法系统；

（3）从联邦与各成员国的职权划分看，其职权划分由联邦宪法作出具体规定，对剩余权力的归属问题，不同的国家有不同的规定；（4）从对外关系看，有些国家还允许其成员国享有一定的外交权，联邦国家的公民既有联邦的国籍，又有成员国的国籍。

我国《宪法》在序言中指出：中华人民共和国是全国各族人民共同缔造的统一的多民族国家。《宪法》第 4 条第 3 款规定："各少数民族聚居的地方实行区域自治，设立自治机关，行使自治权。各民族自治地方都是中华人民共和国不可分离的部分。"《宪法》的这些规定，表明我国的国家结构形式是单一制。

（二）维护和发展各民族的平等、团结、互助关系

我国《宪法》第 4 条第 1 款规定："中华人民共和国各民族一律平等。国家保障各少数民族的合法的权利和利益，维护和发展各民族的平等团结互助和谐关系。禁止对任何民族的歧视和压迫，禁止破坏民族团结和制造民族分裂的行为。"

民族平等是党和国家解决民族问题和处理民族关系的基本原则，也是民族团结、互助的基础和前提。只有实现各民族之间的平等，才能有各民族之间的团结和互助。民族不分大小，都有自己的长处。因此，民族间互相学习，取长补短，团结互助，是符合各民族的利益的。

民族平等不仅是政治上的平等，还包括经济、文化等方面的平等。由于历史上的原因，我国少数民族经济、文化的发展都落后于汉族，因此，《宪法》第 4 条第 2 款规定："国家根据各少数民族的特点和需要，帮助各少数民族地区加速经济和文化的发展。"

为了维护和发展各民族的平等、团结、互助关系，就要反对大民族主义和地方民族主义。在我国，反对大民族主义，主要是反对大汉族主义。这是由汉族占全国人口的绝大多数，在全国政治、经济和文化生活中有重大影响这一现实情况所决定的。

（三）民族区域自治制度

民族区域自治，就是在中华人民共和国领土内，在党和国家的统一领导下，遵照宪法和法律的规定，以少数民族聚居的地区为基础，建立相应的民族自治地方和自治机关，由少数民族当家作主，管理本地方民族的内部事务。民族区域自治制度是我国的一项基本政治制度，也是创造性地运用马克思主

义关于民族问题理论的伟大实践。

根据《宪法》和《民族区域自治法》的规定，民族区域自治的主要内容有：（1）凡是聚居的少数民族都有权实行区域自治，只有在少数民族聚居的地方，才能够实行区域自治。（2）民族自治地方分为自治区、自治州、自治县。在民族自治地方，按照民主集中制原则设立自治机关。民族自治地方的自治机关是该自治地方的人民代表大会和人民政府。（3）民族自治地方的自治机关的负责人主要由实行区域自治的民族的公民担任。（4）在多民族居住的民族自治地方的人民代表大会中，除实行区域自治的民族的代表外，其他各民族也应有适当名额的代表。（5）各民族自治地方的自治机关除了行使宪法规定的地方国家机关的职权，还可以按照宪法和法律的规定，行使自治权。（6）各民族自治地方都是中华人民共和国不可分离的部分；各民族自治地方的自治机关，都是党中央集中统一领导下的地方政权机关。（7）民族自治地方的自治机关必须维护国家的统一，保证宪法和法律在本地方的遵守和执行。民族自治地方的自治机关根据本地方的情况，在不违背宪法和法律的原则下，有权采取特殊政策和灵活措施，加速民族自治地方经济、文化建设事业的发展。

总之，民族区域自治就是民族自治与区域自治的有机结合。它的实质就是在统一的祖国大家庭里，使有着或大或小聚居区的、可以构成一级自治单位的少数民族，建立自治地方，实现管理国家、管理本民族内部地方性事务的权利，并按照本民族地区的特点，发展本民族地区的经济和文化，从而保障少数民族的平等地位，增强各民族间的团结，维护国家的统一。

（四）我国行政区域的划分

行政区域的划分，就是将国家的领土划分为若干不同层次的行政区域，以便利国家的管理。

根据《宪法》的规定，我国的行政区域划分如下：（1）全国分为省、自治区、直辖市；（2）省、自治区分为自治州、县、自治县、市；（3）县、自治县分为乡、民族乡、镇。直辖市和较大的市分为区、县。自治州分为县、自治县、市。自治区、自治州、自治县都是民族自治地方。

我国《宪法》第31条还规定："国家在必要时得设立特别行政区。在特别行政区内实行的制度按照具体情况由全国人民代表大会以法律规定。"特别行政区是我国"一国两制"构想在宪法上的体现，是考虑到我国台湾、香港、澳门地区的情况而设立的。特别行政区是我国的一级地方政权，但与一般省不同，它享有高度自治权。这表明，我国在维护国家主权统一和领土完整的原则方面是坚定不移的，但在具体政策、措施方面又有很大灵活性。这是原则性和灵活性相结合的典范。

五、我国的经济制度

（一）生产资料的社会主义公有制是我国经济制度的基础

《宪法》第 6 条第 1 款规定："中华人民共和国的社会主义经济制度的基础是生产资料的社会主义公有制，即全民所有制和劳动群众集体所有制……"

《宪法》第 7 条规定："国有经济，即社会主义全民所有制经济，是国民经济中的主导力量。国家保障国有经济的巩固和发展。"

1999 年《宪法修正案》第 15 条规定："……农村集体经济组织实行家庭承包经营为基础、统分结合的双层经营体制……"《宪法》第 8 条第 3 款规定："国家保护城乡集体经济组织的合法的权利和利益，鼓励、指导和帮助集体经济的发展。"

（二）坚持以公有制为主体、多种所有制经济共同发展的基本经济制度

我国正处在社会主义初级阶段，在生产资料所有制方面，除了上述两种形式的公有制经济，还必然存在其他多种非公有制经济，如个体经济、私营经济等。

2004 年《宪法修正案》第 21 条规定："……国家保护个体经济、私营经济等非公有制经济的合法的权利和利益。国家鼓励、支持和引导非公有制经济的发展，并对非公有制经济依法实行监督和管理。"

《宪法》第 18 条第 1 款明确规定："中华人民共和国允许外国的企业和其他经济组织或者个人依照中华人民共和国法律的规定在中国投资，同中国的企业或者其他经济组织进行各种形式的经济合作。"《宪法》第 18 条第 2 款规定，在我国境内的外国企业和其他外国经济组织以及中外合资经营的企业，都必须遵守我国的法律。

（三）坚持按劳分配为主体、多种分配方式并存的分配制度

《宪法》第 6 条第 1 款规定，社会主义公有制消灭人剥削人的制度，实行各尽所能、按劳分配的原则。实行"各尽所能、按劳分配"原则，就是要求有劳动能力的公民，尽自己的能力为社会多作贡献，在这个前提下，由国家

或集体按照每个公民劳动的数量和质量分配生活资料。正确贯彻各尽所能、按劳分配的原则，有利于把国家、集体和个人三者的利益更好地结合起来，激发劳动群众的劳动热情，积极推动技术革新和技术革命，不断改善生产管理，促进社会生产力的迅速发展。

（四）国家保护社会主义公共财产和公民的私有财产权

《宪法》第 12 条规定："社会主义的公共财产神圣不可侵犯。国家保护社会主义的公共财产。禁止任何组织或者个人用任何手段侵占或者破坏国家的和集体的财产。"

宪法在保护社会主义公共财产的同时，还规定保护公民的合法收入、储蓄、房屋和其他合法财产所有权。2004 年《宪法修正案》第 22 条规定："……公民的合法的私有财产不受侵犯。""国家依照法律规定保护公民的私有财产权和继承权……"

2004 年《宪法修正案》第 22 条还规定："……国家为了公共利益的需要，可以依照法律规定对公民的私有财产实行征收或者征用并给予补偿。"这就进一步完善了我国的私有财产制度。

（五）发展国民经济的基本方针

1. 在发展生产的基础上逐步改善人民生活

《宪法》第 14 条第 1、2、3 款规定，国家通过提高劳动者的积极性和技术水平，推广先进的科学技术，完善经济管理体制和企业经营管理制度，实行各种形式的社会主义责任制，改进劳动组织，以不断提高劳动生产率和经济效益，发展社会生产力。国家厉行节约，反对浪费。国家合理安排积累和消费，兼顾国家、集体和个人的利益，在发展生产的基础上，逐步改善人民的物质生活和文化生活。《宪法》第 14 条第 4 款还就社会保障问题作了专款规定："国家建立健全同经济发展水平相适应的社会保障制度。"这为我国的社会保障体系提供了宪法基础。

2. 建立和完善社会主义市场经济体制

1993 年《宪法修正案》第 7 条规定："……国家实行社会主义市场经济。""国家加强经济立法、完善宏观调控……"《宪法》第 15 条第 3 款还规定："国家依法禁止任何组织或者个人扰乱社会经济秩序。"

3. 企业依法享有自主权和实行民主管理

《宪法》第 16 条第 1 款规定："国有企业在法律规定的范围内有权自主经

营。"第 17 条第 1 款规定："集体经济组织在遵守有关法律的前提下，有独立进行经济活动的自主权。"《宪法》第 16 条第 2 款、第 17 条第 2 款着重指出："国有企业依照法律规定，通过职工代表大会和其他形式，实行民主管理。""集体经济组织实行民主管理，依照法律规定选举和罢免管理人员，决定经营管理的重大问题。"

第三节　公民的基本权利和基本义务

一、公民基本权利与义务概述

（一）公民

公民是指具有一国国籍的自然人。我国《宪法》第 33 条第 1 款规定："凡具有中华人民共和国国籍的人都是中华人民共和国公民。"

（二）公民基本权利和基本义务

公民基本权利是指由宪法规定的公民享有的主要的、必不可少的权利。它表现为公民可作某种行为以及要求国家和其他公民作为或不作某种行为。

公民基本义务是指宪法规定的公民必须履行的法律责任。它表现为国家要求公民必须为某种行为或禁止为某种行为。如果公民不履行这种责任，国家就要强制其履行，情节严重的还要受到法律的制裁。

二、我国公民的基本权利

（一）政治权利和自由

政治权利和自由是指公民作为国家政治主体而依法享有的参与国家政治生活的权利和自由。公民享有参与国家政治生活的权利，是国家权力属于人民的直接表现，也是人民代表大会的基础。

1. 选举权与被选举权

《宪法》第 34 条规定，凡年满 18 周岁的公民，除依照法律被剥夺政治权利的人以外，都有选举权和被选举权。选举权和被选举权是公民的一项重要的政治权利，具体体现了我国人民当家作主、参加国家管理的主人翁地位。

2. 政治自由

《宪法》第 35 条规定，公民的政治自由包括言论、出版、集会、结社，游行、示威的自由。这些政治自由，是公民参与社会生活和国家生活的基本权利，体现了社会主义民主原则。公民政治自由的正确行使，对于充分发挥人民群众的政治积极性，实现人民群众对国家机关工作的监督，密切人民群众同国家机关的联系等方面，都具有重要意义。

（二）宗教信仰自由

《宪法》第36条第1款确认公民有宗教信仰自由。宗教信仰自由，就是说每个公民既有信仰宗教的自由，也有不信仰宗教的自由；既有信仰这种宗教的自由，也有信仰那种宗教的自由；既有过去不信仰宗教、现在信仰的自由，也有过去信仰宗教、现在不信仰的自由。《宪法》第36条第2、3、4款还规定，任何国家机关、社会团体和个人不得强制公民信仰宗教或者不信仰宗教，不得歧视信仰宗教的公民和不信仰宗教的公民。国家在保护正常的宗教活动的同时，也不允许任何人利用宗教进行破坏社会秩序、损害公民身体健康、妨碍国家教育制度的活动。宗教团体和宗教事务不受外国势力的支配。

（三）人身自由

◆【案例】

2007年1月2日下午6时许，广东省广州市广园快速路茅岗路口候车亭，挤满了下班等待回家的路人。

突然，一辆牌照为粤×××××的解放牌小型货柜车偏离机动车道越过自行车道，像脱缰的野马向候车亭方向冲了过来，眼看就要跃上马路沿了，却没有一丝刹车的迹象。

眼前的情景在等车的人群中引起了一阵骚动，人们本能地向后快速闪去。一位中年男子因躲闪不及被迎面而来的小型货柜车撞个正着，倒在了10米开外的血泊中。

当人们还没有从眼前令人心悸的一幕中回过神来的时候，小型货柜车却迅速调转方向逃离了事故现场。有好心人拨打了"120"和"110"，中年男子随后被送往黄埔区中医院抢救治疗。警方很快也到达了现场。经过勘查，警方认定，小型货柜车负事故全部责任，中年男子无任何责任。

在病床上昏迷了10天后，中年男子才苏醒过来。回忆起10天前突如其来的交通事故他仍然一脸茫然："那天我正在公交站台等车不知怎么回事那辆小货车就向我撞了过来。要不是我身板硬，肯定没命了。"

中年男子名叫王某辉，家住四川省仪陇县义门乡佛国庵村。自1999年起，他便南下广州打工。2006年12月19日，他应聘到广州市某食品有限公司从事机电维修工作，每月工资2500元。没想到仅仅上了14天班，他便遭遇如此惨烈的车祸。

经过医院诊断，王某辉颅脑严重损伤，身体右侧两根肋骨骨折，右耳鼓膜穿孔，全身上下青一块紫一块。

昂贵的医药费很快成了王某辉的心病。他们夫妻俩在广州辛辛苦苦打拼七八年攒下的四五万元积蓄很快就用光了。尽管他在广州有亲戚朋友，但这些人的收入也很有限，对他的帮助微乎其微。在向所有的亲戚朋友张过一次口后，王某辉对自己的病情有些绝望了。

从警方传来的消息对王某辉来说更如五雷轰顶。经警方查证，在交管部门登记的牌照为粤××××××的车辆的车型并非小型货柜车，也就是说，撞王某辉的小型货柜车使用的是假牌照。这就意味着逃逸的肇事者身份可能一时无法查清。王某辉暂时需要自己为这次交通事故"埋单"。

就在王某辉陷入经济困境时，舅舅朱某华的出现给他带来了一丝生机。朱某华是一位退休的法律工作者。他告诉王某辉，按照相关法律规定，他在下班途中遭遇的这场车祸属于工伤，应当由广州市某食品有限公司支付医药费。

其实，在遭遇车祸后第二天，广州市某食品有限公司曾派人到黄埔区中医院探望过王某辉的病情。据王某辉的妻子回忆："公司的人只是简单问了一下病情便转身离去，连一句安慰的话都没有，更不要说带慰问品什么的了，太没有人情味了。"

2007年2月，王某辉的舅舅朱某华专门到广州市某食品有限公司交涉。然而有关领导的答复让他大失所望："王某辉是在公司外面发生的交通事故中受的伤，我们不负任何责任。"此后，朱某华又多次请求广州市某食品有限公司为王某辉申报工伤，并解决他的医药费问题，均遭到回绝。

在这一过程中，日益高涨的医药费已经压得王某辉夫妇喘不过气来。因为没有钱，王某辉面临停医停药的危险。不得已，他想到了自己在广州市某食品有限公司工作的14天的工资。

然而，当王某辉的爱人到广州市某食品有限公司要求支付王某辉的工资1500元时，公司却要求王某辉主动辞职，否则不予支付工资。一边是丈夫在病榻上等待救命钱，一边是公司态度强硬决不让步，王某辉的爱人最终含着泪为王某辉办理了辞职手续。拿到 1500 元工资的那一刻，她感慨万千。

在向黄埔区中医院支付了部分医药费后，王某辉的爱人用剩余的钱为两人买了两张从广州到南充的火车票，带着病痛中的丈夫踏上了回家的路。

经过在仪陇县马鞍区卫生院一个多月的治疗，王某辉康复得很快。然而医药费的捉襟见肘让他不得不提前出院，回家养伤。此后，依靠农村合作医疗，王某辉的伤情渐趋稳定。但是，却留下了后遗症。"有时候头疼，说话时精神恍惚，右耳朵依然听不清别人说话"，王某辉说。

2007 年 3 月，从伤病中走出来的王某辉重新回到了广州，他要向广州市某食品有限公司讨个说法。

3 月 27 日，王某辉的爱人到当时的黄埔区劳动和社会保障局为王某辉申报工伤。2007 年 7 月 20 日，当时的黄埔区劳动和社会保障局作出〔2007〕90 号《工伤认定决定书》，认定王某辉在下班途中受到机动车事故伤害，符合 2003 年国务院《工伤保险条例》第 14 条第 6 项规定，为工伤。

有了当时的黄埔区劳动和社会保障局《工伤认定决定书》撑腰，2007 年 9 月，王某辉一纸诉状将广州市某食品有限公司告上了广州市劳动仲裁委员会，求广州市某食品有限公司支付工作事故医疗费、误工费、营养费等费用共计 54 500 余元。

就在王某辉到广州市劳动仲裁委员会起诉广州市某食品有限公司的时候，广州市某食品有限公司却来了个釜底抽薪，将当时的黄埔区劳动和社会保障局告上法院，请求法院撤销其作出的〔2007〕90 号《工伤认定决定书》。

广州市某食品有限公司的起诉源于该公司一种坚持多年的做法：为入职员工提供食宿，并禁止员工外宿，这样做的目的是"以便管理及照顾职工的安全"。这一做法还被写进了公司《员工手册》第十章第一节第 9 款。该条款规定，非因上班或休假没有任何手续，而在外面留宿者，将予以严惩。

为此，广州市某食品有限公司认为：王某辉擅自外出，也未告知公司其另行住宿的地点，严重违反用人单位规章制度，由此产生的人身伤害，依法不应认定为工伤。对于公司抛出的"禁止员工外宿"的规定王某辉一头雾水："我于 2006 年 12 月 14 日到广州市某食品有限公司工作，公司没有与我签订劳动合同，也没为我安排宿舍床位，中午我都是在车间的板凳上休息的，《员工手册》没有发给我，怎么规定的我根本就不知道。"

王某辉说，他现在仍然和老婆、姑姑等几个人一起合租，住在黄埔区南岗沙步村大基花园，这一点全公司从中层主管到普通员工都知道。退一步讲，即使有"禁止员工外宿"的规定，但是公司没履行告知责任，不知者不错。

当时的黄埔区劳动和社会保障局则在法庭上答辩称，王某辉下班途中受到机动车事故伤害属实，根据2003年国务院《工伤保险条例》第14条第6项之规定，应认定为工伤。至于单位是否提供了住宿，以及王某辉是否违反公司制度私自外宿，对本案定性无影响，其理由有两点：一是职工有自由选择居住地的权利；二是根据2003年国务院《工伤保险条例》第16条之规定，职工有下列情形之一的，不得认定为工伤：（1）因犯罪或者违反治安管理伤亡的；（2）醉酒导致伤亡的；（3）自残或者自杀的。证据表明王某辉的受伤是非因其过错所致。而广州市某食品有限公司主张的"王某辉擅自外出，严重违反用人单位规章制度而产生的人身伤害，依法不应认定工伤"，显然是不能成立的。为此，当时的黄埔区劳动和社会保障局根据2003年国务院《工伤保险条例》第14条关于职工在上下班途中受到机动车事故伤害应认定为工伤的规定，作出［2007］90号《工伤认定决定书》，认定王某辉为工伤没有错误。

尽管双方各执一词，然而法院的判决却大大超出了广州市某食品有限公司和当时的黄埔区劳动和社会保障局的意料，连王某辉也说"真没想到"。

黄埔区人民法院认为，我国《宪法》赋予公民极其广泛的权利和自由。人身自由、居住自由是公民享有的人格权利。"王某辉作为职工，经一天紧张劳动后回家休息，料理家务和个人生活，合乎常理，是公民人身自由的一项重要内容，也是公民生活中最起码的一项权利，应予以尊重"，主审法官冯邓宁解释说。

在冯邓宁看来，广州市某食品有限公司以"方便管理及照顾职工的安全"为由禁止员工外宿的做法，显然是与我国《宪法》精神相悖，与社会文明进步发展相抵触的。最终，黄埔区人民法院维持了当时的黄埔区劳动和社会保障局作出的［2007］90号《工伤认定决定书》，驳回了广州市某食品有限公司的诉讼请求。

两个月后的2008年3月4日，广州市劳动仲裁委员会也对王某辉和广州市某食品有限公司之间的劳动纠纷作出劳动仲裁。广州市劳动仲裁委员会裁决广州市某食品有限公司支付王某辉工作事故医疗费、误工费、营养费等费用共计67 788元。

手中拿着劳动仲裁书，王某辉泪流满面。尽管直到现在，他还没有拿到这笔补偿金，但是因为《宪法》在这起劳动纠纷的处理中被直接引用作为判案的依据，王某辉的名字注定要被写入中国法治的历史。

讨论：请同学们谈谈，法院为什么作出这样的判决？

人身自由有狭义和广义之分。狭义的人身自由是指公民的人身不受非法拘捕、限制、搜查、审问和侵害；广义的人身自由还包括与人身相联系的人格尊严、住宅不受侵犯，以及通信自由和通信秘密的权利。

公民的人身自由是公民参加社会活动和享受其他权利的前提。失去了人身自由，其他权利也就无从谈起。《宪法》第 37 条第 1、2 款规定："中华人民共和国公民的人身自由不受侵犯。任何公民，非经人民检察院批准或者决定或者人民法院决定，并由公安机关执行，不受逮捕。"《宪法》第 37 条第 3 款特别规定，禁止非法拘禁和以其他方法非法剥夺或者限制公民的人身自由，禁止非法搜查公民的身体。《宪法》第 38 条还规定，公民的人格尊严不受侵犯。禁止用任何方法对公民进行侮辱、诽谤和诬告陷害。第 39 条规定，公民的住宅不受侵犯。禁止非法搜查或者非法侵入公民的住宅。第 40 条规定，公民的通信自由和通信秘密受法律的保护。

（四）批评、建议、申诉、控告、检举和取得赔偿的权利

《宪法》第 41 条赋予公民对于任何国家机关和国家工作人员提出批评和建议的权利。对于他们的违法失职行为，有向有关国家机关提出申诉、控告或者检举的权利。对于公民的申诉、控告或者检举，有关国家机关必须查清事实，负责处理。任何人不得压制和打击报复。由于国家机关和国家工作人员侵犯公民权利而受到损失的人，有依照法律规定取得赔偿的权利。《宪法》的这些规定，对于切实保障公民对于国家机关和国家工作人员的监督，促进国家干部遵纪守法、克服官僚主义、努力做好工作，都是极为有利的。

（五）社会经济权利

公民的社会经济权利，是公民实现其他权利的重要保证。我国《宪法》赋予公民的社会经济权利，包括财产权、劳动权、劳动者的休息权，退休人员生活的保障权和物质帮助权等。财产权是公民最基本的权利之一，《宪法》第 13 条已作了明确规定。《宪法》第 42 条第 1、2 款规定，一切有劳动能力的公民，都有劳动的权利和义务。国家通过各种途径，创造劳动就业条件，

加强劳动保护，改善劳动条件，并在发展生产的基础上，提高劳动报酬和福利待遇。《宪法》第 42 条第 3 款同时要求劳动者应当以国家主人翁的态度对待自己的劳动。国家提倡社会主义劳动竞赛，奖励劳动模范和先进工作者，提倡公民从事义务劳动。《宪法》第 43 条规定，为了保障劳动者的休息权，国家规定了职工的工作时间和休假制度，并随着经济的发展，逐步完善劳动者休息和休养的设施。《宪法》第 44 条规定，国家依照法律规定实行企业事业组织的职工和国家机关工作人员的退休制度。退休人员的生活受到国家和社会的保障。

《宪法》第 45 条第 2 款还规定，国家和社会保障残废军人的生活，抚恤烈士家属，优待军人家属。《宪法》第 45 条第 3 款又规定，国家和社会帮助安排盲、聋、哑和其他有残疾的公民的劳动、生活和教育。

（六）文化教育权利

◆【案例】

原告齐某苓与被告之一陈某琪都是山东省滕州市第八中学的初中学生，都参加了中等专科学校的预选考试。陈某琪在预选考试中成绩不合格，失去继续参加统一招生考试的资格。而齐某苓通过预选考试后，又在当年的统一招生考试中取得了超过委培生录取分数线的成绩。山东省济宁商业学校给齐某苓发出录取通知书，由滕州八中转交。陈某琪从滕州八中领取齐某苓的录取通知书，并在其父亲陈某政的策划下，运用各种手段，以齐某苓的名义到济宁商业学校就读直至毕业。毕业后，陈某琪仍然使用齐某苓的姓名，在中国银行滕州支行工作。

齐某苓发现陈某琪冒其姓名后，向山东省枣庄市中级人民法院提起民事诉讼，被告为陈某琪、陈某政（陈某琪的父亲）、济宁商业学校、滕州八中和山东省滕州市教育委员会。原告诉称：由于各被告共同弄虚作假，促成被告陈某琪冒用原告的姓名进入济宁商业学校学习，致使原告的姓名权、受教育权以及其他相关权益受到侵害。请求法院判令被告停止侵害、赔礼道歉，并赔偿原告经济损失 16 万元，精神损失 40 万元。

最终，山东省高级人民法院依照《宪法》第 46 条和最高人民法院的批复，对枣庄市中级人民法院的一审判决予以部分维持、部分撤销，并判决：（1）被上诉人陈某琪、陈某政赔偿齐某苓因受教育的权利被侵犯造成的直接经济损失 7000 元，被上诉人济宁商业学校、滕州八中、滕州市教育委员会承担连带赔偿责任；（2）被上诉人陈某琪、陈某政赔偿齐某苓因受教育的权利被侵犯造成的间接经济损失（按陈某琪以齐某苓名义领取的工资扣除最低生活保障费后计算）41 045 元，被上诉人济宁商业学校、滕州八中、滕州市教育委员会承担连带赔偿责任；（3）被上诉人陈某琪、陈某政、济宁商业学校、滕州八中、滕州市教育委员会赔偿齐某苓精神损害费 50 000 元。

问题：法院作出此判决的法律依据是什么？结合公民的基本权利，谈谈你的看法？

◆ **拓展**

2020 年 6 月，山东省冠县农家女陈某秀被冒名顶替上学的事件引发舆论关注，且引发类似案例被不断曝光。7 月 2 日，教育部在其官网发布了题为《最高标准 最严举措 全力以赴做好 2020 年高考工作》的通报文章，其中针对公众关心的"冒名顶替"问题，专门作出了严肃表态。12 月 26 日，第十三届全国人民代表大会常务委员会第二十四次会议表决通过的《刑法修正案（十一）》，将冒名顶替他人取得的高等学历教育入学资格、公务员录用资格和就业安置待遇认定为犯罪。

公民的文化教育权利，包括受教育和进行科学研究、文学艺术创作以及其他文化活动的自由权利。

《宪法》第 46 条规定，公民有受教育的权利和义务。国家培养青年、少年、儿童在品德、智力、体质等方面全面发展。受教育作为公民的义务，包括适龄儿童接受初等教育的义务，公民就业前接受劳动就业培训的义务等。

《宪法》第 47 条规定，公民有进行科学研究、文学艺术创作和其他文化活动的自由。国家对于从事教育、科学、技术、文学、艺术和其他文化事业的公民的有益于人民的创造性工作，给以鼓励和帮助。

（七）妇女的权利和婚姻、家庭、母亲、儿童、老人受国家的保护

《宪法》第 48 条第 1 款规定，妇女在政治的、经济的、文化的、社会的和家庭的生活等各方面，都享有同男子平等的权利。

《宪法》第 49 条规定，婚姻、家庭、母亲和儿童受国家的保护。夫妻双方有实行计划生育的义务。父母有抚养教育未成年子女的义务，成年子女有

赡养扶助父母的义务。禁止破坏婚姻自由，禁止虐待老人、妇女和儿童。

（八）保护华侨、归侨和侨眷的正当权利和利益

《宪法》第50条规定，国家保护华侨的正当的权利和利益，保护归侨和侨眷的合法的权利和利益。这对于团结广大爱国华侨、归侨和侨眷，共同振兴中华、完成祖国的统一大业，具有积极意义。

综上所述，可以看到，我国《宪法》赋予公民的基本权利是十分广泛的。但是，任何权利和自由都不可能是绝对的、不受限制的，只是由于国家的阶级本质不同，因而在限制的内容、方法、程度和目的上有所差异。我国《宪法》第51条规定："中华人民共和国公民在行使自由和权利的时候，不得损害国家的、社会的、集体的利益和其他公民的合法的自由和权利。"此外，《宪法》第32条规定："中华人民共和国保护在中国境内的外国人的合法权利和利益……中华人民共和国对于因为政治原因要求避难的外国人，可以给予受庇护的权利。"

三、我国公民的基本义务

（一）维护国家统一和全国各民族的团结

《宪法》第52条把维护国家统一和全国各民族团结作为我国公民的基本义务，充分反映了全国人民的共同心愿。国家的统一和全国各民族的团结是我国社会主义事业胜利的保证。认真执行《宪法》的规定，自觉地维护国家的统一和全国各民族的团结，是我国各族人民的共同职责。

（二）遵守宪法和法律，保守国家秘密，爱护公共财产，遵守劳动纪律，遵守公共秩序，尊重社会公德

《宪法》第53条规定，宪法和法律是我国工人阶级以及广大人民意志和利益的体现。任何违反宪法和法律的行为，都是违背广大人民的意志，损害国家和人民利益的。为了维护国家和人民的利益，任何一个公民都必须严格遵守宪法和法律。

保守国家秘密，是关系国家安全和社会主义现代化建设事业的大事，都必须自觉遵守。在目前的大好形势下，国内外的敌对势力和敌对分子总是妄图窃取我国的国家秘密，破坏我国的人民民主专政和社会主义现代化建设事业。因此，严格遵守国家保密制度，保守国家秘密，是每个公民必须履行的一项基本义务。

公共财产是建设社会主义现代化和逐步提高人民群众物质和文化生活水平的物质保证，故爱护公共财产是关系国家和人民利益的大事。

劳动纪律是进行有秩序的生产和不断提高劳动生产率的重要保证。只有严格的劳动纪律，才能保证社会化大生产顺利进行和社会主义现代化建设事业的不断发展，因此，每个公民都应该自觉地遵守劳动纪律。

遵守公共秩序，尊重社会公德，是建设社会主义精神文明的重要内容，也是社会主义革命和建设事业顺利进行的重要保证。只有人人遵守公共秩序，尊重社会公德，才能维护和发展良好的社会风气和社会秩序。

（三）维护祖国的安全、荣誉和利益

维护祖国的安全、荣誉和利益，也是建设社会主义精神文明的一项重要内容。任何公民都不得为了一己私利或者小集团利益，损害国家的安全、荣誉和利益。对于那种卑躬屈膝出卖灵魂、丧失民族气节、有辱国格和人格的行为，应该坚决摒弃和抵制。

（四）保卫祖国、抵抗侵略，依照法律服兵役和参加民兵组织

《宪法》第 55 条第 1 款把保卫祖国、抵抗侵略，规定为每一个公民的神圣职责。

依照法律服兵役和参加民兵组织是履行保卫祖国、抵抗侵略义务的实际行动，是每一个适龄公民的光荣义务。每一个公民要自觉地履行这一光荣义务，在保卫社会主义祖国的事业中作出更大的贡献。

（五）依照法律纳税

税收是国家财政收入的重要组成部分，也是调节生产、流通、分配和消费的重要经济杠杆。我国的税收取之于民、用之于民，与剥削阶级国家的税收有本质上的不同。公民依照法律纳税，对于增加国家财政收入，保障国家资金需要，发展社会主义现代化建设，具有重要意义。

◆ 思考题

1. 为什么说宪法是国家的根本大法？

2. 怎样理解宪法的本质？

3. 怎样认识我国的国家性质？

4. 我国公民有哪些基本权利和义务？如何正确行使权利？

推动民法典实施，以更好推进全面依法治国、建设社会主义法治国家，更好保障人民权益。

——习近平在十九届中央政治局第二十次集体学习时的讲话

第一节　　民法概述

一般认为，民法源于罗马法。所谓罗马法，一般是指古罗马奴隶制国家从形成到衰亡整个历史时期的法律制度的总称。早期罗马法的代表是公元前451年至公元前450年制定的《十二铜表法》。罗马法由于适应了商品经济的发展，不仅在当时发挥了重要作用，而且对后世也有着广泛的影响。1804年颁布施行的《法国民法典》是世界上最早的一部资产阶级民法典，为当时的欧洲和后来许多国家的民事立法树立了一个典范。

2021年1月1日起施行的《民法典》，是我国民法的基本法律。

一、民法的概念及调整对象

我国《民法典》第2条规定，民法是调整平等主体的自然人、法人和非法人组织之间的人身关系和财产关系的法律。

我国民法所调整的人身关系是指与民事主体的人身不可分离而又不具有直接经济内容的那些社会关系，诸如姓名权、名誉权、荣誉权，以及著作权、发明权中的人身关系。民法所调整的财产关系主要指的是平等主体之间在商品生产、分配、交换和消费过程中所形成的社会关系。这些关系反映在民法上，分别表现为所有权关系、债权关系、知识产权等财产权关系。此外，夫妻之间、父母子女之间的财产权利义务关系，以及自然人财产的继承权关系等，也属于民法所调整的财产权关系的范围。

二、民法的基本原则

（一）民事权益受法律保护原则（第3条）

民事权益受法律保护是民法的基本精神，统领整个《民法典》和商事特别法。因此，民事权益受法律保护原则也是我国民法的首要原则，居于特别重要的地位。《民法典》的体系围绕"私权"展开，各项民事权利共同组成了私权完整的内容和结构，其所规定的民事主体是民事权利的享有者和民事义务的承担者，民事法律行为是行使私权而从事的行为，而民事责任既是因侵害私权而产生的法律后果，也是保障私权实现的强有力手段。因此，构建民事权利体系，弘扬私法自治，强化对人格尊严价值的保障，是整个民法的中心任务。

（二）当事人法律地位平等的原则（第4条）

在民事法律关系中，主体的法律地位完全平等，这是民事法律关系的最本质的特征，也是市场经济社会对民法提出的最基本的要求。根据当事人法律地位平等的原则，在民事生活中民事主体的权利能力完全平等，并受到法律的平等保护。同时，这一原则还表明，权利和义务必须一致，既不允许任何民事主体只享有权利，不承担义务，也不允许只加之以民事义务，而限制其民事权利。在财产关系中，这一原则主要反映了商品生产和交换的需要。商品的生产和交换，正如恩格斯在《反杜林论中》所说的，"要求有自由的、在行动上不受限制的商品所有者，他们作为商品所有者来说是有平等权利的，他们根据对他们来说全都平等的（至少在当地是平等的）权利进行交换"。

（三）意思自治原则（第5条）

在民事法律关系中，当事人的法律地位既然是平等的，在进行具体的民事活动时，就应尊重当事人的自主意思。允许当事人在法律规定的范围内自主决定自己的事务，自由从事各种民事行为，最充分地实现自己的利益，并可以根据自己的意志设定、变更和消灭民事法律关系，只要不违反法律法规的强制性规定和公序良俗，国家就不得对当事人的民事行为进行干预。

（四）公平原则（第6条）

民事主体在从事民事活动的过程中，应当按照公平的观念正当行使权利和履行义务。任何一项民事活动，是否违背了公平原则，需要从结果上来予以考察。例如，在合同领域内，公平原则就体现为等价有偿原则、情势变更原则和显失公平制度。如果交易的结果形成当事人之间极大的利益失衡，除非当事人自愿接受，否则法律应当作出适当的调整。所以，公平原则更多地体现实质正义的要求，司法机关也应当根据公平正义的观念处理民事纠纷。

（五）诚实信用原则（第7条）

诚实信用原则常被称为民法中的最高原则，适用于民法的整个领域，民事主体行使任何民事权利、履行任何民事义务，都应当遵循这一原则。在我国传统文化中，素有"君子一言，驷马难追""言必信，行必果"等说法，这些道德观念其实都为法治的推行奠定了良好的文化基础。而民法中的诚实信用原则不仅是对道德观念的法律确认，更是法律上的一项重要原则，它属于强行性规范，当事人不得以任何协议加以排除和规避。

上述意思自治、公平和诚实信用原则，虽各有其含义，但彼此互为补充。比如，不能以对方当事人"自愿"为借口而主张成立对他来说是显失公平的权利和义务关系。同时，为了保证公平原则的实现，也必须在民事活动中做到诚实信用，而不能对他方当事人进行欺诈、威胁，或同他人恶意串通，侵犯对方合法利益。

（六）符合法律和公序良俗原则（第8条）

民事主体从事民事活动，不得违反法律。这里主要指的是所有民事法律行为都不得违反法律的强制性规定，不仅是私法中的强制性规定，还应当考虑公法中的强制性规定。例如，贩毒、雇凶杀人在刑法上是犯罪行为，而当事人订立的贩毒、雇凶杀人合同，也因为违反刑法上的强制性规定而归于无效。

民事主体从事民事活动，亦不得违背公序良俗。在许多国家的民法中，常有违反公共秩序和善良风俗的民事行为无效的规定。我国《民法典》第153条第2款也规定："违背公序良俗的民事法律行为无效。"

（七）绿色原则（第9条）

现代社会资源的有限性、生态环境的恶化与人类不断增长的物质生活需求之间形成了尖锐的冲突和矛盾。绿色原则要求人们的生产、生活等活动要与资源、环境相协调，实现人类和环境的和谐相处。2020年《民法典》颁布时，也继承了这一规定。

三、民事法律关系

民事法律关系是民事主体之间就一定的物或其他对象（客体）而发生的由国家强制力保证其实现的民事权利义务关系。民事法律关系是一种人与人之间的社会关系，而不是人和物的关系。尽管在财产关系中其标的常常是物，但它并不是人与物的关系，而是通过物所发生的人与人之间的关系。经民法确认的民事法律关系分为人身法律关系和财产法律关系。

（一）民事法律关系的要素

民事法律关系包括三个不可缺一的要素，即主体、客体、内容。

1. 民事法律关系的主体

在民事法律关系中，享受权利和承担义务的人是民事法律关系的主体。我国民事法律关系的主体，一般是自然人和作为法人的社会组织和个人独资企业、合伙企业等非法人组织。实践中以户为单位的个体工商户、农村承包经营户，亦可以自己的名义参与民事活动，故也被视为民事法律关系的主体。在特定的情况下，国家也以特殊的民事主体资格出现于民事法律关系中（如因发行公债或国库券而与购买人形成的债权债务关系等）。

2. 民事法律关系的客体

民事法律关系的客体是指主体之间权利义务所指向的对象。能作为民事法律关系客体的有物、智力成果、行为（包括作为和不作为）和人身利益等。

3. 民事法律关系的内容

民事法律关系的内容是民事主体之间就一定的客体所发生的权利义务关系。在民事权利义务关系中，享有权利的一方被称为权利主体，承担义务的一方被称为义务主体。根据权利义务一致的原则，在大部分民事法律关系中，双方主体均互相享有权利，也互相承担义务。

（二）民事法律事实

在现代社会中，人们的民事活动是最基本的活动，它引起民事法律关系产生、变更和终止。凡依法律的规定能够引起民事法律关系产生、变更或终止的客观情况，称为法律事实。在现实生活中，有的法律关系因某一法律事实而产生（如自然人的出生或死亡），有的则需数个法律事实而产生（如合同成立所需的要约和承诺缔约行为，一般侵权责任的成立须有行为人的故意或过失的不法加害行为等）。

　　法律事实可分为两大类：一是事件，即不依赖于主体的意志活动和行为而发生的各种客观事实，如人的死亡以及各种不可抗力；二是行为，即以当事人的意志为转移的作为或不作为。行为又可分为合法行为和违法行为。凡依照法律的规定进行的行为为合法行为，国家保护通过合法行为所产生的民事法律关系。凡违反法律规定实施的行为（包括作为和不作为）都是违法行为，违法行为也引起民事法律关系的产生，如行为人非法损害他人人身和财产引起民事赔偿责任等。

第二节　民事主体

　　在我国，民事主体主要是自然人和法人，也包括其他享有民事权利、承担民事义务的非法人组织和国家。

一、自然人

（一）自然人的民事权利能力

　　自然人是相对于法人而言的，强调的是基于自然状态出生的人，不仅包括本国自然人，也包括外国人和无国籍人。我国《民法典》第13条规定，自然人从出生时起到死亡时止，具有民事权利能力，依法享有民事权利，承担民事义务。同时在第14条中规定，自然人的民事权利能力一律平等。

　　自然人的出生，是指胎儿与母体完全分离并能独立呼吸。我国的户籍制度规定，出生后有呼吸的婴儿，即使立即死亡，也要进行出生登记，并同时进行死亡登记。这就说明，胎儿只要作为活体出生，即使存活的时间很短，法律也承认他在生存期间具有民事权利能力，因而也是民事法律关系的主体，依法享有民事权利。至于未出生的胎儿，实践中认为其并不具有权利能力，只是为了保证其出生后生存、生活的需要，依据我国《民法典》第1155条的规定，遗产分割时应当保留胎儿的继承份额。

　　自然人的死亡分为自然死亡和宣告死亡两种。自然死亡又称生理死亡，是指人的生命的消灭。自然死亡的时间，应以医学上公认的死亡时间为准。目前，一般都以心脏停止跳动或停止呼吸为自然死亡的标准，并以此确定自然死亡的时间。自然人死亡后，其民事权利能力即告消灭，从而产生一系列民事法律后果。

根据《民法典》第 15 条的规定，自然人的出生时间和死亡时间，以出生证明、死亡证明记载的时间为准；没有出生证明、死亡证明的，以户籍登记或者其他有效身份登记记载的时间为准。有其他证据足以推翻以上记载时间的，以该证据证明的时间为准。

需要注意的是，自然人的民事权利能力不同于其民事权利：自然人可以在法律允许的范围内自由处置其民事权利，但却不能以任何方式限制、转让或抛弃自己的民事权利能力。自然人的民事权利能力一律平等，是指自然人作为民事主体的资格，即依法享有民事权利和承担民事义务的资格是一律平等的，并不是指每个自然人实际享有的权利都一律平等。

（二）宣告失踪和宣告死亡

1. 宣告失踪

宣告失踪，是指自然人下落不明经过法律规定的一段期间，其利害关系人可提出申请，人民法院依照法定程序宣告其为失踪人的一项制度。我国《民法典》第 40 条规定："自然人下落不明满二年的，利害关系人可以向人民法院申请宣告该自然人为失踪人。"

2. 宣告死亡

宣告死亡，是指自然人下落不明达到法定期限，经利害关系人申请，人民法院依照法定程序对失踪人已死亡进行的一种法律推定。宣告死亡和宣告失踪联系密切，在多数情况下，应该先宣告失踪，而后宣告死亡。但从法律上看，宣告失踪并非宣告死亡的必经程序，只要符合宣告死亡的条件，不论利害关系是否曾经申请宣告失踪，都可以直接申请宣告死亡。依照《民法典》第 46 条的规定，自然人下落不明满 4 年或因意外事故下落不明满 2 年的，利害关系人可以向人民法院申请宣告其死亡。我国《民法典》第 49 条还特别规定，自然人被宣告死亡但是并未死亡的，不影响该自然人在被宣告死亡期间实施的民事法律行为的效力。

（三）自然人的民事行为能力

自然人的民事行为能力，是指自然人得依自己的意思表示，通过自己独立的行为，取得民事权利和设定民事义务的能力，因而它不是一切人都具有的，也并非始于出生。法律确定自然人有民事行为能力的根据是自然人的意识能力，即辨认和控制自己行为的能力。自然人能否辨认和控制自己的行为主要取决于两个因素：年龄和心智。法律据此把自然人的民事行为能力分为三种：完全民事行为能力、无民事行为能力和限制民事行为能力。我国《民法典》规定，18周岁以上的自然人为成年人，具有完全民事行为能力，可以独立实施民事法律行为，是完全民事行为能力人；16周岁以上的未成年人，以自己的劳动收入为主要生活来源的，视为完全民事行为能力人；8周岁以上的未成年人，或虽满18岁但不能完全辨认自己行为的成年人，是限制民事行为能力人，他们都可以独立实施纯获利益的民事法律行为，或分别独立实施与其年龄、智力、精神健康状况相适应的民事法律行为，而其他民事法律行为须由其法定代理人代理或征得其法定代理人的同意、追认；不满8周岁的未成年人或不能辨认自己行为的成年人是无民事行为能力人，由其法定代理人代理实施民事法律行为。

（四）监护

监护，是指监护人对无民事行为能力人和限制民事行为能力人的人身、财产及其他方面的合法权益，进行监督和保护的一项制度。在我国《民法典》中，包括未成年人和成年人两种监护制度。其中，成年人的监护制度包括针对无民事行为能力、限制民事行为能力的成年人的法定监护和完全民事行为能力成年人的意定监护。从监护设立的方式来看，则包括了法定监护、指定监护、意定监护和遗嘱监护等方式。

法定监护，是指监护人由法律直接规定产生的监护。依据《民法典》的规定，未成年人的监护人首先应是父母；如父母死亡或无监护能力，则应按照以下顺序：一是由其祖父母、外祖父母，二是由其兄、姐，三是由其他经未成年人住所地的居民委员会、村民委员会或者民政部门同意，愿意担任监护人的个人或者组织来担任监护人。而为无民事行为能力或限制民事行为能力的成年人担任监护人的，应依次为配偶，父母、子女，其他近亲属，以及须经被监护人住所地的居民委员会、村民委员会或者民政部门同意的，其他愿意担任监护人的个人或者组织。

根据《民法典》第31条、第32条的规定，如果没有依法具有监护资格的人，监护人由民政部门担任，也可以由具备履行监护职责条件的被监护人住所地的居民委员会、村民委员会担任。如果对监护人的确定有争议，由被监护人住所地的居民委员会、村民委员会或者民政部门指定监护人，有关当事人对指定不服的，可以向人民法院申请指定监护人；有关当事人也可以直接向人民法院申请指定监护人。

根据《民法典》第 33 条的规定，所谓意定监护，是指具有完全民事行为能力的成年人，可以与其近亲属、其他愿意担任监护人的个人或者组织事先协商，以书面形式确定自己的监护人。协商确定的监护人在该成年人丧失或者部分丧失民事行为能力时，履行监护职责。《民法典》的这条规定来自《老年人权益保障法》第 26 条，并对其作了进一步完善，强调意定监护必须以书面形式作出，以防止发生争议。遗嘱监护，是指被监护人的父母在担任监护人期间，通过遗嘱的方式为被监护人指定监护人的制度。《民法典》第 29 条规定："被监护人的父母担任监护人的，可以通过遗嘱指定监护人。"

监护制度既然主要为保护无民事行为能力和限制民事行为能力人的利益而设立，监护人就应认真履行监护职责，保护被监护人的人身、财产及其他合法权益。除为了被监护人的利益外，不得处理被监护人的财产。监护人如不履行监护职责或侵害被监护人的合法权益，应承担责任；给被监护人造成财产损失的，应赔偿其损失。同时，人民法院也可以根据有关人员或有关单位的申请，撤销监护人的资格。

（五）自然人的住所

在我国，自然人必须有住所。在民事法律关系中，确定失踪的标准、监护的设定、在特定情况下确定债务的清偿地、审判管辖、结婚和离婚的登记、国际私法上法律的适用等，都常常与自然人的住所有关。

我国《民法典》规定，自然人以户籍登记或者其他有效身份登记记载的居所为住所。经常居所与住所不一致的，经常居所视为住所。而所谓经常居住地，依最高人民法院《关于适用〈中华人民共和国民事诉讼法〉的解释》的规定，是指该自然人离开住所地至起诉时已连续居住 1 年以上的地方，但住院就医的除外。

二、法人

（一）法人的概念与特征

法人是指具有民事权利能力和民事行为能力，能依法独立享有民事权利和承担民事义务的组织。根据我国《民法典》的规定，法人具有以下基本特征：（1）依法成立；（2）有必要的财产或者经费；（3）有自己的名称、组织机构和住所；（4）能够独立承担民事责任。

法人的民事权利能力和民事行为能力，始于法人的成立，终于法人的终止。但由于法人是一种社会组织，它的民事行为能力应由其法定代表人行使。法人以它的主要办事机构所在地为住所。

（二）法人的分类

对法人可以作各种不同的分类，最常见的是把它们分为公法人和私法人，或社团法人和财团法人。我国《民法典》将法人分为营利法人、非营利法人和特别法人。其中，特别法人包括机关法人、农村集体经济组织法人、城镇农村的合作经济组织法人、基层群众性自治组织法人；营利法人主要包括有限责任公司、股份有限公司和其他企业法人等；非营利法人主要包括事业单位、社会团体、基金会、社会服务机构等。

（三）法人的变更与终止

法人还常常发生合并或分立等各种变更的情况。在发生法人合并或分立等情况时，最重要的法律问题是处理好前后法人的债权、债务继承问题。

法人的终止可因各种原因而发生，如法人的事业和目的已经完成或已经实现或已不能完成和不能实现；依法撤销；宣告破产等。在法人终止时应当进行清算。在清算期间，法律虽赋予它从事与清算有关的民事活动的能力，却无权进行清算范围以外的活动。

三、个体工商户、农村承包经营户、个人独资企业和合伙企业

我国《民法典》第一编第二章"自然人"、第四章"非法人组织"、《个体工商户条例》（已失效）、《个人独资企业法》《合伙企业法》中，分别就"个体工商户""农村承包经营户""个人独资企业"和"合伙企业"等作了规定。自然人从事工商业经营，经依法登记，为个体工商户。个体工商户还可以起字号，并以其字号进行活动；农村集体经济组织的成员，依法取得农村土地承包经营权，从事家庭承包经营的，为农村承包经营户。《民法典》第56条规定："个体工商户的债务，个人经营的，以个人财产承担；家庭经营的，以家庭财产承担；无法区分的，以家庭财产承担。农村承包经营户的债务，以从事农村土地承包经营的农户财产承担；事实上由农户部分成员经营的，以该部分成员的财产承担。"

所谓非法人组织，是指不具有法人资格，但是能够依法以自己的名义从事民事活动的组织，主要包括个人独资企业、合伙企业、不具有法人资格的专业服务机构等。其与法人的最大区别就在于非法人组织不能独立承担责任。

根据《民法典》第 104 条的规定，非法人组织的财产不足以清偿债务的，其出资人或者设立人承担无限责任。法律另有规定的，依照其规定。

根据《个人独资企业法》第 2 条的规定，个人独资企业是指"在中国境内设立，由一个自然人投资，财产为投资人个人所有，投资人以其个人财产对企业债务承担无限责任的经营实体"。个人独资企业虽然由一个自然人投资设立，但它与自然人不同，属于独立的民事主体，能够以自己的名义对外开展民事活动。

根据《合伙企业法》第 2 条的规定，合伙企业，是指自然人、法人和其他组织依照该法在中国境内设立的普通合伙企业和有限合伙企业。普通合伙企业由普通合伙人组成，合伙人对合伙企业债务承担无限连带责任。《合伙企业法》对普通合伙人承担责任的形式有特别规定的，从其规定。有限合伙企业由普通合伙人和有限合伙人组成，普通合伙人对合伙企业债务承担无限连带责任，有限合伙人以其认缴的出资额为限对合伙企业债务承担责任。合伙协议依法由全体合伙人协商一致、以书面形式订立（第 4 条）。申请设立合伙企业，应当向企业登记机关提交登记申请书、合伙协议书、合伙人身份证明等文件（第 9 条第 1 款）。申请人提交的登记申请材料齐全、符合法定形式，企业登记机关能够当场登记的，应予当场登记，发给营业执照（第 10 条第 1 款）。

第三节 民事权利

一、民事权利概述

民事权利是由民法所确认的权利，是法律为了民事主体的特定利益而提供的保障。民事权利分为人身权利和财产权利，分别体现了人身利益和财产利益。根据我国《民法典》第 3 条的规定："民事主体的人身权利、财产权利以及其他合法权益受法律保护，任何组织或者个人不得侵犯。"

二、民事权利的基本分类

根据权利的内容和性质，民事权利可以分为人身权、财产权和综合性权利。

（一）人身权

人身权，是指以人身所体现的利益为内容的，与权利人的人身密不可分的民事权利，包括人格权和身份权。人格权是指以生命、健康、名誉等人格利益为内容，并排斥他人侵害的权利，如生命权、健康权、肖像权等。身份权是指基于权利人的特定身份而产生的权利，如抚养权、配偶权等。根据《民法典》第110条的规定："自然人享有生命权、身体权、健康权、姓名权肖像权、名誉权、荣誉权、隐私权、婚姻自主权等权利。法人、非法人组织享有名称权、名誉权和荣誉权。"

（二）财产权

财产权，是指以财产利益为直接内容的权利，其主体限于现实地享有或可以取得财产的人。财产权主要包括物权和债权两大类。物权是指权利人依法对特定的物享有直接支配和排他的权利，包括所有权、用益物权和担保物权。物权是一种对世权，其义务人是除权利人之外的一切人。所谓债权，是指特定的债权人一方请求债务人为或不为一定行为的权利，债权在内容上是一种请求关系，只存在于特定的当事人之间。《民法典》第113条明确规定，民事主体的财产权利受法律平等保护。

（三）综合性权利

综合性权利，是指由人身权和财产权结合所产生的一类权利，其内容既包括人身利益又包括财产利益。典型的综合性权利包括知识产权、社员权、继承权等。

三、民事权利的取得和行使

民事权利的取得，是指民事主体依据合法的方式或根据获得民事权利。民事权利的合法取得方式可分为原始取得和继受取得两种。原始取得，是指根据法律规定或者民事法律行为最初取得民事权利或不依赖于原权利人的意志而取得某项民事权利，如因建造船舶而取得对船舶的所有权。继受取得又称传来取得，是指通过某种法律行为从原权利人那里取得某项民事权利，如因买卖船舶而取得对船舶的所有权。

《民法典》第129条规定："民事权利可以依据民事法律行为、事实行为、法律规定的事件或者法律规定的其他方式取得。"依民事法律行为取得，主要是指当事人通过买卖合同、赠与合同等方式而取得民事权利。当事人也可依事实行为取得民事权利，如因合法建造房屋而取得物权。法律规定的事件也是民事主体取得民事权利的重要原因，如被继承人的死亡，可以使继承人取得继承遗产的权利。法律规定的其他方式也是民事主体取得民事权利的重要方式，如依生效的法院判决、仲裁委员会的裁决或人民政府的征收决定，取得物权。

民事主体行使权利时，应当履行法律规定的和当事人约定的义务，民事主体不得滥用民事权利损害国家利益、社会公共利益或者他人合法权益。

第四节 物权概述

一、物权和物权法的概念

物权作为一个法律范畴，是由法律确认的主体对物依法享有的支配权利。《民法典》第 205 条规定，物权编调整因物的归属和利用产生的民事关系。根据《民法典》第 114 条第 2 款的规定，物权是权利人依法对特定的物享有直接支配和排他的权利，包括所有权、用益物权和担保物权。

物权具有如下特征：（1）支配性。物权的支配性是指物权人可以直接对物进行支配，不需要借助其他任何人的行为。（2）对世性。物权的对世性是指物权的权利主体是特定的，而义务主体则是不特定的，除权利人外，其他任何人都负有不得侵害他人物权的义务，他们都是物权的义务主体，承担不侵害他人物权的不作为义务。（3）排他性。物权的排他性主要表现在两个方面：其一，物权具有直接排除他人不法侵害的效力。当物权遭到侵害时，物权人凭借物权即可直接请求侵害人排除侵害。其二，同一物上不能同时设立两个内容相互冲突的物权。但所有权的排他性并不妨碍数人对同一物共同享有所有权，也不妨碍同一物上存在几个内容互不冲突的物权。（4）绝对性。民事权利有绝对权和相对权之分。绝对权的行使不需义务人的积极协助行为，仅有权利人的合法支配行为即能实现。物权作为一种民事主体对特定之物直接进行管领支配，并排除他人干涉的权利，属绝对权的范畴。

二、物权的分类

在民法理论上，物权可依不同的标准加以分类，最基本的分类是所有权与其他物权、用益物权与担保物权、动产物权与不动产物权。

（一）所有权与其他物权

所有权是指所有人依法对其财产享有占有、使用、收益和处分的权利，是一种最完整、最充分的物权，因而又称"完全物权"；其他物权是指基于所有权产生的、非所有人对他人之物享有的一定程度的直接支配权，又称"他物权"，由于其支配范围受到一定的限制，故也称为"限制物权"。

（二）用益物权与担保物权

这是对他物权的再分类。用益物权是指以物的使用收益为目的的物权，包括地上权、地役权、永佃权等；担保物权是指以担保债权为目的，即以确保债务的履行为目的的物权，包括抵押权、留置权、质权等。

（三）动产物权与不动产物权

这是按物权的客体的性质而作的分类，其意义主要在于明确二者在取得方法、成立要件和效力等方面的差别。

三、物权的效力

（一）物权的排他效力

物权的排他效力是指在同一标的物上不能同时存在两个以上的内容不相容的物权，即在同一物上已存在的物权有排除在该物上再成立与其内容互不相容的物权效力。物权的排他效力是由物权的支配性所决定的。

（二）物权的优先效力

物权的优先效力，主要是指在一物之上债权与物权并存时，无论物权成立先后，都优先于债权的效力，物权的优先效力仍源于物权的对物支配权和排他性。法律赋予物权以优先效力有利于维护既存的财产占有关系，充分发挥物质财富的效用。此外，物权的优先效力还包括物权相互间的优先效力，它是指在同一标的物上同时存在两个以上相同内容或性质的物权时，先成立的物权具有优先于后成立的物权的效力。这就是物权法所称的"成立在先，权利在先"原则。

（三）物权的追及效力

物权的追及效力，是指物权的标的物只要为不法占有人占有，物权人原则上可以依法向物的不法占有人索取，请求其返还原物。但是，如果该物为他人善意占有，则无权无偿地请求返还。

（四）物权的妨害排除效力

物权的妨害排除效力，又称物上请求权或物权的请求权，是指物被侵害或有被侵害的危险时，物权人得请求排除侵害或防止侵害，以恢复其物权的状态的权利。

四、物权的变动

（一）物权变动的概念

物权的变动，是指物权的设立、变更、终止。物权的设立，亦称物权的产生，是指民事主体依法设立新的物权。为自己设立物权的，通常称为物权的取得；为他人设立物权的，通常称为物权的设定。物权的变更，是指物权的客体、内容的部分变更。能引起物权变动的民事法律事实有两类：物权法律行为（即物权行为）和物权行为以外的法律事实。前者如通过买卖、互易、赠与、遗赠等行为取得自物权，通过物的所有人与他人的设定行为为他人设定典权、地役权、抵押权、质权等他物权；后者如时效，公用征收和没收，法律规定（如留置），附和、混合、加工，先占、拾得遗失物、发现埋藏物。

（二）物权变动的原因

1. 物权的取得

（1）原始取得，即依据法律的直接规定取得物权，不以原所有人的意志为转移的物权取得方式。物权原始取得方法通常有：通过生产而取得产品的物权；通过收益而取得物之天然孳息的物权；国家通过税收、国有化、征收、征用、没收而取得物权；国家按法定程序取得无人继承的遗产、无人认领的遗失物和所有人不明的埋藏物、隐藏物的所有权；集体组织取得其成员的无人继承的遗产的所有权；在法律允许的范围内通过先占取得无主动产的所有权；取得添附物的物权；通过时效限制取得物权。

（2）继受取得，即以物的所有人的意志为转移的物权的取得方式。例如，通过买卖、互易、赠与、遗赠和继承等取得物权。

2. 物权的消灭

物权的消灭是指特定主体的物权不复存在，有广义、狭义之分。广义的物权消灭包括以下两种情况：（1）物权的绝对消灭，即物权与特定主体分离，而他人又未取得其权利。物权标的物灭失、物权人抛弃其物权，他物权与所有权的混合等，能引起物权的绝对消灭。（2）物权的相对消灭，即物权与原主体分离而归于新主体。例如，转让人因转让而丧失物权。

（三）物权变动的要件

物权的变动除了须有当事人之间的同意，还须有其他要件才能生效。当事人之间的债权合同，是物权变动的原因，债权合同无效自不能发生物权变动的效果，但物权未发生变动，不应影响其他原因关系的效力。物权的变动除了其原因行为应为有效，还须进行登记或交付，才能生效。因此，登记或交付是物权变动的特殊生效要件。

1. 登记

登记是指主管部门在相关的登记簿上记载物权变动的情况。我国《民法典》第 209 条规定，不动产物权的设立、变更、转让和消灭，经依法登记，发生效力；未经登记，不发生效力，但是法律另有规定的除外。依法属于国家所有的自然资源，所有权可以不登记。

2. 交付

依法律行为发生动产物权变动的，以交付为生效要件。我国《民法典》第 224 条至第 228 条规定，动产物权的设立和转让，自交付时发生效力，但是法律另有规定的除外。船舶、航空器和机动车等的物权的设立、变更、转让和消灭，未经登记，不得对抗善意第三人。动产物权设立和转让前，权利人已经占有该动产的，物权自民事法律行为生效时发生效力。动产物权设立和转让前，第三人占有该动产的，负有交付义务的人可以通过转让请求第三人返还原物的权利代替交付。动产物权转让时，当事人又约定由出让人继续占有该动产的，物权自该约定生效时发生效力。

五、物权的民法保护

（一）请求确认物权

当物权归属不明或因是否存在发生争执时，当事人可以向法院提起诉讼，请求确认物权。《民法典》第 234 条规定，因物权的归属、内容发生争议的，利害关系人可以请求确认权利。在我国，由于土地、房屋等不动产设有专门的行政管理机关，因此，有关不动产物权的争执也可以先申请行政主管部门解决。

（二）请求排除妨碍

当他人的行为非法妨碍或者可能非法妨碍物权人行使物权时，物权人可以请求妨碍人排除妨碍或者消除危险，也可请求法院责令妨碍人排除妨碍或者消除危险。

（三）请求恢复原状或者修理、重作、更换

当物权的标的物因他人的侵害行为面临损坏时，如果能够修复，物权人可以请求侵权行为人加以修理、恢复物之原状。恢复原状物的请求，既可以由物权之所有人基于物之所有权提出（不管所有人是否直接占有其所有物），也可以由物之合法占有人（如质权人、保管人）与使用权人（如承包人，承包经营人）提出。造成不动产或者动产毁损的，权利人还可以请求重作或者更换。

（四）请求返还原物

当所有人的财产被他人非法占有时，财产所有人或合法占有人，可以依照法律的规定请求不法占有人返还原物，或者请求法院责令不法占有人返还原物。

（五）请求赔偿损失

当他人侵害物权的行为造成物权人的经济损失时，物权人既可以直接请求侵害人赔偿损失，也可以请求法院责令侵害人赔偿损失，还可以依法请求侵害人承担其他民事责任。

以上物权保护方式，既可以单独适用，也可以根据权利被侵害的情形合并适用。此外，结合我国《治安管理处罚法》和《刑法》的有关规定，侵害物权，除承担民事责任外，如违反行政管理规定的，依法承担行政责任；构成犯罪的，依法追究刑事责任。

第五节 财产所有权

一、财产所有权的一般原理

（一）财产所有权的概念

根据《民法典》第240条的规定，财产所有权是指所有权人依法对自己的财产享有占有、使用、收益和处分的权利。按所有权的主体来划分，有国家所有权、集体所有权、私人所有权、法人所有权；按所有权的客体来划分，有生产资料所有权和生活资料所有权、动产所有权和不动产所有权等。

（二）所有权法律关系

1. 所有权法律关系的主体

在所有权法律关系中，财产所有权的享有者，称为所有人，是所有权法律关系中的权利主体。所有权的权利主体总是特定的，而它的义务主体都是不特定的，即任何人均负有不得非法侵犯或者妨碍所有人行使其所有权的义务。

2. 所有权法律关系的客体

所有权法律关系的客体是物。在法律上，对物可作不同分类，如动产和不动产，主物和从物，原物和孳息，单一物、结合物和集合物，融通物和非融通物，消费物和非消费物，代替物和不可代替物，可分物和不可分物等。

3. 所有权法律关系的内容

财产所有权的内容主要由所有人依法对其所有物享有的占有、使用、收益和处分的四项具体权能构成。

占有，是指所有人对财产的实际控制和管领。在一般情况下，财产归所有人占有，但也可能和所有人脱离而归非所有人占有。这又包括两种情形：一是合法占有，即有法律上的根据或经所有人同意的占有，如依合法的租赁关系而占有所有人的物；二是非法占有，即既没有法律根据又未经所有人同意而占有他人的财产。在非法占有中，又分为善意占有和恶意占有。所谓善意占有，是指不知悉或无从知悉没有占有的权利而占有他人财产；与此相反，则属恶意占有。这种区分的意义在于判定是否应该承担返还原物和赔偿损失的法律后果。

使用，是指对财产作营利的或非营利的运用和利用。使用权同占有权一样，在通常情况下属于所有人本人，但有时也可能脱离所有人而由非所有人行使，如目前国有城镇土地使用权的转让和农村集体经济组织的成员承包所有权属于集体的土地。

收益，是指基于自己的财产而取得的法定孳息和自然孳息。前者如利息、租金等，后者如果实、仔畜等。收益权在一般情况下归所有人，但也可与所有人分离而由非所有人行使。

处分，是指在法律规定的范围内决定财产的事实上和法律上的命运的权利。这是所有人最根本的权利。这种处分，使得财产所有权归于消灭和转移。处分权也可由非所有人行使（如《民法典》第 453 条规定的留置权人对留置财产的处分）。

应当指出，所有人行使对财产的占有、使用、收益和处分四项权能时，应限制在法定的范围内，不得借口行使所有权而损害公共利益或他人的合法权益。

二、国家所有权

国家所有权是全民所有制在法律上的表现。

国家所有权的主体是中华人民共和国。这一主体具有唯一性和统一性的特征，我国全民所有的财产只能归国家所有，不能属于社会的任何组织或成员。但是从国家所有权的内容上看，对占有、使用、收益和处分权利的行使具有很大的灵活性，国家机关、国有企事业单位均可以在国家的授权下行使这些权能，对国家的财产进行经营和管理。自然人和集体也可通过承包或租赁等形式，经营国家所有的财产。但需要注意的是，《民法典》第 257 条规定："国家出资的企业，由国务院、地方人民政府依照法律、行政法规规定分别代表国家履行出资人职责，享有出资人权益。"这一规定改变了原《民法通则》第 82 条全民所有制企业仅对国家授予它经营管理的财产享有经营权的规定，国家作为出资人，一旦将财产投入企业法人中，该财产就属于企业法人的独立财产，国家只享有出资人的权益。

国家所有权的客体范围具有无限广泛性。其一，不论以何种形式或形态存在的财产，都可以成为国家所有权的客体。其二，有些财产，如矿藏、水流、海域等只能由国家专有。

《民法典》第258条规定，国家所有的财产受法律保护，禁止任何组织或者个人侵占、哄抢、私分、截留、破坏。

三、集体所有权

集体所有权是集体所有制在法律上的表现。集体所有权的主体是劳动群众的集体组织，它不属于参加集体组织的任何个人，而只属于作为组织的集体。集体组织通过它的管理机构来行使这种所有权。这是集体所有权不同于国家所有权和私人所有权的一个特点。集体经济组织在我国农村为各种农业生产合作组织、集体所有制的乡村企业等，在城镇则为各种集体的企业、事业单位。除了依法只能归国家专有的财产以外，其他财产都可以成为集体所有权的客体。集体组织行使所有权时，要遵守有关的法律，不得损害国家和他人的利益。

《民法典》第265条规定，集体所有的财产受法律保护，禁止任何组织或者个人侵占、哄抢、私分、破坏。农村集体经济组织、村民委员会或者其负责人作出的决定侵害集体成员合法权益的，受侵害的集体成员可以请求人民法院予以撤销。同时，农村集体经济组织对其所有的财产，有权通过承包或租赁合同，交由其成员个人经营。

四、私人所有权

我国私人所有权是社会主义所有权制度的组成部分，是指除国家所有权和集体所有权之外的所有权，私人所有权是私人对其不动产和动产享有占有、使用、收益、处分的权利。私人所有权的主体不仅是自然人个人，还包括私人投资设立的不具有法人资格及具有法人资格的独资企业，两个以上的自然人及私有法人企业共同出资设立的合伙企业。

《民法典》第266条规定："私人对其合法的收入、房屋、生活用品、生产工具、原材料等不动产和动产享有所有权。"这就是对私人所有权的规定。《民法典》不仅规定了私人所有权的客体，而且还规定了私人财产的其他表现形式和来源，包括合法的储蓄、投资及其收益、继承的财产。同时又规定私人依法可以独立出资或者与他人共同出资设立企业，享有出资者权益。除了法律规定属于国家和集体的所有权客体及法律禁止成为私人所有权客体的以外的物，都可以成为私人所有权的客体。国家为了宏观经济调控，对某些领域的经济活动禁止私人经营，实际上也是对私人所有权客体的限制。私人的合法财产受法律保护，禁止任何单位和个人侵占、哄抢、破坏。

五、法人所有权

《民法典》第 269 条规定，营利法人对其不动产和动产依照法律、行政法规以及章程享有占有、使用、收益和处分的权利。营利法人以外的法人，对其不动产和动产的权利，适用有关法律、行政法规以及章程的规定。第 270 条规定，社会团体法人、捐助法人依法所有的不动产和动产受法律保护。

六、业主的建筑物区分所有权

根据《民法典》第 271 条的规定，业主的建筑物区分所有权，是指业主对建筑物内的住宅、经营性用房等专有部分享有所有权，对专有部分以外的共有部分享有共有和共同管理的权利。我国《民法典》物权编第二分编第六章对业主的建筑物区分所有权主要作了如下规定：业主对其建筑物专有部分享有占有、使用、收益和处分的权利；业主行使权利不得危及建筑物的安全，不得损害其他业主的合法权益。业主对建筑物专有部分以外的共有部分，享有权利，承担义务；不得以放弃权利为由不履行义务。建筑区划内的道路，属于业主共有，但是属于城镇公共道路的除外。建筑区划内的绿地，属于业主共有，但是属于城镇公共绿地或者明示属于个人的除外。建筑区划内的其他公共场所、公用设施和物业服务用房，属于业主共有。建筑区划内，规划用于停放汽车的车位、车库的归属，由当事人通过出售、附赠或者出租等方式约定。占用业主共有的道路或者其他场地用于停放汽车的车位，属于业主共有。建筑区划内，规划用于停放汽车的车位、车库应当首先满足业主的需要。业主不得违反法律、法规以及管理规约，将住宅改变为经营性用房。业主将住宅改变为经营性用房的，除遵守法律、法规以及管理规约外，应当经有利害关系的业主一致同意。业主可以设立业主大会，选举业主委员会。业主可以自行管理建筑物及其附属设施，也可以委托物业服务企业或者其他管理人管理。业主大会和业主委员会对任意弃置垃圾、排放污染物或者噪声、违反规定饲养动物、违章搭建、侵占通道、拒付物业费等损害他人合法权益的行为，有权依照法律、法规以及管理规约，请求行为人停止侵害、排除妨害、消除危险、恢复原状、赔偿损失。

七、共有关系

共有是指对同一项财产由两个或两个以上的主体共同享有一个完整的所有权的一种制度。这种财产关系常在合伙经营、共同劳动、共同购买、共同继承以及夫妻之间产生。但它不是一种独立的所有权类型，它只表明在这种财产所有权关系中，其权利主体虽是多个的，但对共有财产的所有权却是单一的。共有关系的权利客体只能是同一财产或同一物。共有人对共有财产或平等地享有权利和承担义务，或按各自的份额享有权利和承担义务。共有既可以存在于任何一种所有权之中（如几个全民所有制企业之间的共有、夫妻之间的共有等），也可以存在于几种不同性质的所有权之中（如全民所有制企业和集体所有制企业之间的共有），只要有多于一个的权利主体共同对某一物享有所有权，便构成共有关系。

共有分为共同共有和按份共有。共同共有指两个或多个主体对某一项财产不分份额地平等地享有所有权，不到这种共有关系结束并进行共有财产的分割时，不可能明确每一主体应享有的份额。在共有期间，共同共有人对共有财产享有连带的权利，并承担连带责任。按份共有指多个主体对共有财产各自按份额享有权利，并按各自的份额就共有财产承担责任。因而，共有人对共同债务清偿之后，有权要求其他共有人按各自的份额予以偿还；在这种共有关系存续期间，每一共有人既可将自己的份额转让给他人（其他共有人于同等条件下，有优先受让权），也可要求从共有财产中分割出去。共有人按照约定管理共有的不动产或者动产；没有约定或者约定不明确的，各共有人都有管理的权利和义务。

八、相邻关系

相邻关系，是指土地、土地上的自然物或建筑物的相邻所有人在使用或经营这些相邻的不动产时，相互发生的权利义务关系。在相邻关系中，一方在使用或经营自己的不动产时，负有不得妨碍对方合理行使权利的义务，同时也有权要求对方不妨碍和侵犯自己权利的合理行使。在相邻关系中的这种权利，被称为相邻权。相邻权的实质既表现为相邻不动产所有人或占有人行使财产权的一种限制，也同时表现为相邻不动产所有人的财产权的一种扩大。《民法典》第288条、第289条规定，不动产的相邻权利人应当按照有利生产、方便生活、团结互助、公平合理的原则，正确处理相邻关系。法律、法规对处理相邻关系有规定的，依照其规定；法律、法规没有规定的，可以按照当地习惯。

相邻关系的种类很多，主要有：相邻防污、防险关系；相邻流水、用水关系；相邻通风、通行、采光关系；共同使用、收益关系；土地疆界线上的竹木等的共有关系；相邻管线安设关系；铁路、公路及其两侧相邻土地的关系等。

第六节　用益物权

用益物权是指以他人所有的不动产或者动产的占有、使用、收益为目的的物权。我国《民法典》规定了土地承包经营权、建设用地使用权、宅基地使用权、居住权和地役权五种用益物权。

一、土地承包经营权

根据《民法典》的规定，土地承包经营权是指土地承包经营权人依法对其承包经营的耕地、林地、草地等享有占有、使用和收益的权利，有权从事种植业、林业、畜牧业等农业生产。我国《民法典》第330条至第332条规定，农村集体经济组织实行家庭承包经营为基础、统分结合的双层经营体制。农民集体所有和国家所有由农民集体使用的耕地、林地、草地以及其他用于农业的土地，依法实行土地承包经营制度。土地承包经营权人依法对其承包经营的耕地、林地、草地等享有占有、使用和收益的权利，有权从事种植业、林业、畜牧业等农业生产。耕地的承包期为30年。草地的承包期为30年至50年。林地的承包期为30年至70年。前款规定的承包期限届满，由土地承包经营权人依照农村土地承包的法律规定继续承包。我国《民法典》第339条规定，土地承包经营权人可以自主决定依法采取出租、入股或者其他方式向他人流转土地经营权。

二、建设用地使用权

建设用地使用权是指利用土地建造建筑物、构筑物和其他设施的权利。建设用地使用权同农用地使用权相区别，是对土地进行非种植业、林业、畜牧业和渔业而从事建设的权利。我国《民法典》第 344 条至第 353 条规定，建设用地使用权人依法对国家所有的土地享有占有、使用和收益的权利，有权利用该土地建造建筑物、构筑物及其附属设施。建设用地使用权可以在土地的地表、地上或者地下分别设立。设立建设用地使用权，应当符合节约资源、保护生态环境的要求，遵守法律、行政法规关于土地用途的规定，不得损害已经设立的用益物权。设立建设用地使用权，可以采取出让或者划拨等方式，并应当向登记机构申请建设用地使用权登记。登记机构应当向建设用地使用权人发放权属证书。建设用地使用权人应当依照法律规定以及合同约定支付出让金等费用。建设用地使用权人有权将建设用地使用权转让、互换、出资、赠与或者抵押，但是法律另有规定的除外。

三、宅基地使用权

宅基地，是指农村集体经济组织的成员经依法批准用以建造个人住宅的农民集体所有的土地。

宅基地使用权是指农村集体经济组织的成员依法享有的宅基地上建设住宅的权利。我国《民法典》第 362 条至第 365 条规定，宅基地使用权人依法对集体所有的土地享有占有和使用的权利，有权依法利用该土地建造住宅及其附属设施。宅基地使用权的取得、行使和转让，适用土地管理的法律和国家有关规定。宅基地因自然灾害等原因灭失的，宅基地使用权消灭。对失去宅基地的村民，应当依法重新分配宅基地。已经登记的宅基地使用权转让或者消灭的，应当及时办理变更登记或者注销登记。

四、居住权

居住权，是指对他人住宅及其附属设施占有、使用的权利。居住权是旨在满足居住需要的权利类型，具有一定限度内的社会福利和保障作用。在实践中，为了帮助离婚中的生活困难一方，或为了通过以房养老来解决养老问题，都可以设立居住权。

居住权是《民法典》新规定的用益物权。《民法典》第 367 条至第 371 条规定，设立居住权，当事人应当采用书面形式订立居住权合同。居住权无偿设立，但是当事人另有约定的除外。设立居住权的，应当向登记机构申请居住权登记。居住权不得转让、继承。设立居住权的住宅不得出租，但是当事人另有约定的除外。居住权期限届满或者居住权人死亡的，居住权消灭。居住权消灭的，应当及时办理注销登记。当事人可以以遗嘱方式设立居住权。

五、地役权

地役权，是指按照合同约定，利用他人的不动产，以提高自己的不动产的效益的权利。他人的不动产为供役地，自己的不动产为需役地。

我国《民法典》第 373 条至第 375 条规定，设立地役权，当事人应当采用书面形式订立地役权合同。当事人要求登记的，可以向登记机构申请地役权登记；未经登记，不得对抗善意第三人。供役地权利人应当按照合同约定，允许地役权人利用其不动产，不得妨害地役权人行使权利。

第七节　债权

一、债的概念

（一）债的定义

债是按照合同的约定或依照法律的规定，在当事人之间产生的特定的权利义务关系，其中一方（债权人）享有请求他方（债务人）为或不为一定行为的权利，他方负有满足该项请求的义务。

（二）债权三要素

（1）债的主体是特定的两方当事人，即债权人和债务人。有权请求他方为或不为一定行为的是债权人，承担这项义务的是债务人。他们可以各为一人，也可以一方或双方为多人。在债权关系中，权利主体和义务主体都是特定的；而在所有权关系中，义务主体是除所有人以外的任何人，是不特定的。

（2）债的内容表现为请求履行一定行为（作为或不作为）的权利和履行

此项行为的义务。债权人的权利一般只有通过债务人的行为才能得到实现。而所有权人的权利的实现则无须以其他人为一定的行为为条件，所有权人以外的其他任何人均负有不妨碍或不侵害所有人的所有权的义务。

（3）债的客体，即债权人的权利和债务人的义务所共同指向的对象，可以是物，也可以是智力成果，还可以是行为，而所有权关系的标的只能是物。

（三）债的分类

债可以从不同的角度区分为不同种类，如按主体人数的多少来区分，双方均为一人的，是单一之债；一方或双方为多数人的，是多数人之债。多数人之债按主体各自的权利义务，又可以分为按份之债和连带之债。按标的物来区分，标的物具有特定化性质的叫特定之债，标的物为种类物的叫种类物之债。按债务人应为的行为是否可以选择来区分，债的内容规定债务人只能为一种行为的为简单之债，债的内容规定债务人可以选择两种或数种行为中的一种的为选择之债。债还可因发生原因的不同分为合同之债和法定之债，法定之债中又含侵权行为之债、不当得利之债和无因管理之债。

（四）债的变更与消灭

债的变更是指债的关系在不失其同一性的前提下，变更债的当事人（债权人或债务人）或债的内容。所谓债的关系不失其同一性，是指已发生的债依然存在，如只发生债的主体变更（又可称债的移转），即债在不失其同一性的前提下，以新债权人代替旧债权人或以新债务人取替旧债务人（前者又称债权让与，后者又称债务承担）。又如，发生债的内容的变更，也是在保持债的同一性的前提下，或因给付标的物的减少或灭失而变更其内容，或因给付标的物的变更而变更其内容，或因给付标的物的扩张或增加而变更其内容。

债因以下各种原因而消灭：（1）债因履行而消灭；（2）债因互相抵销而消灭；（3）债因混同而消灭（债权人与债务人合二为一，原有债务就没有履行的必要，债即自行消灭）；（4）债因判决而消灭；（5）债因一方抛弃或双方当事人协议免除而消灭；（6）债因时效的完成而消灭等。

二、合同

（一）概述

1. 合同的定义

根据《民法典》第 464 条第 1 款的规定，合同"是民事主体之间设立、变更、终止民事法律关系的协议"。该条第 2 款同时规定，婚姻、收养、监护等有关身份关系的协议，适用有关该身份关系的法律规定；没有规定的，可以根据其性质参照适用本编规定。可见，合同关系以调整发生于经济活动中的各种权利义务关系为主要内容。在民法学中，合同又称"契约"。

2. 合同的特征

它的法律特征如下：（1）合同是一种法律行为，是由双方或多方当事人设立、变更或终止彼此之间权利义务关系的法律行为。单方法律行为不构成合同。（2）合同必须是一种协议，即必须以相互间意思表示的一致为条件。（3）合同双方当事人地位平等，一方不得将自己的意志强加给另一方。其中一方为债权人，另一方为债务人，或双方互享债权，互负义务。（4）合同必须是一种合法行为。当事人不得利用合同扰乱社会经济秩序，损害社会公共利益，破坏社会公德。

在订立合同时，不但必须遵守自愿原则，而且应该遵循公平原则确定各方的权利和义务。当事人在行使权利和履行义务时，还必须遵循诚实信用原则。依法成立的合同，对当事人即具有法律约束力，任何一方不得擅自变更或解除合同。

（二）合同的订立

1. 合同的订立

订立合同一般要经过两个步骤：要约与承诺。

（1）要约。

要约，在商务尤其是国际商务中又称"发盘"，是指一方向对方提议订约，并且提出了合同的主要条款（或必备条款），以供对方考虑，如同意接受即表示合同已经成立的确定的意思表示。如《民法典》第 472 条规定，要约是希望与他人订立合同的意思表示，该意思表示应当符合下列条件：内容具体确定；表明经受要约人承诺，要约人即受该意思表示约束。要约人在要约的有效期限内要受自己要约的约束。但要约可以撤回（要约撤回适用于要约尚未生效的情况），只是其撤回要约的通知应当在要约到达受要约人之前或与要约同时到达受要约人。要约一般也可以撤销（适用于要约已生效的情况），但撤销要约的意思表示以对话方式作出的，该意思表示的内容应当在受要约人作出承诺之前为受要约人所知道；撤销要约的意思表示以非对话方式作出的，应当在受要约人作出承诺之前到达受要约人。要约邀请是希望他人向自已发出要约的表示。拍卖公告、招标公告、招股说明书、债券募集办法、基金招募说明书、商业广告和宣传、寄送的价目表等为要约邀请。商业广告和宣传的内容符合要约条件的，构成要约。

（2）承诺。

承诺，在商务尤其是国际商务中又称"接盘"，是指受要约人同意要约的意思表示。承诺应当在要约确定的期限内或在合理的时间内到达要约人。承诺应与要约的内容一致。凡受要约人对要约的内容作了实质性的变更或修改的，都不构成承诺，而只是一个新的要约。有关合同标的、数量、质量、价款或者报酬、履行期限、履行地点和方式、违约责任和解决争议方法等的变更，是对要约内容的实质性变更。承诺也可以撤回，但撤回承诺的通知必须于承诺到达要约人之前或与承诺同时到达要约人。合同成立的时间在承诺生效之时，但是法律另有规定或者当事人另有约定的除外。合同成立的地点在承诺生效的地点。

2. 合同的内容

合同的内容由当事人约定。一般应包括的条款为：（1）当事人的名称或姓名和住所；（2）标的；（3）数量；（4）质量；（5）价格或者报酬；（6）履行期限、地点和方式；（7）违约责任；（8）解决争议的方法。

格式条款是当事人为了重复使用而预先拟定，并在订立合同时未与对方协商的条款。采用格式条款订立合同的，提供格式条款的一方应当遵循公平原则确定当事人之间的权利和义务，并采取合理的方式提示对方注意免除或者减轻其责任等与对方有重大利害关系的条款，按照对方的要求，对该条款予以说明。提供格式条款的一方未履行提示或者说明义务，致使对方没有注意或者理解与其有重大利害关系的条款的，对方可以主张该条款不成为合同的内容。

3. 合同的形式

《民法典》规定，当事人订立合同，可以采用书面形式、口头形式或者其他形式（有的学者认为，它包括公证形式、鉴证形式、审核批准形式、登记形式等。但这些都只是书面形式的特殊附加条件。可以认为，其他形式主要是指默示形式等）。但是，法律、法规对一些特殊类型的合同（如保证合同、建设工程合同）规定须采取书面形式。

（三）合同的效力

《民法典》第 502 条规定，依法成立的合同，自成立时生效，但是法律另有规定或者当事人另有约定的除外。依照法律、行政法规的规定，合同应当办理批准等手续的，依照其规定。未办理批准等手续影响合同生效的，不影响合同中履行报批等义务条款以及相关条款的效力。应当办理申请批准等手续的当事人未履行义务的，对方可以请求其承担违反该义务的责任。依照法律、行政法规的规定，合同的变更、转让、解除等情形应当办理批准等手续的，适用前款规定。

根据《民法典》的规定，无民事行为能力人签订的合同，违反法律、行政法规的强制性规定的合同（但是，该强制性规定不导致该民事法律行为无效的除外），违背公序良俗的合同，行为人与相对人恶意串通、损害他人合法权益的合同，都是无效合同。当事人超越经营范围订立的合同的效力，应当依照《民法典》第一编第六章第三节和第三编的有关规定确定，不得仅以超越经营范围确认合同无效。而凡因发生重大误解或受欺诈、胁迫而订立的合同以及订立的合同显失公平的，当事人一方有权请求人民法院或仲裁机构变更或撤销。

（四）合同的履行

根据《民法典》的规定，当事人应当按照约定全面履行自己的义务。当事人应当遵循诚实信用原则，根据合同的性质、目的和交易习惯履行通知、协助、保密等义务。合同生效后，当事人就质量、价款或报酬、履行地点、履行期限、履行方式、履行费用未作出明确约定，事后又不能就未明确约定的问题达成补充协议的，按照合同相关条款或者交易习惯确定（第 509 条、第 510 条）。

◆ 拓展

"同时履行抗辩权"

"同时履行抗辩权"是指当事人互负债务，没有先后履行顺序的，应同时履行。一方在对方履行之前，有权拒绝其履行请求；一方在对方的履行不符合约定时有权拒绝其相应的履行请求。

"先履行抗辩权"

"先履行抗辩权"是指当事人互负债务，有先后履行顺序的，应当先履行债务一方未履行的，后履行一方有权拒绝其履行请求。先履行一方履行债务不符合约定的，后履行一方有权拒绝其相应的履行请求。

"不安抗辩权"

"不安抗辩权"是指应当先履行债务一方当事人，有确切证据证明对方有下列情形之一的，可以中止履行：（1）经营状况严重恶化；（2）转移财产、抽逃资金，以逃避债务；（3）丧失商业信誉；（4）有丧失或可能丧失履约能力的其他情形。当事人没有确切证据中止履行的，应承担违约责任。但中止履行时，应及时通知对方。在对方提供适当担保时，应恢复履行。中止履行后，在合理期限内对方仍未恢复履约能力且未提供适当担保的，视为以自己的行为表明不履行主要债务，中止履行的一方可以解除合同并可以请求对方承担违约责任。

（五）合同的变更和转让

《民法典》规定，经当事人协商同意，可以变更合同。债权人在不存在下列三种情况时，有权将债权的全部或部分转让给第三人：（1）根据债权性质不得转让；（2）根据当事人约定不得转让；（3）根据法律规定不得转让。当事人约定非金钱债权不得转让的，不得对抗善意第三人。当事人约定金钱债权不得转让的，不得对抗第三人。但在转让时，应当通知债务人。未经通知，对债务人不发生转让的效力。但债务人转让债务时，应当取得债权人的同意。债务人或者第三人可以催告债权人在合理期限内予以同意，债权人未作表示的，视为不同意。

（六）合同的担保

合同的担保是为保证合同当事人认真履行债务而设定的。担保也可以合同的形式出现（担保合同），但相对于主合同来说，这种担保合同也只是从属的性质，即主合同无效，担保合同亦随之无效。且除法律规定的特定保证担保外，其他各种担保应随主债务的转移、消灭而转移与消灭。《民法典》第682条第1款规定，保证合同是主债权债务合同的从合同。主债权债务合同无效的，保证合同无效，但是法律另有规定的除外。值得注意的是，独立保函（又称见索即付的担保、备用信用证）与主合同之间不具有从属关系。我国司法实践历来认可独立保函的效力。最高人民法院《关于审理独立保函纠纷案件若干问题的规定》第1条第1款规定："本规定所称的独立保函，是指银行或非银行金融机构作为开立人，以书面形式向受益人出具的，同意在受益人请求付款并提交符合保函要求的单据时，向其支付特定款项或在保函最高金额内付款的承诺。"因而，在我国，独立保函只有由银行和非银行金融机构出具的才是有效的，才能排除保证的从属性规则。

担保的方式有多种。《民法典》对合同的担保主要规定了以下几种形式：

1. 保证

保证，是指为了保障债权的实现，保证人和债权人约定，当债务人不履行到期债务或者发生当事人约定的情形时，保证人按照约定履行债务或者承担责任的行为。具有代为清偿债务能力的法人、其他组织或者自然人，可以作保证人。机关法人不得为保证人，但经国务院批准为使用外国政府或者国际经济组织贷款进行转贷的除外。以公益为目的的非营利法人、非法人组织不得为保证人。除非获得企业法人的授权，企业法人的分支机构不得为保证人。保证的方式有两种：一般保证和连带责任保证。当事人在保证合同中约定，债务人不能履行债务时，由保证人承担保证责任的，为一般保证。一般保证的保证人在主合同纠纷未经审判或者仲裁，并就债务人财产依法强制执行仍不能履行债务前，对债权人可以拒绝承担保证责任，但是有下列情形之一的除外：（1）债务人下落不明，且无财产可供执行；（2）人民法院已经受理债务人破产案件；（3）债权人有证据证明债务人的财产不足以履行全部债务或者丧失履行债务能力；（4）保证人书面表示放弃《民法典》第687条第2款规定的权利。当事人在保证合同中约定保证人与债务人对债务承担连带责任的，为连带责任保证。连带责任保证的债务人不履行到期债务或者发生当事人约定的情形时，债权人可以请求债务人履行债务，也可以请求保证人在其保证范围内承担保证责任。当事人对保证方式没有约定或者约定不明确的，按照一般保证承担保证责任。保证担保的范围包括主债权及其利息、违约金、损害赔偿金和实现债权的费用。当事人另有约定的，按照约定。保证期间由保证人与债权人约定，未约定或约定不明的，保证期间为主债务履行期届满之日起6个月。

2. 抵押

抵押，是指为了担保债务的履行，债务人或者第三人以不转移财产占有权的方式，将该财产抵押给债权人，债务人不履行到期债务或者发生当事人约定的实现抵押权的情形时，债权人有权依法以抵押财产折价或者以拍卖、变卖抵押财产的价款优先受偿。

《民法典》第 395 条规定，债务人或者第三人有权处分的下列财产可以抵押：（1）建筑物和其他土地附着物；（2）建设用地使用权；（3）海域使用权；（4）生产设备、原材料、半成品、产品；（5）正在建造的建筑物、船舶、航空器；（6）交通运输工具；（7）法律、行政法规未禁止抵押的其他财产。抵押人可以将前款所列财产一并抵押。第 396 条规定，企业、个体工商户、农业生产经营者可以将现有的以及将有的生产设备、原材料、半成品、产品抵押，债务人不履行到期债务或者发生当事人约定的实现抵押权的情形，债权人有权就抵押财产确定时的动产优先受偿。第 399 条规定，下列财产不得抵押：（1）土地所有权；（2）宅基地、自留地、自留山等集体所有的土地使用权，但是法律规定可以抵押的除外；（3）学校、幼儿园、医疗机构等为公益目的成立的非营利法人的教育设施、医疗卫生设施和其他公益设施；（4）所有权、使用权不明或者有争议的财产；（5）依法被查封、扣押、监管的财产；（6）法律、行政法规规定不得抵押的其他财产。第 400 条第 1 款规定，设立抵押权，当事人应当采用书面形式订立抵押合同。

3. 质押

《民法典》规定的质押分为动产质押和权利质押。前者是指债务人或者第三人将其动产移交债权人占有，将该动产作为债权的担保。债务人不履行到期债务或者发生当事人约定的实现质权的情形时，债权人有权依法以该动产折价或者以拍卖、变卖该动产的价款优先受偿。后者系指债务人或者第三人以下列权利出质作为债权担保的质押方式：汇票、支票、本票、债券、存款单、仓单、提单，可以转让的基金份额、股权，可以转让的注册商标专用权、专利权、著作权等知识产权中的财产权，现有的以及将有的应收账款，依法可以出质的其他财产权利。

4. 留置

留置，是指在保管合同、运输合同、加工承揽合同以及法律规定的其他合同中，债权人按照约定占有债务人的动产，债务人不按照合同约定期限履行到期债务的，债权人有权依法留置该财产，以该财产折价或者以拍卖、变卖该财产的价款优先受偿。留置权人与债务人应当约定留置财产后的债务履行期限；没有约定或者约定不明确的，留置权人应当给债务人 60 日以上履行债务的期限，但鲜活易腐等不易保管的动产除外。债务人逾期未履行的，留置权人可以与债务人协议以留置财产折价，也可以就拍卖、变卖留置财产所得的价款优先受偿。

5. 定金

定金是指为担保合同的履行，当事人约定一方向对方给付一定的金额。债务人履行债务的，定金应当抵作价款或者收回。给付定金的一方不履行约定的债务或者履行债务不符合约定，致使不能实现合同目的的，无权请求返还定金；收受定金的一方不履行约定的债务或者履行债务不符合约定，致使不能实现合同目的的，应当双倍返还定金。定金的数额由当事人约定，但不得超过主合同标的额的20%。

（七）合同权利义务的终止

有下列情形之一的，合同权利义务即行终止：（1）债务已经履行；（2）合同已解除；（3）债务相互抵销；（4）债务人依法将标的物提存；（5）债权人免除债务；（6）债权债务同归于一人；（7）法律规定或者当事人约定终止的其他情形。

经当事人双方协商一致，合同可以解除。有下列情形之一的，当事人一方可以解除合同：（1）不可抗力的发生致使不能实现合同目的；（2）在履行期限届满之前，当事人一方明确表示或以自己的行为表明不履行主要债务；（3）当事人一方迟延履行主要债务，经催告后在合理期限内仍未履行；（4）当事人一方迟延履行债务或有其他违约行为致使合同的目的不能实现；（5）法律规定的其他情形。当事人一方依法主张解除合同的，应当通知对方。合同的权利义务关系终止，不影响合同中结算和清理条款的效力。

当事人互负债务且债务的标的物种类、品质相同的，任何一方可以将自己的债务与对方的到期债务抵销，但根据债务性质、按照当事人约定或者依照法律规定不得抵销的除外。有下列情形之一，难以履行债务的，债务人可以将标的物提存：（1）债权人无正当理由拒绝受领；（2）债权人下落不明；（3）债权人死亡未确定继承人、遗产管理人或丧失民事行为能力未确定监护人；（4）法律规定的其他情形。标的物不适于提存或者提存费用过高的，债务人依法可以拍卖或者变卖标的物，提存所得的价款。

（八）合同的种类

按照合同所具有的不同特征，并从不同的角度出发，可将合同分为以下主要的种类：

1. 双务合同和单务合同

在合同中规定当事人间互有权利和义务的，是双务合同，如租赁合同、承揽合同等。如果只有一方享受权利，而他方只负有义务的，是单务合同，如赠与合同。

2. 有偿合同和无偿合同

双方当事人各因自己的给付而从对方获得财产利益的合同，为有偿合同，如买卖合同。如果只有一方给付，并且不因自己的给付而从对方获得财产利益的合同，为无偿合同。单务合同大都为无偿合同，但某些合同（如保管合同、委托合同）可由双方协商确定为无偿合同或有偿合同。

3. 诺成合同和实践合同

凡经双方协商，对合同的主要条款达成协议即告成立的，便是诺成合同，如买卖合同。如果除了当事人的协议还要交付预定的标的物，合同才算成立，便是实践合同，如借用合同。

4. 要因合同和无因合同

凡财产上的给付必以原因的存在为前提的，是要因合同，如约定借贷款项必用于特定的事项的借贷合同；反之，则为无因合同。大多数合同为要因合同。

5. 要式合同和不要式合同

这两类合同的区别在于法律规定是否必依一定的形式或程序来签订。

6. 有名合同和无名合同（又称典型合同和非典型合同）

凡法律上对之已有特别规定的合同，为有名合同；反之，即为无名合同。在《民法典》中，就买卖合同，供用电、水、气、热力合同，赠与合同，借款合同，保证合同，租赁合同，融资租赁合同，保理合同，承揽合同，建设工程合同，运输合同，技术合同，保管合同，仓储合同，委托合同，物业服务合同，行纪合同和中介合同及合伙合同等19种有名合同分别作了系统的规定。

7. 主合同和从合同

前者指能独立成立的合同。凡以另一独立存在的合同为前提而订立并依附于它的合同为从合同。

三、侵权行为、不当得利和无因管理

与合同之债相对应的是法定之债。法定之债包括侵权行为之债、不当得利之债和无因管理之债。

侵权行为之债是指行为人不法侵害他人的财产权利或人身权利而使他人遭受损失时，行为人依法应承担的法律责任的债权债务关系。侵权行为之债具有如下法律特征：（1）它是对侵权行为人的法律制裁。（2）它是加于不法行为人的一种法律责任，属于民事责任的范围，是违法者因侵犯他人财产或人身权利所应承担的法律责任。这与刑法上所科处的罚金和没收财产等财产刑，在性质上是不同的。（3）它只针对不法侵犯财产权和人身权并致人损害而设立，侵权的民事责任在当事人之间事先并无债权债务关系的存在。而因不履行合同而承担的法律责任，则是基于原来就已经存在的债权债务关系。《民法典》规定，民事权益受到侵害的，被侵权人有权请求侵权人承担侵权责任。

没有法律根据（合同与法律上的原因）取得利益，并造成他人损害的，称为不当得利。不当得利的构成要件包括：（1）必有一方获得利益的事实（从而与侵权行为有区别）；（2）必使他人蒙受损害；（3）上述得利与损害之间存在因果关系；（4）得利并致人损害没有合同或法律上的依据。依《民法典》的规定，得利人没有法律根据取得不当利益的，受损失的人可以请求其返还取得的利益，从而形成不当得利之债。在这种法律关系中，得利人为债务人，而受损失的人为债权人。它既可发生在非债清偿的情况下，也可发生在受领因不法原因所为的给付之中，如接受本无履行义务的人履行；或原有合同被确认无效或撤销，使原来接受的履行无合同或法律上的原因等。

管理人没有法定或约定的义务，为使他人利益免受损失而管理他人事务的，可以请求受益人（亦可称本人）偿还因管理事务而付出的必要费用，称为无因管理。由此而发生的债称为无因管理之债。在这种法律关系中，管理事务人为债权人，本人（受益人）为债务人。无因管理的构成要件为：（1）须有为他人管理事务的行为存在；（2）须有为他人谋利益的意思；（3）管理他人事务无法律或合同上的义务；（4）管理他人事务应以有利于本人利益的方法进行；（5）应及早将管理行为通知本人。

第八节 知识产权

一、知识产权的概念与特性

（一）知识产权的概念

知识产权是个人或集体对其智力成果享有的专有权。这种专有权的内容包括人身权和财产权。传统上，知识产权主要包括版权（或著作权）、专利权和商标权，后两项内容又称工业产权。但是随着时代和技术的发展，现代知识产权的内涵已经大大丰富，除了传统的作品、发明、实用新型、外观设计和商标，知识产权的调整对象还包括地理标志、商业秘密、集成电路布图设计、植物新品种、计算机软件以及法律规定的其他客体。

（二）知识产权的特征

知识产权具有以下三个特性：（1）专有性（或称独占性、排他性），即只能由特定的主体享有，非经其许可（或有法律的强制许可），任何人不得非法使用其著作、专利、商标等以谋取利益。（2）地域性，即在一国取得的知识产权，只在该国境内有效，要寻求别国的保护，则需按国际条约或该国国内法的规定，在别国重新取得知识产权或经别国承认。（3）时间性，即不得超过法律允许的保护期限。因篇幅所限，本书主要介绍著作权、专利权和商标权。

二、著作权

（一）著作权的概念

著作权又称版权，是授予不论其作品是否已经发表的作者其作品的出版、复制、发行的一种独占权利。虽然著作权早先只限于作者对于文学、艺术、自然科学、社会科学等作品所享有的权利，但现在由于科技的进步，音像制品及计算机软件等也均属其保护对象。

我国于 1990 年制定了《著作权法》，并于 2020 年进行了最新修正。为了加强对著作权的保护，我国还先后加入了《伯尔尼保护文学和艺术作品公约》《世界版权公约》等重要的国际公约。

（二）著作权的主体与客体

1. 著作权的主体

著作权的主体（著作权人）是作品的作者以及其他依照《著作权法》享有著作权的自然人、法人或者非法人组织。作者是指创作作品的自然人。但是，由法人或者非法人组织主持，代表法人或者非法人组织意志创作，并由法人或者非法人组织承担责任的作品，法人或者非法人组织视为作者。

中国公民、法人或者非法人组织的作品，不论是否发表，依照《著作权法》享有著作权。外国人、无国籍人的作品根据其作者所属国或者经常居住地国同中国签订的协议或者共同参加的国际条约享有的著作权，受《著作权法》保护。外国人、无国籍人的作品首先在中国境内出版的，依照《著作权法》享有著作权。未与中国签订协议或者共同参加国际条约的国家的作者以及无国籍人的作品首次在中国参加的国际条约的成员国出版的，或者在成员国和非成员国同时出版的，受《著作权法》保护。

2. 著作权的客体

作为著作权客体的作品包括：（1）文字作品；（2）口述作品；（3）音乐、戏剧、曲艺、舞蹈、杂技艺术作品；（4）美术、建筑作品；（5）摄影作品；（6）视听作品；（7）工程设计图、产品设计图、地图、示意图等图形作品和模型作品；（8）计算机软件；（9）符合作品特征的其他智力成果。但依法禁止出版、传播的作品，不受法律保护。

（三）著作权的取得与内容

1. 著作权的取得

著作权的取得分为自动取得和非自动取得两种形式。前者在作品完成时不需履行任何程序或手续，即取得著作权。我国《著作权法》采取这一原则。但也有采取非自动取得原则的，如《世界版权公约》规定，只有其作品于首次发表时，在所有的复制件的适当位置上印刷有保留版权的标记，并注明作者的姓名与首次出版年份，才能得到该公约的保护。

2. 著作权的内容

著作权的内容包括人身权和财产权。就人身权而言，包括：（1）发表权，即决定作品是否公之于众的权利；（2）署名权，即表明作者身份，在作品上署名的权利；（3）修改权，即修改或者授权他人修改作品的权利；（4）保护作品完整权，即保护作品不受歪曲、篡改的权利。就财产权而言，包括：（1）复制权；（2）发行权；（3）出租权；（4）展览权；（5）表演权；（6）放映权；（7）广播权；（8）信息网络传播权；（9）摄制权；（10）改编权；（11）翻译权；（12）汇编权；（13）应当由著作权人享有的其他权利。著作权人可以许可他人行使上述财产权，并依照约定或者《著作权法》有关规定获得报酬；也可以全部或者部分转让上述财产权，并依照约定或者《著作权法》有关规定获得报酬。

（四）著作权的保护

著作权的保护期限，就作者的署名权、修改权、保护作品完整权来说，其保护期限不受限制；就自然人的作品的发表权、财产权来说，其保护期限为作者终生及其死亡后第 50 年的 12 月 31 日。如果是合作作品，截至最后死亡的作者死亡后第 50 年的 12 月 31 日。法人或者非法人组织的作品、著作权（署名权除外）由法人或者非法人组织享有的职务作品，其发表权、财产权的保护期限为 50 年，分别截至作品创作完成、首次发表后第 50 年的 12 月 31 日，但作品自创作完成后 50 年内未发表的，《著作权法》不再保护。

使用他人作品，除法律规定可以不经著作权人许可的外，应同著作权人订立许可使用合同。转让著作权财产权利的，应当订立书面合同。

《著作权法》第 52 条规定，有下列侵权行为的，应当根据情况，承担停止侵害、消除影响、赔礼道歉、赔偿损失等民事责任：（1）未经著作权人许可，发表其作品的；（2）未经合作作者许可，将与他人合作创作的作品当作自己单独创作的作品发表的；（3）没有参加创作，为谋取个人名利，在他人作品上署名的；（4）歪曲、篡改他人作品的；（5）剽窃他人作品的；（6）未经著作权人许可，以展览、摄制视听作品的方法使用作品，或者以改编、翻译、注释等方式使用作品的，该法另有规定的除外；（7）使用他人作品，应当支付报酬而未支付的；（8）未经视听作品、计算机软件、录音录像制品的著作权人、表演者或者录音录像制作者许可，出租其作品或者录音录像制品的原件或者复制件的，该法另有规定的除外；（9）未经出版者许可，使用其出版的图书、期刊的版式设计的；（10）未经表演者许可，从现场直播或者公开传送其现场表演，或者录制其表演的；（11）其他侵犯著作权以及与著作权有关的权利的行为。

《著作权法》第 53 条还规定，有下列侵权行为的，应当根据情况，承担停止侵害、消除影响、赔礼道歉、赔偿损失等民事责任；同时损害公共利益的，由著作权行政管理部门责令停止侵权行为，予以警告，没收违法所得，没收、无害化销毁侵权复制品以及主要用于制作侵权复制品的材料、工具、设备等，违法经营额 5 万元以上的，可以并处违法经营额 1 倍以上 5 倍以下的罚款；没有违法经营额、违法经营额难以计算或者不足 5 万元的，可以并处 25 万元以下的罚款；构成犯罪的，依法追究刑事责任：（1）未经著作权人许可，复制、发行、表演、放映、广播、汇编、通过信息网络向公众传播其作品的，该法另有规定的除外；（2）出版他人享有专有出版权的图书的；（3）未经表演者许可，复制、发行录有其表演的录音录像制品，或者通过信息网络向公众传播其表演的，该法另有规定的除外；（4）未经录音录像制作者许可，复制、发行、通过信息网络向公众传播其制作的录音录像制品的，该法另有规定的除外；（5）未经许可，播放、复制或者通过信息网络向公众传播广播、电视的，该法另有规定的除外；（6）未经著作权人或者与著作权有关的权利人许可，故意避开或者破坏技术措施的，故意制造、进口或者向他人提供主要用于避开、破坏技术措施的装置或者部件的，或者故意为他人避开或者破坏技术措施提供技术服务的，法律、行政法规另有规定的除外；（7）未经著作权人或者与著作权有关的权利人许可，故意删除或者改变作品、版式设计、表演、录音录像制品或者广播、电视上的权利管理信息的，知道或者应当知道作品、版式设计、表演、录音录像制品或者广播、电视上的权利管理信息未经许可被删除或者改变，仍然向公众提供的，法律、行政法规另有规定的除外；（8）制作、出售假冒他人署名的作品的。

此外，著作权人或者与著作权有关的权利人可以在起诉前向人民法院申请采取责令作出一定行为或者禁止作出一定行为、财产保全和证据保全等措施。

◆ 拓展

著作权的合理限制

《著作权法》第 24 条规定，在下列情况下使用作品，可以不经著作权人许可，不向其支付报酬，但应当指明作者姓名或者名称、作品名称，并且不得影响该作品的正常使用，也不得不合理地损害著作权人的合法权益：（1）为个人学习、研究或者欣赏，使用他人已经发表的作品；（2）为介绍、评论某一作品或者说明某一问题，在作品中适当引用他人已经发表的作品；（3）为报道新闻，在报纸、期刊、广播电台、电视台等媒体中不可避免地再现或者引用已经发表的作品；（4）报纸、期刊、广播电台、电视台等媒体刊登或者播放其他报纸、期刊、广播电台、电视台等媒体已经发表的关于政治、经济、宗教问题的时事性文章，但著作权人声明不许刊登、播放的除外；（5）报纸、期刊、广播电台、电视台等媒体刊登或者播放在公众集会上发表的讲话，但作者声明不许刊登、播放的除外；（6）为学校课堂教学或者科学研究，翻译、改编、汇编、播放或者少量复制已经发表的作品，供教学或者科研人员使用，但不得出版发行；（7）国家机关为执行公务在合理范围内使用已经发表的作品；（8）图书馆、档案馆、纪念馆、博物馆、美术馆、文化馆等为陈列或者保存版本的需要，复制本馆收藏的作品；（9）免费表演已经发表的作品，该表演未向公众收取费用，也未向表演者支付报酬，且不以营利为目的；（10）对设置或者陈列在公共场所的艺术作品进行临摹、绘画、摄影、录像；（11）将中国公民、法人或者非法人组织已经发表的以国家通用语言文字创作的作品翻译成少数民族语言文字作品在国内出版发行；（12）以阅读障碍者能够感知的无障碍方式向其提供已经发表的作品；（13）法律、行政法规规定的其他情形。上述规定同样适用于对出版者、表演者、录音录像制作者、广播电台、电视台的权利的限制。此外，为实施义务教育和国家教育规划而编写出版教科书，可以不经著作权人许可，在教科书中汇编已经发表的作品片段或者短小的文字作品、音乐作品或者单幅的美术作品、摄影作品、图形作品，但应当按照规定向著作权人支付报酬，指明作者姓名或名称、作品名称，并且不得侵犯著作权人依照该法享有的其他权利。上述规定亦适用于对出版者、表演者、录音录像制作者、广播电台、电视台的权利的限制。

三、专利权

（一）专利权的概念

专利，是指对某项发明创造享有的一种独占利益。专利权，是指一项发明创造由发明创造人提出申请，经过主管机关的审核，确认其在有效期内对此项发明创造享有独占利益。专利权的所有人统称为专利权人。

我国于1984年颁布了《专利法》，并于2020年进行了最新修正。此外，为了推进国际交流和合作，加强专利权的国际保护制度，我国还参加了《保护工业产权巴黎公约》《专利合作条约》等国际条约，并成为世界知识产权组织的成员。

（二）专利权的主体和客体

1. 专利权的主体

专利权的主体，即专利权人，是指依法获得专利权的人。在我国，能成为专利权主体的，有以下几类：（1）对于执行本单位的任务或主要是利用本单位的物质技术条件所完成的职务发明创造，该单位为专利权人。（2）非职务发明的发明人或设计人。发明人或设计人应是指对发明创造的实质性特点直接作出了创造性贡献的人。在完成发明创造过程中，只负责组织工作的人、在物质条件上提供了方便的人以及从事辅助性工作的人，都不应被认为是发明人。（3）执行本单位的任务或者主要是利用本单位的物质技术条件所完成的发明创造，单位与发明人或者设计人订有合同，对申请专利的权利和专利权的归属作出约定的，从其约定。（4）由于法律允许转让专利权，故专利权的受让人、专利权的合法继承人均可成为专利权的主体。在我国没有经常居所或者营业所的外国人、外国企业或者外国其他组织也可以在我国申请专利，从而成为专利权的主体，但其所属国应与我国签订这方面的协议，或同为有关国际条约的参加国，或双方存在互惠。任何单位或者个人将在我国完成的发明或者实用新型向外国申请专利的，应当事先报经国务院专利行政部门进行保密审查。我国单位或者个人可以根据我国参加的有关国际条约提出专利国际申请。

2. 专利权的客体

依我国《专利法》的规定，作为专利权客体的发明创造是指发明、实用新型和外观设计。其中能构成发明和实用新型的技术必须具备新颖性、创造性和实用性，方能取得专利权；授予专利权的外观设计，应当不属于现有设计，也没有任何单位或者个人就同样的外观设计在申请日以前向国务院专利行政部门提出过申请，并记载在申请日以后公告的专利文件中。

（三）专利权的取得

我国专利审批采取"早期公布，延迟审查"的制度，即国务院专利行政部门收到发明专利申请后，只初步审查其是否符合《专利法》的要求（形式审查），并自申请日起满18个月，即行公布。对实用新型和外观设计专利的申请，经初步审查未发现驳回理由的，应作出授予实用新型专利权或者外观设计专利权的决定，发给相应的专利证书，同时予以登记和公告，其专利权自公告之日起生效。

依我国法律规定，如两个或两个以上的申请人分别就同样的发明创造申请专利，专利权授予最先申请的人，即采用"申请在先"原则，而不采用"发明在先"原则。

（四）专利权人的义务和权利

1. 专利权人的义务

取得专利权的人应承担缴纳年费的义务。未按规定履行此项义务的，专利权可于期限届满前终止。

2. 专利权人的权利

取得专利权的人享有以下权利：（1）发明人或者设计人有在专利文件中写明自己是发明人或设计人的权利（专利权的人身权）。（2）在法律规定的保护年限内，享有独占地制造其专利产品或使用其专利方法的利益。我国规定的发明专利权的保护期限为 20 年，实用新型专利权的保护期限为 10 年，外观设计专利权的保护期限为 15 年，均自申请日起计算。（3）其他人制造或使用，必须取得专利权人的许可，专利权人有权收取专利使用费。（4）在法律规定的期限内，专利权可以转让或继承。

专利权超过法定保护期限即行终止，该项发明创造即成为公共财富。

（五）专利权的保护

未经专利权人许可实施其专利，即侵犯其专利权，引起纠纷的，由当事人协商解决；不愿协商或者协商不成的，专利权人或者利害关系人可以向人民法院起诉，也可以请求管理专利工作的部门处理。当事人对管理专利工作的部门的处理不服的，可向人民法院起诉。假冒专利的，除依法承担民事责任外，由负责专利执法的部门责令改正并予公告，没收违法所得，可以处违法所得 5 倍以下的罚款；没有违法所得或者违法所得在 5 万元以下的，可以处 25 万元以下的罚款；构成犯罪的，依法追究刑事责任。

侵犯专利权的诉讼时效为 3 年，自专利权人或者利害关系人知道或者应当知道侵权行为以及侵权人之日起计算。

◆ 拓展

有下列情形之一的，不视为侵犯专利权：（1）专利产品或者依照专利方法直接获得的产品，由专利权人或者经其许可的单位、个人售出后，使用、许诺销售、销售、进口该产品的；（2）在专利申请日前已经制造相同产品、使用相同方法或者已经作好制造、使用的必要准备，并且仅在原有范围内继续制造、使用的；（3）临时通过中国领陆、领水、领空的外国运输工具，依照其所属国同中国签订的协议或者共同参加的国际条约，或者依照互惠原则，为运输工具自身需要而在其装置和设备中使用有关专利的；（4）专为科学研究和实验而使用有关专利的；（5）为提供行政审批所需要的信息，制造、使用、进口专利药品或者专利医疗器械的，以及专门为其制造、进口专利药品或者专利医疗器械的。为生产经营目的使用、许诺销售或者销售不知道是未经专利权人许可而制造并售出的专利侵权产品，能证明其产品合法来源的，不承担赔偿责任。

四、商标权

（一）商标权的概念

商标是区别不同商品的标志。商标经注册后即取得商标权，受国家法律的保护。我国《商标法》规定，自然人、法人或者其他组织在生产经营活动中，对其商品或者服务需要取得商标专用权的，应当向商标局申请商标注册。不以使用为目的的恶意商标注册申请，应当予以驳回。

商标具有标示商品来源、表示商品质量，以利于商品宣传和扩大商品流通的功能。因此，健全商标法制，加强商标管理，保护商标专用权，对于促进商品生产、经营者保证商品和服务质量，维护商业信誉，保障消费者和生产、经营者的利益，促进社会主义市场经济的发展，都有重要意义。

我国《商标法》于1982年通过，并于2019年进行了第四次修正。我国还加入了《商标国际注册马德里协定》及其议定书等国际公约。

（二）商标权的主体和客体

1. 商标权的主体

在我国，商标权的主体是自然人、法人或者其他组织。外国人（包括法人）按照有关国际条约或对等原则，也可以在我国取得商标注册权。

2. 商标权的客体

商标权的客体，应仅限于注册商标。未经注册的商标，不能成为商标权的客体。我国《商标法》所指的"注册商标"包括商品商标、服务商标和集体商标、证明商标。商标注册人享有商标专用权，受法律保护。

商标权所有人的权利包括商标专用权、商标转让权以及使用许可权。商标权所有人的义务包括实际使用商标的义务，依法使用商标的义务，以及保证使用商标的商品质量的义务等。《商标法》明确规定，经商标局核准注册的商标，商标注册人享有商标专用权，受法律保护。注册商标的有效期为 10 年，但可续展注册，而且续展注册次数不受限制。

（三）商标权的保护

《商标法》规定，下列行为均属于侵犯注册商标专用权的行为：（1）未经商标注册人的许可，在同一种商品上使用与其注册商标相同的商标的；（2）未经商标注册人的许可，在同一种商品上使用与其注册商标近似的商标，或者在类似商品上使用与其注册商标相同或者近似的商标，容易导致混淆的；（3）销售侵犯注册商标专用权的商品的；（4）伪造、擅自制造他人注册商标标识或者销售伪造、擅自制造的注册商标标识的；（5）未经商标注册人同意，更换其注册商标并将该更换商标的商品又投入市场的；（6）故意为侵犯他人商标专用权行为提供便利条件，帮助他人实施侵犯商标专用权行为的；（7）给他人的注册商标专用权造成其他损害的。

对因商标侵权行为引起纠纷的，由当事人协商解决，不愿协商或者协商不成的，商标注册人或者利害关系人可以向人民法院起诉，也可以请求市场监督管理部门处理。市场监督管理部门处理时，认定侵权行为成立的，责令立即停止侵权行为，没收、销毁侵权商品和主要用于制造侵权商品、伪造注册商标标识的工具，赔偿被侵权人的损失，并可按规定处以罚款。对侵犯注册商标专用权的行为，市场监督管理部门有权依法查处；涉嫌犯罪的，应当及时移送司法机关依法处理。

第九节　人身权

一、概述

自然人除享有财产方面的权利外，还依法享有各种人身权。人身权是指与人身不可分离或相联系而无直接财产内容的各种权利。自然人的人身权不仅受民法的保护，而且还受其他法律部门的保护，如刑法、行政法等。

人身权可分为人格权和身份权。

二、人格权

人格权是指为民事主体所固有而由法律直接赋予民事主体所享有的各种人身权利。人格权主要包括：

（1）生命权和身体权。生命权是自然人依法享有的生命不受非法侵害的权利。生命是自然人作为权利主体而存在的物质前提，生命权一旦被剥夺，其他权利就无从谈起，所以，生命权是自然人最根本的人身权。保护自然人的生命权不受非法侵害，是我国法律的首要任务。《民法典》规定，自然人享有生命权。自然人的生命安全和生命尊严受法律保护。任何组织或者个人不得侵害他人的生命权。自然人享有身体权。自然人的身体完整和行动自由受法律保护。任何组织或者个人不得侵害他人的身体权。违背他人意愿，以言语、文字、图像、肢体行为等方式对他人实施性骚扰的，受害人有权依法请求行为人承担民事责任。机关、企业、学校等单位应当采取合理的预防、受理投诉、调查处置等措施，防止和制止利用职权、从属关系等实施性骚扰。

（2）健康权。健康权是自然人依法享有的身体健康不受非法侵害的权利。身体健康是自然人参加社会活动和从事民事活动的重要保证。保护自然人的健康权，就是保障自然人身体的机能和器官不受非法侵害。对于不法侵害自然人健康权的行为，不仅要追究其民事责任，有时还要追究其刑事责任。

（3）姓名权和名称权。姓名权是自然人依法享有的决定、使用、变更或者许可他人使用自己姓名的权利。法律规定，对于干涉、盗用、假冒他人姓名的行为，应追究行为人的民事责任。法人和非法人组织的名称权是法人和非法人组织依法享有的决定、使用、变更、转让或者许可他人使用自己的名称，并排除他人干涉、盗用、假冒的权利。企业法人、个体工商户、个人合伙有使用、依法转让自己名称的权利。

（4）肖像权。肖像权是自然人依法制作、使用、公开或者许可他人使用自己肖像的权利。法律规定，未经肖像权人同意，不得制作、使用、公开肖像权人的肖像，但是法律另有规定的除外。未经肖像权人同意，肖像作品权利人不得以发表、复制、发行、出租、展览等方式使用或者公开肖像权人的肖像。

（5）名誉权。名誉权是自然人和法人享有的名誉不受侵害的权利。名誉是对民事主体的品德、声望、才能、信用等的社会评价。法律保护自然人和法人的名誉权，对于用侮辱、诽谤等方式损害自然人、法人名誉权的，应追究民事责任乃至刑事责任。

（6）隐私权和个人信息保护。隐私是自然人的私人生活安宁和不愿为他人知晓的私密空间、私密活动、私密信息。任何组织或者个人不得以刺探、侵扰、泄露、公开等方式侵害他人的隐私权。个人信息是以电子或者其他方式记录的能够单独或者与其他信息结合识别特定自然人的各种信息，包括自然人的姓名、出生日期、身份证件号码、生物识别信息、住址、电话号码、电子邮箱、健康信息、行踪信息等。自然人的个人信息受法律保护。

（7）婚姻自主权。婚姻自主权是指自然人依法享有的按照自己的意愿自主地结婚或离婚而不受他人非法干涉的权利。

三、身份权

身份权是指民事主体因具有某一特定的身份根据法律而取得的权利。它主要指自然人和法人、非法人组织的荣誉权、知识产权中的人身权、家庭中的亲属权和监护权等。自然人和法人的荣誉权是自然人和法人享有保护其荣誉不受非法侵害的权利。荣誉与名誉不同，荣誉是一种殊荣，是已经取得的光荣称号。法律保护自然人、法人的荣誉权，禁止他人非法剥夺。

第十节　婚姻家庭

一、婚姻法的概念和渊源

婚姻法，是指调整婚姻家庭关系的成立和终止，以及由此而产生的亲属之间特定权利义务关系的法律规范的总和。

我国婚姻法的渊源不仅包括《民法典》中有关调整婚姻家庭关系的规定，还包括《婚姻登记条例》《未成年人保护法》《妇女权益保障法》等有关婚姻家庭关系方面的规定。目前，我国《婚姻法》的主要渊源是《民法典》及其司法解释。

二、我国婚姻法的基本原则

依据《民法典》的规定，我国婚姻法的基本原则是：

（1）婚姻自由。根据这一原则，不论是缔结或解除婚姻关系，必须男女双方自主自愿，不允许任何一方或任何其他人与单位对他方加以强迫、包办和干涉，并且禁止买卖婚姻和借婚姻索取财物等。

（2）一夫一妻。我国的婚姻自由是在一夫一妻原则下的婚姻自由。我国《民法典》规定，只有符合一夫一妻制的婚姻才允许登记结婚。《民法典》第1042条第2款规定，禁止重婚。禁止有配偶者与他人同居。已经有配偶的男女，在配偶死亡或离婚之前不得与他人结婚；如果有配偶而与他人结婚，或者明知他人有配偶而与之结婚（包括形成事实上的夫妻关系），依我国《刑法》的规定，均构成重婚罪。

（3）男女平等。男女平等原则要求男女双方在社会生活和婚姻家庭关系中，均享有同等的权利，担负同等的义务。夫妻应当互相忠实，互相尊重。实现婚姻自由和一夫一妻制首先要求实现男女平等，没有男女平等就没有真正的婚姻自由和一夫一妻制。所以说，男女平等是我国婚姻法的最基本特征，也是婚姻制度改革的关键。《民法典》对男女平等规定了十分广泛的内容，它不仅表现在结婚和离婚的问题上，而且表现在夫妻间的人身关系和财产关系上，如夫妻双方都有各自使用自己姓名的权利，都有参加生产、工作、学习和社会活动的自由；对于共同所有的财产有平等的处理权，有互相继承遗产的权利。登记结婚后，根据男女双方约定，女方可以成为男方家庭的成员，男方也可以成为女方家庭的成员。同时，夫妻双方有相互扶养的义务和共同抚养教育子女的义务。此外，根据这一原则，不同性别的其他家庭成员之间也应坚持男女平等。

（4）保护妇女、儿童和老人的合法权益。这一基本原则体现了国家对妇女、儿童和老人的关怀，反映了男女平等、尊老爱幼的道德风尚。《民法典》规定，禁止家庭暴力。禁止家庭成员间的虐待和遗弃。家庭成员间应当敬老爱幼，互相帮助，维护平等、和睦、文明的婚姻家庭关系。由于历史原因，在我国社会发展的现阶段，妇女、儿童和老人在家庭生活中的地位往往与其他家庭成员存在某些实际差别，因此，国家专门颁布《妇女权益保障法》和《未成年人保护法》，并要求子女应对父母尽赡养扶助的义务，缺乏劳动能力或者生活困难的父母，有要求成年子女给付赡养费的权利；有负担能力的孙子女、外孙子女，对于子女已经死亡、子女无力赡养的祖父母、外祖父母，也有赡养的义务。

三、结婚

（一）结婚条件

结婚是男女双方依照法律规定的条件和程序建立夫妻关系的行为。结婚不仅使男女双方开始产生夫妻间的权利和义务，而且要建立家庭，担负起抚育下一代的责任。因此，结婚对于个人、子女以及社会、国家和民族，都有重大的意义。为了保障婚姻当事人的合法权利和社会民众的利益，防止非法婚姻的发生，我国《民法典》第五编第二章对结婚规定了严格的条件和必经的程序。

结婚的条件包括必须具备的条件和必须排除的条件。

结婚必须具备的条件有三个：（1）双方必须符合一夫一妻的条件。要求结婚的人，只能是未婚者或已婚而丧偶或离婚的。已离婚的配偶要求复婚的，必须双方未再婚，或虽再婚却又离异。（2）必须男女双方完全自愿。（3）结婚必须达到法定婚龄。我国《民法典》第 1047 条规定，结婚年龄，男不得早于 22 周岁，女不得早于 20 周岁。法定婚龄是法律上规定的男女结婚的最低年龄，即不到这个年龄不得结婚，而不是到了这个年龄就必须结婚。我国禁止结婚的条件是直系血亲和三代以内的旁系血亲。

（二）结婚登记

男女双方结婚，必须亲自到婚姻登记机关进行结婚登记，取得了结婚证，婚姻关系才正式成立，夫妻间的权利和义务才正式产生。我国于 2003 年施行的《婚姻登记条例》第 2 条规定：内地居民办理婚姻登记的机关是县级人民政府民政部门或者乡（镇）人民政府，省、自治区、直辖市人民政府可以按照便民原则确定农村居民办理婚姻登记的具体机关。中国公民同外国人，内地居民同香港特别行政区居民（以下简称香港居民）、澳门特别行政区居民（以下简称澳门居民）、台湾地区居民（以下简称台湾居民）、华侨办理婚姻登记的机关是省、自治区、直辖市人民政府民政部门或者省、自治区、直辖市人民政府民政部门确定的机关。第 4 条规定：内地居民结婚，男女双方应当共同到一方当事人常住户口所在地的婚姻登记机关办理结婚登记。中国公民同外国人在中国内地结婚的，内地居民同香港居民、澳门居民、台湾居民、华侨在中国内地结婚的，男女双方应当共同到内地居民常住户口所在地的婚姻登记机关办理结婚登记。

办理结婚登记的内地居民应当出具下列证件和证明材料：本人的户口簿、身份证；本人无配偶以及与对方当事人没有直系血亲和三代以内旁系血亲关系的签字声明。办理结婚登记的香港居民、澳门居民、台湾居民应当出具下列证件和证明材料：本人的有效通行证、身份证；经居住地公证机构公证的本人无配偶以及与对方当事人没有直系血亲和三代以内旁系血亲关系的声明。办理结婚登记的华侨应当出具下列证件和证明材料：本人的有效护照；居住国公证机构或者有权机关出具的、经中华人民共和国驻该国使（领）馆认证的本人无配偶以及与对方当事人没有直系血亲和三代以内旁系血亲关系的证明，或者中华人民共和国驻该国使（领）馆出具的本人无配偶以及与对方当事人没有直系血亲和三代以内旁系血亲关系的证明。办理结婚登记的外国人应当出具下列证件和证明材料：本人的有效护照或者其他有效的国际旅行证件；所在国公证机构或者有权机关出具的、经中华人民共和国驻该国使（领）馆认证或者该国驻华使（领）馆认证的本人无配偶的证明，或者所在国驻华使（领）馆出具的本人无配偶的证明。

婚姻登记机关应当对结婚登记当事人出具的证件、证明材料进行审查并询问相关情况。对当事人符合结婚条件的，应当当场予以登记，发给结婚证；对当事人不符合结婚条件不予登记的，应当向当事人说明理由。男女双方补办结婚登记的，适用《婚姻登记条例》结婚登记的规定。

（三）无效婚姻和可撤销婚姻

《民法典》第 1051 条至第 1053 条规定了无效婚姻和可撤销婚姻制度。无效婚姻是指违反婚姻成立法定条件的婚姻。根据《民法典》第 1051 条的规定，有下列情形之一的，婚姻无效：（1）重婚；（2）有禁止结婚的亲属关系；（3）未到法定婚龄。可撤销婚姻是指成立之时有违某项婚姻要件的行为。《民法典》第 1052 条规定："因胁迫结婚的，受胁迫的一方可以向人民法院请求撤销婚姻。请求撤销婚姻的，应当自胁迫行为终止之日起一年内提出。被非法限制人身自由的当事人请求撤销婚姻的，应当自恢复人身自由之日起一年内提出。"第 1053 条规定："一方患有重大疾病的，应当在结婚登记前如实告知另一方；不如实告知的，另一方可以向人民法院请求撤销婚姻。请求撤销婚姻的，应当自知道或者应当知道撤销事由之日起一年内提出。"

此外，《民法典》还对无效婚姻与可撤销婚姻的法律后果作了规定。无效的或被撤销的婚姻自始没有法律约束力，当事人不具有夫妻的权利和义务。

同居期间所得的财产，由当事人协议处理；协议不成时，由人民法院根据照顾无过错方的原则判决。对重婚导致的婚姻无效的财产处理，不得侵害合法婚姻当事人的财产权益。当事人所生的子女（由于两种婚姻自始无效，故所生子女为非婚生子女），适用《民法典》有关父母子女的规定。

四、离婚

（一）离婚的法律程序

凡有效成立的婚姻关系受法律保护，只有当一定的法律事实出现时才消灭。在大多数情况下，婚姻因一方死亡而消灭，离婚是配偶存活期间消灭婚姻关系的唯一合法途径。

离婚有两种情况。一种情况是夫妻双方一致要求解除现存的婚姻关系，这时只需双方到婚姻登记机关办理离婚登记手续，通过离婚登记解除婚姻关系。当事人申请离婚登记的，必须持有下列证件和证明材料：（1）本人的户口簿、身份证；（2）本人的结婚证；（3）双方当事人共同签署的离婚协议书。办理离婚登记的香港居民、澳门居民、台湾居民、华侨、外国人除应当出具结婚证、离婚协议书外，香港居民、澳门居民、台湾居民还应当出具本人的有效通行证、身份证，华侨、外国人还应当出具本人的有效护照或者其他有效国际旅行证件。离婚协议书应当载明双方当事人自愿离婚的意思表示以及对子女抚养、财产及债务处理等事项协商一致的意见。

办理离婚登记的当事人有下列情形之一的，婚姻登记机关不予受理：（1）未达成离婚协议的；（2）属于无民事行为能力人或者限制民事行为能力人的；（3）其结婚登记不是在中国内地办理的。

为了保持较为稳定的婚姻家庭关系，我国《民法典》特别规定了"离婚冷静期"制度，该法第1077条规定，自婚姻登记机关收到离婚登记申请之日起30日内，任何一方不愿意离婚的，可以向婚姻登记机关撤回离婚登记申请。前款规定期限届满后30日内，双方应当亲自到婚姻登记机关申请发给离婚证；未申请的，视为撤回离婚登记申请。

婚姻登记机关应当对离婚登记当事人出具的证件、证明材料进行审查并询问相关情况。对当事人确属自愿离婚，并已对子女抚养、财产、债务等问题达成一致处理意见的，应当当场予以登记，发给离婚证。离婚的男女双方自愿恢复夫妻关系的，应当到婚姻登记机关办理复婚登记。复婚登记适用

《婚姻登记条例》结婚登记的规定。

另一种情况是配偶一方要求离婚，对方不同意因而由有关组织进行调解或者向人民法院提出离婚诉讼。人民法院在接到离婚申请时，首先进行调解；如果感情确已破裂，调解无效的，应当准予离婚。进行调解是人民法院审理离婚案件的必要诉讼程序，人民法院不能不经过调解就作出离婚判决。人民法院判决离婚案件，必须以感情是否确已破裂为根据。《民法典》第 1079 条第 3 款具体规定了准予离婚的五种情形，只要出现这五种情形之一，调解无效的，应准予离婚。这五种情形为：（1）重婚或者与他人同居；（2）实施家庭暴力或虐待、遗弃家庭成员；（3）有赌博、吸毒等恶习屡教不改；（4）因感情不和分居满 2 年；（5）其他导致夫妻感情破裂的情形。该条第 4、5 款还规定："一方被宣告失踪，另一方提起离婚诉讼的，应当准予离婚。经人民法院判决不准离婚后，双方又分居满一年，一方再次提起离婚诉讼的，应当准予离婚。"

为了保护现役军人和妇女的特殊利益，《民法典》第 1081 条至第 1082 条对他们的离婚作出如下两项特别规定：（1）现役军人的配偶要求离婚，应当征得军人同意，但是军人一方有重大过错的除外。（2）女方在怀孕期间、分娩后 1 年内或者终止妊娠后 6 个月内，男方不得提出离婚。但是，女方提出离婚或者人民法院认为确有必要受理男方离婚请求的除外。

（二）离婚的法律后果

男女双方离婚后，夫妻关系即告解除，相互扶养的义务终止，相互继承财产的权利丧失，同时双方恢复结婚自由。离婚后，男女双方自愿恢复夫妻关系的，应当到婚姻登记机关重新进行婚姻登记。夫妻双方与所生子女间的父母子女关系不因父母离婚而消除。离婚后，子女无论由谁直接抚养，仍是父母双方的子女。父母对于子女仍有抚养、教育和保护的权利和义务。离婚后，不满 2 周岁的子女，以由母亲直接抚养为原则。已满 2 周岁的子女，父母双方对抚养问题协议不成的，由人民法院根据双方的具体情况，按照最有利于未成年子女的原则判决。子女已满 8 周岁的，应当尊重其真实意愿。

离婚后，子女由一方直接抚养的，另一方应当负担部分或者全部抚养费。负担费用的多少和期限的长短，由双方协议；协议不成时，由人民法院判决。关于子女生活费和教育费的协议或判决，不妨碍子女在必要时向父母任何一方提出超过协议或判决原定数额的合理要求。

《民法典》第1086条还规定了离婚后父母对子女的探望权："离婚后，不直接抚养子女的父或者母，有探望子女的权利，另一方有协助的义务。行使探望权利的方式、时间由当事人协议；协议不成的，由人民法院判决。父或母探望子女，不利于子女身心健康的，由人民法院依法中止探望；中止的事由消失后，应当恢复探望。"离婚不仅解除了夫妻间的人身关系，而且终止了夫妻间的财产关系。离婚时，夫妻的共同财产由双方协议处理；协议不成时，由人民法院根据财产的具体情况，按照照顾子女、女方和无过错方权益的原则判决。对夫或妻在家庭土地承包经营中享有的权益等，应当依法予以保护。夫妻一方因抚育子女、照料老年人、协助另一方工作等负担较多义务的，离婚时有权向另一方请求补偿，另一方应当给予补偿。具体办法由双方协议；协议不成的，由人民法院判决。夫妻一方隐藏、转移、变卖、毁损、挥霍夫妻共同财产，或者伪造夫妻共同债务企图侵占另一方财产的，在离婚分割夫妻共同财产时，对该方可以少分或者不分。离婚后，另一方发现有上述行为的，可以向人民法院提起诉讼，请求再次分割夫妻共同财产。

离婚时，夫妻共同债务应当共同偿还。共同财产不足清偿或财产归各自所有的，由双方协议清偿；协议不成时，由人民法院判决。在确定哪些是夫妻共同财产时，还要注意区分家庭财产和夫妻共同财产。前者是家庭成员的共同财产和各自所有财产的总和，包括夫妻共同财产，夫妻个人所有财产，子女通过继承、受赠所得的财产，其他家庭成员的个人所有财产以及全体家庭成员的共有财产。离婚时供分割或供清偿夫妻共同债务的，只有其中的夫妻共同财产。

离婚时，如果一方生活困难，有负担能力的另一方应当给予适当帮助。具体办法由双方协议；协议不成时，由人民法院判决。这不应被看成夫妻相互扶养义务的延续，而只是原来婚姻关系派生出来的一种经济帮助责任，它的适用必须符合一定的条件。有下列情形之一，导致离婚的，无过错方有权请求损害赔偿：重婚；与他人同居；实施家庭暴力；虐待、遗弃家庭成员；有其他重大过错。

五、家庭关系

（一）夫妻关系

夫妻关系，是指男女双方由合法婚姻而产生的人身和财产等方面的权利和义务关系。它是婚姻所生效力的最主要的一种。夫妻关系又分夫妻人身关系（婚姻所产生的夫妻身份上的效力）和夫妻财产关系（婚姻所产生的夫妻财产上的效力，通常表现为夫妻财产制）。随着夫妻关系的确立和子女出生，又产生了父母子女间、祖父母与孙子女间以及兄弟姐妹间的权利和义务关系。《民法典》第 1055 条规定："夫妻在婚姻家庭中地位平等。"这是处理夫妻关系的总的原则。《民法典》在这一平等原则下，还规定了夫妻双方在人身方面和财产方面的平等的权利和义务。

1. 夫妻间的人身方面的权利义务

（1）夫妻双方都有各自使用自己姓名的权利。子女可以随父姓，也可以随母姓。

（2）夫妻双方都有参加生产、工作、学习和社会活动的自由，一方不得对另一方加以限制或干涉。

2. 夫妻间的财产方面的权利义务

（1）夫妻对共同所有的财产有平等的所有权和平等的处理权。我国《民法典》第 1062 条规定，夫妻在婚姻关系存续期间所得的下列财产，为夫妻的共同财产，归夫妻共同所有：①工资、奖金、劳务报酬；②生产、经营、投资的收益；③知识产权的收益；④继承或者受赠的财产，但是遗嘱或者赠与合同中确定只归一方的财产除外；⑤其他应当归共同所有的财产。夫妻对共同财产，有平等的处理权。

《民法典》第 1063 条明确规定，下列财产为夫妻一方的个人财产：①一方的婚前财产；②一方因受到人身损害获得的赔偿或者补偿；③遗嘱或者赠与合同中确定只归一方的财产；④一方专用的生活用品；⑤其他应当归一方的财产。当事人结婚前，父母为双方购置房屋出资的，该出资应当认定为对自己子女个人的赠与，但父母明确表示赠与双方的除外。当事人结婚后，父母为双方购置房屋出资的，依照约定处理；没有约定或者约定不明确的，按照《民法典》第 1062 条第 1 款第 4 项规定的原则处理（归夫妻共同所有）。

《民法典》第 1065 条规定了夫妻对财产归属的约定：男女双方可以约定婚姻关系存续期间所得的财产以及婚前财产归各自所有、共同所有或者部分各自所有、部分共同所有。约定应当采用书面形式。没有约定或者约定不明确的，适用该法第 1062 条、第 1063 条的规定。夫妻对婚姻关系存续期间所得的财产以及婚前财产的约定，对双方具有法律约束力。夫妻对婚姻关系存续期间所得的财产约定归各自所有，夫或者妻一方对外所负的债务，相对人知道该约定的，以夫或者妻一方的个人财产清偿。

（2）夫妻有相互扶养的义务。如果一方不履行扶养义务，需要扶养的一方，有要求其给付扶养费的权利。

（3）夫妻有相互继承遗产的权利。

（二）父母子女关系

父母子女关系是家庭关系中的另一重要组成部分。《民法典》第 1068 条关于"父母有教育、保护未成年子女的权利和义务"的规定，就是对亲权关系的规定。我国《民法典》婚姻家庭编对父母子女间的权利和义务，养子女、继子女与养父母、继父母间的权利和义务，以及非婚生子女的法律地位也作了明确的规定，充分体现了男女平等和保护妇女、儿童、老人合法权益的原则。

1. 父母子女关系的产生

父母子女关系可以分为基于自然血亲而产生的（如婚生子女和非婚生子女）和基于法律拟制而产生的（如养父母和养子女的关系、继父母和继子女的关系）父母子女关系。

（1）父母与婚生子女和非婚生子女。所谓婚生子女，一般是指在婚姻关系存续期间所生的子女；而在婚姻关系以外所生的子女为非婚生子女。在我国，非婚生子女享有与婚生子女同等的权利，任何个人和组织不得加以危害和歧视。不直接抚养非婚生子女的生父或生母，应当负担未成年子女或者不能独立生活的成年子女的抚养费。婚姻关系存续期间，夫妻双方一致同意进行人工授精，所生子女应视为婚生子女，父母子女间的权利义务关系适用《民法典》的有关规定。

（2）养父母和养子女。养父母和养子女的关系因合法收养而成立。一般认为，凡依照法律规定的条件和程序领养他人子女作自己子女的行为，称为收养。在一些国家的收养法中，又分完全收养和不完全收养两种情况，前者因收养的成立而使被收养人完全脱离与生父母的法律关系，并对养父母取得婚生子女的地位；后者则在被收养人与生父母之间还保留某些法律关系（如继承权等）。依《民法典》第 1111 条的规定，我国采取前一种制度。该条第 2 款规定："养子女与生父母以及其他近亲属间的权利义务关系，因收养关系的成立而消除。"

成立收养关系，必须符合法律规定的实质要件与形式要件。实质要件包括收养人与被收养人具备法定的主体资格（如双方的年龄差、收养人必须有抚养教育能力等）。形式要件一般包括签订收养协议、办理收养公证、向有关主管机关登记等。

就收养人和被收养人必须具备一定的条件而言，我国《民法典》第1093条规定，能被收养的人只能是下列未成年人：丧失父母的孤儿；查找不到生父母的未成年人；生父母有特殊困难无力抚养的子女。而能作为收养人的，《民法典》第1098条规定，应当同时具备下列条件：①无子女或者只有一名子女（华侨收养三代以内旁系同辈血亲的子女，可不受限制）；②有抚养、教育和保护被收养人的能力；③未患有在医学上认为不应当收养子女的疾病；④无不利于被收养人健康成长的违法犯罪记录；⑤年满30周岁。收养三代以内旁系同辈血亲的子女，可以不受该法第1093条第3项、第1094条第3项、第1102条的限制。《民法典》规定，无配偶者收养异性子女的，双方年龄差应在40周岁以上。无子女的收养人可以收养两名子女；有子女的收养人只能收养一名子女。收养孤儿、残疾未成年人或者儿童福利机构抚养的查找不到生父母的未成年人，可以不受前款和该法第1098条第1项规定的限制。有配偶的人收养子女必须是夫妻共同收养。生父母送养子女，也应当共同送养（生父母一方不明或者查找不到的例外）。第1094条规定，孤儿的监护人、儿童福利机构和有特殊困难无力抚养子女的生父母可为送养人。

《民法典》规定，收养人收养与送养人送养，须双方自愿。收养8周岁以上未成年人的，应当征得被收养人的同意。监护人送养孤儿的，应当征得有抚养义务的人同意。继父或者继母经继子女的生父母同意，可以收养继子女。

收养关系的成立必须具备法律规定的形式要件。《民法典》规定，国内收养关系成立的法定程序是，收养关系当事人愿意签订收养协议的，可以签订收养协议。收养关系当事人各方或者一方要求办理收养公证的，应当办理收养公证。县级以上人民政府民政部门应当依法进行收养评估。收养应当向县级以上人民政府民政部门登记。收养查找不到生父母的未成年人的，办理登记的民政部门应当在登记前予以公告。

我国《民法典》第1109条还专门对涉外收养关系成立的法定程序作出了具体的规定：①外国人依法可以在我国收养子女。②外国人在我国收养子女，应当经其所在国主管机关依照该国法律审查同意。③收养人应当提供由其所在国有权机构出具的有关其年龄、婚姻、职业、财产、健康、有无受过刑事处罚等状况的证明材料。④收养人应当与送养人签订书面协议，亲自向省、自治区、直辖市人民政府民政部门登记。

收养关系一经成立，便在收养人与被收养人之间形成养父母子女关系。《民法典》规定，自收养关系成立之日起，养父母与养子女间的权利义务关系，适用该法关于父母子女关系的规定。收养关系可基于一定的法律事实而解除。解除收养关系的方式主要有以下几种：①收养人与送养人协议解除（养子女8周岁以上的，应当征得本人同意）；②养父母与成年养子女协议解除（以关系恶化、无法共同生活为条件）。收养人不履行抚养义务，有虐待、遗弃等侵害未成年养子女合法权益行为的，送养人有权要求解除养父母与养子女间的收养关系。送养人、收养人不能达成解除收养关系协议的，可以向人民法院提起诉讼。当事人协议解除收养关系的，应当到民政部门办理解除收养关系的登记。自收养关系解除之日起，养子女与其生父母间的权利义务关系以及生父母的近亲属间的权利义务关系自行恢复；成年养子女与生父母及其他近亲属间的权利义务关系是否恢复，由他们协商确定。收养关系解除后，经养父母抚养的成年养子女，对缺乏劳动能力又缺乏生活来源的养父母，应当给付生活费。因养子女成年后虐待、遗弃养父母而解除收养关系的，养父母可以要求养子女补偿收养期间支出的抚养费。生父母要求解除收养关系的，养父母可以要求生父母适当补偿收养期间支出的抚养费；但是，因养父母虐待、遗弃养子女而解除收养关系的除外。

（3）继父母与继子女。继父母子女关系是因生父母再婚从而使其子女与后婚配偶所发生的关系。它是一种姻亲关系，因而依我国法律必须存在事实上的抚养，才形成得以适用我国《民法典》对父母子女关系的规定。我国《民法典》第1072条规定："继父母与继子女间，不得虐待或歧视。继父或者继母和受其抚养教育的继子女间的权利义务关系，适用本法关于父母子女关系的规定。"能形成事实上的抚养关系的，有以下几种情况：继父母与继子女长期共同生活，继父或继母负担了继子女生活费和教育费的一部或全部；继子女的生活费和教育费虽由生父或生母供给，但因长期共同生活，继父或继母作了生活上的教育和照料。

2. 父母子女之间的权利义务关系

父母对未成年子女有抚养、教育和保护的义务，成年子女对父母有赡养、扶助和保护的义务。父母对未成年子女的抚养、教育和保护的义务是无条件的，在任何情况下都不能免除，即使父母离异，双方对子女仍要负责抚养、教育，不能因子女归一方抚养，他方就推卸应负的法律义务。当父母不履行抚养义务时，未成年的或不能独立生活的子女，有要求父母给付抚养费的权利。缺乏劳动能力的或生活困难的父母，有要求成年子女给付赡养费的权利。

禁止溺婴、弃婴和其他残害婴儿的行为。父母是未成年子女的法定代理人和监护人，他们既要保护其不受他人侵害，又要管教其不去侵害他人。在未成年子女对他人造成损害时，父母有承担民事责任的义务。

父母和子女有相互继承遗产的权利。

父母子女之间的上述权利义务关系，同样适用于生父母与非婚生子女、养父母与养子女、继父母与受其抚养、教育的继子女。

子女应当尊重父母的婚姻权利，不得干涉父母离婚、再婚以及婚后的生活。子女对父母的赡养义务，不因父母的婚姻关系变化而终止。

（三）祖父母、外祖父母与孙子女、外孙子女以及兄弟姐妹之间的关系

祖父母、外祖父母与孙子女、外孙子女之间是三代以内的直系血亲。为了发扬尊老爱幼的社会风尚，《民法典》规定，有负担能力的祖父母、外祖父母，对父母已经死亡或父母无力抚养的未成年孙子女、外孙子女，有抚养的义务；有负担能力的孙子女、外孙子女，对于子女已经死亡或子女无力赡养的祖父母、外祖父母，有赡养的义务。

兄弟姐妹是同胞手足，存在血缘关系，往往共同生活在一个家庭中，因此，我国《民法典》规定，有负担能力的兄、姐，对于父母已经死亡或父母无力抚养的未成年弟、妹，有扶养的义务。由兄、姐扶养长大的有负担能力的弟、妹，对于缺乏劳动能力又缺乏生活来源的兄、姐，有扶养的义务。

（四）扶养

综上所述，家庭关系包括的内容很广，但一定的家庭成员之间的扶养关系是最重要的一种权利义务关系，在夫妻关系、父母子女关系以及其他家庭成员之间的关系中，都有涉及。

在我国立法中，扶养包括扶养、抚养和赡养。其中，抚养指尊亲属对卑亲属的抚养，赡养则指卑亲属对尊亲属的扶助，扶养仅指同辈亲属及夫妻间的扶养。

扶养是根据身份关系，在一定的亲属间，有经济能力的人对于无生活能

力者所给予的扶助，以维持其生活的一种法律制度。所以，也可以将扶养简称为特定的人之间于一方不能生活时，给予他方必要的费用和扶助。

扶养关系中还有一个重要的问题即扶养义务人和扶养权利人的顺序问题需要解决。对此，我国法律虽无明文规定，但可按照继承人的顺序来确定扶养义务人的顺序，即对同一扶养权利人有能力进行扶养的义务人有数人时，首先应是配偶、子女和父母，其次才是兄弟姐妹、祖父母、外祖父母。其各自应承担的份额，由同一顺序有能力的扶养人分担。至于在对同一扶养义务人可请求其扶养的权利人有数人，而该扶养义务人的经济能力不能同时扶养他们时，亦按以上顺序解决为宜。

扶养的程度，应按扶养权利人的实际需要及扶养义务人的实际能力确定。扶养的方法，可以是按期提供生活费或实物，也可以是接回自己家中共同生活（又称迎养）。但扶养的程度及方法均可因情况的改变而变更。

扶养义务因扶养权利人或扶养义务人的死亡、身份关系的改变（如离婚等）以及扶养要件的消失（义务人已无能力扶养及权利人已不需要扶养）而消灭。

第十一节　财产继承权

一、财产继承权的概念

财产继承是把死者遗留的财产转移给继承人所有的一种法律制度。在继承关系中，死者被称为被继承人，接受遗产者被称为继承人，死者遗留的财产被称为遗产，继承人依法取得遗产的权利被称为财产继承权。

我国《宪法》第 13 条第 2 款规定："国家依照法律规定保护公民的私有财产权和继承权。"《民法典》第 1120 条规定："国家保护自然人的继承权。"第 1125 条规定，继承人有下列行为之一的，丧失继承权：（1）故意杀害被继承人；（2）为争夺遗产而杀害其他继承人；（3）遗弃被继承人，或者虐待被继承人情节严重；（4）伪造、篡改、隐匿或者销毁遗嘱，情节严重；（5）以欺诈、胁迫手段迫使或者妨碍被继承人设立、变更或者撤回遗嘱，情节严重。继承人有前款第 3 项至第 5 项行为，确有悔改表现，被继承人表示宽恕或者事后在遗嘱中将其列为继承人的，该继承人不丧失继承权。受遗赠人有该条第1款规定行为的，丧失受遗赠权。自然人的这种财产继承权实质上是自然人个人财产所有权的延伸。继承制度的意义不仅在于实现家庭抚育子女、赡养老人的社会职能，并促使家庭的和睦团结，而且有利于自然人财产权的保护，促进社会主义市场经济的发展。

《民法典》规定，继承开始后，按照法定继承办理；有遗嘱的，按照遗嘱继承或者遗赠办理；有遗赠扶养协议的，按照协议办理。《民法典》规定的继承法的基本原则有继承权男女平等原则，养老育幼、团结互助原则，权利义务相一致原则，以及遗嘱继承先于法定继承的原则等。

二、继承的种类

（一）法定继承

继承人按照法律规定的范围和顺序进行继承，称为法定继承。

我国法定继承人的范围和顺序，主要是根据婚姻关系和血缘关系的远近，以及在经济生活上相互依赖和帮助的程度确定的。我国法定继承人的范围是配偶、子女、父母，兄弟姐妹、祖父母和外祖父母。其中前三者为第一顺序继承人，后三者为第二顺序继承人。根据权利和义务相一致的原则，我国《民法典》第1129条规定，丧偶儿媳对公婆，丧偶女婿对岳父母，尽了主要赡养义务的，作为第一顺序继承人。

属于法定继承的遗产包括：（1）遗嘱继承人放弃继承和受遗赠人放弃受遗赠的遗产；（2）遗嘱继承人丧失继承权，或者受遗赠人丧失受遗赠权的遗产；（3）遗嘱继承人、受遗赠人先于立遗嘱人死亡或者终止的遗产；（4）遗嘱无效部分所涉及的遗产；（5）遗嘱未处分的遗产。

对继承人以外的依靠被继承人扶养的人，或者继承人以外的对被继承人扶养较多的人，可以分给适当的遗产。

对于遗产的分配，大体采用以下原则：在第一顺序中的继承人尚在或未拒绝继承的情况下，第二顺序继承人无权参与继承；在同一顺序中，有两个以上继承人时，他们的继承份额一般应该均等，但对生活有特殊困难又缺乏劳动能力的继承人，分配遗产时，应当予以照顾。对被继承人尽了主要扶养义务或者与被继承人共同生活的继承人，分配遗产时，可以多分。有扶养能力和有扶养条件的继承人，不尽扶养义务的，分配遗产时，应当不分或者少分。继承人协商同意的，也可以不均等。

　　法定继承中的代位继承，是指继承人先于被继承人死亡，由死亡的继承人的晚辈直系血亲代位继承其应继承的财产份额的制度。根据《民法典》第1128条的规定，被继承人的子女和兄弟姐妹可以为被代位人。代位继承人的范围，仅限于法定继承中的被代位人的孙子女、外孙子女等晚辈直系血亲，代位继承人不受辈数限制，并且不论人数多少，代位继承人只能就被代位人应继承的那份财产进行再分配。

　　根据《民法典》的规定，如继承已经开始，继承人已取得了实际继承遗产的权利，而遗产尚未分割，该继承人死亡，这时，他的应继承份额转而由他自己的继承人取得。这种继承叫作转继承，它与代位继承是两种不同的制度，在法定继承和遗嘱继承中均可发生。

　　（二）遗嘱继承、遗赠和遗赠扶养协议

　　自然人用书面或口头遗嘱，将遗产的全部或部分指定由法定继承人中的一人或数人继承，或指定各法定继承人份额的继承称为遗嘱继承。此外，自然人也可通过遗嘱将个人的财产赠送给国家、集体或法定继承人以外的人，这称为遗赠。自然人还可以与扶养人（继承人以外的个人或组织）签订遗赠扶养协议，约定由扶养人承担遗赠人生养死葬的义务，并享有接受遗赠的权利。如果被继承人生前既与他人订有遗赠扶养协议，又立有遗嘱，于继承开始后，在两者没有抵触时，遗产可分别按协议和遗嘱处理；如两者有抵触时，则首先按协议处理，凡与协议有抵触的遗嘱，全部或部分无效。

　　遗嘱必须具备以下条件：（1）遗嘱人应具有完全民事行为能力；（2）遗嘱应自愿和真实，而不存在欺诈、胁迫或伪造、篡改；（3）遗嘱的内容不得违反法律和社会公共利益及社会公德，不得取消法定继承人中无劳动能力且又没有生活来源的人应继承财产的份额。根据我国《民法典》的规定，遗嘱可分书面遗嘱、口头遗嘱和录音录像遗嘱。书面遗嘱又分公证遗嘱、自书遗嘱和代书遗嘱及打印遗嘱。录音录像遗嘱、代书遗嘱和打印遗嘱都应有两个以上见证人在场见证。口头遗嘱只能在危急情况下采用，也需有两个以上见证人在场见证，自危急情况消除后，遗嘱人能够以书面或者录音录像形式立遗嘱的，所立的口头遗嘱无效。

　　立遗嘱人可以撤回、变更自己所立的遗嘱。立遗嘱后，遗嘱人实施与遗嘱内容相反的民事法律行为的，视为对遗嘱相关内容的撤回。立有数份遗嘱，内容相抵触的，以最后的遗嘱为准。我国《民法典》还规定了遗赠：自然人可以立遗嘱将个人财产赠与国家、集体或者法定继承人以外的组织、个人。

三、继承的程序

继承从被继承人死亡时开始。继承开始后，知道被继承人死亡的继承人应当及时通知其他继承人和遗嘱执行人。继承开始后，遗嘱执行人为遗产管理人；没有遗嘱执行人的，继承人应当及时推选遗产管理人；继承人未推选的，由继承人共同担任遗产管理人；没有继承人或者继承人均放弃继承的，由被继承人生前住所地的民政部门或者村民委员会担任遗产管理人。存有遗产的人，应当妥善保管遗产，任何组织和个人不得侵吞或争抢。继承开始后，继承人放弃继承的，应当在遗产处理前，以书面形式作出放弃的表示；没有表示的，视为接受继承。

四、无人继承的遗产

没有继承人而死者又未立遗嘱处理，或者所有继承人（法定继承人和遗嘱继承人）都放弃继承，或者依法剥夺了所有继承人的继承权，以及受遗赠人也放弃了受遗赠，便出现了所谓的"绝户"遗产，即无人继承的遗产。无人继承的遗产，在法律上属于无主财产，依我国《民法典》的规定，应归国家所有，用于公益事业。但死者生前是集体所有制组织成员的，归所在的集体所有制组织所有。

五、被继承人的债务清偿

《民法典》规定，继承人以所得遗产实际价值为限清偿被继承人依法应当缴纳的税款和债务。超过遗产实际价值部分，继承人自愿偿还的不在此限。继承人放弃继承的，对被继承人依法应当缴纳的税款和债务可以不负清偿责任。执行遗赠不得妨碍清偿遗赠人依法应当缴纳的税款和债务。既有法定继承又有遗嘱继承、遗赠的，由法定继承人清偿被继承人依法应当缴纳的税款和债务；超过法定继承遗产实际价值部分，由遗嘱继承人和受遗赠人按比例以所得遗产清偿。

第十二节　民事责任

一、民事责任概述

在民事法律关系中，如果义务主体不履行自己的义务，从而使对方的权利得不到实现，以及不法行为人侵犯他人的合法权益并造成损害，国家应受害人的请求，追究义务主体和不法行为人的民事责任。民事责任制度是民法中的一项重要制度，它以其强制性确保民事法律规范的贯彻实施。《民法典》总则编在原《民法总则》第八章的基础上，继续规定了民事责任的一般规则，这也是对我国立法和司法经验的总结。

民事责任具有自身的特点：（1）民事责任是违反民事法律规范所应承担的法律责任。（2）它是违约人和不法行为人对受害人承担的一种法律责任。（3）它主要是一种财产责任。《民法典》第 187 条规定："民事主体因同一行为应当承担民事责任、行政责任和刑事责任的，承担行政责任或者刑事责任不影响承担民事责任；民事主体的财产不足以支付的，优先用于承担民事责任。"该条确立了民事责任优先性原则，即在因同一行为产生了民事责任、行政责任和刑事责任时，行为人的财产应当优先用于承担民事责任。（4）它的范围与所造成的损失或损害的大小相适应，一般具有补偿和恢复原状的性质。

二、民事责任的分类

民事责任依不同的标准主要可分为违约责任和侵权责任，过错责任、无过错责任和公平责任，单独责任和共同责任等。

（一）违约责任和侵权责任

违约责任，主要是因为当事人违反了合同义务而产生的民事责任。对违约行为来说，当事人双方之间事先必然存在合同关系，因为违约行为的发生以当事人之间存在合同权利、义务为前提。因违约造成的损失中，只有那些在订约时能够合理预见的损失才由违约方赔偿，而违约造成的人身伤亡和精神损害，则一般不根据《民法典》合同编的相关条文进行补救。

侵权责任是指行为人因其过错侵害他人财产、人身权利，依法应当承担的责任，以及没有过错但是造成了损害以后，依法应当承担的责任。在一般情况下，当侵权行为发生时，行为人和受害人之间不存在某种法律关系，而只是因为发生了侵权行为，双方才发生了损害赔偿之债的关系，而这种损害赔偿既包括了财产上的损失，也包括人身伤害和精神伤害，只要是因为侵权行为造成的各种损失，无论是直接损失还是间接损失，都应当由侵权行为人赔偿。如果当事人实施的违法行为既符合违约责任的构成要件，又符合侵权责任的构成要件，这种现象就称为请求权竞合，当事人可以选择一项请求权行使。我国《民法典》第186条规定："因当事人一方的违约行为，损害对方人身权益、财产权益的，受损害方有权选择请求其承担违约责任或者侵权责任。"

（二）过错责任、无过错责任和公平责任

行为人只对自己有过错的行为负责，这在民法理论上称为"过错责任原则"。对于某些侵权行为，法律推定侵权人存在过错。例如，《民法典》第1165条第2款规定，依照法律规定推定行为人有过错，其不能证明自己没有过错的，应当承担侵权责任。若当事人没有过错，则虽有损害发生，行为人也不负责任。如《民法典》第180条第1款规定："因不可抗力不能履行民事义务的，不承担民事责任。法律另有规定的，依照其规定。"一般而言，不可抗力是不能预见、不能避免且不能克服的客观情况。

但在法律有特别规定的情况下，即使行为人没有过错，只要造成损害，也要承担民事责任，除非行为人能够举证证明存在法律所规定的免责事由，这在民法理论上称为"无过错责任原则"。如《民法典》第1166条规定，行为人造成他人民事权益损害，不论行为人有无过错，法律规定应当承担侵权责任的，依照其规定。无过错责任是一种特殊的民事责任，如从事对周围环境有高度危险的作业的责任，因环境污染致人损害的责任，无民事行为能力人、限制民事行为能力人致人损害的责任等，均为无过错责任。

此外，在司法实践中，当事人对造成损害都没有过错的，可以根据实际情况，由当事人分担损失，此即所谓"公平责任"，即在当事人双方对造成损害均无错的情况下，由人民法院根据公平的观念，在考虑当事人的财产状况及其他情况的基础上，责令加害人对受害人的财产损失给予适当补偿的一种责任形式。不过，公平责任会赋予法官极大的自由裁量权，所以应当严格限定其适用范围。

（三）单独责任和共同责任

单独责任是指由一个民事主体独立承担的民事责任，多数责任属于单独责任。共同责任是指两个以上的民事主体共同承担的责任，如加害人为两个以上对受害人承担的责任。

共同责任又可分为按份责任、连带责任和不真正连带责任。所谓按份责任，是指数个责任人按照法律的规定或者合同的约定，各自承担一定份额的责任，如《民法典》第177条规定："二人以上依法承担按份责任，能够确定责任大小的，各自承担相应的责任；难以确定责任大小的，平均承担责任。"连带责任，是指数个责任人按照法律的规定或者合同的约定，连带地向权利人承担责任，如《民法典》第178条规定："二人以上依法承担连带责任的，权利人有权请求部分或者全部连带责任人承担责任。连带责任人的责任份额根据各自责任大小确定；难以确定责任大小的，平均承担责任。实际承担责任超过自己责任份额的连带责任人，有权向其他连带责任人追偿。连带责任，由法律规定或者当事人约定。"不真正连带责任，是指数个责任人基于不同的原因而依法对同一被侵权人承担全部的赔偿责任，某一责任人在承担责任之后，有权向真正责任人要求全部追偿。例如，《民法典》第1203条规定："因产品存在缺陷造成他人损害的，被侵权人可以向产品的生产者请求赔偿，也可以向产品的销售者请求赔偿。产品缺陷由生产者造成的，销售者赔偿后，有权向生产者追偿。因销售者的过错使产品存在缺陷的，生产者赔偿后，有权向销售者追偿。"这就是一条典型的关于不真正连带责任的规定。

三、承担民事责任的方式

关于承担民事责任的方式，依我国《民法典》的规定有：（1）停止侵害；（2）排除妨碍；（3）消除危险；（4）返还财产；（5）恢复原状；（6）修理、重作、更换；（7）继续履行；（8）赔偿损失；（9）支付违约金；（10）消除影响、恢复名誉；（11）赔礼道歉。上述各种方式，既可单独适用，也可合并适用。法律规定惩罚性赔偿的，依照其规定。

四、民事责任的减轻和免除

用以减轻或免除行为人责任的理由，称为免责事由或抗辩理由。我国

《民法典》第 180 条至第 184 条所规定的免责事由主要包括不可抗力、正当防卫、紧急避险、见义勇为和紧急救助。

所谓"不可抗力",是指不能预见、不能避免并且不能克服的客观情况。在法律上,不可抗力通常属于法定的免责事由,将导致行为人免责。

正当防卫,是指当公共利益、他人或本人的人身或其他利益受到不法侵害时,行为人所采取的一种防卫措施。我国《民法典》第 181 条规定:"因正当防卫造成损害的,不承担民事责任。正当防卫超过必要的限度,造成不应有的损害的,正当防卫人应当承担适当的民事责任。"

紧急避险,是指为了使公共利益、本人或他人的合法权益免受现实和紧急的损害危险,不得已而采取的致使他人或本人遭受损害的行为。我国《民法典》第 182 条规定:"因紧急避险造成损害的,由引起险情发生的人承担民事责任。危险由自然原因引起的,紧急避险人不承担民事责任,可以给予适当补偿。紧急避险采取措施不当或者超过必要的限度,造成不应有的损害的,紧急避险人应当承担适当的民事责任。"

《民法典》第 183 条规定:"因保护他人民事权益使自己受到损害的,由侵权人承担民事责任,受益人可以给予适当补偿。没有侵权人、侵权人逃逸或者无力承担民事责任,受害人请求补偿的,受益人应当给予适当补偿。"该条结合我国的立法和司法经验,赋予法官一定的自由裁量权,允许其根据具体案情和客观情况来确定见义勇为情形下受益人的补偿义务。

《民法典》第 184 条规定:"因自愿实施紧急救助行为造成受助人损害的,救助人不承担民事责任。"该条确认了紧急救助也可以作为免责事由,赋予紧急救助行为人豁免权。法律作出如此规定的目的在于鼓励自愿的救助行为。

《民法典》第 1176 条确立了"自甘风险"规则:自愿参加具有一定风险的文体活动,因其他参加者的行为受到损害的,受害人不得请求其他参加者承担侵权责任;但是,其他参加者对损害的发生有故意或者重大过失的除外。

《民法典》第 1177 条规定了"自助行为"制度:合法权益受到侵害,情况紧迫且不能及时获得国家机关保护,不立即采取措施将使其合法权益受到难以弥补的损害的,受害人可以在保护自己合法权益的必要范围内采取扣留侵权人的财物等合理措施;但是,应当立即请求有关国家机关处理。受害人采取的措施不当造成他人损害的,应当承担侵权责任。

五、侵害英雄烈士等人格利益的民事责任

《民法典》颁布之前，我国出现了一些侵害英雄烈士人格利益的纠纷，为了保护英雄烈士等的人格利益，有效规范此类行为，《民法典》第 185 条规定："侵害英雄烈士等的姓名、肖像、名誉、荣誉，损害社会公共利益的，应当承担民事责任。"该条对强化英雄烈士姓名、名誉、荣誉等的法律保护，维护民族精神、弘扬社会公德具有重要意义。

第十三节　诉讼时效

一、诉讼时效的概念

时效，是指时间在法律上的效力。时间本身也是一种法律事实，能引起一定的法律后果。权利人经过法定期限不行使自己的权利，法律规定消灭其胜诉权的制度，称为诉讼时效。它的特征是：（1）向法院请求保护其合法权益的法定期限必须已届满；（2）有时效期限届满以前权利人未行使其请求权的事实；（3）除法律、法规另有规定的以外，超过法定期限的请求权，人民法院不予保护，即权利人的胜诉权归于消灭，义务人可以因此不再履行义务。但出于培育自然人高尚道德的考虑，我国《民法典》第 192 条第 2 款同时也规定，"诉讼时效期间届满后，义务人同意履行的，不得以诉讼时效期间届满为由抗辩；义务人已经自愿履行的，不得请求返还"。此外，《民法典》第 193 条还规定："人民法院不得主动适用诉讼时效的规定。"

诉讼时效制度的作用，并不是对权利人不行使权利的惩罚，也不是给不履行义务的人创造利益，而是稳定社会生活秩序，并便于人民法院及时调查案情和收集证据。

二、诉讼时效期间的分类

诉讼时效期间，又称时效期间，是指权利人请求人民法院保护其民事权利的法定期间。通常可以分为如下三种：

（一）一般诉讼时效期间

一般诉讼时效期间，又称普通诉讼时效期间，是指由民事基本法规定的

普遍适用于应当适用时效的各种法律关系的时效期间。国家规定时效制度，既要保护权利人的合法权益，又要维护社会生活的稳定，所以，诉讼时效期间的规定不宜过长，也不宜太短。我国《民法典》第 188 条第 1 款规定，普通诉讼时效期间为 3 年。

（二）特别诉讼时效期间

特别诉讼时效期间，是指由民事基本法或各种单行法规针对某些民事法律关系规定的时效期间。按照特别法优于普通法的一般规则，如果符合特别诉讼时效规定的情况，应当适用特别诉讼时效，而不适用普通诉讼时效。例如，我国《产品质量法》第 45 条第 1 款规定，因产品存在缺陷造成损害要求赔偿的诉讼时效期间为 2 年。也有的单行法规规定的时效期间长于一般时效期间，如《民法典》第 594 条规定，因国际货物买卖合同和技术进出口合同争议提起诉讼或者申请仲裁的时效期间为 4 年。

（三）最长诉讼时效期间

最长诉讼时效期间，又称绝对时效期间，是指不适用诉讼时效中止、中断规定的时效期间。我国《民法典》第 188 条第 2 款规定，最长诉讼时效期间为 20 年。

三、诉讼时效期间的开始、中止、中断和延长

（一）诉讼时效期间的开始

诉讼时效的届满是一种法律事实，能引起一定的法律后果。所以，诉讼时效从哪一天开始计算，在实践中具有重大意义。权利人知道或者应当知道权利受到损害以及义务人之日，就是诉讼时效期间的开始，如订有履行期限的合同，从合同约定履行期限届满之日开始；损害赔偿之债，从已经知道或应当知道损害事实发生之日开始。

但在某些情况下，对于权利人是否知道其权利遭受损害以及谁是义务人很难举证，或者因为特定事由的存在，权利人需要受到特殊保护。因此，法律对各种特殊情况的时效起算作出了特别规定。

对于分期履行债务中的诉讼时效的起算，《民法典》第 189 条规定："当事人约定同一债务分期履行的，诉讼时效期间自最后一期履行期限届满之日起计算。"对于无民事行为能力人或限制民事行为能力人对其法定代理人的请求权的诉讼时效期间，《民法典》第 190 条规定自该法定代理终止之日起计

算。对于未成年人遭受性侵害的损害赔偿请求权的诉讼时效期间,《民法典》第 191 条规定自受害人年满 18 周岁之日起计算。

（二）诉讼时效期间的中止、中断和延长

为了保护权利人的利益不致出现因法定事由不能在诉讼时效期间届满前提起诉讼而受到损害,《民法典》第 194 条还规定:"在诉讼时效期间的最后六个月内,因下列障碍,不能行使请求权的,诉讼时效中止:（一）不可抗力;（二）无民事行为能力人或者限制民事行为能力人没有法定代理人,或者法定代理人死亡、丧失民事行为能力、丧失代理权;（三）继承开始后未确定继承人或者遗产管理人;（四）权利人被义务人或者其他人控制;（五）其他导致权利人不能行使请求权的障碍。自中止时效的原因消除之日起满六个月,诉讼时效期间届满。"

在诉讼时效进行中,由于发生法定事由,使以前经过的时效期间统归无效,称为诉讼时效的中断。诉讼时效期间应从中断、有关程序终结时重新计算。导致诉讼时效中断的事由有:权利人向义务人提出履行请求;义务人同意履行义务;权利人提起诉讼或者申请仲裁;与提起诉讼或者申请仲裁具有同等效力的其他情形等。

在实际生活中,权利人知道其权利受到损害,有时并不是在其权利已遭受损害的 3 年或 1 年之内,而是已经过了很长时间,如果不规定一个最长的保护期限,就会使法律关系长期处于不稳定状态,收集调查证据也很困难,所以,《民法典》规定,自权利受到损害之日起超过 20 年的,人民法院不予保护;有特殊情况的,人民法院可以根据权利人的申请决定延长。

诉讼时效的延长是指遇有特殊情况,人民法院对已完成的诉讼时效期间给予适当的延展,它实质上是对诉讼时效中止、中断的一种补充。这是因为:其一,客观情况十分复杂,除造成中止、中断的一般原因以外,可能有其他原因阻碍行使权利;其二,最长诉讼时效虽不适用中止、中断的规定,但确因意外事故不能行使权利时,人民法院仍可以延长其期限,以保障权利人的合法权益。

第十四节　期日和期间

一、期日和期间的概念

在民法上，期限，是指法律关系产生、变更和消灭的时间，分为期日和期间。期日是指一定的时点或特定的时间，如某年、某月、某日、某时等。而期间则是指以一定的时点作起点至以另一时点为终点而延续的一段时间，如从某年某月某日至另一年某月某日，从某时至某时等。所以，期日是不可分或在法律上被视为不可分的时间延续中的某一点，有时这一点虽不是转瞬即逝，但有继续或迁延的性质。而期间是指从某一开始的时点至另一终结的时点，因而它是可分的，并且表示有迁延性的某一时间的区间。

由于时间是一种重要的法律事实，《民法典》第 13 条关于人从出生时起到死亡时止享有民事权利能力的规定，第 40 条、第 46 条关于宣告失踪、宣告死亡期间的规定，第 188 条至第 199 条关于时效制度的规定等，都直接与时间有关。凡与时间有关的法律事实，在法律上是通过期日或期间的制度来表现的。

《民法典》第 204 条规定："期间的计算方法依照本法的规定，但是法律另有规定或者当事人另有约定的除外。"因此，关于期日和期间的规定，既有由法律直接规定的，也有可由当事人协议约定的（如债务的偿还期限、所有权转移的时间），还有由裁判机关指定的，因而有法定期限、约定期限和指定期限的区别。

民法上关于期日和期间的计算制度，有许多也同样适用于刑法、行政法和诉讼法。

二、期日和期间的计算方法

期间的计算方法主要有两种：一种是历法计算法，即以日历所定的年、月、日为依据；另一种是自然计算法，即以实际时间精确地进行计算的方法。我国《民法典》规定，民法所称的期间应按公历年、月、日、小时计算。按照年、月、日计算期间的，开始的当日不计入，自下一日开始计算。按照小时计算期间的，自法律规定或者当事人约定的时间开始计算。按照年、月计算期间的，到期月的对应日为期间的最后一日；没有对应日的，月末日为期间的最后一日。期间的最后一日是法定休假日的，以法定休假日结束的次日为期间的最后一日。期间的最后一日的截止时间为24时；有业务时间的，停止业务活动的时间为截止时间。民法所称的"以上""以下""以内""届满"，包括本数；所称的"不满""超过""以外"，不包括本数。

◆ **复习与思考**

1. 我国民法有哪些基本原则？
2. 《民法典》关于自然人的民事行为能力是怎样规定的？
3. 谈谈《民法典》关于监护的法律规定。
4. 什么是业主的建筑物区分所有权？
5. 简述《民法典》关于相邻关系的法律规定。
6. 简述合同的一般条款。
7. 谈谈著作权的保护期限？
8. 法定继承的范围和顺序是什么？
9. 什么是民事责任？我国民法对民事责任的构成要件是如何规定的？

"天下之事，不难于立法，而难于法之必行。"推进法治体系建设，重点和难点在于通过严格执法、公正司法、全民守法，推进法律正确实施，把"纸上的法律"变为"行动中的法律"。

——习近平在十九届中央政治局第三十五次集体学习时的讲话

第一节　刑法概述

一、刑法的概念和任务

（一）刑法的概念

刑法是规定哪些行为是犯罪和对犯罪人进行何种刑罚处罚的法律规范的总称。刑法是国家的基本法律之一，是国家法律体系的重要组成部分。

刑法有狭义和广义之分。狭义的刑法，是指规定犯罪与刑罚的一般原则和各种具体犯罪与刑罚的法律规范的刑法典，如我国于 1979 年 7 月 1 日第五届全国人民代表大会第二次会议通过、1997 年 3 月 14 日第八届全国人民代表大会第五次会议修订的《刑法》。广义的刑法，是指一切刑法规范的总和，它除刑法典之外，包括单行刑事法律以及非刑事法律中的刑法规范。例如，我国除刑法典之外，1998 年 12 月 29 日，第九届全国人民代表大会常务委员会第六次会议通过了《关于惩治骗购外汇、逃汇和非法买卖外汇犯罪的决定》。此后，全国人民代表大会常务委员会分别于 1999 年 12 月 25 日、2001 年 8 月 31 日、2001 年 12 月 29 日、2002 年 12 月 28 日、2005 年 2 月 28 日、2006 年 6 月 29 日、2009 年 2 月 28 日、2011 年 2 月 25 日、2015 年 8 月 29 日、2017

年 11 月 4 日、2020 年 12 月 26 日、2023 年 12 月 29 日先后通过了 12 个刑法修正案，这都属于广义的刑法。

（二）刑法的任务

我国刑法的任务是用刑罚的方法同一切犯罪行为作斗争，以保卫国家安全，保卫人民民主专政的政权和社会主义制度，保护国有财产和劳动群众集体所有的财产，保护公民私人所有的财产，保护公民的人身权利、民主权利和其他权利，维护社会秩序、经济秩序，保障社会主义建设事业的顺利进行。

（1）保卫国家安全，保卫人民民主专政的政权和社会主义制度。运用刑罚手段同一切危害我国人民民主专政的政权和社会主义制度、危害国家安全的犯罪行为作斗争，是我国刑法的首要任务。

（2）保护公私财产，维护经济秩序。运用刑罚手段同一切破坏社会主义市场经济秩序的犯罪行为作斗争，保护国有财产和劳动群众集体所有的财产，保护公民私人所有的财产，维护社会主义市场经济秩序，打击经济领域的犯罪，是我国刑法的重要任务。

（3）保护公民的人身权利、民主权利和其他权利。为了惩罚犯罪、保护人民，运用刑罚手段同一切侵犯公民的人身权利、民主权利和其他权利的犯罪行为作斗争，保护公民的合法权益不受侵犯，使公民享有的合法权利得到切实的保障，是我国刑法的另一重要任务。

（4）维护社会秩序。刑法是维护社会秩序的重要武器。运用刑罚手段同一切破坏社会秩序的犯罪行为作斗争，使人民群众有一个良好的、安定的生活和工作条件，创造一个稳定的社会环境，保障社会主义建设事业的顺利进行。

二、刑法的基本原则

刑法的基本原则，是指贯穿于全部刑法规范，对定罪量刑和刑罚的执行具有根本指导作用的准则。它是指导和制约全部刑事立法和刑事司法的基本准则。我国现行刑法规定的基本原则有以下几项：

（一）罪刑法定原则

罪刑法定原则是近代以来绝大多数国家所共同确立的刑法基本原则，是保障人权、维护法治的重要原则之一。我国《刑法》第 3 条规定："法律明文规定为犯罪行为的，依照法律定罪处刑；法律没有明文规定为犯罪行为的，不得定罪处刑。"这条规定确立了我国刑法的罪刑法定原则。这一原则的基本含义是："法无明文规定不为罪，法无明文规定不处罚。"也就是说，对于什么行为是犯罪和犯罪所产生的具体法律后果，都必须由刑法作出清楚、明确的具体条文规定，以保障刑法没有明文规定为犯罪的行为不会成为该规范适用的对象。

◆ **思考题**

关于罪刑法定原则及其内容，下列哪一选项是正确的？（　　　）

A. 罪刑法定原则禁止类推解释与扩大解释，但不禁止有利于被告人的类推解释

B. 罪刑法定原则禁止司法机关进行类推解释，但不禁止立法机关进行类推解释

C. 罪刑法定原则禁止适用不利于行为人的事后法，但不禁止适用有利于行为人的事后法

D. 罪刑法定原则要求刑法规范的明确性，但不排斥规范的构成要件要素

答案：C。

（二）适用法律一律平等原则

公民在法律面前一律平等是我国宪法确立的社会主义法治的基本原则，为了强调这一原则在刑法领域的极端重要性，《刑法》第4条规定："对任何人犯罪，在适用法律上一律平等。不允许任何人有超越法律的特权。"这就表明，任何人犯罪，都应当受到刑法的追究；对于同样性质和情节的犯罪人，在定罪量刑上应一视同仁，依法处罚；任何人的合法权益受到犯罪行为侵害，都应当受到刑法保护；被害人同样的权益受到犯罪行为侵害，应当受到刑法同样的保护。无论追究犯罪人，还是保护被害人，均应体现公民在法律面前一律平等原则。

（三）罪刑相适应原则

我国《刑法》第5条规定："刑罚的轻重，应当与犯罪分子所犯罪行和承担的刑事责任相适应。"这一原则的具体要求是，犯罪分子应当按照犯罪事实、犯罪的性质和情节，以及社会危害性的大小，承担相应的刑事责任。做到有罪当罚、无罪不罚、轻罪轻罚、重罪重罚、一罪一罚、数罪并罚、罚当

其罪，从而使罪刑相适应。

三、刑法的效力范围

刑法的效力范围，即刑法的适用范围，指的是刑法在什么时间、什么地方和对什么人具有效力。

（一）刑法的地域效力

《刑法》第 6 条第 1 款规定："凡在中华人民共和国领域内犯罪的，除法律有特别规定的以外，都适用本法。"中国领域是指我国国境以内的全部区域，包括领陆，即国境线以内的陆地以及陆地以下的底土；领水，即内水和领海及其领水的水床及底土；领空，即领陆、领水之上的空气空间。

犯罪的行为或者结果有一项发生在我国领域内的，就认为是在中国领域内犯罪，包括以下三种情况：（1）犯罪行为与结果都发生在我国领域以内；（2）犯罪行为发生在我国领域以内，而犯罪结果发生在我国领域以外；（3）犯罪行为发生在我国领域以外，而犯罪结果发生在我国领域以内。上述三种情况，均适用我国刑法。

凡在中华人民共和国船舶或者航空器内犯罪的，也适用我国刑法。这里说的船舶或者航空器，既可以是军用的，也可以是民用的；既指在航行途中，也指在停泊状态；既指在公海或公海的上空，也指在别国的领域内。只要是在我国的船舶或者航空器内犯罪，我国均有刑事管辖权。此外，根据我国承认的 1961 年《维也纳外交关系公约》的规定，各国驻外大使馆、领事馆及其外交人员不受驻在国司法管辖而受本国的司法管辖，因此，在我国的驻外大使馆或公使馆、总领事馆内犯罪的，也都适用我国刑法。

（二）刑法对人的效力

1. 刑法对我国公民的效力

我国公民在我国领域内犯罪的，一律适用我国刑法。我国公民在我国领域外犯刑法规定之罪的，也适用我国刑法，但是按照我国刑法规定的最高刑为 3 年以下有期徒刑的可以不予追究。如果是我国的国家工作人员或者军人在我国领域外犯罪，则不论其所犯之罪按照我国刑法规定的最高刑是否为 3 年以下有期徒刑，都适用我国刑法，追究其刑事责任。

凡在我国领域外犯罪，依照我国刑法应当负刑事责任的，虽然经过外国审判，仍然可以依照我国刑法追究，但是在外国已经受到刑罚处罚的，可以免除或者减轻处罚。

2. 刑法对外国人的效力

刑法所说的外国人，是指具有外国国籍的人和无国籍人。外国人在我国领域内犯罪的，除法律有特别规定的以外，都适用我国刑法。这里的特别规定，主要是指根据国际惯例各国之间在外交上的一种对等的安排。我国刑法规定，享有外交特权和豁免权的外国人的刑事责任，通过外交途径解决。

外国人在我国领域外对我国国家或者公民犯罪，而按照我国刑法规定的最低刑为 3 年以上有期徒刑的，可以适用我国刑法，但是按照犯罪地的法律不受处罚的除外。对于我国缔结或者参加的国际条约所规定的罪行，我国在所承担条约义务的范围内行使刑事管辖权的，也适用我国刑法。

(三) 刑法的时间效力

刑法的时间效力，是指刑法的生效时间、失效时间以及是否具有溯及既往的效力。

1. 刑法的生效时间与失效时间

刑法的生效时间，一般有两种方式：一是从刑法公布之日起生效，二是刑法公布之后经过法律规定的一段时间再生效。

刑法的失效时间，也有两种方式：一是由国家立法机关明确宣布某些法律失效；二是自然失效，即由于新法施行后代替了同类内容的旧法，或者由于原来特殊的立法条件已经消失，旧法也就自行失效。

2. 刑法的溯及力

刑法的溯及力是指新的刑事法律制定后，对它生效前未经审判或者判决尚未确定的行为是否适用的问题。如果适用，则这一法律就有溯及力；如果不适用，就没有溯及力。我国刑法在溯及力问题上采取的是"从旧兼从轻"原则：新刑法施行以前的行为，当时的法律不认为是犯罪的，适用当时的法律，即刑法没有溯及力；当时的法律认为是犯罪，而现行刑法不认为是犯罪的，只要该行为未经人民法院审判或者判决尚未确定，就应当适用现行刑法，即刑法具有溯及力；当时的法律和现行刑法都认为是犯罪的，并且依照现行刑法的规定应当追诉的，原则上按照当时的法律追究刑事责任，即刑法不具有溯及力，但是，如果当时的法律处刑比现行刑法的较重，则适用现行刑法，即刑法具有溯及力。

第二节　犯罪

一、犯罪的概念和特征

一般来说，所谓犯罪，是指刑法所规定的，危害统治阶级利益和社会秩序而应受刑罚处罚的行为。

我国《刑法》第 13 条规定："一切危害国家主权、领土完整和安全，分裂国家、颠覆人民民主专政的政权和推翻社会主义制度，破坏社会秩序和经济秩序，侵犯国有财产或者劳动群众集体所有的财产，侵犯公民私人所有的财产，侵犯公民的人身权利、民主权利和其他权利，以及其他危害社会的行为，依照法律应当受刑罚处罚的，都是犯罪，但是情节显著轻微危害不大的，不认为是犯罪。"这条规定，是对犯罪的概念所作的科学概括。它是我们认定犯罪、划分罪与非罪界限的法律依据。

犯罪具有以下特征：

（一）犯罪是危害社会的行为，即具有一定的社会危害性

犯罪是危害社会的行为，即具有一定的社会危害性。这是犯罪的最本质特征。犯罪的社会危害性表现在它对国家、社会的利益和公民的合法权益的损害。犯罪必须具有一定的社会危害性，这是构成犯罪的前提条件。是否具有社会危害性，是区分罪与非罪的关键所在。犯罪的社会危害性取决于各种主观和客观因素，一般来说，某种行为只有在与某一社会形态的整体意志不相容时，才具有社会危害性。判断具体行为罪与非罪的主要界限，是该行为是否具有社会危害性及其轻重大小。行为的社会危害性是刑事违法性和应受刑罚处罚性的基础。

（二）犯罪是触犯刑法的行为，即具有刑事违法性

犯罪是具有一定的社会危害性的行为，但并非一切危害社会的行为都是犯罪，危害社会的行为必须又是违反刑法的行为，即触犯刑法的行为，才构成犯罪。行为的社会危害性是刑事违法性的基础，刑事违法性是社会危害性在刑法上的表现。只有当行为不仅具有社会危害性，而且具有刑事违法性时，才能被认定为犯罪。犯罪是触犯刑法的行为，但不能把犯罪行为同一般违法行为混为一谈，更不能把犯罪行为同仅仅违反社会主义道德的行为混同起来。

（三）犯罪是应受刑罚处罚的行为，即具有应受刑罚处罚性

这包含两点含义：其一，刑罚处罚是犯罪的必然结果，任何人实施犯罪行为，都应受刑罚处罚；其二，只有具有一定的社会危害性，又触犯刑法的犯罪行为，才能适用刑罚处罚。对于一般违法行为，没有构成犯罪的，则不能适用刑罚处罚。把应受刑罚处罚作为犯罪的一个基本特征，就意味着某行为如果依照法律不应当受刑罚处罚，就不被认为是犯罪。

以上犯罪的三个基本特征是紧密相连、不可分割的。一定的社会危害性是犯罪的最基本特征，是刑事违法性和应受刑罚处罚的前提基础。如果行为的社会危害性没有达到触犯刑法和应受刑罚处罚的程度，该行为也不被认为是犯罪。

二、犯罪构成

犯罪构成，是指我国刑法所规定的，决定某一行为的社会危害性及其程度，而为该行为构成犯罪所必须具备的一切客观要件和主观要件的总和。犯罪概念与犯罪构成既有联系又有区别。犯罪概念是犯罪构成的基础，犯罪构成是犯罪概念的具体化。犯罪概念规定什么是犯罪、犯罪必须具备哪些基本特征，从宏观上划清罪与非罪的界限；犯罪构成则是研究犯罪是怎样成立的、必须具备哪些法定要件，是划清罪与非罪、此罪与彼罪的具体标准。任何一种犯罪的成立都必须同时具备四个要件，即犯罪客体、犯罪客观方面、犯罪主体和犯罪主观方面。

（一）犯罪客体

犯罪客体，是指我国刑法所保护而为犯罪行为所侵犯的社会关系。犯罪客体是犯罪构成的必备条件之一，某种行为如果没有或者不可能侵犯任何一种刑法所保护的社会关系，就不可能构成犯罪。犯罪客体分为三种，即一般客体、同类客体和直接客体。犯罪的一般客体，是指一切犯罪行为所共同侵犯的客体，即我国刑法所保护的社会关系整体。犯罪的同类客体是指某一类犯罪所共同侵犯的客体，也就是刑法所保护的社会关系的某一部分或者某一方面。我国《刑法》分则正是根据同类客体的不同，将犯罪划分为十大类。犯罪的直接客体，是指某一种犯罪行为所直接侵犯或者威胁的具体的社会关系，也就是刑法所保护的社会关系的某个具体部分。犯罪的直接客体是区分罪与非罪、此罪与彼罪的关键。例如，同样是针对他人的犯罪，故意杀人罪

直接危害的是他人的生命权，而故意伤害罪的直接客体是他人的健康权。

犯罪客体不同于犯罪对象。犯罪客体是指我国刑法所保护而为犯罪行为所侵犯的社会关系，而犯罪对象是指犯罪行为直接施加某种影响的具体物或者具体人。二者的区别主要表现在：其一，犯罪客体决定犯罪的性质，而犯罪对象不能决定犯罪的性质。其二，犯罪客体是任何犯罪构成的必备要件，没有犯罪客体，就没有犯罪的存在，而犯罪对象则不是每一个犯罪的必备要件，如脱逃罪、偷越国（边）境罪等并没有犯罪对象。其三，任何犯罪都必然使犯罪客体受到损害，但犯罪对象不一定受到损害，如盗窃、贪污、诈骗、窝藏、包庇等犯罪一般不会对犯罪对象造成损害。

（二）犯罪客观方面

犯罪客观方面，是指犯罪活动的外在表现，包括危害行为、危害结果，以及犯罪的时间、地点和方法等。危害行为是一切犯罪构成的必备要件，危害结果是绝大多数犯罪构成的要件，犯罪的时间、地点和方法仅仅是某些犯罪构成的要件。

1. 危害行为

犯罪必须是一种危害社会的行为。危害社会的行为，在整个犯罪构成中居于核心的地位。危害行为的客观表现形式是多种多样的，但其基本形式有两种，即作为与不作为。所谓作为，是指犯罪人用积极的行为所实施的我国刑法所禁止的危害社会的行为，也就是我国刑法禁止做某种行为而犯罪人偏要积极去做。犯罪大多数是以作为的形式表现出来的。所谓不作为，是指犯罪人有义务实施并且能够实施某种积极行为而未实施的消极行为。不作为在客观方面需要具备三个条件：一是行为人负有实施某种积极行为的义务，主要是法律明文规定的特定义务；职务上或业务上要求履行的义务；法律行为引起的义务；因行为人先前的行为，而使法律所保护的某种权益处于危险状态所产生的义务。二是行为人有履行特定义务的实际可能而未履行。三是行为人未履行特定义务的不作为，侵犯了刑法所保护的客体，具有严重的社会危害性。

2. 危害结果

危害结果，是指行为对犯罪客体造成或者可能造成的危害，或者说是危害行为给社会关系所造成的具体损害。危害结果有广义与狭义之分。广义的危害结果，是指由行为人的危害行为所引起的一切对社会的损害，包括属于犯罪构成要件的结果和不属于犯罪构成要件的结果。狭义的危害结果，是指作为犯罪构成要件的结果。我国刑法规定的犯罪多数要求有实际的危害结果，但是有的犯罪并不要求有实际的危害结果，只要实施了犯罪行为，就可以认定为是犯罪；有些犯罪是以危害结果的大小作为划分罪与非罪的界限；还有些是以发生某种严重后果的危险作为构成犯罪的要件。

3. 危害行为与危害结果之间的因果关系

按照我国刑法规定的构成犯罪客观方面的要求，一个人只能对自己的危害行为及其造成的危害结果承担刑事责任。因此，当危害结果发生时，要使某人对该危害结果承担刑事责任，就必须查明他所实施的危害行为与危害结果之间是否存在因果关系。只有当二者之间确实存在内在的必然因果关系时，行为人才应承担刑事责任。但也不能把因果关系和刑事责任混为一谈。虽然某一危害结果在客观上确实是某人的行为造成的，但如果行为人主观上既无故意也无过失，仍不能构成犯罪。

4. 犯罪的时间、地点和方法

对于多数犯罪来说，犯罪的时间、地点和方法并不是犯罪构成的要件，如在什么时间、什么地点、采用什么方法杀人，并不影响杀人犯罪的成立。但时间、地点和方法这些因素往往影响到犯罪行为本身社会危害程度的大小，对于正确量刑仍有重要意义。同时，我们要看到，对于某些特定的犯罪来说，如《刑法》第341条第2款规定的非法狩猎罪等，必须具备特定的时间、地点和方法。

（三）犯罪主体

我国刑法中的犯罪主体，是指实施危害社会的行为并且依法应当承担刑事责任的自然人和单位。

1. 自然人犯罪主体

自然人犯罪主体是指达到刑事责任年龄，具有刑事责任能力，实施危害社会的行为，触犯刑法，并依法应当受到刑罚处罚的有生命的人。

刑事责任年龄，是刑法所规定的行为人对自己的犯罪行为负刑事责任必须达到的年龄。我国《刑法》规定：（1）已满16周岁的人犯罪，应当负刑事责任。（2）已满14周岁不满16周岁的人，犯故意杀人、故意伤害致人重伤或者死亡、强奸、抢劫、贩卖毒品、放火、爆炸、投放危险物质罪的，应当负刑事责任。（3）已满12周岁不满14周岁的人，犯故意杀人、故意伤害罪，致人死亡或者以特别残忍手段致人重伤造成严重残疾，情节恶劣、经最高人民检察院核准追诉的，应当负刑事责任。（4）不满 12 周岁属于完全不负刑事责任时期。这一时期的自然人对其所实施的危害社会的行为，一概不追究刑事责任。此外，我国《刑法》还明确规定，已满 12 周岁不满 18 周岁的人需要追究刑事责任的，应当从轻或者减轻处罚；因不满 16 周岁不予刑事处罚的，责令其父母或者其他监护人加以管教，在必要的时候，依法进行专门矫治教育。《刑法修正案（八）》特别增加规定已满 75 周岁的人故意犯罪的，可以从轻或者减轻处罚；过失犯罪的，应当从轻或者减轻处罚。

刑事责任能力，是指行为人所具备的刑法意义上辨认和控制自己行为的能力。行为人只有具备刑事责任能力，才能成为犯罪主体，被追究刑事责任。一般来说，达到刑事责任年龄的人大多具有刑事责任能力，但也不能一概而论，这主要是指精神病人的情况。我国《刑法》规定，精神病人在不能辨认或者不能控制自己行为的时候造成危害结果，经法定程序鉴定确认的，不负刑事责任，但是应当责令他的家属或者监护人严加看管和医疗；在必要的时候，由政府强制医疗。间歇性的精神病人在精神正常的时候犯罪，应当负刑事责任。尚未完全丧失辨认或者控制自己行为能力的精神病人犯罪的，应当负刑事责任，但是可以从轻或者减轻处罚。此外，我国《刑法》还规定，醉酒的人犯罪，应当负刑事责任。又聋又哑的人或者盲人犯罪，可以从轻、减轻或者免除处罚。

2. 单位犯罪主体

单位犯罪主体是指实施了危害社会的行为依法应当承担刑事责任的单位。构成单位犯罪，必须有刑法的明文规定。

单位犯罪主体承担刑事责任的方式有两种：一是单罚制，即对单位不予处罚而只处罚单位中直接负责的主管人员和其他直接责任人员；二是双罚制，也就是既处罚单位中直接负责的主管人员和其他直接责任人员，又对单位判处罚金。

（四）犯罪主观方面

犯罪主观方面，是指犯罪主体对自己所实施的犯罪行为及其危害结果所持的心理态度，包括罪过、犯罪的目的和动机等因素。罪过表现为两种形式，即犯罪故意和犯罪过失。

1. 犯罪故意

我国刑法中的犯罪故意，是指行为人明知自己的行为会发生危害社会的结果，而希望或者放任这种结果发生，因而构成犯罪的一种心理态度。犯罪故意分为直接故意和间接故意。直接故意，是指行为人明知自己的行为会发生危害社会的结果，并且希望这种结果发生的心理态度。间接故意，是指行为人明知自己的行为可能发生危害社会的结果，而放任这种结果发生的心理态度。故意犯罪，应当负刑事责任。

2. 犯罪过失

我国刑法中的犯罪过失，是指行为人应当预见自己的行为可能发生危害社会的结果，因为疏忽大意而没有预见，或者已经预见而轻信能够避免，以致发生这种结果因而构成犯罪的一种心理态度。犯罪过失分为疏忽大意的过失和过于自信的过失。疏忽大意的过失，是指行为人应当预见到自己的行为可能发生危害社会的结果，因为疏忽大意而没有预见，以致发生这种结果的心理态度。应当预见，是指行为人在行为时负有预见到行为可能发生危害结果的义务。没有预见，是指行为人在行为当时没有想到自己的行为可能发生危害结果的无认识状态。过于自信的过失，是指行为人预见到自己的行为可能发生危害社会的结果，但轻信能够避免，以致发生这种结果的心理态度。过失犯罪，法律有规定的才负刑事责任。

故意和过失是行为人的两种不同心理态度，是犯罪构成的主观要件。在我国刑法中有不少犯罪只能由故意犯罪构成，如贪污罪、盗窃罪、抢劫罪等；而有些犯罪，既可以由故意构成，也可以由过失构成，如杀人罪、爆炸罪等。

◆ 思考题

张某和赵某长期一起赌博。某日两人在工地发生争执，张某推了赵某一把，赵某倒地后后脑勺正好碰到石头上，导致颅脑损伤，经抢救无效死亡。关于张某的行为，下列哪一选项是正确的？（   ）

A. 构成故意杀人罪

B. 构成过失致人死亡罪

C. 构成故意伤害罪

D. 属于意外事件

答案： B。

3. 犯罪的目的和动机

犯罪的目的，是指犯罪人实施犯罪行为所希望达到的结果。犯罪的目的只存在于直接故意犯罪中。在间接故意犯罪中，行为人对于他所放任的犯罪结果没有目的，但可能有其他犯罪目的或者非犯罪目的。犯罪目的对于认定犯罪性质和量刑具有重要意义，在某些犯罪中，犯罪目的是构成犯罪的必要条件，如刑法中的一些条款明确指出必须"以营利为目的"才能构成特定的犯罪。

犯罪的动机，是指推动或者促进犯罪人实施犯罪行为的内心起因，如为报私仇而杀人，报私仇就是杀人的动机。犯罪动机在我国刑法中一般不是犯罪构成的必备要件，犯罪动机如何不影响犯罪的性质。但是，犯罪动机反映不同的社会危害性及其程度和犯罪人的主观恶性大小，因此，它是量刑时需要考虑的重要因素。

4. 意外事件

我国《刑法》规定，行为在客观上虽然造成了损害结果，但是不是出于行为人的故意或者过失，而是由于不能抗拒或者不能预见的原因所引起的，不是犯罪。这就是我国刑法理论上所说的意外事件。"不能抗拒"的原因引起损害结果，是指行为人遇到了不可抗拒的力量，使他无法避免这种损害结果的发生。"不能预见"的原因引起损害结果，是指行为人对其行为发生损害结果不但没有预见到，而且根据当时的主观条件和客观环境，也不能预见到。在意外事件中，行为人在主观上既无故意也无过失，缺乏承担刑事责任的主观方面要件，不能构成犯罪。

三、正当防卫和紧急避险

正当防卫和紧急避险都是排除犯罪性的行为，也就是说，这两种行为在形式上符合某种犯罪构成，但实质上既不具有社会危害性，也不具有刑事违法性，而是对社会有益的行为，因此是应该加以鼓励的行为。

（一）正当防卫

我国《刑法》第20条第1款规定："为了使国家、公共利益、本人或者他人的人身、财产和其他权利免受正在进行的不法侵害，而采取的制止不法侵害的行为，对不法侵害人造成损害的，属于正当防卫，不负刑事责任。"可见，正当防卫是法律赋予公民的一项权利，它的意义在于及时、有效地保障公共利益、公民本人或他人的合法权益免受正在进行的不法侵害，鼓励公民积极地同形形色色的不法侵害行为作斗争，从而有效地威慑犯罪分子，减少犯罪行为。同时，我们应该看到，正当防卫毕竟是采取损害的办法制止不法侵害，这种权利如果行使不当，不仅有可能达不到防卫的目的，而且可能会造成不应有的损害。因此，为了保证正当防卫的正确行使，法律规定实行正当防卫必须具备下列条件：

（1）必须是为了使国家、公共利益、本人或者他人的人身、财产和其他合法权益免受侵害而实行防卫。防卫目的的正义性，是成立正当防卫的首要条件，也是刑法规定正当防卫不负刑事责任的重要根据。为了维护某种非法利益而实行所谓的防卫，是一种违法行为，构成犯罪的，应当依法追究刑事责任。

（2）必须是对不法侵害行为实行防卫。对任何合法的行为，如执行命令的行为、正当防卫行为和紧急避险行为等都不能实行正当防卫。所谓不法侵害行为，不仅包括犯罪行为，也包括一般违法侵害行为，如对于违反治安管理的行为，也可以实行正当防卫；在相互斗殴过程中，双方行为均属不法，不承认他们之间有正当防卫的权利。此外，应该特别指出的是，故意挑逗他人对自己进行侵袭，然后以"正当防卫"为借口对他人加以危害的行为，属于"防卫挑拨"，而不是正当防卫。

（3）必须是对正在进行的不法侵害实行防卫。所谓"正在进行的不法侵害"，有两方面的意义：其一，侵害行为在客观上必须是确实存在的，而不是主观想象的或者推测的。在实践中可能发生这种情况，即一个人由于认识上的错误，把实际上并不存在的侵害行为误认为存在，因而错误地实行正当防卫，造成他人无辜的损害，这种情况被称为"假想防卫"。其二，侵害行为必须是正在进行的，而不是已经结束或者尚未发生的。也就是说，只有在侵害行为已经开始，并使法律所保护的权益处于现实危险的状态下，防卫人才有权实行正当防卫。

（4）必须是针对进行不法侵害者本人实行防卫。只能对不法侵害者本人造成损害，不能对没有实施不法侵害的第三者造成损害，包括不法侵害者的家属。"不法侵害者"包括共同进行不法侵害的共同犯罪人。"造成损害"主要是指对不法侵害者的人身损害，但也包括对其财产或者其他权益的损害。

（5）正当防卫不能明显超过必要限度造成重大损害。是否明显超过必要限度造成重大损害，是区别正当防卫和防卫过当的标志。正当防卫明显超过必要限度造成重大损害的，防卫人应当负刑事责任，但是应当减轻或者免除处罚。

特别需要指出的是，为了严厉打击暴力犯罪，我国《刑法》第20条第3款规定："对正在进行行凶、杀人、抢劫、强奸、绑架以及其他严重危及人身安全的暴力犯罪，采取防卫行为，造成不法侵害人伤亡的，不属于防卫过当，不负刑事责任。"据此规定，对正在进行的严重危及人身安全的上述几种严重暴力犯罪实行防卫行为不存在过当问题，只要防卫人实行防卫，不论造成什么后果，都是正当防卫。有学者将此规定称为"无限防卫权"，目的无非是鼓励人们积极地同暴力犯罪作斗争。

（二）紧急避险

我国《刑法》第21条第1款规定："为了使国家、公共利益、本人或者他人的人身、财产和其他权利免受正在发生的危险，不得已采取的紧急避险行为，造成损害的，不负刑事责任。"据此规定，我国刑法中的紧急避险，是指为了使国家、公共利益、本人或者他人的人身、财产和其他权利免受正在发生的危险，不得已而采取的损害另一较小合法权益、保护较大合法权益的行为。根据《刑法》的这一规定，实行紧急避险必须具备下列条件：

（1）必须是为了使国家、公共利益、本人或者他人的人身、财产和其他权利免受正在发生的危险而采取的。我国刑法关于避免本人危险的规定，不适用于职务上、业务上负有特定责任的人。紧急避险的目的是保护较大的合法权益。为了保护某种非法利益而进行所谓的紧急避险，是一种违法行为，构成犯罪的，应依法追究其刑事责任。

（2）必须是对正在发生的危险而采取的。所谓正在发生的危险，是指已经发生的危险即将造成损害，或者已造成损害而尚未结束。紧急避险只能在危险已经发生而又尚未解除这一时间条件下进行。如果危险尚处于潜在状态，或者危险已经排除，都不能实行紧急避险，否则，就是"避险不适时"，由此造成损害的，行为人应当承担相应的责任。危险的来源有很多方面，可能来自自然界的力量，如火灾、洪水、狂风、巨浪、地震、严寒等，也可能来自动物的侵袭，如牛马践踏、猛兽追扑等。

（3）必须是在迫不得已的情况下采取的。也就是说，行为人找不到任何其他方法排除危险，迫不得已而采取紧急避险行为，给第三者的合法权益造成损害的，不负刑事责任。如果当时还有其他方法可以避险，行为人却不采取，而给第三者的合法权益造成了不应有的损害，其行为不属于紧急避险，构成犯罪的，应当负刑事责任。

（4）紧急避险不能超过必要限度造成不应有的损害。紧急避险造成的损害必须小于所避免的损害。紧急避险行为所损害的利益，既不能大于也不能等于所要保护的合法权益。一般来说，权衡合法权益大小的基本标准是：人身权利大于财产权利，人身权利中生命权为最高权利；财产权利的大小，可以用财产的价值大小来衡量。紧急避险超过必要限度造成不应有的损害的，应当负刑事责任，但是应当减轻或者免除处罚。

四、犯罪的预备、未遂和中止

犯罪的预备、未遂和中止在刑法学上通常被称为犯罪的停止形态，它是指故意犯罪在其发生、发展和完成的过程中，因主、客观原因而停止下来的各种犯罪状态。

（一）犯罪预备

我国《刑法》第22条第1款规定："为了犯罪，准备工具、制造条件的，是犯罪预备。"

犯罪预备的特征有以下几点：

（1）行为人已经开始实行犯罪的预备行为。犯罪预备行为包括两个方面：一是为了实行犯罪准备工具的行为，如为了杀人而准备凶器，为了盗窃而配制万能钥匙等；二是制造便利条件的行为，如准备犯罪手段，打听犯罪路线，窥察犯罪地点，调查被害人行踪，清除犯罪障碍，勾引他人犯罪等。

（2）行为人尚未着手实行犯罪，即行为人必须是在犯罪预备阶段停止下来。如果行为人已经着手实行犯罪，那就不再是预备犯罪。

（3）行为人在犯罪预备阶段停止下来，未能着手实行犯罪，是由行为人意志以外的原因所致。如果行为人在预备阶段自动停止下来，那也不是预备犯罪。此外，必须把犯罪预备同单纯的"犯意表示"区别开来。单纯的"犯意表示"无论从客观表现上看，还是从主观意图上看，都不是为实行犯罪制造条件，它对社会还没有产生实际的危害。对于单纯作"犯意表示"的人，应该采取说服教育的方法，而不应该追究其刑事责任。

我国《刑法》规定，对于预备犯，可以比照既遂犯从轻、减轻处罚或者免除处罚。

（二）犯罪未遂

我国《刑法》第 23 条第 1 款规定："已经着手实行犯罪，由于犯罪分子意志以外的原因而未得逞的，是犯罪未遂。"

犯罪未遂的特征有以下几点：

（1）行为人已经着手实行犯罪。所谓已经着手实行犯罪，是指行为人已经开始实施我国《刑法》分则规定的具体犯罪构成要件中的犯罪行为。犯罪分子是否"已经着手"，是区别犯罪未遂与犯罪预备的主要标志。

（2）犯罪没有得逞。所谓犯罪没有得逞，是指犯罪分子的行为没有完成我国《刑法》分则规定的具体犯罪构成的全部要件，主要是犯罪分子追求的犯罪结果没有发生。犯罪是否得逞，是区别犯罪既遂与犯罪未遂的主要标志。

（3）犯罪没有得逞是由于犯罪分子意志以外的原因。犯罪分子意志以外的原因，是指违背犯罪分子本意的其他原因。由于这些违背犯罪分子意志的原因，犯罪被迫停止下来，犯罪没有得逞。这一特征是犯罪未遂与犯罪中止的主要区别。

犯罪未遂在现实社会生活中有不同的表现形式和种类。如以犯罪行为是否实行终了为标准，可以分为实行终了的未遂和未实行终了的未遂；以犯罪行为实际上能否构成既遂为标准，可以分为能犯未遂和不能犯未遂。

我国《刑法》规定，对于未遂犯，可以比照既遂犯从轻或者减轻处罚。

◆ 思考题

甲为杀害仇人林某在偏僻处埋伏，见一黑影过来，以为是林某，便开枪射击。黑影倒地后，甲发现死者竟然是自己的父亲。事后查明，甲的子弹并未击中父亲，其父亲患有严重心脏病，因听到枪声过度惊吓死亡。关于甲的行为，下列哪一选项是正确的？（　　　）

A. 甲构成故意杀人罪既遂

B. 甲构成故意杀人罪未遂

C. 甲构成过失致人死亡罪

D. 甲对林某构成故意杀人罪未遂，对自己的父亲构成过失致人死亡，应择一重罪处罚

答案：A。

（三）犯罪中止

我国《刑法》第 24 条第 1 款规定："在犯罪过程中，自动放弃犯罪或者自动有效地防止犯罪结果发生的，是犯罪中止。"犯罪中止有两种情况，即自动放弃犯罪的犯罪中止和自动、有效地防止犯罪结果发生的犯罪中止。这两种犯罪中止的特征分别是以下两点：

（1）自动放弃的犯罪中止必须同时具备以下特征：一是时空性，即行为人必须是在犯罪过程中放弃犯罪；二是自动性，即行为人必须是自动放弃犯罪；三是彻底性，即行为人必须是彻底放弃正在进行的犯罪。

（2）自动、有效地防止犯罪结果发生的犯罪中止，除具备自动放弃的犯罪中止的时空性、自动性和彻底性三个特征外，要求具备有效性的特征，即行为人必须采取积极的行为来防止和避免犯罪结果的发生。

我国《刑法》规定，对于中止犯，没有造成损害的，应当免除处罚；造成损害的，应当减轻处罚。

五、共同犯罪的概念、形式和共同犯罪人的种类及其刑事责任

（一）共同犯罪的概念

共同犯罪，是指二人以上共同故意犯罪。二人以上共同过失犯罪，不以共同犯罪论处。构成共同犯罪，必须具备下列条件：

（1）主观条件。共同犯罪必须是二人以上有共同的故意。每个共同犯罪人都不仅认识到自己在实施某种犯罪，而且认识到还有其他共同犯罪人和自己在一起共同实施这种犯罪。每个共同犯罪人对于其共同犯罪行为会发生的犯罪结果，都是明知并且抱着希望或者放任其发生的态度。

（2）客观条件。共同犯罪必须是二人以上有共同的犯罪行为。共同犯罪人为了完成一个共同的犯罪，他们的犯罪行为是紧密联系、互相配合的，每个共同犯罪人的犯罪行为都是共同犯罪活动的有机组成部分。共同犯罪行为，既可以表现为共同的作为，也可以表现为共同的不作为，还可以表现为作为与不作为的结合。构成共同犯罪必须主、客观条件同时具备，犯罪人之间虽然有共同故意，但无共同行为，或者各个犯罪人之间的行为在客观上存在联系，但在主观上并无共同故意，都不能成立共同犯罪。如二人以上的共同过失行为造成一个危害结果；二人以上先后故意实施相关的犯罪，但彼此主观上并没有共同的联系；二人以上同时实施故意犯罪，但彼此主观上并没有共

同的联系；或者过失帮助他人实施故意犯罪；等等，都不能按共同犯罪处理。

（二）共同犯罪的形式

共同犯罪的形式，是指二人以上共同犯罪的结构或者共同犯罪人之间结合的方式。共同犯罪的形式，分为一般共同犯罪和犯罪集团。一般共同犯罪，是指二人以上为实施特定犯罪而事前或临时结合的无特殊组织形式的共同犯罪。犯罪集团，是指三人以上为共同实施犯罪而组成的较为固定的犯罪组织。犯罪集团具有下列特征：（1）主体必须是由三人以上组成；（2）具有一定的组织性；（3）具有共同实施某种犯罪的目的性；（4）具有相对的固定性；（5）具有严重的社会危害性。犯罪集团历来是刑法打击的重点。

（三）共同犯罪人的种类及其刑事责任

在共同犯罪活动中，由于各个共同犯罪人所处的地位和所起的作用，以及对社会的危害程度不同，因而每个人应当承担的刑事责任也有所不同。为了明确打击重点，区别对待，准确地依法定罪量刑，我国刑法把共同犯罪人分为主犯、从犯、胁从犯和教唆犯。

（1）主犯，是指组织、领导犯罪集团进行犯罪活动的或者在共同犯罪中起主要作用的犯罪分子。主犯比其他共同犯罪人具有更大的社会危害性，是我国刑法打击的重点。我国《刑法》规定：对组织、领导犯罪集团的首要分子，按照集团所犯的全部罪行处罚。对于组织、领导犯罪集团的首要分子以外的主犯，应当按照其所参与的或者组织、指挥的全部犯罪处罚。

（2）从犯，是指在共同犯罪中起次要或者辅助作用的犯罪分子。我国《刑法》规定：对于从犯，应当从轻、减轻处罚或者免除处罚。

（3）胁从犯，是指被胁迫参加犯罪的犯罪分子。胁从犯在共同犯罪中，处于被动地位，罪行也比较轻。我国《刑法》规定：对于被胁迫参加犯罪的，应当按照他的犯罪情节减轻处罚或者免除处罚。

（4）教唆犯，是指故意唆使他人实施犯罪的犯罪分子。教唆犯必须有教唆他人实施犯罪的故意。由于言行不慎，无意中引起他人的犯罪意图的，不能被认为是教唆犯。我国《刑法》规定：教唆他人犯罪的，应当按照他在共同犯罪中所起的作用处罚。教唆不满18周岁的人犯罪的，应当从重处罚。如果被教唆的人没有犯被教唆的罪，对于教唆犯，可以从轻或者减轻处罚。

六、单位犯罪

单位犯罪，是指公司、企业、事业单位、机关、团体实施的依法应当负刑事责任的危害社会的犯罪行为。单位犯罪具有以下特征：

（1）单位犯罪的主体，是公司、企业、事业单位、机关、团体。单位犯罪不仅包括法人所实施的犯罪，也包括非法人单位所实施的犯罪。单位犯罪必须是经过单位决策机构按照单位的决策程序决定的。

（2）单位犯罪一般来说是为单位谋取非法利益，以单位名义实施的危害社会的行为。

（3）单位实施的危害社会的行为，必须是法律明文规定为单位犯罪的行为，单位作为犯罪主体，对其应当负刑事责任。

（4）单位犯罪既有故意犯罪，又有过失犯罪；多数是故意犯罪，少数属于过失犯罪。我国《刑法》第 31 条规定："单位犯罪的，对单位判处罚金，并对其直接负责的主管人员和其他直接责任人员判处刑罚。本法分则和其他法律另有规定的，依照规定。"

第三节　刑罚

一、刑罚的概念和特征

刑罚，是由刑法明文规定的，由国家审判机关依法惩罚犯罪分子的一种最严厉的法律制裁方法。刑罚具有以下基本特征：

（1）刑罚只能适用于犯罪分子。适用刑罚是以行为人的行为构成犯罪为前提的，刑罚是对犯罪行为作出的否定性评价，也是因犯罪所产生的当然法律后果，故"无犯罪则无刑罚"。刑罚处罚的对象只能是实施了犯罪行为的犯罪分子，对于违反党纪、政纪的人，只有一般违法行为而没有构成犯罪的人，都不能适用刑罚。

（2）刑罚必须由刑法明文规定。按照罪刑法定原则，不仅犯罪需要由成文刑法明确作出规定，而且刑罚也必须由刑法明文载于法条。对于刑法没有明文规定的刑罚制裁方法，不能以刑罚之名适用于犯罪分子。

（3）刑罚是一种最严厉的法律制裁方法。它不仅可以剥夺犯罪分子的政治权利和财产权利，而且可以限制和剥夺犯罪分子的人身自由，甚至可以剥夺犯罪分子的生命。而其他法律制裁方法，都不能达到刑罚制裁的严厉程度。

（4）刑罚只能由人民法院依照法定程序适用。除了人民法院，任何其他国家机关、公司、企业、事业单位、社会团体和个人都无权适用刑罚。

二、刑罚的种类

一个国家的刑罚是由多种而不是一种刑罚方法构成的，这些刑罚方法按照一定的原则、顺序排列，轻重有致，主次分明，具有严谨的内部结构，形成一个有机的整体，有效地发挥刑罚的功能，实现刑罚的目的。

我国《刑法》规定：刑罚分为主刑和附加刑。主刑有管制、拘役、有期徒刑、无期徒刑和死刑。附加刑有罚金、剥夺政治权利和没收财产。

对于犯罪的外国人，可以独立适用或者附加适用驱逐出境。

（一）主刑

主刑，是对犯罪分子适用的主要刑罚方法。主刑的特点是只能独立适用，不能附加适用。对于一个犯罪，只能适用一个主刑，不能同时适用两个或两个以上的主刑。主刑包括如下几类：

1. 管制

管制，是指由人民法院判决，对犯罪分子不予关押，但限制其一定自由的一种较轻刑罚。判处管制，可以根据犯罪情况，同时禁止犯罪分子在执行期间从事特定活动，进入特定区域、场所，接触特定的人。如果被判处管制的犯罪分子违反这一禁止性规定，由公安机关依照《治安管理处罚法》的规定处罚。对判处管制的犯罪分子，依法实行社区矫正。

被判处管制的犯罪分子，在执行期间，应当遵守下列规定：（1）遵守法律、行政法规，服从监督；（2）未经执行机关批准，不得行使言论、出版、集会、结社、游行、示威自由的权利；（3）按照执行机关规定报告自己的活动情况；（4）遵守执行机关关于会客的规定；（5）离开所居住的市、县或者迁居，应当报执行机关批准。对于被判处管制的犯罪分子，在劳动中应当同工同酬。我国《刑法》规定：管制的刑期，从判决执行之日起计算，管制的期限为3个月以上2年以下，数罪并罚时最高不能超过3年。判决执行以前先行羁押的，羁押1日折抵刑期2日。被判处管制的犯罪分子，管制期满，执行机关应立即向本人和其所在单位或者居住地的群众宣布解除管制。

2. 拘役

拘役，是指短期剥夺犯罪分子的人身自由，由公安机关就近执行的一种刑罚。拘役是介于管制与有期徒刑之间的主刑，主要适用于罪行较轻、需要短期关押的犯罪分子。我国《刑法》规定：拘役的期限为 1 个月以上 6 个月以下，数罪并罚时最高不能超过 1 年。拘役从期限上看，虽然短于管制，但是，由于它是剥夺犯罪分子的人身自由而不仅是限制犯罪分子的人身自由，因而，拘役是比管制严厉的刑罚。拘役的刑期，从判决执行之日起计算；判决执行以前先行羁押的，羁押 1 日折抵刑期 1 日。在执行期间，被判处拘役的犯罪分子每月可以回家 1 天至 2 天；参加劳动的，可以酌量发给报酬。

3. 有期徒刑

有期徒刑，是指剥夺犯罪分子一定期限的人身自由，并强制其劳动改造的一种刑罚。有期徒刑是我国刑罚中适用最广泛的一种刑罚。它的最低期限到最高期限的幅度大，适用面宽，既可适用于较重的犯罪，又可适用于较轻的犯罪。我国《刑法》规定：有期徒刑的期限为 6 个月以上 15 年以下。数罪并罚时，有期徒刑总和刑期不满 35 年的，最高不能超过 20 年，总和刑期在 35 年以上的，最高不能超过 25 年。

有期徒刑的刑期，从判决执行之日起计算；判决执行以前先行羁押的，羁押 1 日折抵刑期 1 日。

4. 无期徒刑

无期徒刑，是指剥夺犯罪分子的终身自由，并强制其劳动改造的一种刑罚。无期徒刑的特点是剥夺犯罪分子的终身自由，但是，并不是说犯罪分子没有改过自新、重新回到社会的机会，犯罪分子参加劳动，接受教育和改造，在服刑期间如果符合法定条件，可以减刑或者假释。在国家发布特赦令的情况下，符合特赦条件的，也可以被特赦释放。

5. 死刑

死刑，是指剥夺犯罪分子生命的一种刑罚。它是我国刑罚体系中最严厉的一种刑罚。死刑只适用于罪行极其严重的犯罪分子。对于应当判处死刑的犯罪分子，如果不是必须立即执行的，可以判处死刑同时宣告缓期 2 年执行。死刑除依法由最高人民法院判决的以外，都应当报请最高人民法院核准。死刑缓期执行的，可以由高级人民法院判决或者核准。

犯罪的时候不满 18 周岁的人和审判的时候怀孕的妇女，不适用死刑。审判的时候已满 75 周岁的人，不适用死刑，但是以特别残忍手段致人死亡的除外。

判处死刑缓期执行的，在死刑缓期执行期间，如果没有故意犯罪，2 年期满以后减为无期徒刑；如果确有重大立功表现，2 年期满以后，减为 25 年有期徒刑；如果故意犯罪，情节恶劣的，报请最高人民法院核准后执行死刑。

对被判处死刑缓期执行的累犯以及因故意杀人、强奸、抢劫、绑架、放火、爆炸、投放危险物质或者有组织的暴力性犯罪被判处死刑缓期执行的犯罪分子，人民法院根据犯罪情节等情况可以同时决定对其限制减刑。

死刑缓期执行的期间，从判决确定之日起计算；死刑缓期执行减为有期徒刑的刑期，从死刑缓期执行期满之日起计算。

◆ 思考题

审判的时候怀孕的妇女依法不适用死刑。对这一规定的理解，下列哪一选项是错误的？（ ）

A. 关押期间人工流产的，属于审判的时候怀孕的妇女

B. 关押期间自然流产的，属于审判的时候怀孕的妇女

C. 不适用死刑，是指不适用死刑立即执行但可适用死缓

D. 不适用死刑，既包括不适用死刑立即执行，也包括不适用死缓

答案：C。

（二）附加刑

附加刑，是补充主刑适用的刑罚。它既可以附加适用，也可以独立适用。不仅一个主刑可以适用一个附加刑，而且对于同一犯罪和同一犯罪人可以同时适用两个以上的附加刑。

附加刑包括如下几类：

1. 罚金

罚金，是指人民法院判处犯罪分子和犯罪的单位，向国家缴纳一定数额金钱的一种刑罚。人民法院判处罚金，应当根据犯罪情节决定罚金数额。

罚金在判决指定的期限内一次或者分期缴纳；期满不缴纳的，强制缴纳。对于不能全部缴纳罚金的，人民法院在任何时候发现被执行人有可以执行的

财产，应当随时追缴。由于遭遇不能抗拒的灾祸，缴纳确实有困难的，经人民法院裁定，可以延期缴纳、酌情减少或者免除。

2. 剥夺政治权利

剥夺政治权利，是指剥夺犯罪分子参加国家管理和政治活动权利的一种刑罚。剥夺政治权利，是指剥夺选举权和被选举权；剥夺言论、出版、集会、结社、游行、示威自由的权利；剥夺担任国家机关职务的权利；以及剥夺担任国有公司、企业、事业单位和人民团体领导职务的权利。对于危害国家安全的犯罪分子，应当附加剥夺政治权利；对于故意杀人、强奸、放火、爆炸、投毒、抢劫等严重破坏社会秩序的犯罪分子，可以附加剥夺政治权利。

剥夺政治权利的期限，除《刑法》第57条的规定外，为1年以上5年以下。判处管制附加剥夺政治权利的，剥夺政治权利的期限与管制的期限相等，同时执行。《刑法》第57条规定："对于被判处死刑、无期徒刑的犯罪分子，应当剥夺政治权利终身。在死刑缓期执行减为有期徒刑或者无期徒刑减为有期徒刑的时候，应当把附加剥夺政治权利的期限改为三年以上十年以下。"

3. 没收财产

没收财产，是指将犯罪分子个人所有财产的一部分或全部强制无偿地收归国有的一种刑罚。没收全部财产的，应当对犯罪分子个人及其扶养的家属保留必需的生活费用。在判处没收财产的时候，不得没收属于犯罪分子家属所有或者应有的财产。没收财产以前犯罪分子所负的正当债务，需要以没收的财产偿还的，经债权人请求，应当偿还。

◆ 思考题

2017年11月4日第十二届全国人民代表大会常务委员会第三十次会议通过的《刑法修正案（十）》，增加对下列哪些行为处3年以下有期徒刑、拘役、管制或者剥夺政治权利？（　　）

A. 在公共场合，故意以焚烧、毁损、涂划、玷污、践踏等方式侮辱中华人民共和国国旗、国徽的

B. 在公共场合，故意篡改中华人民共和国国歌歌词、曲谱，以歪曲、贬损方式奏唱国歌

C. 以其他方式侮辱国歌，情节严重的

答案： ABC。

三、量刑及各种刑罚裁量制度

（一）量刑

量刑，是指人民法院依据刑法，在认定行为人构成犯罪的基础上，确定对犯罪分子是否判处刑罚、判处何种刑罚以及判处多重刑罚的刑事司法活动。在对犯罪分子决定判处刑罚的时候，应当根据犯罪的事实、犯罪的性质、情节和对于社会的危害程度，依照刑法的有关规定判处。犯罪分子具有刑法规定的从重处罚、从轻处罚情节的，应当在法定刑的限度内判处刑罚。犯罪分子具有刑法规定的减轻处罚情节的，应当在法定刑以下判处刑罚。刑法规定有数个量刑幅度的，应当在法定量刑幅度的下一个量刑幅度内判处刑罚。犯罪分子虽然不具有刑法规定的减轻处罚情节，但是根据案件的特殊情况，经最高人民法院核准，也可以在法定刑以下判处刑罚。

（二）累犯

我国《刑法》第65条第1款规定："被判处有期徒刑以上刑罚的犯罪分子，刑罚执行完毕或者赦免以后，在五年以内再犯应当判处有期徒刑以上刑罚之罪的，是累犯，应当从重处罚，但是过失犯罪和不满十八周岁的人犯罪的除外。"

累犯分为一般累犯和特别累犯。

一般累犯的构成条件是：（1）前罪与后罪都必须是故意犯罪。如果前罪与后罪都是过失犯罪，或者前罪与后罪中有一个是过失犯罪，则不能构成累犯。（2）前罪与后罪都必须是判处有期徒刑以上刑罚的罪。如果其中一罪是被判处有期徒刑以下的刑罚，则不能构成累犯。（3）后罪必须是发生在前罪刑罚执行完毕或者赦免以后的5年以内。如果后罪发生在前罪的刑罚执行期间，或者后罪发生在前罪执行完毕或赦免5年以后，也不构成累犯。（4）构成累犯的主体条件是18周岁以上，不满18周岁犯罪的不构成累犯。

特别累犯，是指我国《刑法》第66条规定的情况："危害国家安全犯罪、恐怖活动犯罪、黑社会性质的组织犯罪的犯罪分子，在刑罚执行完毕或者赦免以后，在任何时候再犯上述任一类罪的，都以累犯论处。"这表明，构成特别累犯并不要求前罪和后罪都是同一类犯罪，无论前罪还是后罪，只要是《刑法》所规定的三类犯罪中的任何一类犯罪，不论前罪和后罪被判处了何种刑罚，也不论后罪的发生和前罪之间相隔多长时间，都以累犯论处，即一律从重处罚。

（三）自首和立功

1. 自首

《刑法》第67条第1款规定："犯罪以后自动投案，如实供述自己的罪行的，是自首。对于自首的犯罪分子，可以从轻或者减轻处罚。其中，犯罪较轻的，可以免除处罚。"

自首必须具备的条件是：（1）犯罪分子必须自动投案。自动投案，是指犯罪分子在犯罪之后、归案之前，出于本人的意志而向司法机关或者有关机关承认自己实施了犯罪，并自愿置于有关机关的控制之下，等待进一步交代犯罪事实，最终接受人民法院裁判的行为。（2）犯罪分子必须如实供述自己的罪行，即供述自己实施的并应由本人承担刑事责任的全部罪行。

此外，我国《刑法》还规定，被采取强制措施的犯罪嫌疑人、被告人和正在服刑的罪犯如实供述司法机关还未掌握的本人其他罪行的，以自首论。即对于这种自首的犯罪分子同样可以从轻或减轻处罚。其中，犯罪较轻的，可以免除处罚。

《刑法修正案（八）》还特别规定，犯罪嫌疑人虽不具备上述法定自首情节，但是如实供述自己罪行的，可以从轻处罚；因其如实供述自己罪行，避免特别严重后果发生的，可以减轻处罚。

2. 立功

立功，是指犯罪分子揭发他人犯罪行为，查证属实的，或者提供重要线索，从而得以侦破其他案件的行为。

立功分为一般立功和重大立功。我国《刑法》规定：犯罪分子有一般立功表现的，可以从轻或者减轻处罚；有重大立功表现的，可以减轻或者免除处罚。

（四）数罪并罚

数罪并罚，是指一人犯数罪，人民法院对犯罪分子在法定时间界限内所犯的各罪，分别定罪量刑后，按照法定的并罚原则和方法，酌情决定应当执行的刑罚的一种量刑制度。

我国《刑法》第69条规定："判决宣告以前一人犯数罪的，除判处死刑和无期徒刑的以外，应当在总和刑期以下、数刑中最高刑期以上，酌情决定执行的刑期，但是管制最高不能超过三年，拘役最高不能超过一年，有期徒刑总和刑期不满三十五年的，最高不能超过二十年，总和刑期在三十五年以上的，最高不能超过二十五年。数罪中有判处有期徒刑和拘役的，执行有期徒刑。数罪中有判处有期徒刑和管制的，或者拘役和管制的，有期徒刑、拘役执行完毕后，管制仍须执行。数罪中有判处附加刑的，附加刑仍须执行，其中附加刑种类相同的，合并执行，种类不同的，分别执行。"

判决宣告以后，刑罚执行完毕以前，发现被判刑的犯罪分子在判决宣告以前还有其他罪没有判决的，应当对新发现的罪作出判决，把前后两个判决所判处的刑罚，依照《刑法》第 69 条的规定，决定执行的刑罚。

（五）缓刑

缓刑是对原判刑罚附条件的不执行。我国《刑法》第 72 条规定："对于被判处拘役、三年以下有期徒刑的犯罪分子，同时符合下列条件的，可以宣告缓刑，对其中不满十八周岁的人、怀孕的妇女和已满七十五周岁的人，应当宣告缓刑：（一）犯罪情节较轻；（二）有悔罪表现；（三）没有再犯罪的危险；（四）宣告缓刑对所居住社区没有重大不良影响。宣告缓刑，可以根据犯罪情况，同时禁止犯罪分子在缓刑考验期限内从事特定活动，进入特定区域、场所，接触特定的人。被宣告缓刑的犯罪分子，如果被判处附加刑，附加刑仍须执行。"第 74 条规定："对于累犯和犯罪集团的首要分子，不适用缓刑。"

对于被判处缓刑的犯罪分子，必须设立一定的缓刑考验期。我国《刑法》规定的缓刑考验期限具体如下：拘役的缓刑考验期限为原判刑期以上 1 年以下，但是不能少于 2 个月；有期徒刑的缓刑考验期限为原判刑期以上 5 年以下，但是不能少于 1 年。缓刑考验期限，从判决确定之日起计算。

在缓刑考验期限内，被宣告缓刑的犯罪分子应当遵守下列规定：（1）遵守法律、行政法规，服从监督；（2）按照考察机关的规定报告自己的活动情况；（3）遵守考察机关关于会客的规定；（4）离开所居住的市、县或者迁居，应当报经考察机关批准。

对宣告缓刑的犯罪分子，在缓刑考验期限内，依法实行社区矫正。如果在缓刑考验期限内没有再犯新罪，没有严重违反法律、法规和监管规定的行为，也没有发现有漏罪情况，缓刑考验期满，原判的刑罚就不再执行，并公开予以宣告。

被宣告缓刑的犯罪分子，在缓刑考验期限内犯新罪或者发现判决宣告以前还有其他罪没有判决的，应当撤销缓刑，对新犯的罪或者新发现的罪作出判决，把前罪和后罪所判处的刑罚，依照数罪并罚的原则，决定执行的刑罚。

被宣告缓刑的犯罪分子，在缓刑考验期限内，违反法律、行政法规或者国务院有关部门关于缓刑的监督管理规定，或者违反人民法院判决中的禁止令，情节严重的，应当撤销缓刑，执行原判刑罚。

（六）减刑

被判处管制、拘役、有期徒刑、无期徒刑的犯罪分子，在执行期间，如果认真遵守监规、接受教育改造、确有悔改表现或者有立功表现的，可以减刑；有重大立功表现的，应当减刑。

可以减刑，适用于在刑罚执行期间，认真遵守监规、接受教育改造、确有悔改表现或者有立功表现的犯罪分子。

应当减刑，适用于在刑罚执行期间，有下列重大立功表现之一的犯罪分子：（1）阻止他人重大犯罪活动的；（2）检举监狱内外重大犯罪活动，经查证属实的；（3）有发明创造或者重大技术革新的；（4）在日常生产、生活中舍己救人的；（5）在抗御自然灾害或者排除重大事故中，有突出表现的；（6）对国家和社会有其他重大贡献的。我国《刑法》规定：减刑以后实际执行的刑期，判处管制、拘役、有期徒刑的，不能少于原判刑期的 1/2；判处无期徒刑的，不能少于 13 年。人民法院依照《刑法》第 50 条第 2 款规定限制减刑的死刑缓期执行的犯罪分子，缓期执行期满后依法减为无期徒刑的，不能少于 25 年，缓期执行期满后依法减为 25 年有期徒刑的，不能少于 20 年。对于犯罪分子的减刑，由执行机关向中级以上人民法院提出减刑建议书。人民法院应当组成合议庭进行审理，对确有悔改或者立功事实的，裁定予以减刑。非经法定程序不得减刑。无期徒刑减为有期徒刑的刑期，从裁定减刑之日起计算。

（七）假释

假释，是指对于被判处有期徒刑、无期徒刑的犯罪分子，在执行一定刑期之后，如果认真遵守监规，接受教育改造，确有悔改表现，没有再犯罪的危险的，附有条件地将其提前释放的一种刑罚执行制度。按照我国《刑法》的规定，被判处有期徒刑的犯罪分子，执行原判刑期 1/2 以上，被判处无期徒刑的犯罪分子，实际执行 13 年以上，如果认真遵守监规，接受教育改造，确有悔改表现，没有再犯罪的危险的，可以假释。如果有特殊情况，经最高人民法院核准，可以不受上述执行刑期的限制。

对累犯以及因故意杀人、强奸、抢劫、绑架、放火、爆炸、投放危险物质或者有组织的暴力性犯罪被判处 10 年以上有期徒刑、无期徒刑的犯罪分子，不得假释。对犯罪分子决定假释时，应当考虑其假释后对所居住社区的影响。对于犯罪分子的假释，依照《刑法》第 79 条规定的程序进行。非经法定程序不得假释。

有期徒刑的假释考验期限，为没有执行完毕的刑期；无期徒刑的假释考验期限为 10 年。假释考验期限，从假释之日起计算。

被宣告假释的犯罪分子，应当遵守下列规定：（1）遵守法律、行政法规，服从监督；（2）按照监督机关的规定报告自己的活动情况；（3）遵守监督机关关于会客的规定；（4）离开所居住的市、县或者迁居，应当报经监督机关批准。

对假释的犯罪分子，在假释考验期限内，依法实行社区矫正，如果没有漏罪、再犯新罪或者其他违反法律、行政法规等的行为，假释考验期满，就认为原判刑罚已经执行。

被假释的犯罪分子，在假释考验期限内犯新罪，应当撤销假释，对新罪作出判决，把前罪没有执行的刑罚和后罪所判处的刑罚，依照数罪并罚的原则，决定执行的刑罚。在假释考验期限内，发现被假释的犯罪分子在判决宣告以前还有其他罪没有判决的，应当撤销假释，对新发现的罪作出判决，把前后两个判决所判处的刑罚，依照数罪并罚的原则，决定执行的刑罚，已经执行的刑期，应当计算在新判决决定的刑期以内。被假释的犯罪分子，在假释考验期限内，有违反法律、行政法规或者国务院有关部门关于假释的监督管理规定的行为，尚未构成新的犯罪的，应当依照法定程序撤销假释，收监执行未执行完毕的刑罚。

（八）时效

刑法中的时效，又称追诉时效，是指依法对犯罪分子追究刑事责任的有效期限。

我国《刑法》第 87 条规定，犯罪经过下列期限不再追诉：（1）法定最高刑为不满 5 年有期徒刑的，经过 5 年；（2）法定最高刑为 5 年以上不满 10 年有期徒刑的，经过 10 年；（3）法定最高刑为 10 年以上有期徒刑的，经过 15 年；（4）法定最高刑为无期徒刑、死刑的，经过 20 年。如果 20 年以后认为必须追诉的，须报请最高人民检察院核准。

在人民检察院、公安机关、国家安全机关立案侦查或者在人民法院受理案件以后，逃避侦查或者审判的，不受追诉期限的限制。被害人在追诉期限内提出控告，人民法院、人民检察院、公安机关应当立案而不予立案的，不受追诉期限的限制。追诉期限从犯罪之日起计算；犯罪行为有连续或者继续状态的，从犯罪行为终了之日起计算。在追诉期限以内又犯罪的，前罪追诉的期限从犯后罪之日起计算。

第四节　我国《刑法》分则规定的犯罪种类

根据犯罪行为所侵犯的同类客体的不同和社会危害程度的大小，我国《刑法》分则将犯罪分为 10 类，即危害国家安全罪，危害公共安全罪，破坏社会主义市场经济秩序罪，侵犯公民人身权利、民主权利罪，侵犯财产罪，妨害社会管理秩序罪，危害国防利益罪，贪污贿赂罪，渎职罪和军人违反职责罪。目前，我国《刑法》规定的罪名大约有 483 个。

一、危害国家安全罪

危害国家安全罪，是指故意危害中华人民共和国国家安全的犯罪行为。

危害国家安全罪的基本特征是：（1）犯罪所侵犯的客体是中华人民共和国的国家安全；（2）犯罪的客观方面，必须具有危害中华人民共和国国家安全的犯罪行为，行为方式可以是作为，也可以是不作为，绝大多数只能以作为的方式实施；（3）犯罪的主体，多数为一般主体，少数犯罪要求是特殊主体；（4）犯罪的主观方面，只能是出自故意，多数为直接故意，只有少数犯罪可由间接故意构成。

我国《刑法》第102条至第113条规定的危害国家安全罪的具体罪名有：背叛国家罪，分裂国家罪，煽动分裂国家罪，武装叛乱、暴乱罪，颠覆国家政权罪，煽动颠覆国家政权罪，资助危害国家安全犯罪活动罪，投敌叛变罪，叛逃罪，间谍罪，为境外窃取、刺探、收买、非法提供国家秘密、情报罪和资敌罪等。

二、危害公共安全罪

危害公共安全罪，是指故意或者过失地实施危害不特定多数人的生命、健康或者重大公私财产安全的犯罪行为。

危害公共安全罪的基本特征是：（1）犯罪侵犯的客体是社会的公共安全，即不特定多数人的生命、健康或者重大公私财产的安全；（2）犯罪的客观方面表现为实施了危害公共安全的行为，行为方式既可以是作为，也可以是不作为；（3）犯罪的主体，有的是一般主体，有的是特殊主体；（4）犯罪的主观方面，有的可能出自故意，有的也可以出自过失。

我国《刑法》第114条至第139条规定的危害公共安全罪的具体罪名有：放火罪，决水罪，爆炸罪，投放危险物质罪，以危险方法危害公共安全罪，失火罪，过失决水罪，过失爆炸罪，过失投放危险物质罪，过失以危险方法危害公共安全罪，破坏交通工具罪，破坏交通设施罪，破坏电力设备罪，破坏易燃易爆设备罪，过失损坏交通工具罪，过失损坏交通设施罪，过失损坏电力设备罪，过失损坏易燃易爆设备罪，组织、领导、参加恐怖组织罪，帮助恐怖活动罪，准备实施恐怖活动罪，宣扬恐怖主义、极端主义、煽动实施恐怖活动罪，利用极端主义破坏法律实施罪，强制穿戴宣扬恐怖主义、极端主义服饰、标志罪，非法持有宣扬恐怖主义、极端主义物品罪，劫持航空器罪，劫持船只、汽车罪，暴力危及飞行安全罪，破坏广播电视设施、公用电信设施罪，过失损坏广播电视设施、公用电信设施罪，非法制造、买卖、运输、邮寄、储存枪支、弹药、爆炸物罪，非法制造、买卖、运输、储存危险物质罪，违规制造、销售枪支罪，盗窃、抢夺枪支、弹药、爆炸物、危险物质罪，抢劫枪支、弹药、爆炸物、危险物质罪，非法持有、私藏枪支、弹药罪、非法出租、出借枪支罪，丢失枪支不报罪，非法携带枪支、弹药、管制刀具、危险物品危及公共安全罪，重大飞行事故罪，铁路运营安全事故罪，交通肇事罪，危险驾驶罪，妨害安全驾驶罪，重大责任事故罪，强令、组织他人违章冒险作业罪，危险作业罪，重大劳动安全事故罪，大型群众性活动重大安全事故罪，危险物品肇事罪，工程重大安全事故罪，教育设施重大安全事故罪，消防责任事故罪，不报、谎报安全事故罪。

三、破坏社会主义市场经济秩序罪

破坏社会主义市场经济秩序罪，是指违反国家市场经济管理法律、法规，干扰国家对市场经济的管理活动，破坏社会主义市场经济秩序，使国民经济发展受到严重损害的犯罪行为。

破坏社会主义市场经济秩序罪的基本特征是：（1）犯罪所侵犯的客体是社会主义市场经济秩序；（2）犯罪的客观方面，是违反国家市场经济管理法律、法规，干扰国家对市场经济的管理活动，破坏社会主义市场经济秩序的行为；（3）犯罪的主体多数是一般主体，少数犯罪的主体则必须是特殊主体；（4）犯罪的主观方面，一般出自故意，个别犯罪出自过失。

我国《刑法》第140条至第231条规定的破坏社会主义市场经济秩序罪共分为8类，这8类犯罪分别是：

（1）生产、销售伪劣商品罪。具体罪名主要有：生产、销售伪劣产品罪，生产、销售、提供假药罪，生产、销售、提供劣药罪，妨害药品管理罪，生产、销售不符合安全标准的食品罪，生产、销售有毒、有害食品罪，生产、销售不符合标准的医用器材罪，生产、销售不符合安全标准的产品罪，生产、销售伪劣农药、兽药、化肥、种子罪，生产、销售不符合卫生标准的化妆品罪。

（2）走私罪。具体罪名主要有：走私武器、弹药罪，走私核材料罪，走私假币罪，走私文物罪，走私贵重金属罪，走私珍贵动物、珍贵动物制品罪，走私国家禁止进出口的货物、物品罪，走私淫秽物品罪，走私废物罪，走私普通货物、物品罪。

（3）妨害对公司、企业的管理秩序罪。具体罪名主要有：虚报注册资本罪，虚假出资、抽逃出资罪，欺诈发行证券罪，违规披露、不披露重要信息罪，妨害清算罪，隐匿、故意销毁会计凭证、会计账簿、财务会计报告罪，虚假破产罪，非国家工作人员受贿罪，受贿罪，对非国家工作人员行贿罪，对外国公职人员、国际公共组织官员行贿罪，非法经营同类营业罪，为亲友非法牟利罪，签订、履行合同失职被骗罪，国有公司、企业、事业单位人员失职罪，国有公司、企业、事业单位人员滥用职权罪，徇私舞弊低价折股、出售公司、企业资产罪，背信损害上市公司利益罪。

（4）破坏金融管理秩序罪。具体罪名主要有：伪造货币罪，出售、购买、运输假币罪，金融工作人员购买假币、以假币换取货币罪，持有、使用假币罪，变造货币罪，擅自设立金融机构罪，伪造、变造、转让金融机构经营许可证、批准文件罪，高利转贷罪，骗取贷款、票据承兑、金融票证罪，非法吸收公众存款罪，伪造、变造金融票证罪，妨害信用卡管理罪，窃取、收买、非法提供信用卡信息罪，伪造、变造国家有价证券罪，伪造、变造股票、公司、企业债券罪，擅自发行股票、公司、企业债券罪，内幕交易、泄露内幕信息罪，利用未公开信息交易罪，编造并传播证券、期货交易虚假信息罪，诱骗投资者买卖证券、期货合约罪，操纵证券、期货市场罪，职务侵占罪，贪污罪，非国家工作人员受贿罪，受贿罪，挪用资金罪，挪用公款罪，背信运用受托财产罪，违法运用资金罪，违法发放贷款罪，吸收客户资金不入账罪，违规出具金融票证罪，对违法票据承兑、付款、保证罪，逃汇罪，洗钱罪。

（5）金融诈骗罪。具体罪名主要有：集资诈骗罪，贷款诈骗罪，票据诈骗罪，金融凭证诈骗罪，信用证诈骗罪，信用卡诈骗罪，有价证券诈骗罪，保险诈骗罪。

（6）危害税收征管罪。具体罪名主要有：逃税罪，抗税罪，逃避追缴欠税罪，骗取出口退税罪，虚开增值税专用发票、用于骗取出口退税、抵扣税款发票罪，虚开发票罪，伪造、出售伪造的增值税专用发票罪，非法出售增值税专用发票罪，非法购买增值税专用发票、购买伪造的增值税专用发票罪，非法制造、出售非法制造的用于骗取出口退税、抵扣税款发票罪，非法制造、出售非法制造的发票罪，非法出售用于骗取出口退税、抵扣税款发票罪，非法出售发票罪，持有伪造的发票罪。

（7）侵犯知识产权罪。具体罪名主要有：假冒注册商标罪，销售假冒注册商标的商品罪，非法制造、销售非法制造的注册商标标识罪，假冒专利罪，侵犯著作权罪，销售侵权复制品罪，侵犯商业秘密罪，为境外窃取、刺探、收买、非法提供商业秘密罪。

（8）扰乱市场秩序罪。具体罪名主要有：损害商业信誉、商品声誉罪，虚假广告罪，串通投标罪，合同诈骗罪，组织、领导传销活动罪，非法经营罪，强迫交易罪，伪造、倒卖伪造的有价票证罪，倒卖车票、船票罪，非法转让、倒卖土地使用权罪，提供虚假证明文件罪，出具证明文件重大失实罪，逃避商检罪。

四、侵犯公民人身权利、民主权利罪

侵犯公民人身权利、民主权利罪，是指故意或过失地侵犯公民的人身权利、民主权利，依法应受刑罚处罚的犯罪行为。

侵犯公民人身权利、民主权利罪的基本特征是：（1）犯罪所侵犯的客体是公民的人身权利、民主权利；（2）犯罪的客观方面表现为侵犯公民人身权利、民主权利的行为，行为方式大多数表现为作为，也可以表现为不作为；（3）犯罪的主体多数是一般主体，少数为特殊主体；（4）犯罪的主观方面，一般出自故意，个别犯罪出于过失。

我国《刑法》第232条至第262条规定的侵犯公民人身权利、民主权利罪的具体罪名有：故意杀人罪，过失致人死亡罪，故意伤害罪，组织出卖人体器官罪，过失致人重伤罪，强奸罪，负有照护职责人员性侵罪，强制猥亵、侮辱罪，猥亵儿童罪，非法拘禁罪，绑架罪，拐卖妇女、儿童罪，收买被拐卖的妇女、儿童罪，聚众阻碍解救被收买的妇女、儿童罪，诬告陷害罪，强迫劳动罪，雇用童工从事危重劳动罪，非法搜查罪，非法侵入住宅罪，侮辱罪，诽谤罪，刑讯逼供罪，暴力取证罪，虐待被监管人罪，煽动民族仇恨、民族歧视罪，出版歧视、侮辱少数民族作品罪，非法剥夺公民宗教信仰自由罪，侵犯少数民族风俗习惯罪，侵犯通信自由罪，私自开拆、隐匿、毁弃邮件、电报罪，侵犯公民个人信息罪，报复陷害罪，打击报复会计、统计人员罪，破坏选举罪，暴力干涉婚姻自由罪，重婚罪，破坏军婚罪，虐待罪，虐待被监护、看护人罪，遗弃罪，拐骗儿童罪，组织残疾人、儿童乞讨罪，组织未成年人进行违反治安管理活动罪。

五、侵犯财产罪

侵犯财产罪，是指故意非法占有、挪用公私财物，或者故意破坏生产经营、毁坏公私财物的犯罪行为。

侵犯财产罪的基本特征是：（1）犯罪所侵犯的客体，是公共财产和私人财产所有权；（2）犯罪的客观方面，是非法占有或者毁坏公私财物的行为；（3）犯罪的主体，既有一般主体，也有特殊主体；（4）犯罪的主观方面必须出自故意，过失不能构成这类犯罪。

我国《刑法》第 263 条至第 276 条规定的侵犯财产罪的具体罪名有：抢劫罪、盗窃罪、诈骗罪、抢夺罪、聚众哄抢罪、侵占罪、职务侵占罪、挪用资金罪、挪用特定款物罪、敲诈勒索罪、故意毁坏财物罪、破坏生产经营罪、拒不支付劳动报酬罪。

六、妨害社会管理秩序罪

妨害社会管理秩序罪，是指妨害国家机关的社会管理活动，破坏社会秩序，情节严重的犯罪行为。

妨害社会管理秩序罪的基本特征是：（1）犯罪所侵犯的客体，是国家机关依法对社会实行管理所形成的正常社会秩序；（2）犯罪的客观方面，是妨害国家机关的社会管理活动，破坏社会秩序，情节严重的行为；（3）犯罪的主体，绝大多数为一般主体，少数为特殊主体；（4）犯罪的主观方面，绝大多数只能是出自故意，个别犯罪出于过失。

我国《刑法》第 277 条至第 367 条规定的妨害社会管理秩序罪共有 9 类，这 9 类犯罪是：

（1）扰乱公共秩序罪。具体罪名主要有：妨害公务罪，袭警罪，煽动暴力抗拒法律实施罪，招摇撞骗罪，伪造、变造、买卖国家机关公文、证件、印章罪，盗窃、抢夺、毁灭国家机关公文、证件、印章罪，伪造公司、企业、事业单位、人民团体印章罪，伪造、变造、买卖身份证件罪，使用虚假身份证件、盗用身份证件罪，冒名顶替罪，非法生产、买卖警用装备罪，非法获取国家秘密罪，非法持有国家绝密、机密文件、资料、物品罪，非法生产、销售专用间谍器材、窃听、窃照专用器材罪，非法使用窃听、窃照专用器材罪，组织考试作弊罪，非法出售、提供试题、答案罪，代替考试罪，非法侵入计算机信息系统罪，非法获取计算机信息系统数据、非法控制计算机信息系统罪，提供侵入、非法控制计算机信息系统程序、工具罪，破坏计算机信息系统罪，拒不履行信息网络安全管理义务罪，非法利用信息网络罪，帮助信息网络犯罪活动罪，扰乱无线电通讯管理秩序罪，聚众扰乱社会秩序罪，聚众冲击国家机关罪，扰乱国家机关工作秩序罪，组织、资助非法聚集罪，聚众扰乱公共场所秩序、交通秩序罪，投放虚假危险物质罪，编造、故意传播虚假恐怖信息罪，编造、故意传播虚假信息罪，高空抛物罪，聚众斗殴罪，寻衅滋事罪，催收非法债务罪，组织、领导、参加黑社会性质组织罪，入境发展黑社会组织罪，包庇、纵容黑社会性质组织罪，传授犯罪方法罪，非法集会、游行、示威罪，非法携带武器、管制刀具、爆炸物参加集会、游行、示威罪，破坏集会、游行、示威罪，侮辱国旗、国徽、国歌罪，侵害英雄烈士名誉、荣誉罪，组织、利用会道门、邪教组织、利用迷信破坏法律实施罪，聚众淫乱罪，引诱未成年人聚众淫乱罪，盗窃、侮辱、故意毁坏尸体、尸骨、骨灰罪，赌博罪，开设赌场罪，组织参与国（境）外赌博罪，故意延误投递邮件罪。

（2）妨害司法罪。具体罪名主要有：伪证罪，辩护人、诉讼代理人毁灭证据、伪造证据、妨害作证罪，妨害作证罪，帮助毁灭、伪造证据罪，虚假诉讼罪，打击报复证人罪，泄露不应公开的案件信息罪，披露、报道不应公开的案件信息罪，扰乱法庭秩序罪，窝藏、包庇罪，拒绝提供间谍犯罪、恐怖主义犯罪、极端主义犯罪证据罪，掩饰、隐瞒犯罪所得、犯罪所得收益罪，拒不执行判决、裁定罪，非法处置查封、扣押、冻结的财产罪，破坏监管秩序罪，脱逃罪，劫夺被押解人员罪，组织越狱罪，暴动越狱罪，聚众持械劫狱罪。

（3）妨害国（边）境管理罪。具体罪名主要有：组织他人偷越国（边）境罪，骗取出境证件罪，提供伪造、变造的出入境证件罪，出售出入境证件罪，运送他人偷越国（边）境罪，偷越国（边）境罪，破坏界碑、界桩罪，破坏永久性测量标志罪。

（4）妨害文物管理罪。具体罪名主要有：故意损毁文物罪，故意损毁名胜古迹罪，过失损毁文物罪，非法向外国人出售、赠送珍贵文物罪，倒卖文物罪，非法出售、私赠文物藏品罪，盗掘古文化遗址、古墓葬罪，盗掘古人类化石、古脊椎动物化石罪，抢夺、窃取国有档案罪，擅自出卖、转让国有档案罪。

（5）危害公共卫生罪。具体罪名主要有：妨害传染病防治罪，传染病菌种、毒种扩散罪，妨害国境卫生检疫罪，非法组织卖血罪，强迫卖血罪，非法采集、供应血液、制作、供应血液制品罪，采集、供应血液、制作、供应血液制品事故罪，非法采集人类遗传资源、走私人类遗传资源材料罪，医疗事故罪，非法行医罪，非法进行节育手术罪，非法植入基因编辑、克隆胚胎罪，妨害动植物防疫、检疫罪。

（6）破坏环境资源保护罪。具体罪名主要有；污染环境罪，非法处置进口的固体废物罪，擅自进口固体废物罪，非法捕捞水产品罪，危害珍贵、濒危野生动物罪，非法狩猎罪，非法猎捕、收购、运输、出售陆生野生动物罪，非法占用农用地罪，破坏自然保护地罪，非法采矿罪，破坏性采矿罪，危害国家重点保护植物罪，非法引进、释放、丢弃外来入侵物种罪，盗伐林木罪，滥伐林木罪，非法收购、运输盗伐、滥伐的林木罪。

（7）走私、贩卖、运输、制造毒品罪。具体罪名主要有：走私、贩卖、运输、制造毒品罪，非法持有毒品罪，包庇毒品犯罪分子罪，窝藏、转移、隐瞒毒品、毒赃罪，非法生产、买卖、运输制毒物品、走私制毒物品罪，非法种植毒品原植物罪，非法买卖、运输、携带、持有毒品原植物种子、幼苗罪，引诱、教唆、欺骗他人吸毒罪，强迫他人吸毒罪，容留他人吸毒罪，非法提供麻醉药品、精神药品罪，妨害兴奋剂管理罪。

（8）组织、强迫、引诱、容留、介绍卖淫罪。具体罪名主要有：组织卖淫罪，强迫卖淫罪，协助组织卖淫罪，引诱、容留、介绍卖淫罪，引诱幼女卖淫罪，传播性病罪。

（9）制作、贩卖、传播淫秽物品罪。具体罪名主要有：制作、复制、出版、贩卖、传播传播淫秽物品牟利罪，为他人提供书号出版淫秽书刊罪，传播淫秽物品罪，组织播放淫秽音像制品罪，组织淫秽表演罪。

七、危害国防利益罪

危害国防利益罪，是指危害作战和军事行动，危害国防建设，危害国防管理秩序，拒绝或者逃避履行国防义务的犯罪行为。

危害国防利益罪的基本特征是：（1）犯罪所侵犯的客体是国防利益；（2）犯罪的客观方面表现为危害作战和军事行动，危害国防建设，危害国防管理秩序，拒绝或者逃避履行国防义务的行为；（3）犯罪的主体，多数为一般主体，少数为特殊主体；（4）犯罪的主观方面，绝大多数为故意，个别犯罪为过失。

我国《刑法》第 368 条至第 381 条规定的危害国防利益罪的具体罪名有：阻碍军人执行职务罪，阻碍军事行动罪，破坏武器装备、军事设施、军事通信罪，过失损坏武器装备、军事设施、军事通信罪，故意提供不合格武器装备、军事设施罪，过失提供不合格武器装备、军事设施罪，聚众冲击军事禁区罪，聚众扰乱军事管理区秩序罪，冒充军人招摇撞骗罪，煽动军人逃离部队罪，雇用逃离部队军人罪，接送不合格兵员罪，伪造、变造、买卖武装部队公文、证件、印章罪，盗窃、抢夺武装部队公文、证件、印章罪，非法生产、买卖武装部队制式服装罪，伪造、盗窃、买卖、非法提供、非法使用武装部队专用标志罪，战时拒绝、逃避征召、军事训练罪，战时拒绝、逃避服役罪，战时故意提供虚假敌情罪，战时造谣扰乱军心罪，战时窝藏逃离部队军人罪，战时拒绝、故意延误军事订货罪，战时拒绝军事征收、征用罪等。

八、贪污贿赂罪

贪污贿赂罪，是指国家工作人员利用职务上的便利，非法占有、挪用公共财物以及损害公务行为廉洁性的行为。

贪污贿赂罪的基本特征是：（1）犯罪所侵犯的客体，是社会主义公有财产或其他财产所有权，以及国家工作人员职务行为的廉洁性；（2）犯罪的客观方面，是国家工作人员利用职务上的便利贪污、受贿，以及其他人员行贿、介绍贿赂的行为；（3）犯罪的主体，绝大多数是特殊主体，少数犯罪是一般主体；（4）犯罪的主观方面，只能出自故意，过失不能构成这类犯罪。

我国《刑法》第382条至第396条规定的贪污贿赂罪的具体罪名有：贪污罪、挪用公款罪、受贿罪、单位受贿罪、利用影响力受贿罪、行贿罪、对有影响力的人行贿罪、对单位行贿罪、介绍贿赂罪、单位行贿罪、巨额财产来源不明罪、隐瞒境外存款罪、私分国有资产罪、私分罚没财物罪。

九、渎职罪

渎职罪，是指国家机关工作人员滥用职权、玩忽职守或者徇私舞弊，妨害国家机关的正常活动，致使国家和人民利益遭受重大损失的犯罪行为。

渎职罪的基本特征是：（1）犯罪所侵犯的客体，是国家机关的正常管理活动，这里所说的国家机关，包括国家的权力机关、行政机关、审判机关、检察机关和军事机关；（2）犯罪的客观方面表现为滥用职权、玩忽职守，危害国家机关和企业、事业单位的正常活动致使国家和人民利益遭受重大损失的行为；（3）犯罪的主体是特殊主体，只能是国家机关工作人员；（4）犯罪的主观方面，既有故意，也有过失。

我国《刑法》第397条至第419条规定的渎职罪的具体罪名有：滥用职

权罪，玩忽职守罪，故意泄露国家秘密罪，过失泄露国家秘密罪，徇私枉法罪，民事、行政枉法裁判罪，执行判决、裁定失职罪，执行判决、裁定滥用职权罪，枉法仲裁罪，私放在押人员罪，失职致使在押人员脱逃罪，徇私舞弊减刑、假释、暂予监外执行罪，徇私舞弊不移交刑事案件罪，滥用管理公司、证券职权罪，徇私舞弊不征、少征税款罪，徇私舞弊发售发票、抵扣税款、出口退税罪，违法提供出口退税凭证罪，国家机关工作人员签订、履行合同失职被骗罪，违法发放林木采伐许可证罪，环境监管失职罪，食品、药品监管渎职罪，传染病防治失职罪，非法批准征收、征用、占用土地罪，非法低价出让国有土地使用权罪，放纵走私罪，商检徇私舞弊罪，商检失职罪，动植物检疫徇私舞弊罪，动植物检疫失职罪，放纵制售伪劣商品犯罪行为罪，办理偷越国（边）境人员出入境证件罪，放行偷越国（边）境人员罪，不解救被拐卖、绑架妇女、儿童罪，阻碍解救被拐卖、绑架妇女、儿童罪，帮助犯罪分子逃避处罚罪，招收公务员、学生徇私舞弊罪，失职造成珍贵文物损毁、流失罪。

十、军人违反职责罪

军人违反职责罪，是指军人违反职责，危害国家军事利益，依照法律应当受刑罚处罚的犯罪行为。

军人违反职责罪的基本特征是：（1）犯罪所侵犯的客体，是国家军事利益，也就是关于国防建设、作战行动、军队物质保障、军事机密和军事科学研究等方面的利益；（2）犯罪的客观方面表现为违反军人职责，危害国家军事利益的行为；（3）犯罪的主体是特殊主体，是指中国人民解放军的现役军官、文职干部、士兵及具有军籍的学员和中国人民武装警察部队的现役警官、文职干部、士兵及具有军籍的学员，以及执行军事任务的预备役人员和其他人员；（4）犯罪的主观方面，多数是故意，少数为过失。

我国《刑法》第420条至第451条规定的军人违反职责罪的具体罪名有：战时违抗命令罪，隐瞒、谎报军情罪，拒传、假传军令罪，投降罪，战时临阵脱逃罪，擅离、玩忽军事职守罪，阻碍执行军事职务罪，指使部属违反职责罪，违令作战消极罪，拒不救援友邻部队罪，军人叛逃罪，非法获取军事秘密罪，为境外窃取、刺探、收买、非法提供军事秘密罪，故意泄露军事秘密罪，过失泄露军事秘密罪，战时造谣惑众罪，战时自伤罪，逃离部队罪，武器装备肇事罪，擅自改变武器装备编配用途罪，盗窃、抢夺武器装备、军用物资罪，非法出卖、转让武器装备罪，遗弃武器装备罪，遗失武器装备罪，擅自出卖、转让军队房地产罪，虐待部属罪，遗弃伤病军人罪，战时拒不救治伤病军人罪，战时残害居民、掠夺居民财物罪，私放俘虏罪，虐待俘虏罪。

◆ **复习与思考**

1. 简述刑法的基本原则。
2. 我国刑法在溯及力问题上采取的是什么原则？
3. 什么是犯罪构成？
4. 正当防卫必须具备哪些条件？
5. 紧急避险必须具备哪些条件？
6. 简述我国刑罚的种类。
7. 一般累犯的条件是什么？
8. 我国刑法关于缓刑考验期限是如何规定的？
9. 简述我国《刑法》分则中犯罪的分类。

推进严格执法，重点是解决执法不规范、不严格、不透明、不文明以及不作为、乱作为等突出问题。要以建设法治政府为目标，建立行政机关内部重大决策合法性审查机制，积极推行政府法律顾问制度，推进机构、职能、权限、程序、责任法定化，推进各级政府事权规范化、法律化。

——习近平在党的十八届四中全会第二次全体会议上的讲话

第一节　行政法的概念与原则

一、行政法的概念

（一）行政的概念和特点

一般认为，行政是国家行政机关对国家事务和社会事务所作的决策、组织、管理和调控等活动的总称。行政作为行使国家权力的专门活动，主要有如下基本特点：

（1）行政的国家意志性。行政是行政主体以国家名义实施的，旨在执行国家权力机关的法律、决定、命令等的活动。

（2）行政的法定性。现代国家的行政活动必须具有严格的法律根据，即现代行政都应是法治行政。宪法和法律的授权与委托是行政行为合法性、正当性的基础。

（3）行政的特定性。行政是行政主体的特定活动，并非行政主体的一切活动。行政主体的民事活动如借贷、租赁、购买办公用品等活动，行政机关中个人的私人行为等都不在行政活动之列。

（4）行政的国家强制性。行政活动体现着国家意志，并依法由国家政权的强制和制裁体制所保障。行政活动体现着国家权力的强制性，行政权力体系所涉及的对象有服从接受行政管理和治理的义务。

（二）行政法的定义和特点

行政法作为法律体系的一个独立部门，是调整因行政主体行使职权而产生的特定法律关系的法律规范系统，它一方面要规范和约束行政机关的行政权力与行政行为，保护公民、法人和其他组织的正当权益；另一方面要规范和约束公民、法人与其他组织的行为，维护公共利益和社会秩序。

与其他的部门法相比，行政法的特点主要表现为以下几个方面：

（1）从法律体系来看，行政法与宪法的关系密切，是宪法的重要实施法。行政法是实施宪法的各项国家政策的主要法律之一，被一些人称为"小宪法"。

（2）从内容来看，行政法所调整的领域、范围广泛，内容繁杂，具有较强的专业技术性。由于其体系庞大、内容繁杂，行政法律规则也较易于变动和更新，相比于其他部门法，行政法规范的立、改、废更为频繁。

（3）行政法是一种典型的公法，有明显的命令性、管理性，行政法是垂直型（或纵向型）法律调整的典型形式。

（4）行政法的规范表现形式多样，数量大，难以形成统一、完整的法典。行政法总体上可以分为行政法总则和行政法分则两大部分。行政法总则是行政法的普遍原则和共同规则，通常是涉及行政组织、行政行为和行政监督救济的一般规则。行政法分则是只适用于某一具体行政领域的规则，如行政强制法、行政处罚法、行政复议法等。

（5）行政法的实体性规范和程序性规范相互交织，往往共存于同一个法律文件之中。一些国家制定了专门的行政程序法典。

二、行政法的基本原则

行政法的基本原则贯穿于行政法律规范的制定和实施的全过程，在行政法治的实现过程中起着核心和指导作用。

（一）行政合法原则

行政合法原则，也可称为依法行政原则，是我国行政法的首要原则。这一原则要求：国家行政管理权力和活动要严格依照法律法规和规章的授权，做到法定职责必须为、法无授权不可为，行政活动的程序符合法律法规要求，实现行政机关的权责法定、权责统一、执法严明。行政合法原则的具体要求包括以下几点：

（1）权责法定。行政机关的职能、权限、责任、程序等都必须由法律法规予以明确规定。权责法定是实现依法行政的基本前提，也是消除腐败的基本制度设计之一。按照全面推进依法行政的要求，要完善行政组织和行政程序法律制度、推进机构职能。权限、程序、责任法定化，推行政府权力清单制度，推进各级政府事权的规范化、法律化，努力消除权力设租、寻租空间。

（2）执法严明。行政行为必须在法律法规规定的范围内进行，依照法律法规的明确授权而行；法无授权不可为，行政行为不得超越法律法规所许可的范围、方式和程序等；行政越权行为无效，一切超越法定权限的行为不具有公定力、确定力、拘束力、执行力。中共中央《关于全面推进依法治国若干重大问题的决定》指出：行政机关不得法外设定权力，没有法律法规依据不得作出减损公民、法人和其他组织合法权益或者增加其义务的决定。

（3）权责统一。①行政权威原则，即要由法律、法规赋予行政机关明确的职权以及相应的执法手段，以保证政令有效、执法有力；②行政责任原则，即行政机关违法或者不当行使职权，应当依法承担法律责任。也就是说，行政权力的运用与其法律责任应当相统一，要做到执法有权威、有权必有责、用权受监督、违法受追究、侵权须赔偿。

（二）行政合理原则

行政合理原则要求设立行政主体、确定行政职权、行使行政职权、追究违法行为和实施行政救济等都必须正当、客观、适当、适度等；行政裁量权行使合法合理、不得滥用；行政行为不合理应当受到追究。合理性的标准主要有以下三个方面：

（1）公平性。行政主体的一切行政活动，都要做到：努力符合国家与人民的最大利益和需要；平等对待行政管理相对人，不得偏私和歧视，体现法律平等的原则；遵循相关性原则，只考虑符合立法授权目的的各种因素，不得考虑不相关因素等。

（2）客观性。行政活动应当基于现实的社会事实，充分考虑社会发展的客观需要，而不能够仅凭主观臆断作出行政决定。

（3）比例性。这主要有三方面的要求：①合目的性，即行政机关行使裁量权所采取的具体措施必须符合法律目的；②适当性，即行政机关所选择的具体措施和手段应当为法律所必需，结果与措施和手段之间存在正当性；③最小侵害性，即在行政机关为实现某一行政目的所采取的诸方式中，应当采用对当事人权益损害最小的方式，也就是说，行政机关能用轻微的方式实现行政目的的，就不能选择使用手段更激烈的方式。

按照法治政府建设的要求，国家建立健全行政裁量权基准制度，细化、量化行政裁量标准，规范裁量范围、种类、幅度。从对行政不合理行为的追究来看，我国的《行政诉讼法》也规定：对于明显不当的行政行为，人民法院可以判决撤销或者部分撤销；对于行政处罚明显不当，或者其他行政行为涉及对款额的确定、认定确有错误的，人民法院可以判决变更。

（三）程序正当原则

程序正当是当代行政法的主要原则之一。该原则的要求是多方面的，其中包括以下几点：

（1）行政公开。行政机关实施行政管理，原则上应当公开，应充分保障公民的知情权。中共中央《关于全面推进依法治国若干重大问题的决定》指出：坚持以公开为常态、不公开为例外原则，推进决策公开、执行公开、管理公开、服务公开、结果公开。各级政府及其工作部门依据权力清单，向社会全面公开政府职能、法律依据、实施主体、职责权限、管理流程、监督方式等事项。

（2）公众参与。行政机关作出重要规定或者决定，应当听取公民、法人和其他组织的意见，特别是在作出对公民、法人和其他组织不利的决定时，要听取他们的陈述和申辩。多部行政法律法规都规定了听证制度、公开征求意见制度，这都体现了行政过程中的公众参与原则。

（3）回避。行政机关工作人员履行职责，与行政管理相对人存在利害关系时，应当回避。

另外，行政机关在程序上还要遵循及时原则、陈述原则、申辩原则、及时救济原则等。

◆【案例】

刘某系某工厂职工，该厂经区政府批准后改制。刘某向区政府申请公开该厂进行改制的全部档案、拖欠的原职工工资如何处理等信息。区政府作出拒绝公开的答复，刘某向法院起诉。

问题：区政府以此为由拒绝公开的答复违法吗？

解析：

根据《政府信息公开条例》第36条第3项的规定，对申请公开的政府信息，属于不予公开范围的，应当告知申请人不予公开并说明理由。据此可知，若区政府认为刘某申请公开的政府信息，属于不应予以公开的信息的、则应在作出拒绝答复时，告知刘某并说明理由。

根据《政府信息公开条例》第27条的规定，除行政机关主动公开的政府信息外，公民、法人或者其他组织向地方各级人民政府、对外以自己名义履行行政管理职能的县级以上人民政府部门申请获取相关政府信息。

本案中，刘某向区政府申请公开该厂进行改制的全部档案、拖欠的原职工工资如何处理等信息与其自身存在利害关系。因此，刘某具有申请查阅的申请人资格，区政府以此为由拒绝公开的答复违法。

（四）高效便民原则

法治政府建设要求行政执法体制权威高效、便民利民。高效便民原则的要求包括以下两点：

（1）行政的效率性。行政机关应当高效地积极履行法定职责，禁止不作为或者不完全作为：不得超越法定时限履行或者有不合理延迟；应当优化行政资源配置，节约行政成本，实行扁平化管理；积极利用互联网、大数据等新技术提高行政办事效率。基于正当程序的效率性是对行政活动的基本要求。

（2）行政的便利性。在行政活动中，不得增加行政相对人的程序负担，努力做到程序便捷。要从便利当事人的角度整合执法力量，推动综合执法。如《行政许可法》规定"实施行政许可，应当遵循便民的原则，提高办事效率，提供优质服务"。

为了实现行政执法的权威高效、便民利民，国家推进综合执法体制改革，要求根据不同层级政府的事权和职能，按照减少层次、整合队伍、提高效率的原则，合理配置执法力量。

（五）信赖保护原则

信赖保护原则也可称为诚实信用原则。政府诚实信用是法治政府建设的一项基本要求。信赖保护原则要求，行政主体对于自己作出的行为或承诺，应当严格遵守，不得随意变更、撤销或废止，不得出尔反尔，失信于民。行政守法诚信，才能取信于民，才能提高政府公信力和执法的公平正义性。信赖保护原则的具体要求包括以下几点：

（1）行政信息要真实。行政机关公布的信息应当全面、准确、真实，行政机关应当对其真实性承担法律责任。

（2）行政行为要确定。非因法定事由并经法定程序，行政机关不得撤销、变更已经生效的行政决定。

（3）对行政相对人的受损利益要予以补偿。如因国家利益、公共利益或者其他法定事由，确实需要撤回或者变更行政决定的，应当依照法定权限和程序进行，并对行政管理相对人因此受到的财产损失依法予以补偿。

三、行政主体和行政相对人

（一）行政法律关系

行政法律规范在现实生活中的落实和展开形成行政法律关系。行政法律关系是由行政法律规范所调整的因行政主体行使行政职权而形成的行政关系，即行政主体与行政主体之间、行政主体与其组成机构及公务员之间、行政主体与行政相对人之间，因行政主体行使行政职权而形成的权利义务关系。行政法律关系由行政法律关系的主体、行政法律关系的客体及行政法律关系的内容三个部分构成。

（二）行政主体

行政主体，即行政管理主体，是指参加行政法律关系，依法拥有行政职权，以自己的名义独立行使职权，承担法律责任的国家行政机关及其授权的组织。按照我国《行政诉讼法》的规定，行政机关还包括依照法律法规授权作出行政行为的组织。

根据行政主体实施行政职权的范围，可将行政主体划分为两大类，即外部行政主体和内部行政主体。外部行政主体依法对本行政主体之外的行政相对人实施行政管理权。内部行政主体依法对本行政主体的组成机构、公务员或其下属的其他行政主体实施行政管理权。

在我国，外部行政主体可以分为如下几种：国务院、国务院各部委、国务院各直属机构、国务院各部委管理的国家局、地方各级人民政府、地方各级人民政府的职能部门、地方各级人民政府的派出机关、被授权的社会组织等。内部行政主体主要有：内部行政机关、内部领导机构、内部办公机构、内部事务管理机构等。

（三）行政相对人

行政相对人，也称行政管理相对人，是指在行政法律关系中与行政主体相对应、处于被管理和被支配地位的机关、组织或个人。在我国，行政相对人主要有以下几种：公民、法人、不具有法人资格的其他组织，外国组织和个人等。

◆ **拓展**

2007 年某日，吴某到厂长办公室要求分房。厂长刘某以要出去开会为由令吴某离开。吴某不从，刘某遂不耐烦，并向外推吴某。吴某在后退时无意将办公桌撞倒，打破茶杯。刘某见状大怒，向公安机关报警。公安干警赶到后，不容吴某分辩便将其带到派出所。第二天，某市 A 区公安分局以吴某妨碍公务为由，作出对其行政拘留 10 日的处罚。吴某不服，提请行政复议。某市公安局维持原处罚决定。被处罚后，吴某仍然不服，提起行政诉讼，请求法院撤销行政处罚决定，并要求公安机关赔偿损失。法院审理后依法撤销了 A 区公安分局的处罚决定。吴某据此判决要求作出行政拘留处罚的公安机关赔偿损失。

问题：

本案中行政主体和行政相对人分别是谁？

第二节　行政组织：行政机关与公务员

一、行政组织法概述

行政组织法是行政法的重要组成部分，主要涉及行政组织和公务员两类主体。行政组织是指以实现国家行政职能为目的，以行政职位为基本构成单位的组织。行政组织的典型和主要形态是国家行政机关。

行政组织法是关于行政组织的职能和权限、设置权和编制权、公务员录用权和管理权的法律规范的总和，内容上可以分为有关行政组织（国家行政机关和非政府公共组织）和公务员的规范两大部分。

行政组织法的基本原则包括：其一，民主集中制原则。这是处理行政机关与其他国家机关、各行政机关之间以及行政机关与公务员相互关系的根本准则。其二，中央与地方行政机关的职权划分，遵循在中央的统一领导下，充分发挥地方的主动性、积极性原则。其三，实行精简的原则。

行政组织法的基本制度是：行政首长负责制、行政机关和政府组成人员任期制、民族区域自治制度以及公务员制度等。

二、行政机关

（一）行政机关的概念及结构

国家行政机关，是指按照宪法和有关组织法的规定而设立的，依法行使国家行政职权、对国家各项行政事务进行组织和管理的国家机关。它是国家权力机关的执行机关，是行政法律关系的主体之一。

在我国，国家行政机关体系的基本结构是：在中央政府一级的机关有国务院、国务院各部委、国务院的直属机构、国务院各部委管理的国家局等。在地方政府一级的行政机关有各省、自治区、直辖市的人民政府，市（设区的市）、自治州的人民政府，县级市、县、自治县的人民政府，乡、民族乡、镇的人民政府，地方各级人民政府的职能部门，地方各级人民政府的派出机关，如行政公署、区公所、街道办事处等。地方各级人民政府是同级人民代表大会的执行机构，受上级人民政府和国务院领导。

（二）行政机关的职权和职责

1. 行政职权

行政职权是国家行政权的具体化，是由各个具体行政主体所享有和行使的国家行政权。按照行政职权的内容，可将其划分为行政规范制定权（称"行政立法权"）、行政决定权、行政命令权、行政措施实施权、行政确认权、行政监督权、行政制裁权和行政救济权等。

从国家行政机关体系的整体来看，恰当分配行政职权所应遵循的原则是：分工明确，责任和权限清晰，避免交叉或疏漏；提高行政权的运行效率和效能；发挥中央和地方、上级和下级双方的积极性；职权与职责相对应，有权必有责。2019年中国共产党第十九届中央委员会第四次全体会议提出，优化政府职责体系、政府组织结构，健全充分发挥中央和地方两个积极性体制机制。

2. 行政职责

行政职责是国家行政机关在行使职权的过程中必须承担的义务。它是由国家法律法规规定的，行政主体不可推卸。

行政机关的职责至少包括如下方面：（1）忠实履行职责，不得失职；（2）严格遵守权限，不得越权，不得滥用职权；（3）严格遵守程序，不得随意行政、任性用权；（4）遵循合理原则，避免不当行政；（5）自觉接受监督，提升行政公开；（6）节制行政权力，如减少和规范行政审批，实行政府权责清单制度，厘清政府和市场、政府和社会的关系；（7）提高行政效率，如减少行政层次，降低行政成本，解决机构重叠、职责交叉、政出多门等问题。

三、公务员

我国于1993年制定了《国家公务员暂行条例》、2005年第十届全国人民代表大会常务委员会第十五次会议通过了第一部《公务员法》，该法分别于2017年修正、2018年修订。《公务员法》的实施对于规范公务员的管理，保障公务员的合法权益，加强对公务员的监督，促进公务员正确履职尽责，建设信念坚定、为民服务、勤政务实、敢于担当、清正廉洁的高素质专业化公务员队伍，具有重要意义。2018年第十三届全国人民代表大会第一次会议通过的《监察法》和2020年第十三届全国人民代表大会常务委员会第十九次会议通过的《公职人员政务处分法》，涉及公务员的管理、监督和处分等问题，对公务员法律制度的完善具有重要意义。

《公务员法》中的公务员，是指依法履行公职，纳入国家行政编制，由国家财政负担工资福利的工作人员。我国行政机关中的国家公务员依法行使国家行政权力、执行国家公务，是国家行政管理的具体实施者和承担者。

（一）公务员的分类

国家对公务员实行分类管理，以提高管理效能和科学化水平。国家实行公务员职位分类制度。按照公务员职位的性质、特点和管理需要，公务员职位被划分为综合管理类、专业技术类和行政执法类等类别。国家实行公务员职务与职级并行制度，根据公务员职位类别和职责设置公务员领导职务、职级序列。

公务员职务分为领导职务和非领导职务。公务员领导职务根据宪法、有关法律和机构规格设置。领导职务层次分为：国家级正职、国家级副职、省部级正职、省部级副职、厅局级正职、厅局级副职、县处级正职、县处级副职、乡科级正职、乡科级副职。他们可以通过被选举或被任命而成为政府组成人员。这类公务员实行任期制，如总理每届任期 5 年，连选连任不得超过两届等。非领导职务层次在厅局级以下设置，分为：一级巡视员、二级巡视员、一级调研员、二级调研员、三级调研员、四级调研员、一级主任科员、二级主任科员、三级主任科员、四级主任科员、一级科员、二级科员。公务员的领导职务、职级应当对应相应的级别。根据工作需要和领导职务与职级的对应关系，公务员担任的领导职务和职级可以互相转任、兼任；符合规定资格条件的，可以晋升领导职务或者职级。公务员的级别根据所任领导职务、职级及其德才表现、工作实绩和资历确定。公务员在同一领导职务、职级上，可以按照国家规定晋升级别。公务员的领导职务、职级与级别是确定公务员工资以及其他待遇的依据。

（二）公务员的义务和权利

公务员的义务和权利是基于公务员的身份而产生的。无论公务员的职务高低，其基本义务和权利都是相同的。

根据《公务员法》的规定，公务员应当履行的义务包括：（1）忠于宪法，模范遵守、自觉维护宪法和法律，自觉接受中国共产党领导；（2）忠于国家，维护国家的安全、荣誉和利益；（3）忠于人民，全心全意为人民服务，接受人民监督；（4）忠于职守，勤勉尽责，服从和执行上级依法作出的决定和命令，按照规定的权限和程序履行职责，努力提高工作质量和效率；（5）保守国家秘密和工作秘密；（6）带头践行社会主义核心价值观，坚守法治，遵守纪律，恪守职业道德，模范遵守社会公德、家庭美德；（7）清正廉洁，公道正派；（8）法律规定的其他义务。

按照《公务员法》的规定，公务员享有的权利包括：（1）获得履行职责应当具有的工作条件；（2）非因法定事由、非经法定程序，不被免职、降职、辞退或者处分；（3）获得工资报酬，享受福利、保险待遇；（4）参加培训；（5）对机关工作和领导人员提出批评和建议；（6）提出申诉和控告；（7）申请辞职；（8）法律规定的其他权利。

（三）公务员录用和奖惩制度

报考公务员的人员应当具备国家规定的资格条件。资格条件主要包括：

（1）具有中华人民共和国国籍；（2）年满 18 周岁；（3）拥护中华人民共和国宪法，拥护中国共产党领导和社会主义制度；（4）具有良好的政治素质和道德品行；（5）具有正常履行职责的身体条件和心理素质；（6）具有符合职位要求的文化程度和工作能力；（7）法律规定的其他条件。报考公务员，除应当具备这些一般条件以外，应当具备省级以上公务员主管部门规定的拟任职位所要求的资格条件。国家对行政机关中初次从事行政处罚决定审核、行政复议、行政裁决、法律顾问的公务员实行统一法律职业资格考试制度，由国务院司法行政部门及有关部门组织实施。

1. 录用

录用，是指国家行政机关通过公开考试、严格考核的办法，按照德才兼备的标准，择优录用担任非领导职务公务员的制度。录用公务员有严格的法定程序，如发布招考公告、资格审查、公开考试、考核、审批等。不得录用为公务员的主要情况包括：因犯罪受过刑事处罚的；被开除中国共产党党籍的；被开除公职的；被依法列为失信联合惩戒对象的；有法律规定不得录用为公务员的其他情形的。

◆【案例】

2008 年年底，在公务员招录考试中，因身高不足 1.5 米，王某未被某市国税局招录。王某认为，招考公务员设置身高限制是对身材矮小之人就业权的侵犯，于是将某市人事局、国税局告上法庭。2009 年 2 月，王某接到了某市中级人民法院的不予受理裁定书："组织招考并按一定要求录用公务员是国家行政机关的内部人事管理行为，对此类行为提起的诉讼，不属于人民法院行政诉讼的受案范围。"

问题：法院的判决正确吗？

解析：

在本案中，法院的裁判有错误。公务员招录并非机关的内部人事管理行为，而是涉及平等就业权、就业歧视、不公平竞争等问题，应当属于法院的受案范围。《公务员法》规定，公务员的管理，坚持公开、平等、竞争、择优的原则，依照法定的权限、条件、标准和程序进行；公务员录用要"平等竞争、择优录取"。

2. 考核

考核，是指行政机关按照管理权限，对公务员的德、能、勤、绩、廉等的全面评价。对公务员的考核分为平时考核、专项考核和定期考核。平时考核、专项考核是定期考核的基础。定期考核则是对公务员奖惩、培训、辞退以及调整职务、级别和工资的依据。考核应坚持客观、公正原则，充分发扬民主，实行领导与群众相结合、平时与定期相结合，全面、客观地评价公务员的工作实绩。对公务员的考核结果分为优秀、称职、基本称职和不称职四个等次。

3. 奖励

奖励，是指对工作表现突出、有显著成绩和贡献以及有其他突出事迹的公务员所给予的精神或物质鼓励。国家法律、法规规定了给予奖励的诸种情形，如忠于职守、积极工作、成绩显著的；在工作中进行发明创造或者提出合理化建议，取得显著经济效益或者社会效益的；等等。奖励分为：嘉奖、记三等功、记二等功、记一等功、授予称号。对受奖励的公务员或者公务员集体予以表彰，并对受奖励的个人给予一次性奖金或者其他待遇。

4. 惩戒

对公务员监督发现问题的，应当区分不同情况，予以谈话提醒、批评教育、责令检查、诫勉、组织调整、处分。对公务员涉嫌职务违法和职务犯罪的，应当依法移送监察机关处理。

公务员如有下列违法违纪行为，应当受到行政处分或政务处分：散布有损宪法权威、中国共产党和国家声誉的言论；组织或者参加旨在反对宪法、中国共产党领导和国家的集会、游行、示威等活动；组织或者参加非法组织，组织或者参加罢工；挑拨、破坏民族关系，参加民族分裂活动或者组织、利用宗教活动破坏民族团结和社会稳定；不担当、不作为，玩忽职守，贻误工作；拒绝执行上级依法作出的决定和命令；对批评、申诉、控告、检举进行压制或者打击报复；弄虚作假，误导、欺骗领导和公众；贪污贿赂，利用职务之便为自己或者他人谋取私利；违反财经纪律，浪费国家资财；滥用职权，侵害公民、法人或者其他组织的合法权益；泄露国家秘密或者工作秘密；在对外交往中损害国家荣誉和利益；参与或者支持色情、吸毒、赌博、迷信等活动；违反职业道德、社会公德和家庭美德；违反有关规定参与禁止的网络传播行为或者网络活动；违反有关规定从事或者参与营利性活动，在企业或者其他营利性组织中兼任职务；旷工或者因公外出、请假期满无正当理由逾期不归。公务员因违纪违法应当承担纪律责任的，可依照《公务员法》《行政机关公务员处分条例》给予处分或者由监察机关依《公职人员政务处分法》给予政务处分。对公务员的处分，应当事实清楚、证据确凿、定性准确、处理恰当、程序合法、手续完备。公职人员依法履行职责受法律保护，非因法定事由、非经法定程序，不受政务处分。

行政机关的处分种类包括：警告、记过、记大过、降级、撤职、开除。公务员在受处分期间不得晋升职务、职级和级别，其中受记过、记大过、降级、撤职处分的，不得晋升工资档次。

《行政机关公务员处分条例》以及《公职人员政务处分法》对公务员的惩戒和处分的具体情形和程序作了详细的规定。对同一违纪违法行为，监察机关已经作出政务处分决定的，公务员所在机关不再给予处分。

（四）公务员职务升降、交流和回避制度

1. 职务晋升

职务晋升，坚持德才兼备、任人唯贤原则，注重工作实绩。被晋升人员应当具备拟任职务所要求的政治素质、工作能力、文化程度和任职经历等方面的条件和资格。职务晋升要遵守法定程序：晋升一般按照职务序列逐级晋升，但个别德才表现和工作实绩特别突出的可以越级晋升。

2. 降职

降职是将公务员的职务由高职务降为低职务。一般降职的原因有二：一是公务员在定期考核中被确定为不称职；二是不胜任现职，又不宜转任同级其他职务。

3. 交流

国家实行公务员交流制度。公务员可以在公务员和参照《公务员法》管理的工作人员队伍内部交流，也可以与国有企业和不参照《公务员法》管理的事业单位中从事公务的人员交流。交流的方式包括调任、转任。调任，是指行政机关以外单位（如国有企业、高等院校和科研院所等）的工作人员调入国家行政机关担任领导职务或者四级以上调研员以上非领导职务，以及国家公务员调出国家行政机关任职。转任，是指公务员因工作需要或者其他正当理由在行政机关内部的平级调动。对省部级正职以下的领导成员应当有计划有重点地实行跨地区、跨部门转任。转任的公务员必须符合担任职务规定的条件要求并经考核合格。

挂职锻炼，是指行政机关有计划地选派在职公务员在一定时间内到基层机关或者企业、事业单位担任一定职务、接受锻炼的制度。公务员在挂职期间，不改变与原机关的人事关系。

4. 回避

公务员的回避有三种：任职回避、公务回避和地域回避。

任职回避，是指对相互间有法定亲属关系的公务员在任职时所作的限制。公务员之间有夫妻关系、直系血亲关系、三代以内旁系血亲关系以及近姻亲关系的，不得在同一机关双方直接隶属于同一领导人员的职位或者有直接上下级领导关系的职位工作，也不得在其中一方担任领导职务的机关从事组织、人事、纪检、监察、审计和财务工作。公务员不得在其配偶、子女及其配偶经营的企业、营利性组织的行业监管或者主管部门担任领导成员。

公务回避，是指公务员在执行公务时因出现法定情形而实行的回避。这些法定情形包括：所处理公务涉及本人的利害关系；所处理公务涉及与本人有夫妻关系、直系血亲关系、三代以内旁系血亲及近姻亲关系人员的利害关系。

地域回避，是指对特定公务员在任职时所作的地域限制。公务员担任乡级机关、县级机关、设区的市级机关及其有关部门主要领导职务的，应当按照有关规定实行地域回避。但是，民族区域自治地方人民政府的公务员除外。

（五）公务员辞职、辞退和退休制度

1. 辞职

辞职一般是指公务员依法自愿辞去职务的行为。公务员辞职，应当向任免机关提出书面申请，任免机关应当在 30 日内予以审批，未经审批，公务员不得擅自离职，否则，将予以开除处分。下列公务员不得辞职：未满国家规定的最低服务年限的；在涉及国家秘密等特殊职位任职或者离开上述职位不满国家规定的脱密期限的；重要公务尚未处理完毕，且须由本人继续处理的；正在接受审计、纪律审查、监察调查，或者涉嫌犯罪，司法程序尚未终结的。

领导成员因工作严重失误、失职造成重大损失或者恶劣社会影响的，或者对重大事故负有领导责任的，应当引咎辞去领导职务。领导成员应当引咎辞职或者因其他原因不再适合担任现任领导职务，本人不提出辞职的，应当责令其辞去领导职务。

2. 辞退

辞退是行政机关依照法定程序和法定事由辞去公务员的行为。公务员有以下情形的应予以辞退：在年度考核中，连续两年被确定为不称职的；不胜任现职工作，又不接受其他安排的；因所在机关调整、撤销、合并或者缩减编制员额需要调整工作，本人拒绝合理安排的；旷工或者无正当理由逾期不归连续超过 15 天，或者一年内累计超过 30 天的；不履行公务员义务，不遵守法律和公务员纪律，经教育仍无转变，不适合继续在机关工作，又不宜给予开除处分的。

辞退公务员，应由该公务员所在机关提出建议，按管理权限由报任免机关审批，并以书面形式通知本人。被辞退的公务员，可以领取辞退费或者根据国家有关规定享受失业保险。

3. 退休

公务员的退休有两种情形：法定退休和自愿退休。法定退休条件有两项，满足其中一项即应退休：男年满 60 周岁，女年满 55 周岁；完全丧失工作能力。自愿退休是指由本人提出申请，经任免机关批准，可以提前退休，条件是：工作年限满 30 年的；距国家规定的退休年龄不足 5 年，且工作年限满 20 年的。公务员退休后，享受国家规定的养老金和其他待遇，国家为其生活和健康提供必要的服务和帮助，鼓励发挥个人专长，参与社会发展。

第三节 行政行为

一、行政行为概述

（一）行政行为的概念

行政行为是指行政主体行使行政职权，作出的能够产生行政法律效果的行为。行政行为的概念包括以下几层含义：（1）行政行为是行政主体所为的行为；（2）行政行为是行使行政职权，进行行政管理的行为；（3）行政行为是行政主体实施的能够产生行政法律效果的行为。

行政行为的特征是：（1）行政行为是执行法律的行为，任何行政行为均须有法律根据，具有从属法律性，没有法律的明确规定或授权，行政主体不得作出任何行政行为。（2）行政行为具有一定的裁量性，这是由立法技术本身的局限性和行政管理的广泛性、变动性、应变性所决定的。（3）行政主体在实施行政行为时具有单方意志性，不必与行政相对方协商或征得其同意即可依法自主作出。即使是在行政合同行为中，在行政合同的缔结、变更、解除与履行等诸方面，行政主体均具有与民事合同不同的单方意志性。（4）行政行为是以国家强制力保障实施的，带有强制性，行政相对方必须服从并配合行政行为。否则，行政主体将予以制裁或强制执行。这种强制性与单方意志性是紧密联系在一起的，没有行政行为的强制性，就无法实现行政行为的单方意志性。（5）行政行为以无偿为原则，以有偿为例外。行政主体所追求的是国家和社会公共利益，其对公共利益的集合、维护和分配，应当是无偿的。当特定行政相对人承担了特别公共负担，或者分享了特殊公共利益时，则应该是有偿的，这就是公平负担和利益负担的问题。

（二）行政行为的功能

行政行为的功能主要是指某种行政行为对行政相对人的权利、义务所产生的具体影响，有以下具体表现：

1. 赋予权益和剥夺权益

赋予权益是指赋予行政相对人某种新的法律上的权益，包括使行政相对人获得为某种行为的权利、资格（权能）、利益（奖励、救济、抚恤等）。

剥夺权益是指行政主体依法剥夺行政相对人已有的某种权益，包括法律上的权能、权力和利益。

2. 设定义务和免除义务

设定义务是指通过行政行为使行政相对人承担某种作为或不作为的义务。

免除义务是指由于某种情况的出现而对行政相对人原来承担的或本应承担的义务予以解除。

3. 确认法律事实和确认法律地位

确认法律事实是指依法确认对某种行政法律关系有重大影响的事实是否存在的活动。确认法律地位是指依法确认某种法律关系中当事人的权利义务是否存在及其存在范围的活动。确认法律事实和确认法律地位本身并不直接引起某种法律效果，但基于该确认，行政主体将进一步采取某些特定的行政行为，进而产生某种法律效果。可见，确认法律事实和确认法律地位的确认行为，实质上是采取行政行为的一个重要环节，直接影响行政行为的效力。

（三）行政行为的法律效力

行政行为的法律效力是指行政行为所产生的法律效果，表现为它所产生的特定的法律约束力和强制力。

1. 行政行为的拘束力

行政行为的拘束力是指行政行为具有法律规定的或行政机关决定的法律效果，当事人即行政机关和行政相对人都必须尊重并遵守之。

2. 行政行为的确定力

行政行为的确定力又称为行政行为的不可变更力和不可争力，是指已生效的行政行为对行政主体和行政相对人所具有的不被任意改变的法律效力。

3. 行政行为的公定力

行政行为的公定力是指行政行为一经成立，不论是否合法，即具有被推定为合法而要求所有机关、组织和个人予以尊重的一种法律效力。公定力并不意味着行政行为的真正合法与否，在行政法上，之所以要赋予行政行为这样的法律效力，是因为社会对行政主体的地位和作用应予充分信任和尊重，从而稳定权利义务关系。

4. 行政行为的执行力

行政行为的执行力是指行政行为生效后，行政主体有权依法采取一定手段，使行政行为的内容得以实现的效力。行政行为的执行力表现为自行执行力和强制执行力。自行执行力是指行政行为要求行政相对人自觉履行该行政行为确定的义务的法律效力。强制执行力是指行政相对人拒绝履行或拖延履行行政行为确定的义务时，行政主体可依法采取强制措施或申请人民法院强制行政相对人履行该义务。

二、抽象行政行为和具体行政行为

行政行为有多种分类方法，由于我国《行政诉讼法》将受案范围界定为对具体行政行为不服的诉讼，所以，将行政行为分为抽象行政行为和具体行政行为的分类方法较为普遍，且具有法律意义。

（一）抽象行政行为

1. 抽象行政行为的含义

抽象行政行为，又称"制定行政法律规范"的行为，从动态方面看，它指行政主体针对不特定的人或事，制定具有普遍约束力的行为规则的行为。

从静态方面看，它指行政主体针对不特定的人或事，制定具有普遍约束力的行为规范，包括行政法规、行政规章和其他具有普遍约束力的决定、命令等。

2. 抽象行政行为的分类

对于抽象行政行为，可以从各种不同角度进行分类，以规范程度与效力等级为标准，可以将抽象行政行为分为行政立法行为和除行政立法行为以外的其他抽象行政行为，这也是我国学界比较普遍的分类。

（1）行政立法行为。行政立法行为是指特定的国家行政机关依照法定权限和程序，制定、修改和废止有关行政管理方面的行政法规和行政规章等规范性文件的活动。

在我国，行政立法的主体包括国务院、国务院各部委、国务院直属机构、特定的地方人民政府。国务院有权制定行政法规，同时还享有对规章的批准权、改变权和撤销权；国务院各部委有根据法律和行政法规等，在本部门的权限范围内制定规章的权力；根据我国《立法法》的规定，国务院具有行政管理职能的直属机构享有行政立法权；特定的地方人民政府包括省、自治区、直辖市人民政府，省、自治区人民政府所在地的市人民政府，国务院批准的较大的市的市人民政府，经济特区的市人民政府，它们有权制定地方政府规章。

行政立法是行政性质与立法性质的有机结合，它首先是一种抽象行政行为，具有行政的性质，同时又具立法性质，但也是一种从属性的立法，因此是一种准立法行为。

（2）除行政立法行为以外的其他抽象行政行为。除行政立法行为以外的其他抽象行政行为，又称为制定其他规范性文件的行为，是指各级各类国家行政机关为实施法律、执行政策，制定除行政法规和行政规章、地方政府规章以外的具有普遍约束力的决定、命令，规定行政措施等其他规范性文件的行为。它具有主体的广泛性、效力的多层级性和从属性以及规范性的特点。

这种抽象行政行为在实践中具有重要的地位和意义。首先，在行政管理领域，对公民、法人或其他组织具有拘束力和强制执行力；对行政机关本身具有确定力，对具体行政行为具有适用力；它是行政复议机关审理复议案件的依据。其次，在行政诉讼中，行政诉讼当事人可以以行政规范性文件作为论证相应具体行政行为违法或合法的根据；人民法院审理行政诉讼案件，对具体行政行为合法性进行审查时，会同时审查相应具体行政行为所依据的规范性文件的合法性；人民法院在判决的理由部分，可以指出具体行政行为所依据的合法的行政规范性文件，人民法院认为行政规范性文件违法的，可以向有关机关提出司法建议。

（二）具体行政行为

具体行政行为，是行政主体在行使行政职权的过程中，针对特定人或特定事作出影响相对方权益的具体决定或措施的行为。具体行政行为与抽象行政行为相比，具有特定性和直接性，即调整对象是特定的对象，并且对于特定对象的权利义务直接产生影响。在我国法律实践中，区分具体行政行为与抽象行政行为的意义在于二者受到监督和审查的范围与程度不同，抽象行政行为一般不受行政诉讼的司法审查，而对于具体行政行为一般都可以提起行政诉讼。

另外，具体行政行为一般都可以进入行政复议程序，只有部分抽象行政行为可以进入行政复议程序，可以由有权行政机关审查这些抽象行政行为的合法性。具体行政行为包括行政给付、行政征收、行政奖励、行政确认、行政裁决、行政许可、行政强制、行政处罚等多种形式。

三、几种常见的具体行政行为

（一）行政许可

为了规范行政许可的设定和实施，我国于 2004 年 7 月 1 日开始正式实施《行政许可法》，并于 2019 年进行修正。该法规定了行政许可的基本原则、行政许可的设定、行政许可的实施机关、行政许可的实施程序、行政许可的费用以及监督检查和法律责任等基本内容。

1. 行政许可的含义与特征

行政许可是指在法律一般禁止的情况下，行政主体根据行政相对人的申请，通过颁发许可证或执照等形式，依法赋予特定的行政相对人从事某种活动或实施某种行为的权利和资格的行政行为。

行政许可具有这样一些特征：（1）行政许可是依申请的单方行政行为；（2）行政许可存在的前提是法律的一般禁止，没有法律的一般禁止，便不存在行政许可；（3）行政许可是赋权性的行政行为；（4）行政许可是要式行政行为；（5）行政许可的目的在于抑制公益上的危险或影响秩序的因素。

2. 行政许可的基本原则

《行政许可法》从限制政府的许可权力，保护公民、法人以及其他组织的基本权利的角度出发确立了公开、公平、公正原则，便民原则和效率原则，行政相对人权利保护原则，合法信赖保护原则，监督检查原则。

3. 设定行政许可的范围

根据《行政许可法》第12条的规定，下列事项可以设定行政许可：

（1）直接涉及国家安全、公共安全、经济宏观调控、生态环境保护以及直接关系人身健康、生命财产安全等特定活动，需要按照法定条件予以批准的事项。

（2）有限自然资源开发利用、公共资源配置以及直接关系公共利益的特定行业的市场准入等，需要赋予特定权利的事项。

（3）提供公众服务并且直接关系公共利益的职业、行业，需要确定具备特殊信誉、特殊条件或者特殊技能等资格、资质的事项。

（4）直接关系公共安全、人身健康、生命财产安全的重要设备、设施、产品、物品，需要按照技术标准、技术规范，通过检验、检测、检疫等方式进行审定的事项。

（5）企业或者其他组织的设立等，需要确定主体资格的事项。

（6）法律、行政法规规定可以设定行政许可的其他事项。

根据《行政许可法》第13条的规定，上述事项如果能够由公民、法人或者其他组织自主决定的、能够由市场竞争机制有效调节的、能够由行业组织或者中介机构自律管理的、能够由行政机关采用事后监督等其他行政管理方式解决的，可以不设行政许可。

4. 行政许可的程序

根据《行政许可法》的规定，行政许可的程序包括申请与受理、审查与决定。

（1）申请与受理。申请是行政主体实施行政许可的前提，行政相对人要取得某项行政许可，首先要向行政机关提出申请，并提交有关文件材料。受理是行政许可实施机关在对申请材料进行形式上的审查后，作出受理或不予受理的书面决定。

（2）审查与决定。行政许可实施机关在对行政相对人的申请材料进行审查、核实后，确定申请人是否具备取得相应行政许可的法定条件，针对不同情况作出书面的是否准予许可的决定，包括准予行政许可的决定和不予行政许可的决定。

根据《行政许可法》的规定，除可以当场作出行政许可决定的外，行政机关应当自受理行政许可申请之日起 20 内作出行政许可决定。法律、法规、规章规定实施行政许可应当听证的事项，或者行政机关认为需要听证的其他涉及公共利益的重大行政许可事项，行政机关应当向社会公告，并举行听证。行政机关实施行政许可和对行政许可事项进行监督检查，不得收取任何费用，但是法律、行政法规另有规定的，依照其规定。

（二）行政征收

1. 行政征收的概念与特点

行政征收是指行政机关根据法律的规定，以强制的方式无偿向行政相对人征集一定数额的金钱或者实物的行政行为。行政征收具有以下特点：（1）行政征收的主体是依法负有行政征收职能的行政机关或其他组织；（2）行政征收的对象是负有法律所规定的缴纳义务的相对人；（3）行政征收是无偿取得相对人的财产；（4）行政征收的目的是保证国家和公共利益的需要；（5）行政征收具有突出的羁束性与强制性。

2. 行政征收的种类

（1）税。税是行政征收中最主要的一种，在我国其征收主体只能是税务机关和海关。

（2）费。即各种社会发展费用，是一定行政机关凭借国家行政权所确立的地位，为行政相对人提供一定的公益服务，或授予国家资源和资金的使用权而收取的代价。目前，我国的各种社会发展费用主要包括资源费、建设资金、排污费、管理费等，有权进行社会发展费用征收的主体有交通行政机关、环保机关以及地方各级人民政府。

在我国与行政征收行为相类似的行为有行政征用、行政征购，应注意将它们区分开来。

（三）行政处罚

1. 行政处罚的概念和特征

行政处罚是指特定的行政主体对违反行政法律规范、尚未构成犯罪的违法行为人，依照法定权限和程序实施的一种惩戒行为。行政处罚是一种法律制裁，属于行政制裁的范畴。为了规范行政处罚的设定和实施，维护公共利益和社会秩序，维护公民的合法权益，我国于 1996 年制定并颁布实施了《行政处罚法》，并于 2009 年、2017 年、2021 年进行二次修正和一次修订。

行政处罚与刑事制裁、民事制裁相比较有以下主要特点：（1）实施行政处罚的主体是具有法定职权的行政主体；（2）行政处罚的对象是违反行政法律规范、尚未构成犯罪的公民、法人或者其他组织；（3）行政处罚在性质上属于行政制裁。从程度上讲，它针对的是轻于犯罪的行政违法行为，因此它的惩罚性要轻于刑事处罚；在方式上，它有许多与行政管理相关的方式，如罚款、吊销执照等。

行政处罚与行政处分在适用对象、制裁方式、依据、救济途径几方面存在不同。

2. 行政处罚的基本原则

（1）处罚法定原则。其基本含义是处罚的主体、处罚的职权、处罚的依据、处罚的程序是法定的。

（2）公正、公开原则。公正原则要求设定和实施行政处罚要做到客观、合理，处罚与当事人的违法行为相当，做到过罚相当。公开是指处罚公开，包括处罚依据、处罚程序、处罚决定的公开。

（3）处罚与教育相结合原则。对于违法行为人既要依法处罚，使之感受到法律和法律制裁的严肃性，又要对其加强教育，只有这样，才能真正有效地实现行政处罚设置和适用的目的。

（4）保障当事人权利原则。《行政处罚法》赋予了当事人两方面的权利：一是在行政处罚过程中的陈述权、申辩权、被告知权等；二是行政处罚决定作出之后的救济权，包括申请复议权、提起诉讼权和提出赔偿的权利等。

3. 行政处罚的种类

（1）警告。即由行政主体对违法者提出告诫和谴责，其目的是通过对违法者精神上的惩戒，教育违法者以后不要再违法。警告应以书面形式作出，并向本人宣布和送达。

（2）罚款。即由具有行政处罚权的行政主体依法强制违法者在一定期限内向国家缴纳一定数额的金钱的处罚方式，是一种适用十分广泛的行政处罚形式。根据《行政处罚法》的规定，除法定当场收缴的罚款外，作出行政处罚决定的机关及其执法人员不得自行收缴罚款。依法当场收缴罚款的，必须出具统一收据。

（3）没收违法所得、没收非法财物。即由有行政处罚权的行政主体依法将违法行为人的违法所得和非法财物收归国有的处罚形式。违法所得是指违法行为人从事违法经营等活动获得的利益。非法财物是指违法行为人用于从事违法活动的工具、物品和违禁品等。

（4）责令停产停业。即行政主体对违法从事生产经营活动的相对人，在一定期限和范围内限制或取消生产经营活动资格的处罚形式。

（5）暂扣或吊销许可证。即行政主体依法暂时或永久剥夺违法行为人从事某些活动的权利和资格的处罚形式。

（6）行政拘留。它又称"治安拘留"，是公安机关依法对违反行政法律规范（特别是治安管理法律规范）的人，在短期内限制其人身自由的一种处罚形式。除县级以上的公安机关外，其他任何机关都没有决定行政拘留的权力。同时，行政拘留只能由法律设定。

（7）法律、行政法规规定的其他行政处罚。除了以上 6 种处罚形式，还包括驱逐出境、通报批评等。

4. 行政处罚的实施主体

行政处罚的实施主体是指享有行政处罚权，能够进行处罚行为的组织。根据《行政处罚法》的规定，我国行政处罚的实施主体包括：

（1）行政机关。行政机关是最主要的行政处罚实施主体，但并不是任何行政机关都可以行使行政处罚权，只有法律、法规的明确授权，即依法取得行政处罚权的特定的行政机关才能行使。

（2）法律、法规授权的组织。《行政处罚法》规定，法律、法规授权的具有管理公共事务职能的组织可以在法定授权范围内行使行政处罚权。

（3）行政机关委托的组织。基于公共管理的需要，行政机关可以依法将自己拥有的行政处罚权委托给非行政组织行使，但接受委托的组织必须具备法定条件：①该组织是依法成立的管理公共事务的事业组织；②该组织具有熟悉有关法律、法规、规章和业务的工作人员；③对违法行为需要进行技术检查或者技术鉴定的，应有组织进行相应检查或鉴定的条件。

5. 行政处罚的程序

《行政处罚法》根据行政处罚的不同情况，规定了简易程序、一般程序和听证程序。

（1）简易程序。简易程序是针对事实确凿、处罚较轻的情况设置的，基本特点是当事人程序权利简单，执法人员当场决定给予处罚。适用简易程序的条件有：①违法事实确凿；②有法定依据；③符合《行政处罚法》规定的处罚种类和幅度。只有对公民处以 200 元以下、对法人或者其他组织处以 3000 元以下罚款或者警告的行政处罚，才可以适用简易程序。

（2）一般程序。一般程序是行政处罚典型和普遍适用的程序，它适用于除适用简易程序和听证程序以外的其他所有情形，广泛适用于各种行政处罚；实行办案调查人员和处罚决定人员的分离制度，包括立案、调查取证、说明理由、当事人陈述与申辩、作出处罚决定、送达几个具体步骤。在调查取证中，行政机关及其执法人员的职权职责有：①进行调查或检查的执法人员不得少于 2 人并向当事人和有关人员出示证件表明身份；②执法人员有要求当事人如实回答询问并协助调查或检查的职权；③行政机关在收集证据时，可以抽样取证。例如，强制获取违禁印刷品作为证据样品，对某些证据实行先行登记保存制度，在登记保存证据期间，当事人或有关人员有不得销毁或者转移证据的义务。这种方法适用于证据可能灭失或者以后难以取得的情况。在实施中须经行政机关负责人批准并登记保存的，7 日内作出处理决定。

（3）听证程序。听证程序是在行政机关作出行政处罚决定之前，公开举行由利害关系人参加的专门会议，对事实进行质证、辩驳的程序。听证程序不是一个独立的程序，而是一般程序中的特殊程序，只适用于需要听证的案件。听证程序适用的条件包括责令停产停业、吊销许可证件或者较大数额罚款的行政处罚，并经当事人提出听证请求，方由行政机关组织。需要注意的是，组织听证是行政机关的法定义务，当事人要求听证的，行政机关应当（必须）举行听证，而且承担组织听证的费用。

听证程序具体步骤：告知听证权、提出听证、通知听证、举行听证。在听证结束后由行政机关依照一般程序的有关规定作出处罚决定。

6. 行政处罚的执行

《行政处罚法》在执法方面最有特色的，是规定了作出罚款决定的机关与收缴罚款的机构分离制度。行政处罚执行制度的主要内容有：

（1）一般规定。当事人应当及时履行行政处罚决定规定的义务。原则上，在当事人申请行政复议或提起行政诉讼期间，行政处罚不停止执行。行政机关应当健全对行政处罚的监督制度。

（2）罚款的收缴。原则上，作出罚款决定的行政机关应当与收缴罚款的机构分离，作出处罚决定的行政机关及其执法人员不得自行收缴罚款。当事人应当在法定期限内，到指定的银行缴纳罚款，银行应当收受罚款，并将罚款直接上缴国库。作为例外，《行政处罚法》规定了当场收缴罚款的条件和办法。

对于罚款、没收违法所得或者没收非法财物拍卖的款项，必须全部上缴国库，任何行政机关或者个人不得以任何形式私分、截留。财政部门不得以任何形式向行政处罚决定机关返还。

（四）行政裁决

1. 行政裁决的概念与特征

行政裁决是指行政机关根据法律授权，主持解决当事人之间发生的与行政管理事项密切相关的特定的民事纠纷的活动。行政裁决有以下特征：（1）行政裁决的主体是国家行政机关；（2）行政裁决是行政机关居间解决有关民事纠纷的活动；（3）行政裁决职权来源于法律的明确授权；（4）行政裁决的程序是一种准司法程序。

行政裁决与行政仲裁、行政调解是不同的概念，要注意将它们区别开来。

2. 行政裁决的范围

（1）权属争议。权属争议包括当事人因诸如土地、山林、草原、滩涂、渔区、矿产资源、水资源等的所有权、使用权以及智力成果权等的归属问题所引起的争议。这类争议与有关行政管理部门的管理有直接关系，一般都是先由行政机关予以处理。

（2）损害赔偿争议。损害赔偿争议是因当事人一方侵害了另一方的权益，另一方要求赔偿损失所引起的争议。凡是属于行政管理范围的此类争议案件，都可以申请行政裁决。这类争议常见的有产品质量、药品管理、食品卫生、环境污染、自然资源利用等方面的争议。

（3）补偿争议。双方当事人之间有关补偿问题的争议可以请求行政机关进行裁决，作出强制性补偿决定。在现行的法律、法规中，涉及补偿性争议的有城市房屋拆迁、草原、水面、滩涂、土地征用等。

（五）行政强制

行政强制是指行政主体为实现行政目的，对相对人的财产、身体及自由予以强制而采取的措施，包括行政强制措施和行政强制执行两种基本类型。

1. 行政强制措施

行政强制措施是指行政机关为查明事实情况，或者为了预防、制止、控制违法行为、危害状态，按照法定的方式，对有关相对人的人身、财产及行为进行暂时性限制，以实现行政目的的行为。一般包括限制公民人身自由和对公民身体强制检查，对财物予以查封、扣押、冻结等。

2. 行政强制执行

行政强制执行是指行政相对人不履行其应履行的法定义务时，行政机关或人民法院依法采取强制手段，迫使其履行义务，或者达到与履行义务相同状态的活动。行政强制执行可以分为间接强制和直接强制两种。间接强制，是指通过间接手段迫使义务人履行义务或者达到与履行义务相同状态的强制措施，包括代执行和执行罚两种。执行罚也称强制金，最常见的形式就是滞纳金。直接强制，是指针对义务人的人身、财产或行为直接采取强制手段使义务得以履行或者达到与履行义务相同的状态。直接强制执行是较严厉的执行手段，只有在间接强制执行无法实现义务或者不能适用间接强制执行时才能采取。直接强制执行一般包括强制划拨、强制检疫、强制服兵役等。

行政强制措施与行政强制执行都是行政强制性行为，但两者在目的、主体、前提以及法律救济方面存在明显区别。

第四节　行政救济

一、行政救济的概念及种类

（一）行政救济的概念

行政救济是国家为了排除行政行为对公民、法人或其他组织的合法权益造成的侵害而采取的各种事后法律补救手段和措施。这种制度对于及时排除行政不法行为、维护和补救行政相对人的合法权益、监督和保障行政主体行政职权的行使、维护社会的公正与安定、促进民主政治的发展，都有重要的作用。

（二）行政救济的种类

行政救济主要包括：行政赔偿、行政补偿、行政复议、行政诉讼等；在更广泛的意义上，还可以包括请愿、声明异议、申诉、改正错误等。

1. 行政赔偿

行政赔偿，是指行政机关及其工作人员违法行使职权侵犯公民、法人或其他组织的合法权益，由国家给予受害人的赔偿。我国在《国家赔偿法》中规定了行政赔偿的相关制度，下文将简要介绍。

2. 行政补偿

行政补偿，是指行政机关及其工作人员在行使职权的过程中，因其合法行为对无义务的特定公民、法人或者其他组织的合法权益造成损害，依法由国家给予的补偿。

行政补偿的主要特点是：它是对因合法行使行政职权而造成的损害所给予的补救；它是为了公共利益不得已才损害了相关的利益，作为受损害的相对人并没有特别的义务承受这一损害；它主要是一种财产上的补偿，且一般是事前补偿。

我国法律法规规定了一些应给予行政补偿的情形：土地征用、房屋拆迁、军事征调、公用征收、公用征调（如因防震、防汛等事件而对财物或人力的紧急征用）、公务合作行为（如公民或组织因协助人民警察执行职务而造成人身或财产损失的，可给予抚恤或补偿）等。

我国对行政合法行为所造成的损失一般给予相应补偿、合理补偿或适当补偿。如《防洪法》第45条规定："在紧急防汛期，防汛指挥机构根据防汛抗洪的需要，有权在其管辖范围内调用物资、设备、交通运输工具和人力……依照前款规定调用的物资、设备、交通运输工具等，在汛期结束后应当及时归还；造成损坏或者无法归还的，按照国务院有关规定给予适当补偿或者作其他处理……"

3. 行政复议

行政复议是行政机关系统内部自我监督的一种主要形式，也是行政相对人对其被侵犯权益的一种救济手段。我国已制定《行政复议法》，对行政复议的制度和程序进行了详细规定。下文将作简要介绍。

4. 行政诉讼

行政诉讼，是指公民、法人或者其他组织在认为行政机关或者法律、法规授权的组织所作出的行政行为侵犯自己的合法权益时，依法定程序向人民法院起诉，由人民法院对争议问题进行审理并作出裁决的活动。我国已经制定了《行政诉讼法》，详细规定了行政诉讼的制度和程序。

二、行政复议

行政复议，是指公民、法人或其他组织认为行政机关的具体行政行为侵犯其合法权益，按照法定的程序与条件向作出该行政行为的上一级行政机关提出申请，受理该申请的行政机关对该行政行为进行复查，并作出复议决定的活动。1999年第九届全国人民代表大会常务委员会第九次会议通过《行政复议法》，并于2009年、2017年、2023年进行了二次修正和一次修订。2007年，国务院制定《行政复议法实施条例》，对《行政复议法》的相关规定进行了细化。

《行政复议法》的基本宗旨是，防止和纠正违法的或者不当的行政行为，保护公民、法人和其他组织的合法权益，监督和保障行政机关依法行使职权。行政复议机关行使行政复议职责，应当遵循合法、公正、公开、高效、便民、为民的原则，坚持有错必纠，保障法律、法规的正确实施。

（一）行政复议的范围

公民、法人或其他组织对行政机关作出的大部分行政行为可以申请复议。《行政复议法》规定了可申请复议的15种行政行为。包括：（1）对行政机关作出的行政处罚决定不服；（2）对行政机关作出的行政强制措施、行政强制执行决定不服；（3）申请行政许可，行政机关拒绝或者在法定期限内不予答复，或者对行政机关作出的有关行政许可的其他决定不服；（4）对行政机关作出的确认自然资源的所有权或者使用权的决定不服；（5）对行政机关作出的征收征用决定及其补偿决定不服；（6）对行政机关作出的赔偿决定或者不予赔偿决定不服；（7）对行政机关作出的不予受理工伤认定申请的决定或者工伤认定结论不服；（8）认为行政机关侵犯其经营自主权或者农村土地承包经营权、农村土地经营权；（9）认为行政机关滥用行政权力排除或者限制竞争；（10）认为行政机关违法集资、摊派费用或者违法要求履行其他义务；（11）申请行政机关履行保护人身权利、财产权利、受教育权利等合法权益的法定职责，行政机关拒绝履行、未依法履行或者不予答复；（12）申请行政机关依法给付抚恤金、社会保险待遇或者最低生活保障等社会保障，行政机关没有依法给付；（13）认为行政机关不依法订立、不依法履行、未按照约定履行或者违法变更、解除政府特许经营协议、土地房屋征收补偿协议等行政协议；（14）认为行政机关在政府信息公开工作中侵犯其合法权益；（15）认为行政机关的其他行政行为侵犯其合法权益。

公民、法人或其他组织认为行政机关的行政行为所依据的下列规范性文件不合法，在对行政行为申请行政复议时，可以一并向行政复议机关提出对该规范性文件的审查申请：（1）国务院部门的规范性文件；（2）县级以上地方各级人民政府及其工作部门的规范性文件；（3）乡、镇人民政府的规范性文件。《行政复议法》所列的规范性文件不含国务院的部门规章和地方政府规章。对规章的审查依照法律、行政法规办理。

（二）行政复议的管辖

行政复议的管辖主要有以下几个方面的规定：

对县级以上各级人民政府工作部门的行政行为不服的，由申请人选择，可以向该部门的本级人民政府申请行政复议，也可以向上一级主管部门申请行政复议。对海关、金融、外汇管理等实行垂直领导的行政机关、税务和国家安全机关的行政行为不服的，向上一级主管机关申请行政复议。

对地方各级人民政府的行政行为不服的，向上一级人民政府申请复议。对省、自治区人民政府依法设立的派出机关下属的县级地方人民政府的行政行为不服的，向该派出机关申请行政复议。

对县级以上地方人民政府依法设立的派出机构的行政行为不服的，向设立该派出机构的人民政府申请复议。对法律、法规授权的组织的行政行为不服的，分别向直接管理该组织的地方人民政府、地方人民政府工作部门或国务院部门申请行政复议。

（三）行政复议的程序

行政复议的程序包括申请与受理程序、审理与决定程序和执行程序。

1. 申请与受理程序

行政复议的申请一般应采用书面形式。复议申请应自知道该行政行为之日起 60 日内提出，但法律规定超过 60 日的除外。复议期间不停止行政行为的执行是行政复议的原则。

公民、法人或者其他组织提出复议申请时，复议机关通过审查，认为该申请符合立案条件的，应当立案受理；凡不符合条件的，应当裁定不予受理，并告知复议申请人不受理的理由。

2. 审理与决定程序

复议机关受理复议申请后，应全面审查行政行为所依据的事实和规范性文件，并作出复议决定。审理程序主要包括：被申请人的答辩、书面复议及撤回复议申请。

复议机关通过对案件的审理，应当就有关行政争议作出结论性决定，并按照决定内容作出复议决定书。行政复议决定主要包括：（1）决定维持行政行为；（2）决定被申请人履行法定职责；（3）决定撤销、变更该行政行为或确认该行政行为违法，并责令重新作出行政行为。

3. 执行程序

行政复议机关作出行政复议决定，应当制作行政复议决定书，并加盖印章。行政复议决定书一经送达，即发生法律效力。被申请人应当履行行政复议决定。

申请人对行政复议决定不服的，可向人民法院提起行政诉讼。《行政诉讼法》第 45 条规定："公民、法人或者其他组织不服复议决定的，可以在收到复议决定书之日起十五日内向人民法院提起诉讼。复议机关逾期不作决定的，申请人可以在复议期满之日起十五日内向人民法院提起诉讼。法律另有规定的除外。"

三、行政赔偿

我国已经建立国家赔偿制度，国家赔偿通常分为行政赔偿和刑事赔偿。1994 年第八届全国人民代表大会常务委员会第七次会议通过《国家赔偿法》，并于 2010 年、2012 年进行修正。《国家赔偿法》的立法宗旨是，保障公民、法人和其他组织享有依法取得国家赔偿的权利，促进国家机关依法行使职权。当国家机关及其工作人员违法行使职权而侵犯公民法人或其他组织的合法权益并造成损害时，受害人可依据该法取得国家赔偿。

行政赔偿，是指行政机关及其工作人员在行使职权过程中违法侵犯公民、法人或其他组织的合法权益并造成损害，国家对此所给予的赔偿。行政赔偿与行政补偿、民事赔偿以及司法赔偿等制度有所区别。

（一）行政赔偿的赔偿范围

1. 侵犯人身权的行政赔偿范围

行政机关及其工作人员在行使行政职权时有下列侵犯人身权情形之一的，受害人有取得赔偿的权利：（1）违法拘留或者违法采取限制公民人身自由的行政强制措施的；（2）非法拘禁或者以其他方法非法剥夺公民人身自由的；

（3）以殴打、虐待等行为或者唆使、放纵他人以殴打、虐待等行为造成公民身体伤害或者死亡的；（4）违法使用武器、警械造成公民身体伤害或者死亡的；（5）造成公民身体伤害或者死亡的其他违法行为。

2. 侵犯财产权的行政赔偿范围

行政机关及其工作人员在行使行政职权时有下列侵犯财产权情形之一的，受害人有取得赔偿的权利：（1）违法实施罚款、吊销许可证和执照、责令停产停业、没收财物等行政处罚的；（2）违法对财产采取查封、扣押、冻结等行政强制措施的；（3）违法征收、征用财产的；（4）造成财产损害的其他违法行为。

3. 例外情形

国家不承担赔偿责任的情形主要包括：（1）行政机关工作人员行使与职权无关的个人行为；（2）因公民、法人或其他组织自己的行为致使损害发生的；（3）法律规定的其他情形。

（二）行政赔偿请求人和赔偿义务机关

行政赔偿请求人，是指依法享有取得国家赔偿的权利，请求赔偿义务机关确认和承担国家赔偿责任的公民、法人或者其他组织。受害的公民、法人和其他组织有权请求国家赔偿。若受害的公民死亡，其继承人和其他有扶养关系的亲属有权要求赔偿。若受害的法人或其他组织终止，承受其权利的法人或其他组织有权要求赔偿。

赔偿义务机关，即侵犯公民、法人和其他组织的合法权益并造成损害的行政机关。两个以上行政机关共同侵权，则共负赔偿义务。法律、法规授权的组织侵权的，被授权的组织为赔偿义务机关。受行政机关委托的组织或个人行使受委托的权力时侵权的，委托的行政机关为赔偿义务机关。经复议机关复议，最初实施侵权行为的行政机关为赔偿义务机关，但复议机关的复议决定加重损害的，复议机关对加重的部分履行赔偿义务。

（三）行政赔偿的程序

行政赔偿请求的提出与实现有两种途径：一是受害人单独提出行政赔偿请求，二是受害人在行政复议、行政诉讼中一并提出。受害人单独提出行政赔偿请求的，应当首先向赔偿义务机关提出，赔偿义务机关拒绝受理赔偿请求、在法定期限内不作出决定的，受害人可以提起行政诉讼。与一并提出行政赔偿请求的程序相比较，单独提出行政赔偿请求程序的特殊之处在于赔偿义务机关的先行处理程序。先行处理程序是指赔偿请求人请求损害赔偿时，先向有关的赔偿义务机关提出赔偿请求，双方就有关赔偿的范围、方式、金额等事项进行自愿协商或由赔偿义务机关决定，从而解决赔偿争议的程序。

一并提出行政赔偿请求的程序，分为行政复议程序和行政赔偿诉讼程序。《行政复议法》和《行政诉讼法》分别规定了相应的操作程序。

赔偿义务机关赔偿损失后，应当责令有故意或重大过失的工作人员或者受委托的组织或个人承担部分或全部赔偿的费用。这也被称为行政追偿。对于有故意或重大过失的责任人员，有关机关应当依法给予行政处分；构成犯罪的，应当依法追究刑事责任。

（四）赔偿方式和计算标准

1. 赔偿方式

《国家赔偿法》第 32 条规定：国家赔偿以支付赔偿金为主要方式。能够返还财产或者恢复原状的，予以返还财产或者恢复原状。此外，该法还规定了恢复名誉、赔礼道歉、消除影响等赔偿方式。

2. 计算标准

《国家赔偿法》第 33 条和第 34 条分别就计算标准作了规定。侵犯公民人身自由的，每日赔偿金按照国家上年度职工日平均工资计算。

侵犯公民生命健康权的，赔偿金按照下列规定计算：

（1）造成身体伤害的，应当支付医疗费、护理费，以及赔偿因误工减少的收入。减少的收入每日的赔偿金按照国家上年度职工日平均工资计算，最高额为国家上年度职工年平均工资的 5 倍。

（2）造成部分或者全部丧失劳动能力的，应当支付医疗费、护理费、残疾生活辅助具费、康复费等因残疾而增加的必要支出和继续治疗所必需的费用，以及残疾赔偿金，残疾赔偿金根据丧失劳动能力的程度，按照国家规定的伤残等级确定，最高不超过国家上年度职工年平均工资的 20 倍。造成全部丧失劳动能力的，对其扶养的无劳动能力的人，还应当支付生活费。

（3）造成死亡的，应当支付死亡赔偿金、丧葬费，总额为国家上年度职工年平均工资的 20 倍。对死者生前扶养的无劳动能力的人，还应当支付生活费。

赔偿费用列入各级财政预算，具体办法由国务院规定。赔偿义务机关、复议机关和法院不得向赔偿请求人收取任何费用。

◆【案例】

2006 年 10 月 11 日晚，王某酒后在某酒店酗酒闹事，砸碎店里玻璃数块。此时某区公安分局太平派出所民警任某、赵某执勤路过酒店，任某等人欲将王某带回派出所处理，王某不从，与任某发生推搡。在双方扭推过程中，王某被推倒，头撞在水泥地上，当时失去知觉，送往医院途中死亡，后被鉴定为颅内出血死亡。2006 年 12 月 20 日，王某之父申请国家赔偿。

问题：公安机关应当对王某的死亡承担国家赔偿责任吗？

解析：

在本案中，公安机关应当对王某的死亡承担国家赔偿责任。因为公安民警在执行职务过程中与王某发生推搡致王某摔倒死亡，未尽到合理注意义务，其行为构成违法，虽王某也有过错，但不能免除国家的赔偿责任，其行为符合国家赔偿责任的构成要件，国家应当承担赔偿责任。

王某的父亲作为王某的近亲属，有权提出国家赔偿请求。国家赔偿义务机关是某区公安分局。公安机关承担国家赔偿，赔偿方式为支付被害人死亡赔偿金和丧葬费，总额为国家上年度职工年平均工资的 20 倍；对死者生前抚养的无劳动能力的人还应当支付生活费，标准参照当地民政部门有关生活救济规定办理，被抚养人是未成年人的，支付到 18 周岁为止，对其他无劳动能力的人支付到死亡时止。公安机关对受害人赔偿后，若认为派出所民警犯有重大过失，可以责令该民警承担部分或全部赔偿费用。

第五节　行政责任

一、行政责任的概念和特点

行政责任，即行政法律责任，是行政主体及其工作人员因违反行政法律规范或不当行政作为而依法必须承担的法律责任。行政责任的基本特点有以下两点：

（一）行政责任是行政主体的责任

行政责任不是行政管理相对人或其他行政行为主体的责任。行政管理相对人的权利和义务是一般性的，不是行使国家行政权性质的。行政主体所享有的是行政职权，承担的是行政职责，故行政主体对其行政违法及部分行政不当的行为，依法必须承担法律责任。

（二）行政责任是行政违法或行政不当所引起的法律后果

行政违法和行政不当是行政责任得以形成的前提和根据。行政责任制度的直接目的便是纠正行政违法和行政不当，并补救由此而给行政管理相对人造成的损害，以及督促行政主体及其工作人员依法行政。

行政违法，是指行政主体所实施的、违反行政法律规范、侵害受法律保护的行政关系，又未构成犯罪的有过错的行为。行政违法可以包括不履行法定职责、超越法定权限滥用职权、事实依据错误、适用法律法规错误、程序违法和行政侵权等。行政不当，是指行政主体及其工作人员作出决定虽然合法却不合理、行为内容显失公正的情况。行政不当并不总是会引起行政责任，只有某些行政不当才会产生行政责任。

二、追究行政责任的国家机关

（一）国家权力机关

行政机关是权力机关的执行机关，权力机关有权监督行政机关的活动，有权通过一定程序追究行政机关的法律责任。国家权力机关追究行政机关的行政责任的主要方式是：依法撤销行政机关不适当的决定、命令、法规等。

（二）国家行政机关

行政机关追究行政责任的情形主要有三种：（1）行政主体的上级主管机关通过监督和检查，以撤销、改变或责令行政主体撤销、改变作出的决定、命令等形式，追究该主体的行政责任；（2）行政复议机关接受复议申请，通过裁决行政争议的方式追究责任；（3）行政主体根据实施违法行政行为的工作人员的主观过错而追究其行政责任。

（三）人民法院

人民法院通过行政诉讼过程可以追究行政机关的行政责任。但人民法院追究行政责任必须以当事人起诉为前提，因而这种追究方式是被动的。人民法院只能追究行政机关的行政责任，不能直接追究行政机关工作人员的行政责任。

三、承担行政责任的方式

行政责任可以分为行政机关的行政责任和行政机关工作人员的行政责任。相应地，行政责任的承担方式，也分为针对行政机关的责任承担方式，以及针对行政机关工作人员的责任承担方式。

行政主体承担行政责任的方式主要有：通报批评；赔礼道歉，承认错误；恢复名誉，消除影响；返还权益，恢复原状；停止违法行政行为；撤销违法决定，撤销违法的抽象行政行为；履行职务，纠正行政不当等。

行政主体工作人员承担行政责任的方式主要有：通报批评、赔礼道歉、承认错误、停止违法行为、赔偿损失、行政处分等。

◆【案例】

唐某诉永州市劳教管理委员会行政赔偿案

2006 年 10 月，湖南人唐某 11 岁的女儿乐乐失踪。三个多月后，唐某在湖南省永州市的一家娱乐场所找到了乐乐，发现乐乐遭到多人强奸，并被逼迫卖淫。唐某认为当地个别民警存在渎职行为，请求法院判处伤害其女儿的犯罪嫌疑人死刑，并严肃处理渎职民警。在随后的 6 年间，唐某为此多次上访。2012 年 6 月 5 日，湖南省高级人民法院对其女儿被逼卖淫案作出终审裁定，判处两名被告死刑，四名被告无期徒刑，一名被告有期徒刑 15 年。

2012 年 8 月 2 日，永州市劳教管理委员会（以下简称"劳教委"）认为，唐某多次扰乱社会秩序，被行政处罚后仍不悔改，继续无理取闹，"缠访""闹访"。永州市劳教委决定对其劳动教养 1 年 6 个月。唐某不服该决定，向湖南省劳教委提出书面复议申请。8 月 10 日，湖南省劳教委作出决定，撤销永州市劳教委对唐某的劳教决定。11 月 5 日，唐某向永州市劳教委提出国家赔偿的申请书，要求永州市劳教委赔偿侵犯其人身自由的赔偿金 1463.85元，向其书面赔礼道歉，支付精神损害抚慰金 1000 元。2013 年 1 月 5 日，永州市劳教委作出决定，认为湖南省劳教委撤销其劳教决定，并不是基于劳动教养决定的违法性，而是出于人文关怀，故对唐某不予以国家赔偿。1 月 22日，唐某对永州市劳教委提起行政诉讼，请求法院支持其获得国家赔偿的要求。湖南省永州市中级人民法院审理后认为，永州市劳教委对唐某的劳教决定事实清楚、证据确凿、程序合法、适用法律正确，只是在作出该决定的具体方式上存在是否合理的问题。同时认定，湖南省劳教委撤销永州市劳教委的劳教决定并非因为永州市劳教委违法行使职权，而是认为其对原告进行训诫、教育更为适宜。该院还认为永州市劳教委作出不予国家赔偿的决定，事实清楚、证据充分、程序合法，应当予以支持。基于此，湖南省永州市中级人民法院判决驳回唐某关于国家赔偿的请求。唐某上诉。湖南省高级人民法院于 2013 年 7 月作出终审判决，判决唐某胜诉，判决永州市劳教委赔偿唐某侵犯其人身自由的赔偿金 1641.15 元，精神损害抚慰金 1000 元。

◆ **拓展**

上述案例引发了舆论对劳教制度的极大关注。2013 年 12 月 28 日，全国人民代表大会常务委员会通过了关于废止有关劳动教养法律规定的决定，这意味着已实施 50 多年的劳教制度被依法废止。

◆ **复习与思考**

1. 我国行政法的基本原则是什么？
2. 我国行政行为的主要种类有哪些？
3. 我国国家行政机关体系的基本结构？
4. 公务员的义务和权利是什么？
5. 行政行为有哪些功能？
6. 我国行政救济的主要种类是什么？

社会主义市场经济本质上是法治经济。使市场在资源配置中起决定性作用和更好发挥政府作用，必须以保护产权、维护契约、统一市场、平等交换、公平竞争、有效监管为基本导向，完善社会主义市场经济法律制度。

——中共中央《关于全面推进依法治国若干重大问题的决定》

第一节　商法概述

一、商法的概念与特征

商法又称商事法，是调整商事关系的法律规范的总称。商法是与民法并列的部门法，某种意义上构成民法的特别法。

商法有广义和狭义之分。广义的商法是指调整各种商事关系的法律规范的总称。狭义的商法是指调整国内商事关系的法律规范的总称。随着经济全球化的发展，国际性商事法律规范和国内商事法律规范日益融合，广义的商法概念成为通说。商法的调整对象是由商法规范所调整的商事关系。商事关系具有下列特点：（1）商事关系是发生在平等商事主体之间的社会经济关系。（2）商事关系是商事主体以营利为目的而建立的经济关系。

根据商事关系的性质，商事关系可分为基本商事关系和辅助商事关系。基本商事关系是指在直接社会生产过程中形成的商事关系；辅助商事关系是指在准备、销售、服务等辅助性活动中形成的商事关系。

二、我国的商法体系

我国在立法上采用民商法合一制度。商事法律规范除编入《民法典》的以外，均采取单行法律的形式，主要有公司法、证券法、保险法、票据法、银行法、海商法、拍卖法、破产法等法律以及有关商事登记方面的法规，形成了实质意义上的商法体系。

三、商法与《民法典》的关系

（一）《民法典》的基本原则适用于商法

在商事关系的法律调整中，《民法典》的一般适用是一个重要原则，诸如民事主体平等原则、诚实信用原则、公平原则、守法原则、公序良俗原则、保护环境原则等，均适用于商事活动。

（二）商法的适用和效力优先于《民法典》

由于商法是《民法典》的特别法，依照特别法优于一般法的原则，关于商事行为应首先适用商法，商法无规定的，则适用《民法典》的一般规定。例如，《公司法》关于公司的登记许可、内部组织等规定，应优先于《民法典》关于法人制度的规定而适用；关于海商事件，应优先于《民法典》关于运输合同的规定而适用《海商法》关于运输合同的规定等；再如，《公司法》关于设立程序的规定，《公司法》《票据法》《保险法》《海商法》关于商事登记、行政处罚、刑事处罚的规定等，都涉及行政法、刑法、诉讼法，此类规定，其效力无疑优先于《民法典》。

第二节　公司法

一、概述

公司是与独资企业、合伙企业、合作社相对应的企业组织形式，是依照公司法设立和运作的企业组织。根据我国《公司法》的规定，可以将公司定义为依照《公司法》设立的，采用股份有限公司或者有限责任公司形式的，以营利为目的的企业法人。

依照不同的标准可以对公司作出不同的分类。就立法角度的分类而言，按照公司资本结构和责任方式的不同，可将公司分为无限公司、两合公司、股份有限公司、股份两合公司、有限责任公司。我国现行《公司法》仅规定了股份有限公司和有限责任公司两种公司形式。此外，以公司间组织关系的性质为标准，可将公司分为总公司和分公司。总公司又称本公司，是指设立并管辖公司全部组织的具有法人资格的总机构；分公司是总公司的分支机构，不具有独立的法人资格，其民事责任由总公司承担。以公司之间的控制和依附关系为标准，可将公司分为母公司和子公司。母公司是指拥有其他公司全部或者一定比例的股份，或者根据协议能够对其他公司的人事、业务经营和财务等事项进行控制和支配的公司；子公司是指被母公司所控制的公司，但子公司具有企业法人资格，其民事责任一般自己承担。

公司法是规定公司的法律地位和调整公司内外部关系的法律规范的总称。1993 年 12 月 29 日第八届全国人民代表大会常务委员会第五次会议通过、1994 年 7 月 1 日起施行的《公司法》是中华人民共和国成立后第一部全国性统一的公司法，是我国的公司基本法。全国人民代表大会常务委员会分别于1999 年、2004 年、2005 年、2013 年、2018 年、2023 年对《公司法》进行二次修订、四次修正。

二、有限责任公司

（一）有限责任公司的概念和特征

有限责任公司，是由股东依照公司法投资设立的，股东以其认缴的出资额为限对公司承担责任，公司以其全部资产对公司债务承担责任的企业法人。

有限责任公司具有以下法律特征：（1）由定额股东所组成。关于有限责任公司的股东人数，各国多有最高额限制，我国《公司法》规定，有限责任公司的股东人数不得多于 50 人。（2）股东以其认缴的出资额为限对公司负责，即各股东在认缴的出资额范围内对公司的经营后果负责。公司股东未履行、未全面履行所承诺的出资义务，或者抽逃出资的，公司或者其他股东有权要求其全面履行出资义务，在公司丧失其清偿能力或者进入破产程序之后，公司债权人有权要求股东在未出资本息范围内对公司债务不能清偿的部分承担补充赔偿责任，并且股东出资义务的履行不适用民事诉讼时效的规定。（3）兼有资合性和人合性。资合主要是指公司系以资本的构成和数额多寡作为赖以建立和存续并赖以赢得债权人信任的基础；人合是指公司主要是依靠公司股东的个人人格信用作为赖以建立和存续并赖以赢得债权人信任的基础。有限责任公司性质上折中于无限公司的人合特性和股份有限公司的资合特性而别具一格，兼有两种公司的优点。除此之外，有限责任公司还具有封闭性（如经营状况和财务状况的不公开性）、设立程序简便、组织机构简单灵活、所有权和经营权分离的程度较低等方面的特征。

有限责任公司是公司组织体系中产生最晚的一种公司形式，立法最早见于 1892 年德国制定的《德国有限责任公司法》，但又是各国发展最快、最具有生命力的公司形式，无论在数量上还是所拥有的资本额方面，有限责任公司有超过股份有限公司而呈现进而不退的发展趋势。

（二）有限责任公司的设立

有限责任公司只能采用发起设立的方式设立，即由全体发起人（全体股东）将公司确定的注册资本全部认足，不向发起人之外的任何人募集而设立公司。关于有限责任公司的设立，《公司法》规定应当具备下列条件：（1）股东符合法定人数；（2）有符合公司章程定的全体股东认缴的出资额；（3）股东共同制定公司章程；（4）有公司名称，建立符合有限责任公司要求的组织机构；（5）有公司住所。

根据《公司法》的规定，有限责任公司由 50 个以下股东出资设立。2005年《公司法》取消了对有限责任公司股东人数 2 人以上的最低限额规定，首次在公司立法中规定了一人公司。依照规定，一人有限责任公司，是指只有一个自然人股东或者一个法人股东的有限责任公司，从实质意义上来说，2005 年修订前的《公司法》也存在一人公司的规定，即国有独资公司的规定，修订后的《公司法》延续了将国有独资公司作为有限责任公司的特殊类型予以规定的做法。公司章程是记载公司组织规范和行为准则的书面文件，它对公司以及公司股东、董事、监事、高级管理人员均有法律约束力。订立公司章程是公司设立必不可少的条件之一。《公司法》规定，有限责任公司章程由全体股东制定，经全体股东一致同意。股东应当在公司章程上签名或者盖章。有限责任公司章程应当载明下列事项：公司名称和住所；公司经营范围；公司注册资本；股东的姓名或者名称；股东的出资额、出资方式和出资日期；公司的机构及其产生办法、职权、议事规则；公司法定代表人的产生、变更办法；股东会认为需要规定的其他事项。

根据《公司法》的规定，有限责任公司的注册资本为在公司登记机关登记的全体股东认缴的出资额。法律、行政法规以及国务院决定对有限责任公司注册资本实缴、注册资本最低限额、股东出资期限另有规定的，从其规定。

根据《公司法》第 50 条的规定，有限责任公司成立后，发现作为设立公司出资的非货币财产的实际价额显著低于所认缴的出资额的，应当由交付该出资的股东补足其差额；公司设立时的其他股东承担连带责任。

（三）有限责任公司的组织机构

1. 有限责任公司的股东和股东会

我国《公司法》规定，有限责任公司股东会由全体股东组成，股东会是公司的权力机构。但对于一人有限责任公司和国有独资公司，《公司法》则作了特别规定：一人有限责任公司不设股东会，由股东行使一般有限责任公司股东会的职权，要求置备书面的决定并签名；国有独资公司不设股东会，由履行出资人职责的机构行使股东会职权。

有限责任公司的股东是组成该有限责任公司的出资人，既可以是自然人，也可以是法人。股东的权利分为自益权和共益权两个方面。自益权是股东基于出资单纯为自己的利益所享有的权利，也是股东出资的主要动因。股东的共益权是股东基于出资而参与公司管理和经营的权利，是股东为自己利益并同时为公司和全体股东的利益所享有的权利。总的说来，股东享有以下权利：（1）利益分配权；（2）剩余财产分配权；（3）增资优先购买权；（4）出资转让权；（5）股东会会议的出席权和表决权；（6）选举权和被选举权；（7）股东会会议记录和公司财务会计报告的查阅权；（8）股东会临时会议的提议召集权。除此之外，股东认为股东会会议决议或董事会会议决议违法时，享有向人民法院起诉的权利。股东同时负有以下义务：（1）缴纳出资的义务；（2）出资有缺额时的填补义务；（3）不得抽回出资的义务；（4）转让出资不得违反法定条件的义务。

有限责任公司的股东会会议一般分为：（1）公司成立前的首次股东会会议；（2）公司成立后的股东会定期会议；（3）公司成立后的股东会临时会议。除首次股东会会议由出资最多的股东召集和主持外，股东会会议应由董事会召集，并于召开 15 日以前通知全体股东。股东会会议由董事长主持，董事长不能履行职务或者不履行职务的，由副董事长主持，副董事长不能履行职务或者不履行职务的，由半数以上董事共同推举一名董事主持。股东会作为公司权力机构，享有如下职权：（1）选举和更换董事、监事，决定有关董事、监事的报酬事项；（2）审议批准董事会的报告；（3）审议批准监事会的报告；（4）审议批准公司的利润分配方案和弥补亏损方案；（5）对公司增加或者减少注册资本作出决议；（6）对发行公司债券作出决议；（7）对公司合并、分立、解散、清算或者变更公司形式作出决议；（8）修改公司章程；（9）公司章程规定的其他职权。

股东会就有关事项作出的决议可分为普通决议和特殊决议。前者是对公司的一般事项所作出的决议，其决议规则和表决程序由公司章程规定。后者是对公司增减注册资本、合并分立、解散、变更公司形式、修改公司章程等特别事项作出的决议。依照《公司法》的规定，特别决议需经代表 2/3 以上表决权的股东通过。股东会会议由股东按照出资比例行使表决权，但公司章程另有规定的除外。股东会应对所议事项的决定作成会议记录，出席会议的股东应当在会议记录上签名或者盖章。

2. 有限责任公司的董事、董事会和高级管理人员

《公司法》规定，有下列情形之一的，不得担任公司的董事、监事、高级管理人员：（1）无民事行为能力或者限制民事行为能力；（2）因贪污、贿赂、侵占财产、挪用财产或者破坏社会主义市场经济秩序，被判处刑罚，或者因犯罪被剥夺政治权利，执行期满未逾 5 年，被宣告缓刑的，自缓刑考验期满之日起未逾 2 年；（3）担任破产清算的公司、企业的董事或者厂长、经理，对该公司、企业的破产负有个人责任的，自该公司、企业破产清算完结之日起未逾 3 年；（4）担任因违法被吊销营业执照、责令关闭的公司、企业的法定代表人，并负有个人责任的，自该公司、企业被吊销营业执照、责令关闭之日起未逾 3 年；（5）个人所负数额较大的债务到期未清偿被人民法院列为失信被执行人。此外，根据我国《公务员法》的规定，公务员不得从事或参与营利性活动，在企业或其他营利性组织中兼任职务，因此，公务员也就不得兼任公司的董事、监事或高级管理人员。这里的高级管理人员是指公司的经理、副经理、财务负责人，上市公司董事会秘书和公司章程规定的其他人员。

董事对公司负有忠实义务和勤勉义务，具体包括：（1）竞业限制的义务。《公司法》规定，未经股东会或者股东会同意，董事、监事、高级管理人员不得利用职务便利为自己或者他人谋取属于公司的商业机会，自营或者为他人经营与所任职公司同类的业务。从事上述营业或活动的，所得收入应归公司

所有。（2）不得利用职权收受贿赂或者其他非法收入，不得侵占公司财产、挪用公司资金，不得将公司资金以其个人名义或者以其他个人名义开立账户存储。（3）不得擅自披露公司秘密。（4）董事、监事、高级管理人员执行职务时违反法律、行政法规或者公司章程的规定，给公司造成损失的，应当承担赔偿责任。（5）董事会的决议违反法律、行政法规或者公司章程、股东会决议，致使公司遭受严重损失的，参与决议的董事对公司负赔偿责任。

董事会是由董事组成的公司的日常经营决策和业务执行机关。我国《公司法》规定，有限责任公司设董事会，其成员为 3 人至 13 人。董事会设董事长 1 人，可以设副董事长。董事长、副事长的产生办法由公司章程规定。股东人数较少或者规模较小的有限责任公司，可以设一名董事，不设董事会。该董事行使《公司法》规定的董事会的职权，并可以兼任公司经理。公司董事任期由公司章程规定，但每届任期不得超过 3 年。董事任期届满，可以连选连任。董事会对股东会负责，行使以下职权：（1）召集股东会会议，并向股东会报告工作；（2）执行股东会的决议；（3）决定公司的经营计划和投资方案；（4）制订公司的利润分配方案和弥补亏损方案；（5）制订公司增加或者减少注册资本以发行公司债券的方案；（6）制订公司合并、分立、解散或者变更公司形式的方案；（7）决定公司内部管理机构的设置；（8）决定聘任或者解聘公司经理及其报酬事项，并根据经理的提名决定聘任或者解聘公司副经理、财务负责人及其报酬事项；（9）制定公司的基本管理制度；（10）公司章程规定或者股东会授予的其他职权。

董事会会议由董事长召集和主持；董事长不能履行职务或者不履行职务的，由副董事长召集和主持；副董事长不能履行职务或者不履行职务的，由半数以上的董事共同推举一名董事召集和主持。董事会应当对所议事项的决定作成会议记录，出席会议的董事应当在会议记录上签名。

经理是负责公司日常经营管理工作的公司高级管理人员。《公司法》规定，有限责任公司可以设经理，由董事会决定聘任或者解聘。经理对董事会负责，根据公司章程的规定或者董事会的授权行使职权。经理列席董事会会议。

3. 有限责任公司的监事和监事会

监事或者监事会是监督公司业务和财务的公司常设机关。有限责任公司设立监事会，其成员不得少于 3 人。股东人数较少或者规模较小的有限责任公司，可以设 1 名监事而不设监事会或经全体股东一致同意，不设监事。监事会成员应当包括股东代表和适当比例的公司职工代表，其中职工代表的比例不得低于 1/3，具体比例由公司章程规定。监事会中的职工代表由公司职工通过职工代表大会、职工大会或者其他形式民主选举产生。董事、高级管理人员不得兼任监事。监事会设主席 1 人，可以设副主席，均由全体监事过半数选举产生。监事会主席召集和主持监事会会议；监事会主席不能履行职务或者不履行职务的，由监事会副主席召集和主持监事会会议；监事会副主席不能履行职务或者不履行职务的，由半数以上监事共同推举一名监事召集和主持监事会会议。监事的任期每届为 3 年。监事任期届满，连选可以连任。

监事会行使下列职权：检查公司财务；对董事、高级管理人员执行职务的行为进行监督，对违反法律、行政法规、公司章程或者股东会决议的董事、高级管理人员提出解任的建议；当董事、高级管理人员的行为损害公司的利益时，要求董事、高级管理人员予以纠正；提议召开临时股东会会议，在董事会不履行《公司法》规定的召集和主持股东会会议职责时召集和主持股东会会议；向股东会会议提出提案；依照《公司法》第 189 条的规定，对董事、高级管理人员提起诉讼；公司章程规定的其他职权。监事可以列席董事会会议，并对董事会决议事项提出质询或者建议。

（四）有限责任公司股权的转让与回购

关于有限责任公司的股权转让，《公司法》第 84 条第 1、2 款规定："有限责任公司的股东之间可以相互转让其全部或者部分股权。股东向股东以外的人转让股权的，应当将股权转让的数量、价格、支付方式和期限等事项书面通知其他股东，其他股东在同等条件下享有优先购买权。股东自接到书面通知之日起三十日内未答复的，视为放弃优先购买权。两个以上股东行使优先购买权的，协商确定各自的购买比例；协商不成的，按照转让时各自的出资比例行使优先购买权。"该条第 3 款同时规定："公司章程对股权转让另有规定的，从其规定。"

关于有限责任公司的股权回购，《公司法》第 89 条规定："有下列情形之一的，对股东会该项决议投反对票的股东可以请求公司按照合理的价格收购其股权：（一）公司连续五年不向股东分配利润，而公司该五年连续盈利，并且符合本法规定的分配利润条件；（二）公司合并、分立、转让主要财产；

（三）公司章程规定的营业期限届满或者章程规定的其他解散事由出现，股东会通过决议修改章程使公司存续。自股东会决议作出之日起六十日内，股东与公司不能达成股权收购协议的，股东可以自股东会决议作出之日起九十日内向人民法院提起诉讼。公司的控股股东滥用股东权利，严重损害公司或其他股东利益的，其他股东有权请求公司按照合理的价格收购其股权。公司因本条第一款、第三款规定的情形收购的本公司股权，应当在六个月内依法转让或者注销。"

三、股份有限公司

（一）股份有限公司的概念和特征

股份有限公司，是由一定人数以上的股东投资组成的，全部资本分为等额股份，股东以其认购的股份为限对公司承担责任，公司以其全部资产对公司的债务承担责任的营利性企业法人。

与有限责任公司相比较，股份有限公司具有如下主要特征：

（1）公司资本平分为若干均等的股份。股份是构成股份有限公司资本的最小单位，公司发行的面额股的每一股的票面金额相等。

（2）股东人数的广泛性以及公司规模的巨大化。各国立法对股份有限公司的股东人数通常只有最低限制没有最高限制，并且公司资本可以通过向社会公开发行股份的方式募集。

（3）股份有限公司的设立条件较为严格，程序较为复杂。

股份有限公司是在规模上占据主导地位的公司形式，由于各国立法均对该类公司有最低人数的要求而无最高人数的限制，故而其股东人数和资本规模往往较大，是各国大中型企业普遍采用的公司形式。

（二）股份有限公司的设立

股份有限公司的设立，可以采取发起设立和募集设立两种方式。发起设立，是指由发起人认购设立公司应发行的全部股份而设立公司。募集设立，是指由发起人认购设立公司应发行股份的一部分，其余部分向社会公开募集或者向特定对象募集而设立公司。以募集设立方式设立股份有限公司的，除非法律、行政法规另有规定，发起人认购的股份不得少于公司章程规定的公司设立时应发行股份总数的35%。

关于股份有限公司的设立条件，《公司法》作出了如下规定：（1）发起人符合法定人数。设立股份有限公司，应当有 1 人以上 200 人以下为发起人，其中须有半数以上的发起人在中华人民共和国境内有住所。（2）发起人认购和募集的股本达到法定资本最低限额。股份有限公司采取发起设立方式立的，注册资本为在公司登记机关登记的已发行股份的股本总额。在发起人认购的股份缴足前，不得向他人募集股份。法律、行政法规以及国务院决定对股份有限公司注册资本最低限额另有规定的，从其规定。以募集设立方式设立股份有限公司的，发起人认购的股份不得少于公司章程规定的公司设立时应发行股份总数的 35%；但是，法律、行政法规另有规定的，从其规定。（3）发起人承担公司筹办事务。（4）发起人共同制订公司章程。（5）有公司名称，建立符合股份有限公司要求的组织机构。公司名称必须标明"股份有限公司"字样。（6）有公司住所。

关于股份有限公司的发起人在公司设立过程中应当承担的责任：《公司法》规定：（1）发起人不按照其认购的股份缴纳股款，或者作为出资的非货币财产的实际价额显著低于所认购的股份的，其他发起人与该发起人在出资不足的范围内承担连带责任。（2）公司设立时应发行的股份未募足，或者发行股份的股款缴足后，发起人在 30 日内未召开成立大会的，认股人可以按照所缴股款并加算银行同期存款利息，要求发起人返还。

（三）股份有限公司的组织机构

1. 股份有限公司的股东会

股份有限公司的股东会与有限责任公司的股东会性质相同，构成公司的权力机构。其可适用《公司法》第 59 条第 1 款、第 2 款关于有限责任公司股东会职权的规定。股东会会议分为定期会议和临时会议。定期会议应当按照公司章程的规定按时召开。代表 1/10 以上表决权的股东、1/3 以上的董事或者监事会提议召开临时会议的，应当召开临时会议。股东会应当每年召开一次年会。有下列情形之一的，应当在 2 个月内召开临时股东会会议：（1）董事人数不足《公司法》规定人数或者公司章程所定人数的 2/3 时；（2）公司未弥补的亏损达股本总额 1/3 时；（3）单独或者合计持有公司 10% 以上股份的股东请求时；（4）董事会认为必要时；（5）监事会提议召开时；（6）公司章程规定的其他情形。

股东会会议由董事会召集，董事长主持。董事长不能履行职务或者不履行职务的，由副董事长主持；副董事长不能履行职务或者不履行职务的，由过半数的董事共同推举一名董事主持。董事会不能履行或者不履行召集股东会会议职责的，监事会应当及时召集和主持；监事会不召集和主持的，连续90日以上单独或者合计持有公司10%以上股份的股东可以自行召集和主持。单独或者合计持有公司10%以上股份的股东请求召开临时股东会会议的，董事会、监事会应当在收到请求之日起10日内作出是否召开临时股东会会议的决定，并书面答复股东。

召开股东会会议，应当将会议召开的时间，地点和审议的事项于会议召开前20日通知各股东；临时股东会会议应当于会议召开15日前通知各股东。

股东出席股东会会议，所持每一股份有一表决权。股东会作出决议，应当经出席会议的股东所持表决权过半数通过。股东会作出修改公司章程、增加或者减少注册资本的决议，以及公司合并、分立、解散或者变更公司形式的决议，应当经出席会议的股东所持表决权的2/3以上通过。

股东会应当对所议事项的决定作成会议记录，主持人、出席会议的董事应当在会议记录上签名。会议记录应当与出席股东的签名册及代理出席的委托书一并保存。股东会、董事会的决议内容违反法律、行政法规的无效。股东会、董事会的会议召集程序、表决方式违反法律、行政法规或者公司章程，或者决议内容违反公司章程的，股东可以自决议作出之日起60日内，请求人民法院撤销。

2. 股份有限公司的董事会

股份有限公司设立董事会，其成员为3人以上。董事会成员中应当有公司职工代表。董事任期由公司章程规定，但每届任期不得超过3年。董事任期届满，连选可以连任。董事在任期届满前，股东会不得无故解除其职务。董事会的职权与前述有限责任公司规定的一致。

股份有限公司董事会设董事长1人，可以设副董事长。董事长和副董事长由董事会以全体董事的过半数选举产生。董事长行使下列职权：（1）召集、主持股东会会议和董事会会议；（2）检查董事会决议的实施情况。副董事长协助董事长工作，董事长不能履行职务或者不履行职务的，由副董事长履行职务；副董事长不能履行职务或者不履行职务的，由过半数的董事共同推举一名董事履行职务。

股份有限公司董事会每年度至少召开两次会议，每次会议应当于会议召开10日前通知全体董事和监事。董事会召开临时会议的，其通知方式和通知时限可以另定。董事会会议应当有过半数的董事出席方可举行。董事会作出决议,应当经全体董事的过半数通过。董事会会议,应由董事本人出席。董事因故不能出席,可以书面委托其他董事代为出席,委托书应载明授权范围。

董事会应当对董事会会议所议事项的决定作成会议记录,出席会议的董事应当在会议记录上签名。《公司法》规定,董事应当对董事会的决议承担责任。董事会的决议违反法律、行政法规或者公司章程、股东会决议,给公司造成严重损失的,参与决议的董事对公司负赔偿责任;经证明在表决时曾表明异议并记载于会议记录的,该董事可以免除责任。

3. 股份有限公司的监事会

股份有限公司应设监事会,其成员不得少于 3 人。监事会设主席 1 人,可以设副主席。监事会主席、副主席由全体监事过半数选举产生。监事会成员应当由股东代表和适当比例的公司职工代表组成,其中职工代表的比例不得低于 1/3,具体比例由公司章程规定。监事会每 6 个月至少召开 1 次会议。监事可以提议召开临时监事会会议。董事、高级管理人员不得兼任监事。股份有限公司监事的任期每届为 3 年。监事任期届满,连选可以连任。监事应当依照法律、行政法规、公司章程的规定,履行监事职务。

(四) 股份有限公司的股份发行和转让

股份是股份有限公司资本的基本构成单位,股份的表现形式是股票。股票是公司签发的证明股东所持股份的凭证。根据股票是否记载股东姓名或名称,可将股票分为无记名股票和记名股票。《公司法》明确,公司发行的股票,应当为记名股票。

股份或股票的发行分为设立发行和新股发行。前者为设立公司筹措资本而发行,后者系已成立的公司为增加资本而再次发行。《公司法》规定,股份的发行,实行公平、公正的原则,同类别的每一股份应当具有同等权利。同次发行的同类别股份,每股的发行条件和价格应当相同;公司的全部股份,根据公司章程的规定择一采用面额股或者无面额股。采用面额股的,每一股的全额相等。面额股股票的发行价格可以按票面金额,也可以超过票面金额,但不得低于票面金额。

为了保证股东自由、安全和最大盈利投资目的的实现,《公司法》明确股东转让持有的股份,应当在依法设立的证券交易所进行或者按照国务院规定的其他方式进行。

为了维持公司的正常运作和股票交易的正常秩序，以及维护公司、股东、社会公众和债权人的正当利益，《公司法》对股份的转让作了如下要求和限制：（1）股票的转让，由公司将受让人的姓名或者名称及住所记载于股东名册。（2）公司公开发行股份前已发行的股份，自公司股票在证券交易所上市交易之日起1年内不得转让。（3）公司董事、监事、高级管理人员应当向公司申报所持有的本公司的股份及其变动情况，在就任时确定的任职期间每年转让的股份不得超过其所持有本公司股份总数的25%；所持本公司股份自公司股票上市交易之日起1年内不得转让。上述人员离职后半年内，不得转让其所持有的本公司股份。

《公司法》还规定，除有下列情形之一外，公司不得收购本公司股份：（1）减少公司注册资本；（2）与持有本公司股份的其他公司合并；（3）将股份用于员工持股计划或者股权激励；（4）股东因对股东会作出的公司合并、分立决议持异议，要求公司收购其股份；（5）将股份用于转换公司发行的可转换为股票的公司债券；（6）上市公司为维护公司价值及股东权益所必需。公司不得接受本公司的股份作为质权的标的，因为这是一种变相的回购股份或减少资本的行为。

（五）上市公司

上市公司，是指其股票在证券交易所上市交易的股份有限公司。《证券法》将证券上市交易的核准权全部下放给了证券交易所，因此，股份有限公司的股票上市，应当向证券交易所提出申请，由证券交易所依法审核同意，并由双方签订上市协议。股票上市交易申请经证券交易所审核同意后，签订上市协议的公司应当在规定的期限内公告股票上市的有关文件，并将该文件置备于指定场所供公众查阅。

被批准上市的公司，应当按照法律、行政法规的规定，定期公开其财务状况和经营状况，履行持续信息公开的义务。上市公司依法披露的信息，必须真实、准确、完整，不得有虚假记载、误导性陈述或者重大遗漏。

第三节　证券法

一、证券法的概念和基本原则

（一）证券法的概念

证券法是调整我国境内企业的股票、公司债券、存托凭证和国务院认定的其他证券依法发行与交易的法律规范的总称，是专门规范投资行为的法律。《证券法》于 1998 年 12 月 29 日由第九届全国人民代表大会常务委员会第六次会议通过，自 1999 年 7 月 1 日起施行，并于 2004 年、2005 年、2013 年、2014 年、2019 年进行了二次修订和三次修正。

（二）证券法的基本原则

1. 公开原则

企业股票、证券发行和交易的信息、企业经营资料等均应依法公开，使投资者可以拟作出合理判断和决策。禁止虚假陈述、误导投资者的行为。

2. 平等、公平、公正原则

保证证券交易双方法律地位平等、交易等价，保护投资者的合法利益。

3. 自愿、有偿、诚实信用原则

证券发行、交易活动的当事人应当遵守自愿、有偿、诚实信用的原则；遵守法律、行政法规；禁止欺诈、内幕交易和操纵证券交易市场的行为。

二、证券的发行、上市与交易

（一）证券的发行

证券的发行，是指企业或政府依法定的条件和程序向他人要约发售证券的行为。证券发行市场是证券市场的一级市场。我国证券发行市场由发行人、投资人、中介机构等参加者组成。发行人是指为筹措资金而发行证券的企业、政府。投资人是指认购证券的个人或其他机构投资人，如企业、投资基金等。中介机构是指依法为发行人、投资人提供专业服务的机构，主要包括证券承销商（证券公司）、律师事务所、会计师事务所、证券投资咨询机构、资产评估机构等。

发行证券的目的是筹集资金。证券发行分为公募发行和私募发行两种。公募发行，是指发行人通过中介机构向不特定的社会公众发售证券的行为；私募发行，是指发行人通过中介机构向机构投资者等特定的投资人发售证券的行为。

证券发行实行注册制。《证券法》第 21 条第 1 款规定，国务院证券监督管理机构或者国务院授权的部门依照法定条件负责证券发行申请的注册。证券公开发行注册的具体办法由国务院规定。第 22 条规定，国务院证券监督管理机构或者国务院授权的部门应当自受理证券发行申请文件之日起 3 个月内，依照法定条件和法定程序作出予以注册或者不予注册的决定，发行人根据要求补充、修改发行申请文件的时间不计算在内。不予注册的，应当说明理由。第 23 条规定，证券发行申请经注册后，发行人应当依照法律、行政法规的规定，在证券公开发行前公告公开发行募集文件，并将该文件置备于指定场所供公众查阅。发行证券的信息依法公开前，任何知情人不得公开或者泄露该信息。发行人不得在公告公开发行募集文件前发行证券。

证券发行的方式有两种：（1）直接发行，是指由发行人直接将其发行的证券出售给投资人；（2）间接发行，又称承销，是指由发行人委托证券公司向机构投资人和社会公众发售证券的行为。股票发行采取溢价发行的，其发行价格由发行人与承销的证券公司协商确定。股票依法发行后，发行人经营与收益的变化，由发行人自行负责；由此变化引致的投资风险，由投资者自行负责。

（二）证券的上市

申请证券上市交易，应当向证券交易所提出申请，由证券交易所依法审核同意，并由双方签订上市协议。申请证券上市交易，应当符合证券交易所上市规则规定的发行人的经营年限、财务状况、最低公开发行比例和公司治理、诚信记录等上市条件。

发生可能对上市公司、股票在国务院批准的其他全国性证券交易场所交易的公司的股票交易价格产生较大影响而投资者尚未得知的重大事件时，上市公司应当立即将有关该重大事件的情况向国务院证券监督管理机构和证券交易场所报送临时报告，并予公告，说明事件的起因、目前的状态和可能产生的法律后果。

（三）证券的交易

证券交易，是指证券持有人在其指定的证券公司营业部将其证券出售给投资人，并由投资人支付价款的法律行为。经依法核准的上市交易证券，应当在证券交易所挂牌交易。我国（港、澳、台地区除外）现有上海、深圳两个证券交易所。证券交易市场是证券市场的二级市场。

非依法发行的证券，不得买卖。证券交易可分为场内交易与场外交易。场内交易，是指在证券交易所市场内进行的交易。场外交易，是指在证券交易所市场以外利用计算机自动报价系统进行的交易。我国有全国证券交易自动报价系统和全国电子交易系统两个自动报价系统，其功能有即时报价、自动交易、清算交割、信息发布。

◆▶ 思考题

证券公司的下列行为，哪些是证券法所禁止的？（　　　）
A. 为客户买卖证券提供融资融券服务
B. 有偿使用客户的交易结算资金
C. 将自营账户借给他人使用
D. 违背客户的委托为其买卖证券
答案：BCD。

证券交易的程序是：投资人在证券公司营业部开设账户；投资人向证券公司报单；证券公司根据投资人的委托，按照时间优先的规则提出交易申报，参与证券交易所市场内的集中竞价交易；证券登记结算机构根据成交结果，按照清算交割规则，进行证券和资金的清算交割，办理证券的登记过户手续；投资人在证券公司营业部或通过自动报价系统查验交易结果。

《证券法》规定，交易各方主体应按照依法制定的交易规则进行交易，不得改变交易结果（特殊情况除外）。交易中违规交易者应负的民事责任不得免除；在违规交易中所获利益，依照有关规定处理。

三、证券市场的管理

中国证券监督管理委员会是国务院证券监督管理机构，有权依法对全国证券市场实行集中统一的监督管理和执法，维护证券市场的运行秩序，维护证券市场的公开、公平、公正，防范系统性风险，维护投资者的合法权益。

国务院证券监督管理机构根据需要可以设立派出机构，按照授权履行监督管理职责。国家审计机关对于证券交易场所、证券公司、证券登记结算机构、证券监督管理机构依法进行审计监督。

四、违反证券法的行为及其法律责任

（一）禁止的交易行为

禁止证券交易内幕信息的知情人和非法获取内幕信息的人利用内幕信息从事证券交易活动；禁止任何人操纵证券市场，影响或者意图影响证券交易价格或者证券交易量；禁止任何单位和个人编造、传播虚假信息或者误导性信息，扰乱证券市场；禁止证券公司及其从业人员从事损害客户利益的行为；禁止任何单位和个人违反规定，出借自己的证券账户或者借用他人的证券账户从事证券交易；禁止投资者违规利用财政资金、银行信贷资金买卖证券。

证券交易场所、证券公司、证券登记结算机构、证券服务机构及其从业人员对证券交易中发现的禁止的交易行为，应当及时向证券监督管理机构报告。

（二）法律责任

内幕交易行为给投资者造成损失的；操纵证券市场行为给投资者造成损失的；编造、传播虚假信息或者误导性信息，扰乱证券市场，给投资者造成损失的；证券公司及其从业人员从事损害客户利益的行为，给投资者造成损失的，应当依法承担赔偿责任。

普通投资者与证券公司发生纠纷的，证券公司应当证明其行为符合法律、行政法规以及国务院证券监督管理机构的规定，不存在误导、欺诈等情形。证券公司不能证明的，应当承担相应的赔偿责任。投资者与发行人、证券公司等发生纠纷的，双方可以向投资者保护机构申请调解。普通投资者与证券公司发生证券业务纠纷，普通投资者提出调解请求的，证券公司不得拒绝。

投资者保护机构对损害投资者利益的行为，可以依法支持投资者向人民法院提起诉讼。投资者提起虚假陈述等证券民事赔偿诉讼时，诉讼标的是同一种类，且当事人一方人数众多的，可以依法推选代表人进行诉讼。投资者保护机构受 50 名以上投资者委托，可以作为代表人参加诉讼，并为经证券登记结算机构确认的权利人依照前述规定向人民法院登记，但投资者明确表示

不愿意参加该诉讼的除外。

证券监督管理机关可作出下列处罚决定：证券交易内幕信息的知情人或者非法获取内幕信息的人从事内幕交易的，责令依法处理非法持有的证券，没收违法所得，并处以违法所得 1 倍以上 10 倍以下的罚款；没有违法所得或者违法所得不足 50 万元的，处以 50 万元以上 500 万元以下的罚款。单位从事内幕交易的，还应当对直接负责的主管人员和其他直接责任人员给予警告，并处以 20 万元以上 200 万元以下的罚款。国务院证券监督管理机构工作人员进行内幕交易的，从重处罚。

第四节　保险法

一、保险法的概念和基本原则

（一）保险法的概念

保险，是指投保人根据合同约定，向保险人支付保险费，保险人对于合同约定的可能发生的事故因其发生所造成的财产损失承担赔偿保险金责任，或者当被保险人死亡、伤残、疾病或者达到合同约定的年龄、期限条件时承担给付保险金责任的商业保险行为。

保险法是调整保险活动中保险法律关系主体之间权利义务关系的法律规范的总称。《保险法》于 1995 年 6 月 30 日由第八届全国人民代表大会常务委员会第十四次会议通过，自 1995 年 10 月 1 日起施行，并于 2002 年、2009 年、2014 年、2015 年进行了一次修订和三次修正。

（二）保险法的基本原则

1. 公平互利、协商一致、自愿原则

投保人与保险人应根据公平互利、协商一致、自愿原则签订或解除保险合同，遵守法律、行政法规，尊重社会公德，不得损害社会公共利益。除法律、行政法规规定必须投保的以外，保险公司和其他单位不得强制他人订立保险合同。

2. 保险利益原则

保险利益是指投保人或者被保险人对保险标的具有的法律上承认的利益。人身保险的投保人在保险合同订立时，对被保险人应当具有保险利益；财产保险的被保险人在保险事故发生时，对保险标的应当具有保险利益，否则，保险合同无效。

3. 诚实信用原则

保险人应当向投保人如实说明保险条款的内容，投保人对于保险标的或者被保险人的有关情况应当向保险人如实告知，双方均不得故意隐瞒。禁止保险代理人和经纪人对保险人、投保人、被保险人和受益人实施欺诈、强迫、引诱或者限制投保人订立保险合同的行为。保险合同成立后，投保人可以解除保险合同，保险人不得解除保险合同，法律另有规定或者保险合同另有约定的除外。

4. 公平竞争原则

保险公司开展业务，应当遵循公平竞争的原则，不得从事不正当竞争。

5. 保险业务专营原则

保险业务由依照《保险法》设立的保险公司以及法律、行政法规规定的其他保险组织经营，其他单位和个人不得经营保险业务。在中华人民共和国境内的法人和其他组织需要办理境内保险的，应当向中华人民共和国境内的保险公司投保。国务院保险监督管理机构依法对保险业实施监督管理。

二、保险法律关系

（一）保险法律关系的主体

保险法律关系的主体，是指投保人、保险人、保险代理人、保险经纪人、被保险人和受益人。

（1）投保人，是指与保险人订立保险合同，并按照合同约定负有支付保险费义务的人。

（2）保险人，是指与投保人订立保险合同，并按照合同约定承担赔偿或者给付保险金责任的保险公司。

（3）保险代理人，是指根据保险人的委托，向保险人收取佣金，并在保险人授权的范围内代为办理保险业务的机构或者个人。

（4）保险经纪人，是指基于投保人的利益，为投保人与保险人订立保险合同提供中介服务，并依法收取佣金的机构。保险代理机构、保险经纪人应当具备国务院保险监督管理机构规定的条件，取得保险监督管理机构颁发的经营保险代理业务许可证、保险经纪业务许可证，并缴存保证金或者投保职业责任保险。保险代理机构、保险经纪人应当有自己的经营场所，设立专门账簿记载保险代理业务、经纪业务的收支情况。保险佣金只限于向保险代理人、保险经纪人支付，不得向其他人支付。

（5）被保险人，是指其财产或者人身受保险合同保障，享有保险金请求权的人。被保险人可以是投保人。

（6）受益人，是指人身保险合同中由被保险人或者投保人指定的享有保险金请求权的人。受益人可以是投保人、被保险人。

（二）保险法律关系的客体

保险法律关系的客体，是指保险法律关系的主体的权利、义务所指向的标的，也就是可保险的财产以及有关的利益或被保险人的寿命、身体健康和安全。

（三）保险法律关系的内容

保险法律关系的内容，是指保险法律关系主体的权利、义务。

三、人身保险合同

（一）人身保险合同概说

人身保险合同，是指保险人与投保人约定的，投保人向保险人支付保险费，当被保险人死亡、伤残、疾病或者达到合同约定的年龄、期限等条件时，由保险人承担给付保险金责任的合同。人身保险合同包括人寿保险合同、意外伤害保险合同以及健康保险合同三种基本类型。

人身保险合同除健康保险合同与意外伤害保险合同中有关于医疗费用等方面的补偿性约定外，性质上多为给付性保险合同。给付性保险合同，是指合同当事人事先约定一定的保险金额，保险事故发生后并不对被保险人的实际损失进行评估，而是由保险人按照约定的保险金额给付保险金的合同。

（二）人身保险合同的特殊条款

1. 不丧失价值条款

人寿保单中形成的现金价值，不因投保人退保或者保险合同终止、解除、失效而丧失，称为"不丧失价值条款"。现金价值，是投保人按均衡费率（不随年龄增长而逐年增加）交纳保险费比按自然费率多交的保费沉淀。依据不丧失价值条款，对于保险中的现金价值，投保人可以选择：（1）领取现金价值。（2）选择抵交保费。投保人逾期不交保费或无力交纳保费的，可将现金价值抵作保费以维系保险合同不被解除或效力不致中断。订有"自动垫付保险费"条款的，投保人在宽限期内未交纳保险费，除非投保人有相反的意思表示，保险人可以在保单现金价值中自动扣除应交保费以使保险合同继续有效。(3) 选择抵押贷款。

2. 年龄误报条款

年龄误报条款，是指人身保险中投保人投保时误报被保险人的年龄，保险人将依据其真实年龄调整保险费或保险金，实际年龄超过承保合同限制的，保险人可以解除保险合同。《保险法》第32条第1款规定："投保人申报的被保险人年龄不真实，并且其真实年龄不符合合同约定的年龄限制的，保险人可以解除合同，并按照合同约定退还保险单的现金价值……"第2、3款规定："投保人申报的被保险人年龄不真实，致使投保人支付的保险费少于应付保险费的，保险人有权更正并要求投保人补交保险费，或者在给付保险金时按照实付保险费与应付保险费的比例支付。投保人申报的被保险人年龄不真实，致使投保人支付的保险费多于应付保险费的，保险人应当将多收的保险费退还投保人。"

3. 自杀免责条款

自杀免责条款，是指保险合同成立后一定时间内，被保险人因自杀导致死亡的，保险人不承担给付保险金的责任。在人身保险中，为阻止被保险人牺牲生命以谋利，也为避免保险人不必要的损失，《保险法》第44条规定："以被保险人死亡为给付保险金条件的合同，自合同成立或者合同效力恢复之日起二年内，被保险人自杀的，保险人不承担给付保险金的责任，但被保险人自杀时为无民事行为能力人的除外。保险人依照前款规定不承担给付保险金责任的，应当按照合同约定退还保险单的现金价值。"

4. 犯罪免责条款

为了防止保险制度遭到滥用，并为预防犯罪行为的发生，《保险法》第45条规定："因被保险人故意犯罪或者抗拒依法采取的刑事强制措施导致其伤残或者死亡的，保险人不承担给付保险金的责任。投保人已交足二年以上保险费的，保险人应当按照合同约定退还保险单的现金价值。"

(三) 人寿保险合同

人寿保险合同，是指投保人和保险人约定的，被保险人在合同规定的年限内死亡，或在合同规定的年限届至时仍然生存的，由保险人按照约定向被保险人或受益人给付保险金的合同。人寿保险合同多为定额给付型的长期保险合同，不适用损失补偿原则，也不存在重复保险或者超额保险问题。

人寿保险合同以承保的危险为标准，可以分为生存保险合同、死亡保险合同和生死两全保险合同三种基本类型。

生存保险合同是以被保险人生存至保险期间届满或约定年龄为保险金给付条件的人寿保险合同。死亡保险合同是以被保险人在保险期间的死亡为保险金给付条件的人寿保险合同，分为定期死亡保险合同和不定期死亡保险合同。生死两全保险合同，是指无论被保险人在保险期间内死亡或保险期满时生存，保险人均须给付保险金的人寿保险合同，它既为被保险人提供了生存保险保障，又为被保险人遗属提供了死亡保险保障。

（四）意外伤害保险合同

意外伤害保险合同，是指在保险期间内被保险人因外来的、突发的、非本意的事故造成死亡、伤残时，保险人按合同约定向被保险人或其受益人给付保险金的一种人身保险合同。

意外伤害，是指在被保险人没有预见或与其意愿相悖的情况下，突然发生的外来的侵害对其身体明显、剧烈地造成损伤的客观事实。"意外"，是指被保险人主观上无法预见或虽可以预见但由于各种约束、限制而不得不接受与其主观意愿相反的损害后果。"意外"具有"外来性、突发性、非本意性"的特征。"伤害"，是指被保险人的身体遭受外来事故侵害发生损伤的客观事实。同时，意外事故与身体伤害的后果之间须有因果关系。

（五）健康保险合同

健康保险合同，是指投保人与保险人约定的，在被保险人发生疾病或者生育以及由此致残、死亡时，保险人向被保险人或受益人给付保险金的合同。在我国保险实务中，健康保险包括疾病保险、医疗保险、失能收入损失保险和护理保险等内容。

疾病保险合同，是指当被保险人罹患合同约定的疾病时，保险人按合同约定的保险金额给付保险金的人身保险合同。医疗保险合同，是指为被保险人提供医疗费用保险保障的保险合同，所保障的医疗费用支出包括诊疗费、检查费、手术费、药费、护理费、住院费和医院杂费等。医疗保险合同具有补偿性特征，适用损失补偿原则。如果医疗保险与社会保险产生保险竞合，具有强制性的社会保险应当优先赔付，医疗保险承担社会保险赔付之外的损失补偿。失能收入损失保险合同，是指以保险合同约定的疾病或者意外伤害导致工作能力丧失为给付保险金条件，为被保险人在一定时期内收入减少或者中断提供保障的保险合同。护理保险合同是为被保险人因老年、疾病或伤残而导致日常生活能力丧失，需要长期护理所产生的费用提供保险保障的保险合同。它是适应老龄化社会发展趋势而产生的保险种类。

四、财产保险合同

（一）财产保险合同概说

财产保险合同是投保人与保险人约定的以财产及其有关利益为保险标的的协议。财产保险合同主要以补偿或者填补财产的实际损失为目的，也被称为"损失保险"，因而贯彻损失补偿原则。损失补偿原则在保险法尤其是财产保险制度中占有极为重要的地位，保险金额的确定、超额保险的禁止、重复保险的分摊以及保险代位求偿权制度，都是依据损失补偿原则而产生的。财产保险合同可以根据不同的标准进行不同的分类，常见的分类包括：

1. 有形财产保险合同和无形财产保险合同

前者是以弥补有形财产因毁损、灭失所造成的财产价值的直接减少、丧失以及因采取施救措施而产生的必要且合理的费用的财产保险合同，主要包括企业财产保险合同、家庭财产保险合同、货物运输保险合同等。后者是以各类无形财产为保险标的的财产保险合同，主要包括责任保险合同、信用保险合同和保证保险合同。

2. 定值保险合同和不定值保险合同

前者是指保险合同当事人事先约定保险标的的价值，并在合同中载明作为保险金额，在保险事故发生时根据载明的保险价值进行赔偿的保险合同。定值保险中，发生保险事故造成保险标的全部损失的，保险人不再核定出险时保险标的的实际价值，直接依照事先约定的保险金额进行赔偿；保险标的发生部分损失的，只需确定损失的比例，并按照此比例进行赔偿。《保险法》第 55 条第 1 款规定："投保人和保险人约定保险标的的保险价值并在合同中载明的，保险标的发生损失时，以约定的保险价值为赔偿计算标准。"后者是指当事人不事先约定保险标的的价值，只确定保险金额，保险价值待保险事故发生时，以损失发生地的市场价格为依据确定的保险合同。

3. 足额保险合同、不足额保险合同和超额保险合同

足额保险是指保险金额等于保险价值的保险。投保人投保足额保险，如无相反约定，发生保险事故造成保险标的的全部损失的，保险人全部予以赔偿；保险标的的发生部分损失的，保险人对损失部分予以赔偿，损失多少，赔偿少。不足额保险是指保险金额小于保险价值的保险。不足额保险或是基于投保人主观意愿仅以保险价值的一部分投保而产生，或是因为保险标的的价值在合同订立后出现上涨，从而高于保险金额。对于不足额保险合同，《保险法》第55 条第 4 款规定："保险金额低于保险价值的，除合同另有约定外，保险人按照保险金额与保险价值的比例承担赔偿保险金的责任。"超额保险是指保险金额大于保险价值的保险。超额保险的产生，或是当事人因善意或恶意投保的保险金额高于保险价值，或是保险标的的价值在订立合同后跌落，而使保险金额超过了保险价值。关于超额保险的法律后果，《保险法》第 55 条第 3 款规定："保险金额不得超过保险价值。超过保险价值的，超过部分无效，保险人应当退还相应的保险费。"

（二）保险代位求偿权

保险代位求偿权，是指在补偿性保险合同中，保险人赔偿被保险人的损失后所取得的，由被保险人享有的，依法向负有民事赔偿责任的第三者请求赔偿的权利。关于保险代位求偿权的具体行使，《保险法》规定，因第三者对保险标的的损害而造成保险事故的，保险人自向被保险人赔偿保险金之日起，在赔偿金额范围内代位行使被保险人对第三者请求赔偿的权利。保险事故发生后，被保险人已经从第三者取得损害赔偿的，保险人赔偿保险金时，可以相应扣减被保险人从第三者已取得的赔偿金额。保险人依照规定行使代位请求赔偿的权利，不影响被保险人就未取得赔偿的部分向第三者请求赔偿的权利。

按照《保险法》的规定，保险事故发生后，保险人未赔偿保险金之前，被保险人放弃对第三者请求赔偿的权利的，保险人不承担赔偿保险金的责任。保险人向被保险人赔偿保险金后，被保险人未经保险人同意放弃对第三者请求赔偿的权利的，该行为无效。被保险人故意或者因重大过失致使保险人不能行使代位请求赔偿的权利的，保险人可以扣减或者要求返还相应的保险金。

《保险法》对于保险代位求偿权的行使同时作出了如下的限制，除被保险人的家庭成员或者其组成人员故意造成相关的保险事故外，保险人不得对被

保险人的家庭成员或者其组成人员行使代位请求赔偿的权利。

（三）财产损失保险合同

财产损失保险合同是以弥补有形财产因毁损、灭失所造成的财产价值的直接减少、丧失以及因采取施救措施而产生的必要且合理的费用的一种财产保险合同，主要包括企业财产保险合同、家庭财产保险合同、货物运输保险合同和机动车辆保险合同等。

1. 企业财产保险合同

企业财产保险合同，是指投保人与保险人之间约定的，以国家、企事业单位、国家机关、社会团体所有、经营或承担管理责任以及有经济利害关系的固定资产和流动资产为保险标的，当保险标的发生保险事故而遭受损失时，保险人承担赔偿责任的协议。财产保险基本险中，保险人对因火灾、雷击、爆炸、飞行物体及其他空中运行物体坠落造成的保险财产的损失以及被保险人拥有财产所有权的自用的供电、供水、供气设备因保险事故遭受损坏，引起停电、停水、停气以致造成保险标的直接损失予以赔偿，另外，合理且必要的施救费用也由保险人承担。财产保险综合险则在财产保险基本险的基础上，进一步扩展了承保范围。除包括财产保险基本险的承保危险外，因暴雨、洪水、台风、暴风、龙卷风、雪灾、雹灾、冰凌、泥石流、崖崩、突发性滑坡、地面突然塌陷等原因所造成的保险财产的损失，保险人应当承担赔偿责任。财产保险一切险中，保险人承保保险单上列明除外责任以外的一切自然灾害或意外事故造成的保险财产的直接物质损坏或灭失。

2. 家庭财产保险合同

家庭财产保险合同，是指投保人和保险人约定的，以城乡居民室内有形财产为保险标的，当保险标的发生保险事故而遭受损失时，保险人承担赔偿责任的协议。保险人对因自然灾害、意外事故所造成的家庭财产的损失及施救费用予以赔偿。在这类合同中，还可以附加盗窃险，家用电器用电安全险，管道破裂及水渍保险，现金、首饰盗抢险，第三者责任险。但由于被保险人故意行为、使用不当造成的损失、保险标的本身原因造成的损失以及战争、地震、核危险等原因造成的损失，保险人不予赔偿。

3. 货物运输保险合同

货物运输保险合同是以各种运输货物作为保险标的，承保货物在运输过程中遭受各种自然灾害或意外事故而造成损失的，保险人承担保险金赔偿责任的一种财产保险合同。货物运输保险合同主要承保因地震、海啸、火灾、爆炸、碰撞、沉没等自然灾害或意外事故造成的损失。但因战争或军事行动、核危险、被保险人的故意行为或过失行为造成的损失，以及保险货物数量短差、本身缺陷、自然损耗、包装不善以及市价跌落等原因造成的损失，保险人不承担赔偿责任。货物运输保险合同的解除具有严格性，我国《保险法》第50条规定："货物运输保险合同和运输工具航程保险合同，保险责任开始后，合同当事人不得解除合同。"

4. 机动车辆保险合同

机动车辆保险合同，是指机动车辆所有人或使用人向保险人支付保险费，保险人在被保险的车辆发生约定的保险事故时承担赔偿保险金责任的保险合同，主要包括车辆损失险、第三者责任险、全车盗抢险和车上人员责任险等。

（四）责任保险合同

1. 责任保险合同概说

责任保险合同，是投保人与保险人订立的，当被保险人依法对第三者承担民事损害赔偿责任时，由保险人对被保险人承担补偿责任或者直接对第三者承担赔偿责任的协议。责任保险以被保险人对第三者依法应当承担的民事赔偿责任为保险标的，但通常仅限于侵权损害赔偿责任，不包括违约损害赔偿责任，对违约损害赔偿责任的承保属于保证保险的范畴。并且责任保险不承保故意侵权责任，因为故意侵权行为导致的赔偿责任，有悖保险危险的偶然性。此外，除非合同特别约定，责任保险一般也不承保精神损害赔偿责任和惩罚性赔偿责任。

由于责任保险并非以特定财产为保险标的，不存在保险价值和保险金额的概念，故超额保险、部分保险、重复保险的规定不适用于责任保险，但出于风险管理需要，责任保险合同仍需要确定"赔偿限额"作为保险人承担赔偿责任的最高限额。

常见的责任保险有公众责任保险、雇主责任保险、产品责任保险、职业责任保险、环境责任保险等。

2. 机动车交通事故责任强制保险

机动车交通事故责任强制保险，简称交强险，是指由保险公司对被保险机动车发生道路交通事故造成本车人员、被保险人以外的受害人的人身伤亡、财产损失，在责任限额内予以赔偿的强制性责任保险。机动车交通事故责任强制保险保障的对象是被保险机动车本车人员和被保险人以外的第三者。

我国推行机动车交通事故责任强制保险。该种险作为一种责任保险，以被保险人对第三者依法应负的民事赔偿责任为保险标的。

机动车交通事故责任强制保险的投保义务人是在我国境内道路上行驶的机动车的所有人或者管理人。在中国境内道路上行驶的机动车都有义务投保机动车交通事故责任强制保险。公安机关交通管理部门在调查处理道路交通安全违法行为和道路交通事故时，应当依法检查机动车交通事故责任强制保险的保险标志。上道路行驶的机动车未悬挂机动车号牌，未放置检验合格标志、保险标志的，公安机关交通管理部门应当扣留机动车。机动车所有人、管理人未按照规定投保机动车交通事故责任强制保险的，由公安机关交通管理部门扣留机动车，通知机动车所有人、管理人依照规定投保，处依照规定投保最低责任限额应缴纳的保险费的 2 倍罚款。机动车交通事故责任强制保险合同期满，投保人应当及时续保。

我国机动车交通事故责任强制保险实行统一的保险条款和基础保险费率，并在保险费的具体收取标准上采用浮动费率与奖优罚劣制度。被保险机动车没有发生道路交通安全违法行为和道路交通事故的，保险公司应当在下一年度降低其保险费率。在此后的年度内，被保险机动车仍然没有发生道路交通安全违法行为和道路交通事故的，保险公司应当继续降低其保险费率，直至最低标准。被保险机动车发生道路交通安全违法行为或者道路交通事故的，保险公司应当在下一年度提高其保险费率。多次发生道路交通安全违法行为、道路交通事故，或者发生重大道路交通事故的，保险公司应当加大提高其保险费率的幅度。在道路交通事故中被保险人没有过错的，不提高其保险费率。

被保险机动车发生道路交通事故造成本车人员、被保险人以外的受害人人身伤亡、财产损失的，由保险公司依法在机动车交通事故责任强制保险责任限额范围内予以赔偿。道路交通事故的损失是由受害人故意造成的，保险公司不予赔偿。

有下列情形之一的，保险公司在机动车交通事故责任强制保险责任限额范围内垫付抢救费用，并有权向致害人追偿：（1）驾驶人未取得驾驶资格或者醉酒的；（2）被保险机动车被盗抢期间肇事的；（3）被保险人故意制造道路交通事故的。

（五）信用保险合同和保证保险合同

1. 信用保险合同

信用保险合同，是指投保人与保险人订立的，以信用交易中债务人的信用为保险标的，当债务人不能如约履行债务时，保险人向债权人承担保险金赔付责任的一种财产保险合同，主要包括出口信用保险合同、投资信用保险合同以及商业信用保险合同。

出口信用保险合同，是本国出口商（债权人）作为投保人向保险人支付保险费，在不能按时收回出口商品的全部外汇时，保险人对出口商的损失予以补偿的财产保险合同。投资信用保险合同，也称政治风险保险合同，是投资者作为投保人向保险人支付保险费，因投资引进国政治原因造成经济损失，由保险人赔偿保险金的保险合同。商业信用保险合同，又称内贸信用险、应收账款保险，是因债务人信用不良（包括恶意违约）导致被保险人财产或利益损失，由保险人依约承担保险金赔偿责任的财产保险合同。

2. 保证保险合同

保证保险合同，是指由保险人为被保证人（债务人或雇员）的债务履行向权利人提供担保，当被保证人违约或不忠诚而使权利人遭受损失时，权利人有权从保险人处获得赔偿的一种保险合同。保证保险合同以"债务人不履行债务"和"雇员违反忠诚义务的行为"为保险事故，因此，保证保险合同分为确实保证保险合同与诚实保证保险合同两类。

确实保证保险合同，即投保人（债务人）向保险人支付保险费，保险人在债务人不履行义务而使权利人遭受损失时，承担赔偿责任的保险合同。诚实保证保险合同，又称为忠诚保证保险合同、雇员忠诚保险合同，是指投保人向保险人支付保险费，保险人在因被保险人的雇员的不诚实行为而受到损失时，承担保险责任的保险合同。

◆ **复习与思考**

1. 谈谈商法与《民法典》的关系。
2. 有限责任公司的设立条件是什么？
3. 有限责任公司股东的权利义务是什么？
4. 证券监督管理机关对内幕交易行为可作出的处罚决定有哪些？
5. 什么是保险代位求偿权？《保险法》是如何规定的？

社会主义市场经济本质上是法治经济，经济秩序混乱多源于有法不依、违法不究，因此必须坚持法治思维、增强法治观念，依法调控和治理经济。

——习近平在 2014 年中央经济工作会议上的讲话

第一节 经济法概述

一、经济法的概念和调整对象

（一）经济法的概念

经济法是调整国家在对经济实行宏观调控和对经济活动进行协调过程中所产生的经济关系的法律规范的总称。

经济法是国家为促进和保障市场经济的健康发展、维护经济秩序而制定的，经济法的本质是国家对经济的干预和协调。

（二）经济法的调整对象

经济法调整的是特定的经济关系，是国家在宏观调控和协调社会经济运行过程中发生的经济关系。具体来说，有以下几种经济关系：

1. 市场主体的组织管理关系

市场主体的组织管理关系是指市场主体的设立、变更、终止和市场主体内部组织机构在管理过程中产生的经济关系。调整这一关系的主要有国有企业法、集体企业法、合伙企业法、个人独资企业法、外商投资法和公司法等。

2. 市场管理关系

市场管理关系是指国家为了建立社会主义市场经济秩序，维护国家、生产经营者和消费者的合法权益而干预市场所发生的经济关系。发挥市场在资源配置中的基础性作用，必须建立统一、开放的市场体系。培育市场体系要求促进各种生产要素自由流动，规范市场行为，打破市场分割与封锁，制止不正当竞争。与此相适应，经济法把左右市场体系的不正当竞争关系、垄断关系、产品质量关系、广告关系、价格关系、消费者利益保护等关系纳入自己的调整范围，调整这些关系的主要有产品质量法、反不正当竞争法、消费者权益保护法、广告法、证券法等。

3. 政府宏观调控关系

政府宏观调控关系是指政府代表国家从长远利益和公共利益出发，在对国民经济全局所进行的组织、监督和协调过程中产生的经济关系。生产的优化配置和效率的提高主要依靠市场的自发调节，但是各国市场经济运作的实践表明，市场调节具有自身的局限性和消极方面，尤其是随着自由竞争发展到垄断阶段，对市场机制具有决定作用的竞争受到限制，并影响正常的价格机制，从而导致市场失灵。这就需要通过"国家之手"克服市场调节的盲目性和局限性，以保证市场的健康发展和国家经济战略的实现。有关宏观调控的法律主要有计划法、金融法、税法、价格法、外汇管理法等。

二、经济法的基本原则和作用

（一）经济法的基本原则

经济法的基本原则是贯穿于经济法始终的、经济主体在经济活动中应当遵循的基本行为准则。我国经济法的基本原则包括以下几项：

1. 保障和促进以公有制为主体、多种所有制经济共同发展的原则

建立社会主义市场经济体制，就是要使市场在国家宏观调控下对资源配置起基础性作用。为此，在经济法中必须反映以公有制为主体、多种所有制经济共同发展的基本经济制度。经济法保护一切合法的财产所有权。公有制的主体地位主要体现在国家和集体的资产在社会总资产中占优势，国有经济控制国民经济的命脉及其对经济发展的指导作用等方面。在积极促进公有制经济发展的同时，还要大力鼓励、支持和引导非公有制经济的发展。

2. 国家适度干预原则

现代市场经济是以市场主体的自主自治为前提的，但仍需要国家的干预以避免或预防市场失灵。国家干预既要防止干预过多，也要防止干预过少。

因此，要将国家适度干预作为经济法的原则，强调干预范围和干预手段的法律化，避免干预的随意性。

3. 鼓励自由竞争与反不正当竞争相结合原则

市场经济的生机和活力来源于自由竞争。因此，经济法赋予各种市场经济主体竞争的自由，鼓励市场主体之间相互竞争。但竞争自由必须是在法律允许范围内的自由，不能为所欲为、不择手段。经济法维护在公平、公正、公开基础上的竞争，制止一切可能妨碍竞争、限制竞争的不正当竞争行为。

4. 经济公平与效率相统一原则

经济公平是指任何一个法律关系的主体，在以一定的物质利益为目标的活动中，都能够在同等的法律条件下，实现建立在价值规律基础之上的利益平衡。经济效率是指经济产出和经济投入的比例，包括社会经济效益和企业经济效益。经济活动的目标是追求经济利益的最大化，但是为了维护社会的稳定，在注重效率的同时，必须维护公平。因此，经济法坚持经济公平与效率相统一的原则，既不能一味追求效率而忽视公平，也不能片面强调公平而影响效率，力争借助法律手段使整个社会经济活动在公平与效益方面最大限度地统一起来。

（二）经济法的作用

经济法在建立和完善社会主义市场经济体制中具有重要作用，是国家领导、组织和管理社会主义市场经济的重要手段。具体来说，在经济建设中，经济法主要有以下几方面的作用：

第一，确立各类市场经济主体的法律地位，巩固和发展公有制经济，鼓励、支持、引导其他非公有制经济发展，促进生产力的发展。

第二，促进和保障社会主义市场经济体制的建立、完善和运行，维护社会主义市场经济秩序。

第三，对国民经济实行全面、系统的宏观调控，保证国民经济持续、稳定、协调、有序地发展。

第四，促进现代企业制度的建立，完善企业的法律行为机制，把企业搞活，加强企业的自我约束，促进企业管理现代化。

第五，维护科学技术的发展进步，保证科技成果的广泛应用。

第六，促进和推动对外开放和涉外经济的发展，加强我国的对外经济技术合作。

第二节　企业法

一、企业和企业法的概念

（一）企业的概念与特征

企业是以营利为目的从事生产、流通或服务等经济活动，依法自主经营、自负盈亏的经济组织。企业与国家机关、事业单位、社会团体等组织不同，它具有以下特征：

（1）企业是从事生产、流通、服务等经济活动的经济组织，是现代社会中人们进行生产经营活动的基本单位。

（2）企业是营利性的经济组织。企业通过自己的活动，以尽可能少的投入获取尽可能多的收益，盈利是企业存在和发展的直接动力。

（3）企业是独立核算的经济实体。企业无论以什么形式存在，都必须拥有自己的财产，自主经营，自负盈亏，独立核算。

（二）企业法的概念

企业法是调整国家在组织管理企业及企业在生产、经营活动中所发生的各种经济关系的法律规范的总称。我国现行的企业法律制度除公司法外，主要有全民所有制企业法、集体所有制企业法、合伙企业法、个人独资企业法和外商投资法。

二、全民所有制企业法

全民所有制企业，也称国有企业，是指以生产资料的全民所有为基础从事商品生产和经济活动的企业。国有企业是我国国民经济的主导力量，搞好国有企业是经济体制改革的重要任务。按照法律规定，国有企业的性质和法律地位具有以下内容：（1）企业财产为全民所有，国有企业是全民所有制经济组织；（2）国有企业在经济上自主经营、自负盈亏、独立核算，是社会主义商品生产和经营单位；（3）国有企业在法律上具有法人主体资格，对国家授予其经营管理的财产享有经营权，并独立承担民事责任。全民所有制企业法主要有 1988 年 4 月 13 日第七届全国人民代表大会第一次会议通过的《全民所有制工业企业法》（2009 年修正），以及国务院于 1992 年 7 月 23 日发布的《全民所有制工业企业转换经营机制条例》（2011 年修订）。

（一）国有企业的设立、变更和终止

国有企业设立必须具备一定条件。根据《企业法人登记管理条例》（已失效）的规定，设立企业的条件是：（1）有名称、组织机构和章程；（2）有固定的经营场所和必要的设施；（3）有符合国家规定并与其生产经营和服务规模相适应的资金数额和从业人员；（4）能够独立承担民事责任；（5）有符合国家法律、法规和政策规定的经营范围。除具备上述条件外，国有企业的设立还必须报请政府主管部门审核批准，经市场监督管理部门核准登记，领取营业执照。

国有企业的变更，是指企业组织机构及其他重要事项的变更。企业的变更主要有合并、分立两种。企业的合并、分立应报请政府主管部门批准，在市场监督管理部门办理变更登记手续。

国有企业的终止，是指企业法律主体资格的消失。国有企业终止的原因有：（1）违反法律、法规被责令撤销；（2）政府主管部门依照法律、法规的规定决定解散；（3）依法被宣告破产；（4）其他原因。企业终止时应依法对企业财产进行清算，清理资产，收回债权，偿还债务，最后必须报请政府主管部门审核批准，向市场监督管理部门办理注销登记。

（二）国有企业和政府的关系

国有企业的财产属于国家所有，包括国家以各种形式对企业的投资和投资收益形成的财产，以及其他依据法律、法规属于全民所有、由企业经营管理的财产。国务院代表国家行使企业财产所有权。按照政企职责分开的原则，政府不得干预企业的生产经营活动，但应加强宏观调控和行业管理，培育完善市场体系，建立和完善社会保障体系，为企业提供服务。

三、集体所有制企业法

（一）集体所有制企业与集体所有制企业法

集体所有制企业，也称集体企业，是指以生产资料的劳动群众集体所有制为基础的企业。集体企业按设置区域主要分为城镇集体企业和乡镇集体企业。

集体所有制企业法是调整国家在协调经济运行中发生的关于集体企业经

济关系的法律规范的总称。目前，我国调整集体企业经济关系的法律规范主要有：1991 年 9 月 9 日国务院颁布的《城镇集体所有制企业条例》（2011 年、2016 年修订），1996 年 10 月 29 日第八届全国人民代表大会常务委员会第二十二次会议通过的《乡镇企业法》等。

（二）城镇集体企业

城镇集体企业是指在城镇区域内设立的，企业财产由城镇劳动群众集体所有的企业。城镇集体企业经有关部门批准，依法在市场监督管理部门核准登记后，就可以从事生产经营活动。其主要权利有：依法对其全部财产享有占有、使用、收益和处分的权利；自主安排生产、经营、服务活动；等等。城镇集体企业的其他权利和义务与国有企业的权利和义务基本相同。

城镇集体企业实行民主管理，必须建立、健全职工（代表）大会制度。与全民所有制企业的职工代表大会不同，城镇集体企业的职工（代表）大会是企业的权力机构，有权决定企业经营管理的重大问题，有权依法选举、罢免或聘用、解聘厂长、副厂长等。企业实行厂长负责制，厂长对职工大会负责，定期报告工作。

（三）乡镇企业

乡镇企业是指以农村集体经济组织或者农民投资为主，在乡镇（包括所辖村）开办的承担支援农业义务的各类企业。乡镇企业是农村经济的重要支柱和国民经济的重要组成部分。农村集体经济组织投资设立的乡镇企业，其企业财产权属于设立该企业的全体农民集体所有。农村集体经济组织与其他企业、组织或者个人共同投资设立的乡镇企业的财产权按照出资份额属于投资者所有。乡镇企业在城市设立的分支机构，或者农村集体经济组织在城市开办的并承担支援农业义务的企业，按照乡镇企业对待。

乡镇企业应当依法设立。具备法人条件的，核准登记后取得法人资格，领取企业法人营业执照；不具备法人条件的，经核准登记领取营业执照。乡镇企业依法独立核算，自主经营，自负盈亏。乡镇企业所享受的权利和承担的义务与城镇集体企业的基本相同。

四、合伙企业法

（一）合伙企业与合伙企业法

合伙企业是依照《合伙企业法》在中国境内设立的，由各合伙人订立合伙协议，共同出资、合伙经营、共享收益、共担风险，并对合伙债务承担无限连带责任的营利性组织。

合伙企业法是调整国家管理合伙企业及合伙企业在组织与活动中所发生的经济关系的法律规范的总称。1997年2月23日第八届全国人民代表大会常务委员会第二十四次会议通过了《合伙企业法》，并于2006年进行了修订。

（二）合伙企业的设立

设立合伙企业应具备下列条件：（1）有两个以上具有完全民事行为能力的合伙人，并且都是依法承担无限责任者；（2）有书面合伙协议；（3）有各合伙人认缴或者实际缴付的出资；（4）有合伙企业的名称和生产经营场所；（5）法律、行政法规规定的其他条件。合伙企业经过注册登记，并由企业登记机关签发合伙企业营业执照，方为成立。

（三）合伙企业的财产

合伙企业存续期间，合伙人的出资、以合伙企业名义取得的收益和依法取得的其他财产，均为合伙企业的财产。

◆ 思考题

如果合伙人在合伙协议中没有约定合伙企业的利润分配，在协商不成的情况下，对于合伙企业的利润分配应该按全体合伙人的实际出资比例分配还是平均分配？

解析：

按实际出资比例分配。

合伙企业的财产由全体合伙人共同管理和使用。合伙企业存续期间，合伙人向合伙人以外的人转让其在合伙企业中的全部或部分财产份额时，须经其他合伙人一致同意。合伙人之间转让其在合伙企业中的全部财产份额时，应通知其他合伙人。合伙人依法转让其财产份额的，在同等条件下，其他合伙人有优先受让的权利。

合伙人以其在合伙企业中的财产份额出质的，须经全体合伙人一致同意，否则，其出质行为无效，或作为退伙处理。由此给其他合伙人造成损失的，依法承担赔偿责任。

（四）合伙企业的债务

合伙企业对其债务，应先以其全部财产进行清偿。合伙企业财产不足清偿到期债务的，各合伙人应当承担无限连带清偿责任。合伙人由于承担连带责任，所清偿数额超过其应当承担的数额时，有权向其他合伙人追偿。

◆ 思考题

刘某向钱某借人民币 30 万元作为出资，与张某、李某共同成立一合伙企业。1 年后借款到期，刘某无力偿还借款。刘某可否经张某与李某的同意，将自己在合伙企业中的财产份额作价转让给钱某，以抵销债务？

解析：可以。

五、个人独资企业法

（一）个人独资企业的概念与特征

个人独资企业是依照《个人独资企业法》在中国境内设立，由一个自然人投资，财产为投资人个人所有，投资者以其个人财产对企业债务承担无限责任的经营主体。个人独资企业法是国家调整个人独资企业经济活动的法律规范的总称。1999 年 8 月 30 日第九届全国人民代表大会常务委员会第十一次会议通过《个人独资企业法》，为个人独资企业的存在和发展提供了法律依据和保障。

（二）个人独资企业的设立

个人独资企业的设立应具备下列条件：（1）投资人为一个具有完全民事行为能力的自然人；（2）有合法的企业名称；（3）有投资人申报的出资；（4）有固定的生产经营场所和必要的生产经营条件；（5）有必要的从业人员。个人独资企业经过注册登记，取得营业执照，方为成立。

（三）个人独资企业的财产

个人独资企业的财产由投资人依法享有所有权，投资人的相关权利可以依法进行转让或继承。

个人独资企业的财产不足清偿债务的，投资人应以其个人的其他财产予以清偿。如果个人独资企业投资人在申请企业设立登记时明确以其家庭共有财产作为个人出资，应依法以其家庭共有财产对企业债务承担无限责任。

（四）个人独资企业的事务管理

个人独资企业投资人可以自行管理事务，也可以委托或聘用其他具有民事行为能力的人管理企业。

个人独资企业投资人委托或聘用他人管理个人独资企业的，应与受托人或被聘用的人签订书面合同明确委托的具体内容和授予的权利范围。

个人独资企业招用职工的，应当依法与职工签订劳动合同，按照国家规定参加社会保险，为职工缴纳社会保险费。

◆ 思考题

张某以个人独资企业形式设立"金地"肉制品加工厂。2011 年 5 月，因瘦肉精事件影响，张某为减少风险，打算将加工厂改换成一人有限公司形式。对此，下列哪一表述是错误的？（　　　）

A. 因原投资人和现股东均为张某一人，故加工厂不必进行清算即可变更登记为一人有限公司

B. 新成立的一人有限公司仍可继续使用原商号"金地"

C. 张某为设立一人有限公司，须一次足额缴纳其全部出资额

D. 如张某未将一人有限公司的财产独立于自己的财产，则应对公司债务承担连带责任

答案：A。

六、外商投资法

改革开放以来，中国一直扩大对外开放，积极促进外商在中国的投资，保护外商投资者的合法权益，规范外商投资管理。所谓外商投资，是指外国的自然人、企业或者其他组织直接或者间接在中国境内进行的投资活动。主要包括以下几种情况：（1）外国投资者单独或者与其他投资者共同在中国境内设立外商投资企业；（2）外国投资者取得中国境内企业的股份、股权、财产份额或者其他类似权益；（3）外国投资者单独或者与其他投资者共同在中国境内投资新建项目；（4）法律、行政法规或者国务院规定的其他方式的投资。2019 年 3 月 15 日第十三届全国人民代表大会第二次会议通过了《外商投资法》，并于 2020 年 1 月 1 日起施行。2019 年 12 月 12 日国务院第 74 次常务

会议通过了《外商投资法实施条例》，并于 2020 年 1 月 1 日起施行。《中外合资经营企业法》《中外合作经营企业法》《外资企业法》《中外合资经营企业法实施条例》和《外资企业法实施细则》等同时废止。

（一）外商投资管理

国家秉持对外开放的基本原则，鼓励外国投资者在中国境内依法投资。建立和完善外商投资促进机制，营造稳定、透明、可预期和公平竞争的市场环境。

《外商投资法》第 4 条第 1 款规定："国家对外商投资实行准入前国民待遇加负面清单管理制度。"所谓准入前国民待遇，是指在投资准入阶段给予外国投资者及其投资不低于本国投资者及其投资的待遇。所谓负面清单，是指国家规定在特定领域对外商投资实施的准入特别管理措施。国家对负面清单之外的外商投资，给予国民待遇。外商投资准入负面清单规定禁止投资的领域，外国投资者不得投资。外商投资企业的注册资本可以用人民币表示，也可以用可自由兑换货币表示。外国投资者并购中国境内企业或者以其他方式参与经营者集中的，应当依照《反垄断法》的规定接受经营者集中审查。国家建立外商投资安全审查制度，对影响或者可能影响国家安全的外商投资进行安全审查。依法作出的安全审查决定为最终决定。

国务院商务主管部门、投资主管部门按照职责分工，开展外商投资促进、保护和管理工作；国务院其他有关部门在各自职责范围内，负责外商投资促进、保护和管理的相关工作。县级以上地方人民政府有关部门依照法律法规和本级人民政府确定的职责分工，开展外商投资促进、保护和管理工作。

任何国家或者地区在投资方面对我国采取歧视性的禁止、限制或者其他类似措施的，我国可以根据实际情况对该国家或者该地区采取相应的措施。

（二）投资促进

中国政府采取各种措施，积极促进外商在中国的投资。国家根据国民经济和社会发展的需要，鼓励和引导外国投资者在特定行业、领域、地区投资。外国投资者、外商投资企业可以依照法律、行政法规或者国务院的规定享受财政、税收、金融、用地等方面的优惠待遇。外国投资者以其在中国境内的投资收益在中国境内扩大投资的，依法享受相应的优惠待遇。国家根据需要，可以设立特殊经济区域，或者在部分地区实行外商投资试验性政策措施，促进外商投资。

《外商投资法》第 11 条规定："国家建立健全外商投资服务体系，为外国投资者和外商投资企业提供法律法规、政策措施、投资项目信息等方面的咨询和服务。"制定与外商投资有关的法律、法规、规章，应当采取适当方式征求外商投资企业的意见和建议。与外商投资有关的规范性文件、裁判文书等，应当依法及时公布。国家保障外商投资企业依法平等参与标准制定工作，对于标准制定方面的信息应当公开和接受社会监督。国家制定的强制性标准平等适用于外商投资企业。

外商投资企业依法平等适用国家支持企业发展的各项政策。国家保障外商投资企业依法通过公平竞争参与政府采购活动。政府采购依法对外商投资企业在中国境内生产的产品、提供的服务平等对待。外商投资企业可以依法通过公开发行股票、公司债券等证券和其他方式进行融资。

县级以上地方人民政府在法律规定的权限内制定外商投资促进和便利化政策措施。各级人民政府及其有关部门要在简化办事程序、提高办事效率、优化政务服务方面，进一步提高外商投资服务水平。有关主管部门应当编制和公布外商投资指引，为外国投资者和外商投资企业提供服务和便利。

（三）投资保护

国家依法保护外国投资者在中国境内的投资、收益和其他合法权益。《外商投资法》第 20 条明确规定："国家对外国投资者的投资不实行征收。在特殊情况下，国家为了公共利益的需要，可以依照法律规定对外国投资者的投资实行征收或者征用。征收、征用应当依照法定程序进行，并及时给予公平、合理的补偿。"

外国投资者在中国境内的出资、利润、资本收益、资产处置所得、取得的知识产权许可使用费、依法获得的补偿或者赔偿、清算所得等，可以依法以人民币或者外汇自由汇入、汇出。外商投资企业的外籍职工和我国香港、澳门、台湾地区的职工的工资收入和其他合法收入，可以依法自由汇出。

国家保护外国投资者和外商投资企业的知识产权，保护知识产权权利人和相关权利人的合法权益。对于侵犯知识产权的行为，严格依法追究法律责任。国家鼓励在外商投资过程中基于自愿原则和商业规则开展技术合作。投资各方应遵循公平原则，经平等协商确定技术合作的条件。行政机关及其工作人员不得利用行政手段强制转让技术。

各级人民政府及其有关部门制定涉及外商投资的规范性文件，应当符合法律法规的规定；没有法律、行政法规依据的，不得减损外商投资企业的合法权益或者增加其义务，不得设置市场准入和退出条件，不得干预外商投资企业的正常生产经营活动。对于向外国投资者、外商投资企业依法作出的政策承诺以及依法签订的各类合同，地方各级人民政府及其有关部门应当履行。因国家利益、社会公共利益需要改变政策承诺、合同约定的，应当依照法定权限和程序进行，并依法对外国投资者、外商投资企业因此受到的损失予以补偿。

国家建立外商投资企业投诉工作机制，及时处理外商投资企业或者其投资者反映的问题，协调完善相关政策措施。外商投资企业或者其投资者认为行政机关及其工作人员的行政行为侵犯其合法权益的，可以通过外商投资企业投诉工作机制申请协调解决，还可以依法申请行政复议、提起行政诉讼。

外商投资企业职工依法建立工会组织，开展工会活动，维护职工的合法权益。外商投资企业应当为本企业工会提供必要的活动条件。外商投资企业可以依法成立和自愿参加商会、协会。商会、协会依照法律法规和章程的规定开展相关活动，维护会员的合法权益。

（四）法律责任

在中国境内进行投资活动的外国投资者、外商投资企业，应当遵守中国法律法规，不得危害中国国家安全、损害社会公共利益。

外国投资者违反中国法律法规，应当依法承担相应的法律责任。《外商投资法》第36条第1款规定："外国投资者投资外商投资准入负面清单规定禁止投资的领域的，由有关主管部门责令停止投资活动，限期处分股份、资产或者采取其他必要措施，恢复到实施投资前的状态；有违法所得的，没收违法所得。"外国投资者、外商投资企业违反投资信息报告制度，未按照外商投资信息报告制度的要求报送投资信息的，由商务主管部门责令限期改正；逾期不改正的，处10万元以上50万元以下的罚款。

对外国投资者、外商投资企业违反法律、法规的行为，由有关部门依法查处，并按照国家有关规定纳入信用信息系统。

《外商投资法》第39条规定："行政机关工作人员在外商投资促进、保护和管理工作中滥用职权、玩忽职守、徇私舞弊的，或者泄露、非法向他人提供履行职责过程中知悉的商业秘密的，依法给予处分；构成犯罪的，依法追究刑事责任。"

政府和有关部门及其工作人员有下列情形之一的，依法依规追究责任：（1）制定或者实施有关政策不依法平等对待外商投资企业和内资企业；（2）违法限制外商投资企业平等参与标准制定、修订工作，或者专门针对外商投资企业适用高于强制性标准的技术要求；（3）违法限制外国投资者汇入、汇出资金；（4）不履行向外国投资者、外商投资企业依法作出的政策承诺及依法订立的各类合同，超出法定权限作出政策承诺，或者政策承诺的内容不符合法律、法规规定。实行政府采购的采购人、采购代理机构以不合理的条件对外商投资企业实行差别待遇或者歧视待遇的，依照《政府采购法》及其实施条例的规定追究其法律责任；影响或者可能影响中标、成交结果的，依照《政府采购法》及其实施条例的规定处理。政府采购监督管理部门对外商投资企业的投诉逾期未作处理的，对直接负责的主管人员和其他直接责任人员依法给予处分。行政机关及其工作人员利用行政手段强制或者变相强制外国投资者、外商投资企业转让技术的，对直接负责的主管人员和其他直接责任人员依法给予处分。

第三节　税法

一、税法概述

税收是国家为了实现其管理职能，凭借政治权力，依照法律预先规定的标准，参与国民收入分配和再分配，取得财政收入的一种形式。它是不同社会制度、不同历史时期的国家普遍采用的财政收入方式。与国家取得财政收入的其他方式相比，税收具有强制性、固定性、无偿性三个明显的特征。

我国的税收是社会主义性质的税收，体现了"取之于民，用之于民"的收入分配关系。它具有组织财政收入、调节社会经济收入和均衡分配、强化国家经济监督等方面的作用。

税法是调整国家通过税务机关与纳税人之间产生的税收征纳关系的法律规范的总称。税法的构成要素主要有纳税主体（又称纳税人或纳税义务人）、征税对象（又称征税客体或计税依据）、税率（纳税额与征税对象之间的比率）、税种税目、纳税环节、减税免税、纳税期限、违章处理等。其中纳税人、征税对象和税率是三个最基本的构成要素。税率方面，我国现行税法适用的税率包括比例税率、累进税率和定额税率三种。

1993年年底到1994年年初，我国进行了一次全面的结构性的税制改革，改革的指导思想是：统一税法，公平税负，简化税制，合理分权，理顺分配关系，保障财政收入，建立符合我国社会主义市场经济要求的税制体系。改革的基本原则是：一要有利于调动中央、地方两个积极性，有利于加强中央的宏观调控能力；二要有利于实现公平税负，促进平等竞争；三要有利于体现国家产业政策，促进经济结构的调整，促进国民经济持续、快速、健康的发展和经济效益的提高；四要有利于税制结构的合理调整，有利于税种的简化、规范。党的十八届三中全会以来以"费改税""营改增"为核心的税制改革，正在试点的基础上逐渐展开；以《立法法》修改为契机，税收法定原则即税的开征及税种、税目、税率，均应通过立法机构以法律的形式，予以明确；确需授权政府的，也应明确授权的期限和范围。这些措施正逐步确立起来，并成为社会共识。

二、我国现行主要税种

经过1994年的税制改革，我国形成的税种主要包括增值税、消费税、企业所得税、个人所得税等。在我国，按照税收征管权限划分，可分为中央税、地方税、中央和地方共享税三大类。在2018年大部制改革中，国税与地税机构合并，组建国家税务总局，并垂直组建省级和省级以下税务局，具体承担所辖区域内各项税收、非税收入征管等职责。

（一）增值税

增值税是对生产流通和劳务服务各个环节的增值额所征收的一种税。增值是指纳税人在其生产经营和劳务活动中创造的新增价值或商品的附加值。增值税的纳税人是在中国境内销售货物或者提供加工、修理修配劳务以及进口货物的单位和个人。增值税实行价外计税的办法，以不含增值税金的价格为计税依据，其应税额为销项税额减去进项税额的余额，采取凭增值税专用发票注明税款抵扣的办法。自2017年7月1日起，增值税税率由四档减至17%、11%和6%三档，取消13%这一档税率；农产品、天然气等增值税税率从13%降至11%。具体而言：（1）纳税人销售或者进口货物，除以下第2项、第3项规定外，税率为17%。（2）纳税人销售或者进口下列货物，税率为11%：粮食、食用植物油、自来水、暖气、冷气、热水、煤气、石油液化气、天然气、沼气、居民用煤炭制品、图书、报纸、杂志、饲料、化肥、农药、农机、农膜以及国务院规定的其他货物。(3) 纳税人出口货物,税率为 0;但是,国务院另有规定的除外。(4) 纳税人提供加工、修理、修配劳务税率为 17%。纳税人兼营不同税率的货物或者应税劳务应当分别核算不同税率货物或者应税劳务的销售额。未分别核算销售额的,从高适用税率。小规模纳税人销售货物或应税劳务的增值税税率为 3%。增值税税率有个特殊征收率,4% 征收率减半征收增值税,即增值税一般纳税人销售自己使用过的固定资产,属于以下两种情形的,可按简易办法依 4% 征收率减半征收增值税,同时不得开具增值税专用发票:(1) 纳税人购进或者自制固定资产时为小规模纳税人,认定为一般纳税人后销售该固定资产。(2) 增值税一般纳税人发生按简易办法征收增值税应税行为,销售其按照规定不得抵扣且未抵扣进项税的固定资产。

凡在我国境内提供《增值税暂行条例》规定的应税劳务、转让无形资产或销售不动产的单位和个人,均为营业税的纳税人。营业税按行业设置税目和税率,其税率采用比例税率。纳税人兼有不同税目应税行为的,应当分别核算不同档次的增值税税率。纳税人兼营不同税率的货物或者应税劳务的,应当分别核算不同税率货物或者应税劳务的销售额;未分别核算销售额的,从高适用税率。

(二) 消费税

消费税是对特定的消费品的流转额课征的一种税。消费税的纳税人是在我国境内从事生产委托加工和进口应税消费品的单位和个人。其征税范围是有选择地对部分消费品进行课税,包括烟酒、化妆品,贵重首饰及珠宝玉石,鞭炮和焰火,汽油、柴油,汽车轮胎,摩托车,小汽车等消费品。消费税采用比例税率和定额税率两种形式,前者适用于从价征收的消费品,后者适用于从量征收的消费品。

(三) 企业所得税

2007 年 3 月,第十届全国人民代表大会第五次会议通过了《企业所得税法》,将过去的内资企业所得税与外商投资企业、外国企业所得税进行了合并。该法分别在 2017 年、2018 年进行了修正。

中华人民共和国境内,企业和其他取得收入的组织(以下统称企业)为企业所得税的纳税人,依照《企业所得税法》的规定缴纳企业所得税。个人独资企业、合伙企业不适用《企业所得税法》。企业分为居民企业和非居民企业。居民企业，是指依法在中国境内成立，或者依照外国（地区）法律成立但实际管理机构在中国境内的企业。非居民企业，是指依照外国（地区）法律成立且实际管理机构不在中国境内，但在中国境内设立机构、场所的，或者在中国境内未设立机构、场所，但有来源于中国境内所得的企业。居民企业应当就其来源于中国境内、境外的所得缴纳企业所得税。非居民企业在中国境内未设立机构、场所的，或者虽设立机构、场所但取得的所得与其所设机构、场所没有实际联系的，应当就其来源于中国境内的所得缴纳企业所得税。企业所得税的税率为25%。非居民企业取得《企业所得税法》第3条第3款规定的所得，适用税率为20%。

企业每一纳税年度的收入总额，减除不征税收入、免税收入、各项扣除以及允许弥补的以前年度亏损后的余额，为应纳税所得额。企业以货币形式和非货币形式从各种来源取得的收入，为收入总额。企业的应纳税所得额乘以适用税率，减除依据《企业所得税法》关于税收优惠的规定减免和抵免的税额后的余额，为应纳税额。国家对重点扶持和鼓励发展的产业和项目，给予企业所得税优惠。

（四）个人所得税

1980年9月10日第五届全国人民代表大会第三次会议通过的《个人所得税法》先后经过1993年10月、1999年8月、2005年10月、2007年6月、2007年12月、2011年6月的修正。2018年8月31日，第十三届全国人民代表大会常务委员会第五次会议对《个人所得税法》中纳税人、应税额、税率、减征等作了重要的修正。

个人所得税是对个人（自然人）工资、薪金所得和其他所得征收的一种税。根据《个人所得税法》的规定，在中国境内有住所，或者无住所而一个纳税年度内在中国境内居住累计满183天的个人，为居民个人，其从中国境内和境外取得的所得，依照该法规定缴纳个人所得税。在中国境内无住所又不居住，或者无住所而一个纳税年度内在中国境内居住累计不满183天的个人，为非居民个人，其从中国境内取得的所得，依照该法规定缴纳个人所得税。个人所得税的征税范围具体包括工资、薪金所得，劳务报酬所得，稿酬所得，特许权使用费所得，经营所得，利息、股息、红利所得，财产租赁所得，财产转让所得，偶然所得。

个人所得税的税率具体分为：（1）综合所得，适用3%~45%的超额累进税率；（2）经营所得，适用5%~35%的超额累进税率；（3）利息、股息、红利所得，财产租赁所得，财产转让所得和偶然所得，适用比例税率，税率为20%。

个人所得税的计税依据是应纳税所得额，应纳税所得额为个人取得的所得，按税法规定扣除必要的费用。我国《个人所得税法》对不同性质的所得，规定了不同的费用扣除标准。例如，（1）居民个人的综合所得，以每一纳税年度的收入额减除费用6万元以及专项扣除、专项附加扣除和依法确定的其他扣除后的余额，为应纳税所得额。（2）非居民个人的工资、薪金所得，以每月收入额减除费用5000元后的余额为应纳税所得额；劳务报酬所得、稿酬所得、特许权使用费所得，以每次收入额为应纳税所得额。（3）经营所得，以每一纳税年度的收入总额减除成本、费用以及损失后的余额，为应纳税所得额。（4）财产租赁所得，每次收入不超过4000元的，减除费用800元；4000元以上的，减除20%的费用，其余额为应纳税所得额。劳务报酬所得、稿酬所得、特许权使用费所得以收入减除20%的费用后的余额为收入额。稿酬所得的收入额减按70%计算。

个人将其所得对教育、扶贫、济困等公益慈善事业进行捐赠，捐赠额未超过纳税人申报的应纳税所得额30%的部分，可以从其应纳税所得额中扣除；国务院规定对公益慈善事业捐赠实行全额税前扣除的，从其规定。

个人将其所得对教育事业和其他公益事业捐赠的部分，按照国务院有关规定从应纳税所得中扣除。依照规定，下列各项个人所得，免征个人所得税：（1）省级人民政府、国务院部委和中国人民解放军军以上单位，以及外国组织、国际组织颁发的科学、教育、技术、文化、卫生、体育、环境保护等方面的奖金；（2）国债和国家发行的金融债券利息；（3）按照国家统一规定发给的补贴、津贴；（4）福利费、抚恤金、救济金；（5）保险赔款；（6）军人的转业费、复员费、退役金；（7）按照国家统一规定发给干部、职工的安家费、退职费、基本养老金或者退休费、离休费、离休生活补助费；（8）依照有关法律规定应予免税的各国驻华使馆、领事馆的外交代表、领事官员和其他人员的所得；（9）中国政府参加的国际公约、签订的协议中规定免税的所得；（10）国务院规定的其他免税所得，该项免税规定，由国务院报全国人民代表大会常务委员会备案。

有下列情形之一的，可以减征个人所得税：（1）残疾、孤老人员和烈属的所得；（2）因自然灾害遭受重大损失的。国务院可以规定其他减税情形，报全国人民代表大会常务委员会备案。

三、税收征收管理法律制度

我国《税收征收管理法》颁布于 1992 年，于 1995 年、2001 年、2013 年、2015 年进行了修改，按照修改后的规定，我国税收征管制度主要包括以下方面：

（一）税务管理

（1）税务登记。依照《税收征收管理法》的规定，企业，企业在外地设立的分支机构和从事生产、经营的场所，个体工商户和从事生产、经营的事业单位，自领取营业执照之日起 30 日内，应当持有关证件向税务机关申报办理税务登记。税务机关应当自收到申报的当日办理登记并发给税务登记证件。市场监督管理部门应当将办理登记注册、核发营业执照的情况，定期向税务机关通报。税务登记证件不得转借、涂改、损毁、买卖或者伪造。

（2）账簿、凭证管理。纳税人、扣缴义务人按照有关法律、行政法规和国务院财政、税务主管部门的规定设置账簿，根据合法、有效凭证记账，进行核算。《发票管理办法》第 4 条第 2 款规定，国务院税务主管部门统一负责全国的发票管理工作。省、自治区、直辖市税务机关依据各自的职责，共同做好本行政区域内的发票管理工作。单位、个人在购销商品、提供或者接受经营服务以及从事其他经营活动中，应当按照规定开具、使用、取得发票。禁止私自印制、伪造、变造发票。

从事生产、经营的纳税人、扣缴义务人还必须按照国务院财政、税务主管部门规定的保管期限保管账簿、记账凭证、完税凭证及其他有关资料，不得伪造、变造或者擅自损毁。

（3）纳税申报。负有纳税义务的单位、个人或扣缴义务人，应当在发生纳税义务后，按期如实向主管机关办理纳税申报或者报送代扣代缴、代收代缴税款报告表，即使享受减免税待遇的，在减免税期间，也应按规定办理纳税申报。纳税人、扣缴义务人可以直接到税务机关办理纳税申报或者报送代扣代缴、代收代缴税款报告表，也可以按照规定采取邮寄、数据电文或者其他方式办理申报、报送事项。

（二）税款征收

按照规定，除税务机关、税务人员以及经税务机关依照法律、行政法规委托的单位和人员外，任何单位和个人不得进行税款征收活动。

纳税人应当按期缴纳或者解缴税款，有特殊困难不能按期缴纳的，经省、自治区、直辖市国家税务局、地方税务局批准，可以延期缴纳税款，但最长不得超过3个月。纳税人或者扣缴义务人未按规定期限缴纳税款或者解缴税款的，税务机关除责令限期缴纳外，从滞纳税款之日起，按日加收滞纳税款0.05%的滞纳金。税务机关征收税款时，必须给纳税人开具完税凭证。纳税人有下列情形之一的，税务机关有权核定其应纳税额：（1）依照法律、行政法规的规定可以不设置账簿的；（2）依照法律、行政法规的规定应当设置账簿而未设置的；（3）擅自销毁账簿或者拒不提供纳税资料的；（4）虽设置账簿，但账目混乱或者成本资料、收入凭证、费用凭证残缺不全，难以查账的；（5）发生纳税义务，未按照规定的期限办理纳税申报，经税务机关责令限期申报，逾期仍不申报的；（6）纳税人申报的计税依据明显偏低，又无正当理由的。对未按照规定办理纳税登记的从事生产、经营的纳税人以及临时从事经营的纳税人，由税务机关核定其应纳税额，责令缴纳。

关于税收保全，《税收征收管理法》规定，税务机关有根据认为从事生产、经营的纳税人有逃避纳税义务行为的，可以在规定的纳税期之前，责令限期缴纳应纳税款；在限期内发现纳税人有明显的转移、隐匿其应纳税的商品、货物以及其他财产或者应纳税的收入的迹象的，税务机关可以责成纳税人提供纳税担保。如果纳税人不能提供纳税担保，经县以上税务局（分局）局长批准，税务机关可以采取以下税收保全措施：（1）书面通知纳税人开户银行或者其他金融机构冻结纳税人的金额相当于应纳税款的存款；（2）扣押、查封纳税人的价值相当于应纳税款的商品、货物或者其他财产。但个人及其所扶养家属维持生活必需的住房和用品，不在税收保全措施的范围之内。纳税人在限期期满时仍未缴纳税款的，经县以上税务局（分局）局长批准，税务机关可以书面通知纳税人开户银行或者其他金融机构从其冻结的存款中扣缴税款，或者依法拍卖或者变卖所扣押、查封的商品、货物或者其他财产，以拍卖或者变卖所得抵缴税款。

关于税收中的强制执行措施，《税收征收管理法》规定，从事生产、经营的纳税人、扣缴义务人未按照规定的期限缴纳或者解缴税款，纳税担保人未按照规定的期限缴纳所担保的税款，由税务机关责令其限期缴纳，逾期仍未缴纳的，经县以上税务局（分局）局长批准，税务机关可以采取下列强制执行措施：（1）书面通知其开户银行或者其他金融机构从其存款中扣缴税款；（2）扣押、查封、依法拍卖或者变卖其价值相当于应纳税款的商品、货物或者其他财产，以拍卖或者变卖所得抵缴税款。税务机关采取强制执行措施时，对未缴纳的滞纳金同时强制执行。个人及其所扶养家属维持生活必需的住房和用品，不在强制执行措施的范围之内。

关于税收优先权问题，《税收征收管理法》规定，税务机关征收税款，税收优先于无担保债权，法律另有规定的除外；纳税人欠缴的税款发生在纳税人以其财产设定抵押、质押或者纳税人的财产被留置之前的，税收应当优先于抵押权、质权、留置权执行。纳税人欠缴税款，同时又被行政机关决定处以罚款、没收非法所得的，税收优先于罚款、没收非法所得。纳税人有欠税情形而以其财产设定抵押、质押的，应当向抵押权人、质权人说明其欠税情况。抵押权人、质权人可以请求税务机关提供有关的欠税情况。税务机关应当对纳税人欠缴税款的情况定期予以公告。

《税收征收管理法》还规定了税务机关的代位权和撤销权。依照规定，欠缴税款的纳税人因怠于行使到期债权，或者放弃到期债权，或者无偿转让财产，或者以明显不合理的低价转让财产而受让人知道该情形，给国家税收造成损害的，税务机关可以依照《民法典》的相关规定行使代位权或撤销权。税务机关依照规定行使代位权或撤销权的，不免除欠缴税款的纳税人尚未履行的纳税义务和应承担的法律责任。

（三）税务检查

关于税务检查的内容，《税收征收管理法》主要规定了以下内容：（1）检查纳税人和扣缴义务人的账簿等有关资料；（2）到纳税人的生产、经营场所和货物存放地检查纳税人应纳税的有关财产和扣缴义务人有关的经营情况；（3）责成纳税人、扣缴义务人提供有关的文件、证明材料和有关材料；（4）询问纳税人、扣缴义务人有关的问题和情况；（5）到车站、码头、机场、邮政企业及其分支机构检查纳税人托运、邮寄应纳税商品、货物或者其他财产的有关单据、凭证和有关资料；（6）经县以上税务局（分局）局长批准，凭全国统一格式的检查存款账户许可证明，查询从事生产、经营的纳税人、扣缴义务人在银行或者其他金融机构的存款账户等。税务机关派出的人员进行税务检查时，应当出示税务检查证和税务检查通知书，并有责任为被检查人保守秘密；未出示税务检查证和税务检查通知书的，被检查人有权拒绝检查。

（四）法律责任

《税收征收管理法》对违反税法应承担的法律后果从行政责任、经济责任和刑事责任三个方面作了较为严格的规定。具体包括：

（1）违反税收征管程序的法律责任。纳税人有下列行为之一的，由税务机关责令限期改正，可以处以相应的罚款：未按照规定的期限申报办理税务登记、变更或者注销登记的；未按规定设置、保管账簿或者保管记账凭证和有关资料的；未按规定将财务、会计制度或者财务、会计处理办法和会计核算软件报送税务机关备查的；未按照规定将其全部银行账号向税务机关报告的等。

扣缴义务人未按规定设置、保管代扣代缴、代收代缴税款账簿或者保管代扣代缴、代收代缴税款记账凭证及有关资料的，由税务机关责令限期改正；可以处以相应的罚款。

纳税人未按规定的期限办理纳税申报和报送纳税资料的，或者扣缴义务人未向税务机关报送代扣代缴、代收代缴税款报告表和有关资料的，由税务机关责令其限期改正，可以处以相应的罚款。

（2）偷税、抗税的法律责任。偷税是指纳税人伪造、变造、隐匿、擅自销毁账簿、记账凭证在账簿上多列支出或者不列、少列收入，或者经税务机关通知申报而拒不申报或者进行虚假的纳税申报，不缴或者少缴应纳税款的行为。偷税行为的突出特点是采取欺诈的手段不缴或者少缴税款。按照规定，对于纳税人的偷税行为，由税务机关追缴其不缴或者少缴的税款、滞纳金，并处不缴或者少缴的税款50%以上5倍以下的罚款。构成犯罪的，依法追究刑事责任。扣缴义务人采取偷税手段，不缴或者少缴已扣、已收税款的，按前述办法实施处罚。

抗税是指纳税人以暴力、威胁方法拒不缴纳税款的行为。对于抗税者，除由税务机关追缴其拒缴的税款、滞纳金外，依法追究其刑事责任。情节轻微，未构成犯罪的，由税务机关追缴其拒缴的税款、滞纳金，并处拒缴税款1倍以上5倍以下的罚款。

第四节　反不正当竞争法和消费者权益保护法

一、反不正当竞争法

（一）不正当竞争行为及反不正当竞争法

经济竞争是商品生产经营者之间为争取有利的产销条件和投资场所而进行的斗争。正当竞争将促使经济主体采用新技术，提高劳动生产率和产品质量，降低成本，提高效益。但是竞争也会带来唯利是图、巧取豪夺、尔虞我诈、重利轻义、不择手段等不正当行为。因此，需要法律鼓励和保护公平竞争，制止不正当竞争行为，保护经营者和消费者的合法权益。

不正当竞争行为，是指经营者在生产经营活动中，违反法律规定，扰乱市场竞争秩序，损害其他经营者或者消费者的合法权益的行为。

反不正当竞争法是指调整在制止不正当竞争行为过程中发生的社会关系的法律规范的总称。1993 年 9 月 2 日第八届全国人民代表大会常务委员会第三次会议通过了《反不正当竞争法》，自 1993 年 12 月 1 日起施行，并于 2017 年、2019 年进行了修改，现共 5 章 33 条。

（二）不正当竞争行为的种类

《反不正当竞争法》第 2 条第 1 款明确要求："经营者在生产经营活动中，应当遵循自愿、平等、公平、诚信的原则，遵守法律和商业道德。"经营者是指从事商品生产、经营或者提供服务的自然人、法人和非法人组织。经营者不得采用不正当手段从事市场交易，损害竞争对手。

《反不正当竞争法》第 6 条至第 12 条列举出不正当竞争行为的种类。归纳起来主要有：（1）实施引人误认为是他人商品或者与他人存在特定联系的混淆行为：①擅自使用与他人有一定影响的商品名称、包装、装潢等相同或者近似的标识；②擅自使用他人有一定影响的企业名称（包括简称、字号等）、社会组织名称（包括简称）、姓名（包括笔名、艺名、译名等）；③擅自使用他人有一定影响的域名主体部分、网站名称、网页等；④其他足以引人误以为是他人商品或者与他人存在特定联系的混淆行为。（2）经营者采用财物或其他手段对交易相对方的工作人员、受交易相对方委托办理相关事务的单位或个人、利用职权或者影响力影响交易的单位或者个人进行贿赂以谋取交易机会或者竞争优势。（3）经营者对商品的功能、性能、质量、销售状况、用户评价、曾获荣誉等作虚假或者引人误解的商业宣传，欺骗、误导消费者。（4）经营者通过组织虚假交易等方式，帮助其他经营者进行虚假或者引人误解的商业宣传。（5）经营者以盗窃、贿赂、欺诈、胁迫、电子侵入或者其他不正当手段获取权利人的商业秘密。（6）经营者披露、使用或者允许他人使用以前项手段获取的权利人的商业秘密。（7）经营者违反保密义务或者违反权利人有关保守商业秘密的要求，披露、使用或者允许他人使用其所掌握的商业秘密。（8）经营者教唆、引诱、帮助他人违反保密义务或者违反权利人有关保守商业秘密的要求，获取、披露、使用或者允许他人使用权利人的商业秘密。（9）经营者进行有奖销售，所设奖的种类、兑奖条件、奖金金额或者奖品等有奖销售信息不明确，影响兑奖。（10）经营者采用谎称有奖或者故意让内定人员中奖的欺骗方式进行有奖销售。（11）经营者采用抽奖式的有奖销售，最高奖的金额超过 5 万元。（12）经营者编造、传播虚假信息或者误导性信息，损害竞争对手的商业信誉、商品声誉。（13）未经其他经营者同意，经营者在其合法提供的网络产品或者服务中，插入链接、强制进行目标跳转。（14）经营者误导、欺骗、强迫用户修改、关闭、卸载其他经营者合法提供的网络产品或者服务。（15）经营者恶意对其他经营者合法提供的网络产品或者服务实施不兼容。（16）其他妨碍、破坏其他经营者合法提供的网络产品或者服务正常运行的行为。

（三）对不正当竞争行为的监督检查

监督检查部门对不正当竞争行为进行监督检查。监督检查部门调查涉嫌不正当竞争行为时，应当遵守《行政强制法》和其他有关法律、行政法规的规定，并将查处结果及时向社会公开。监督检查部门工作人员调查涉嫌不正当竞争行为时，应当出示检查证件。监督检查部门在监督检查不正当竞争行为时，有权行使下列职权：（1）进入涉嫌不正当竞争行为的经营场所进行检查；（2）按照规定程序询问被检查的经营者、利害关系人及其他有关单位、个人，要求其说明有关情况或者提供与被调查行为有关的其他资料；（3）查询、复制与涉嫌不正当竞争行为有关的协议、账簿、单据、文件、记录、业务函电和其他资料；（4）查封、扣押与涉嫌不正当竞争行为有关的财物；（5）查询涉嫌不正当竞争行为经营者的银行账户。

（四）法律责任

1. 民事责任

经营者的合法权益受到不正当竞争行为损害的，可以向人民法院提起诉讼。

经营者违反《反不正当竞争法》的规定，给他人造成损害的，应当承担损害赔偿责任；被侵害的经营者的损失难以计算的，按照侵权人因侵权所获得的利益确定，并应当承担被侵害的经营者因调查该经营者侵害其合法权益的不正当竞争行为所支付的合理费用。

2. 行政责任

不正当竞争行为不但侵犯了其他经营者的合法权益，也侵害了社会公共利益，破坏了国家的行政管理活动，因此行为人应承担行政责任。监督检查部门对违法经营者可以采取责令停止违法行为、没收违法所得、依法处以罚款、吊销营业执照等措施追究其行政责任。

3. 刑事责任

对于违反法律规定，情节严重，构成犯罪的经营者，国家依法追究其刑事责任。监督检查不正当竞争行为的国家机关工作人员滥用职权、玩忽职守，构成犯罪的，依法追究刑事责任；不构成犯罪的，给予行政处分。

二、消费者权益保护法

（一）消费者与消费者权益保护法

消费者是指为生活需要而购买、使用商品或者接受服务的单位和个人。消费者权益是指消费者依法享有的权利及应得利益。

消费者权益保护法是国家调整在保护消费者权益过程中发生的经济关系的法律规范的总称。经营者与消费者进行交易，应当遵循自愿、平等、公平、诚实信用的原则。国家保护消费者的合法权益不受侵害。1993 年 10 月 31 日第八届全国人民代表大会常务委员会第四次会议通过了《消费者权益保护法》，自 1994 年 1 月 1 日起施行。2013 年 10 月 25 日第十二届全国人民代表大会常务委员会第五次会议通过了新修正的《消费者权益保护法》，共 8 章 63 条，自 2014 年 3 月 15 日起施行。

（二）消费者的权利

根据《消费者权益保护法》第 7 条至第 15 条的规定，我国消费者主要享有以下权利：（1）人身、财产的安全权。消费者在购买、使用商品和接受服务时享有人身、财产安全不受损害的权利。（2）商品服务的知悉权。消费者享有知悉其购买、使用的商品或者接受的服务的真实情况的权利，即消费者有权要求经营者提供商品的价格、产地、生产者、用途、性能、规格、等级、主要成分、生产日期、有效期限、检验合格证明、使用方法说明书、售后服务，或者服务的内容、规格、费用等有关情况。（3）自主选择权。消费者享有自主选择商品或者服务的权利。（4）公平交易权。消费者享有公平交易的权利，有权拒绝经营者的强制交易行为。（5）获得赔偿权。消费者因购买、使用商品或者接受服务受到人身、财产损害的，享有依法获得赔偿的权利。（6）结社权。消费者享有依法成立维护自身合法权益的社会组织的权利。（7）知识获得权。消费者享有获得有关消费和消费者权益保护方面的知识的权利。（8）人格尊严、民族风俗习惯维护权。消费者在购买、使用商品和接受服务时，享有人格尊严、民族风俗习惯得到尊重的权利。（9）信息保护权。消费者享有个人信息依法得到保护的权利。（10）监督权。消费者享有对商品和服务以及保护消费者权益工作进行监督的权利。（11）检举、控告权。对于侵害消费者权益的行为和国家机关及其工作人员在保护消费者权益工作中的违法失职行为，消费者享有检举、控告的权利。（12）批评、建议权。消费者对保护消费者权益工作享有提出批评、建议的权利。

◆ **思考题**

某公司生产销售一款新车，该车在有些新设计上不够成熟，造成部分车辆在行驶中出现故障，甚至因此造成交通事故。出现这些问题后，该公司拒绝就故障原因作出说明，也拒绝对受害人提供赔偿。该公司的行为侵犯了消费者的哪些权利？（　　）

A. 安全保障权

B. 知悉真情权

C. 公平交易权

D. 获取赔偿权

答案：ABD。

（三）经营者应当履行的义务

《消费者权益保护法》第16条至第29条列举了经营者在经营活动中应当履行的义务，归纳起来主要有：

（1）向消费者提供商品或服务，履行法定或约定的义务，经营者和消费者有约定的，应当按照约定履行义务，但双方的约定不得违背法律、法规的规定，不得设定不公平、不合理的交易条件，不得强制交易。

（2）听取消费者对其提供的商品或者服务的意见，接受消费者的监督。

（3）保证其提供的商品或服务符合保障人身、财产安全的要求，宾馆、商场、餐馆、银行、机场、车站、港口、影剧院等经营场所的经营者，应当对消费者尽到安全保障义务。

（4）经营者发现其提供的商品或者服务存在缺陷，有危及人身、财产安全危险的，应当立即向有关行政部门报告和告知消费者，并采取停止销售、警示、召回、无害化处理、销毁、停止生产或者服务等措施。采取召回措施的，经营者应当承担消费者因商品被召回支出的必要费用。

（5）向消费者提供有关商品或服务的真实信息，明码标价，不作引人误解的虚假宣传。

（6）标明经营者真实名称和标记。

（7）向消费者出具发票等购货凭证或者服务单据，消费者索要发票等购货凭证或者服务单据的，经营者必须出具。

（8）保证商品或服务的质量，但消费者在购买该商品或者接受该服务前已经知道其存在瑕疵，且存在该瑕疵不违反法律强制性规定的除外。经营者提供的机动车、计算机、电视机、电冰箱、空调器、洗衣机等耐用商品或者装饰装修等服务，消费者自接受商品或者服务之日起6个月内发现瑕疵，发生争议的，由经营者承担有关瑕疵的举证责任。

（9）履行法定或约定的修理、更换、退货服务和损害赔偿责任。经营者提供的商品或者服务不符合质量要求的，消费者可以依照国家规定、当事人的约定退货，或者要求经营者履行更换、修理等义务。没有国家规定和当事人约定的，消费者可以自收到商品之日起7日内退货；7日后符合法定解除合同条件的，消费者可以及时退货，不符合法定解除合同条件的，可以要求经营者履行更换、修理等义务。

（10）经营者采用网络、电视、电话、邮购等方式销售商品，消费者有权自收到商品之日起 7 日内退货，且无须说明理由，但下列商品除外：①消费者定作的；②鲜活易腐的；③在线下载或者消费者已经拆封的音像制品、计算机软件等数字化商品；④已经交付的报纸、期刊。消费者退货的商品应当保持完好。经营者应当自收到退回商品之日起 7 日内返还消费者支付的商品价款。退回商品的运费由消费者承担；经营者和消费者另有约定的，按照约定。

（11）不得以格式合同、通知、声明、店堂告示等方式作出排除或者限制消费者权利、减轻或者免除经营者责任、加重消费者责任等对消费者不公平、不合理的规定，不得利用格式条款并借助技术手段强制交易。

（12）不得对消费者进行侮辱、诽谤，不得搜查消费者的身体及携带的物品，不得侵犯消费者的人身自由。

（13）采用网络、电视、电话、邮购等方式提供商品或者服务的经营者，以及提供证券、保险、银行等金融服务的经营者，应当向消费者提供经营地址、联系方式、商品或者服务的数量和质量、价款或者费用、履行期限和方式、安全注意事项和风险警示、售后服务、民事责任等信息。

（14）经营者收集、使用消费者个人信息，应当公开其收集、使用规则，并经消费者同意，不得违反法律、法规的规定和双方的约定收集、使用信息。

（15）经营者及其工作人员对收集的消费者个人信息必须严格保密，不得泄露、出售或者非法向他人提供。经营者应当采取技术措施和其他必要措施，确保信息安全，防止消费者个人信息泄露、丢失。在发生或者可能发生信息泄露、丢失的情况时，应当立即采取补救措施。

（16）经营者未经消费者同意或者请求，或者消费者明确表示拒绝的，不得向其发送商业性信息。

◆ 思考题

某理发店向孙某推荐一种"黑柔牌"染发产品。孙某对该品牌产品比市场上便宜许多表示怀疑，店员表明是因为国庆节优惠。孙某买回家使用后，头部皮肤出现红肿、瘙痒难忍。其将产品拿到质检部门检验，认定为假冒伪劣产品。孙某去向理发店索赔。请问：下列哪一选项是正确的？（　　　）

A. 理发店不知道该产品是假名牌，不应承担责任

B. 理发店不是假名牌的生产者，不应承担责任

C. 孙某对该产品有怀疑，仍然购买使用该产品，应承担部分责任

D. 理发店违反了保证商品和服务安全的义务，应当承担全部责任

答案：D。

（四）消费者权益的保护

1. 国家对消费者权益的保护

国家通过各种方式和有关机关的活动，保护消费者的权益。有关行政部门在各自的职责范围内，应当定期或者不定期对经营者提供的商品和服务进行抽查检验，并及时向社会公布抽查检验结果。行政部门发现并认定经营者提供的商品或者服务存在缺陷，有危及人身、财产安全危险的，应当立即责令经营者采取停止销售、警示、召回、无害化处理、销毁、停止生产或者服务等措施。国家机关依照法律、法规的规定，惩处经营者在提供商品和服务中侵害消费者合法权益的违法犯罪行为。

2. 消费者组织的保护

消费者协会和其他消费者组织是依法成立的对商品和服务进行社会监督的保护消费者合法权益的社会团体。消费者协会履行公益性的职责：（1）向消费者提供消费信息和咨询服务，提高消费者维护自身合法权益的能力，引导文明、健康、节约资源和保护环境的消费方式；（2）参与制定有关消费者权益的法律、法规、规章和强制性标准；（3）参与有关行政部门对商品和服务的监督、检查；（4）就有关消费者合法权益的问题向有关部门反映、查询，提出建议；（5）受理消费者的投诉，并对投诉事项进行调查、调解；（6）投诉事项涉及商品和服务质量问题的，可以委托具备资格的鉴定人鉴定，鉴定人应当告知鉴定意见；（7）就损害消费者合法权益的行为，支持受损害的消费者提起诉讼或者依照《消费者权益保护法》提起诉讼；（8）对损害消费者合法权益的行为，通过大众传播媒介予以揭露、批评。

消费者组织不得从事商品经营和营利性服务，不得以收取费用或者其他牟取利益的方式向消费者推荐商品和服务。

3. 社会监督和舆论监督

保护消费者的合法权益是全社会的共同责任。大众传播媒介应做好维护消费者合法权益的宣传，对损害消费者合法权益的行为进行舆论监督。

（五）争议的解决

消费者与经营者之间发生消费者权益争议时，可通过下列途径解决：

（1）与经营者协商和解；（2）请求消费者协会或者依法成立的其他调解组织调解；（3）向有关行政部门（市场监督管理部门，物价管理部门，标准、计量部门等）投诉；（4）根据与经营者达成的仲裁协议提请仲裁机构仲裁；（5）向人民法院提起诉讼。

（六）法律责任

1. 民事责任

经营者提供商品或者服务，造成消费者财产损害的，应当依照法律规定或者当事人约定承担修理、重作、更换、退货、补足商品数量、退还货款和服务费用或者赔偿损失等民事责任。消费者在购买、使用商品时，其合法权益受到损害的，可以向销售者要求赔偿。销售者赔偿后，属于生产者的责任或者属于向销售者提供商品的其他销售者的责任的，销售者有权向生产者或者其他销售者追偿。消费者或者其他受害人因商品缺陷造成人身、财产损害的，既可以向销售者要求赔偿，也可以向生产者要求赔偿。属于生产者责任的，销售者赔偿后，有权向生产者追偿。属于销售者责任的，生产者赔偿后，有权向销售者追偿。消费者在接受服务时，其合法权益受到损害的，可以向服务者要求赔偿。

消费者通过网络交易平台购买商品或者接受服务，其合法权益受到损害的，可以向销售者或者服务者要求赔偿。网络交易平台提供者不能提供销售者或者服务者的真实名称、地址和有效联系方式的，消费者也可以向网络交易平台提供者要求赔偿；网络交易平台提供者作出更有利于消费者的承诺的，应当履行承诺。网络交易平台提供者赔偿后有权向销售者或者服务者追偿。网络交易平台提供者明知或者应知销售者或者服务者利用其平台侵害消费者合法权益，未采取必要措施的，依法与该销售者或者服务者承担连带责任。

经营者提供商品或者服务有欺诈行为的，应当按照消费者的要求增加赔偿其受到的损失，增加赔偿的金额为消费者购买商品的价款或者接受服务的费用的3倍；增加赔偿的金额不足500元的，为500元。经营者侵害消费者的人格尊严、侵犯消费者人身自由或者侵害消费者个人信息依法得到保护的权利的，应当停止侵害、恢复名誉、消除影响、赔礼道歉，并赔偿损失。经营者有侮辱诽谤、搜查身体、侵犯人身自由等侵害消费者或者其他受害人人身权益的行为，造成严重精神损害的，受害人可以要求精神损害赔偿。

经营者提供商品或者服务，造成消费者或者其他受害人人身伤害的，应当赔偿医疗费、护理费、交通费等为治疗和康复支出的合理费用，以及因误工减少的收入。造成残疾的，还应当赔偿残疾生活辅助具费和残疾赔偿金。造成死亡的，还应当赔偿丧葬费和死亡赔偿金。

2. 其他责任

经营者有下列情形之一，除承担相应的民事责任外，其他有关法律、法规对处罚机关和处罚方式有规定的，依照法律、法规的规定执行；法律、法规未作规定的，由市场监督管理部门或者其他有关行政部门责令改正，可以根据情节单处或者并处警告、没收违法所得、处以违法所得1倍以上10倍以下的罚款，没有违法所得的，处以50万元以下的罚款；情节严重的，责令停业整顿、吊销营业执照：（1）提供的商品或者服务不符合保障人身、财产安全要求的；（2）在商品中掺杂、掺假，以假充真，以次充好，或者以不合格商品冒充合格商品的；（3）生产国家明令淘汰的商品或者销售失效、变质的商品的；（4）伪造商品的产地，伪造或者冒用他人的厂名、厂址，篡改生产日期，伪造或者冒用认证标志等质量标志的；（5）销售的商品应当检验、检疫而未检验、检疫或者伪造检验、检疫结果的；（6）对商品或者服务作虚假或者引人误解的宣传的；（7）拒绝或者拖延有关行政部门责令对缺陷商品或者服务采取停止销售、警示、召回、无害化处理、销毁、停止生产或者服务等措施的；（8）对消费者提出的修理、重作、更换、退货、补足商品数量、退还货款和服务费用或者赔偿损失的要求，故意拖延或者无理拒绝的；（9）侵害消费者人格尊严、侵犯消费者人身自由或者侵害消费者个人信息依法得到保护的权利的；（10）法律、法规规定的对损害消费者权益应当予以处罚的其他情形。

经营者对行政处罚决定不服的，可以依法申请行政复议或者提起行政诉讼。以暴力、威胁等方法阻碍有关行政部门工作人员依法执行职务的，依法追究刑事责任；拒绝、阻碍有关行政部门工作人员依法执行职务，未使用暴力、威胁方法的，由公安机关依照《治安管理处罚法》的规定处罚。经营者违反《消费者权益保护法》规定提供商品或服务，侵害消费者合法权益，构成犯罪的，依法追究刑事责任。国家机关工作人员玩忽职守或者包庇经营者侵害消费者合法权益的行为的，由其所在单位或者上级机关给予行政处分；情节严重，构成犯罪的，依法追究刑事责任。

◆ 复习与思考

1. 经济法的基本原则是什么？
2. 设立合伙企业应具备哪些条件？
3. 个人独资企业的设立应具备哪些条件？
4. 我国现行主要税种有哪些？
5. 什么是个人所得税？个人所得税的征税范围是什么？
6. 哪些事项免征个人所得税？
7. 消费者主要享有哪些权利？
8. 消费者与经营者之间发生消费者权益争议时，可通过哪些途径解决？

加快保障和改善民生、推进社会治理体制创新法律制度建设。依法加强和规范公共服务，完善教育、就业、收入分配、社会保障、医疗卫生、食品安全、扶贫、慈善、社会救助和妇女儿童、老年人、残疾人合法权益保护等方面的法律法规。

——中共中央《关于全面推进依法治国若干重大问题的决定》

第一节　社会法概述

一、社会法的概念和性质

社会法是调整因维护劳动权利、救助待业者而产生的各种社会关系的法律规范的总称。它的法律性质介于公法与私法之间，其目的在于从社会整体利益出发，保护劳动者，维护社会安定，保障社会健康发展。

20世纪以来，特别是第二次世界大战以后，随着社会经济的发展和社会观念的变化而出现了社会法。社会法是由现代大陆法系的国家首先提出的。现代社会法主要解决经济规划、环境保护、就业、社会保障等社会性的问题，它既不是公法也不是私法，而是具有公法、私法相互交融的特征。

对于社会法的概念，学界至今未有完全一致的共识。从目前学者对社会法的理解和研究来看，有三种意义上的理解：狭义层面的社会法，专指劳动法和社会保障法；中义层面的社会法，指规范劳动关系、社会保障、社会福利和特殊群体权益保障方面的法律规范的总和，除了劳动法和社会保障法，还包括妇女权益保障法、未成年人保护法、残疾人保护法等；广义层面的社会法，除上述法律之外，包括义务教育法、环境保护法、消费者权益保护法、反不正当竞争法等。本书采用狭义层面的社会法。我国建立和完善社会法的目的是坚持社会公平，从社会整体利益出发，保护弱势群体的合法权益，维护社会安定，促进社会的全面进步与发展。

二、社会法的特点

（一）社会法是公法、私法相互交融的法

公法与私法的划分，最早由古罗马法学家乌尔比安提出。他认为公法是规定国家公务、公共财产的管理、宗教祭仪等的规范，私法是调整个人利益的规范。现代法学理论中，公法、私法的划分基本依据他的主张，并进一步完善。一般认为，私法是以保护公民私人利益和主体地位平等为特征的法，如民法和商法；公法是以规定国家利益和公权力行使为特征的法，如行政法。

社会法既不是单纯的公法，也不是单纯的私法，而是公法、私法相互交融的法，如劳动合同法，它调整劳动关系，既有主体之间平等、自愿的相同于私法的规范，又有国家的强制性规范，平等性规范与强制性规范有机地结合在一起，二者缺一不可。

（二）个人权利保护与社会整体利益保护相一致

社会法的主旨为保护公民个人的经济、社会、文化权利，而且这种保护与对社会整体利益的保护相一致。公法范围内的很多法律虽立法主旨各不相同，但都是为了保护社会的整体利益。而私法的施行，主要是为了保护私人利益。社会法不同于公法和私法之处，在于它以保护公民个人权利和社会整体利益的一致性为其立法的直接宗旨。

第二节　劳动法

一、劳动法的概念和调整对象

劳动法是调整劳动关系以及与劳动关系密切联系的其他社会关系的法律规范的总称。劳动法调整的对象是劳动关系，即劳动者与用人单位在运用劳动能力、实现社会劳动过程中形成的社会劳动关系。劳动法还调整因管理社

会劳动力、执行社会保险、组织工会和职工参加民主管理、监督劳动法规的执行、处理劳动争议等而发生的社会关系。1994 年 7 月 5 日第八届全国人民代表大会常务委员会第八次会议通过了《劳动法》，自 1995 年 1 月 1 日起施行。2018 年 12 月 29 日第十三届全国人民代表大会常务委员会第七次会议对该法进行了修正。该法共 13 章 107 条。

二、劳动者的基本权利和义务

劳动者的基本权利主要有：平等就业和选择职业的权利；取得劳动报酬的权利；休息休假的权利；获得劳动安全卫生保护的权利；接受职业技能培训的权利；享受社会保险和福利的权利；提请劳动争议处理的权利；依法参加和组织工会的权利；依法参与企业民主管理的权利；依法解除劳动合同的权利；在劳动过程中对违章指挥、违章作业提出批评、检举和控告的权利以及法律规定的其他劳动权利；等等。劳动者的基本义务主要有：完成劳动任务，提高劳动技能，执行劳动安全卫生规程，遵守劳动纪律和职业道德。

三、工作时间和休息休假制度

工作时间是指劳动者根据国家规定，在一日之内或一周之内用于完成本职工作的时间。《劳动法》第 36 条规定："国家实行劳动者每日工作时间不超过八小时、平均每周工作时间不超过四十四小时的工时制度。"用人单位因特殊原因需要延长劳动时间的，必须依法支付工资报酬。

休息时间是指劳动者在法定工作时间以外不从事工作而自行支配的时间，包括工作期间的休息和用膳时间、两个邻近工作日之间的休息时间以及公休假日（周休息日）。休假制度是法律规定的劳动者享有节假日带薪休息的制度。休假分为法定节假日、探亲假、年休假等几种类型。我国的法定节假日包括元旦、春节、清明节、国际劳动节、端午节、中秋节、国庆节和法律、法规规定的其他休假节日。《劳动法》第 45 条规定："国家实行带薪年休假制度。劳动者连续工作一年以上的，享受带薪年休假。具体办法由国务院规定。"用人单位由于生产经营需要，经与工会和劳动者协商后可以延长工作时间，一般每日不得超过 1 小时；因特殊原因需要延长工作时间的，在保障劳动者身体健康的条件下延长工作时间每日不得超过 3 小时，但是每月不得超过 36 小时。《劳动法》第 44 条规定："有下列情形之一的，用人单位应当按照下列标准支付高于劳动者正常工作时间工资的工资报酬：（一）安排劳动者延长工作时间的，支付不低于工资的百分之一百五十的工资报酬；（二）休息日安排劳动者工作又不能安排补休的，支付不低于工资的百分之二百的工资报酬；（三）法定休假日安排劳动者工作的，支付不低于工资的百分之三百的工资报酬。"

四、工资

工资是用人单位以法定货币形式支付给劳动者的各种劳动报酬，包括基本工资、奖金、津贴、补助、加班加点工资、特殊情况下的工资等形式。国家实行最低工资保障制度。用人单位支付给劳动者的工资不得低于当地最低工资标准。工资应当以货币形式按月支付给劳动者本人，不得克扣或无故拖欠劳动者的工资。《劳动法》第 51 条规定："劳动者在法定休假日和婚丧假期间以及依法参加社会活动期间，用人单位应当依法支付工资。"

五、劳动保护、职业培训制度

《劳动法》第 52 条规定："用人单位必须建立、健全劳动安全卫生制度，严格执行国家劳动安全卫生规程和标准……"例如，建立符合国家标准的劳动安全卫生设施，对从事特种作业的劳动者实行特种作业资格制度，建立伤亡事故和职业病统计报告和处理制度。劳动者在劳动过程中必须严格遵守安全操作规程。

《劳动法》还特别强调对女职工和未成年人的特殊劳动保护。禁止安排女职工从事有害健康的工作，《劳动法》第 59 条规定："禁止安排女职工从事矿山井下、国家规定的第四级体力劳动强度的劳动和其他禁忌从事的劳动。"对女职工的经期、孕期、哺乳期给予特殊劳动保护。禁止招用未满 16 周岁的童工。禁止已满 16 周岁未满 18 周岁的未成年工从事有害健康的工作。

国家通过各种途径，采取各种措施，发展职业培训事业，开发劳动者的职业技能，提高劳动者素质，增强劳动者的就业能力和工作能力。从事技术工种的劳动者，上岗前必须经过培训。

第三节　劳动合同法

一、劳动合同法概述

（一）劳动合同的概念和特征

劳动合同，也称劳动契约或劳动协议，是指劳动者与用人单位确立劳动关系、明确双方权利和义务的协议。建立劳动关系应当订立劳动合同。

劳动合同有如下特征：（1）劳动合同是双务合同，劳动合同的订立须双方当事人参加，一方当事人权利的实现要靠另一方当事人履行义务。（2）劳动合同是有偿合同。按照劳动合同的约定，劳动者向用人单位提供劳动的同时，由用人单位向劳动者支付劳动报酬。（3）劳动合同是诺成合同。劳动者和用人单位意思表示一致，劳动合同就可以成立。

（二）劳动合同法的概念和适用范围

劳动合同法是关于用人单位与劳动者建立劳动关系，订立、履行、变更、解除或终止劳动合同的法律规范的总称。制定劳动合同法的目的是明确劳动合同双方当事人的权利和义务，保护劳动者的合法权益，构建和发展和谐稳定的劳动关系，完善劳动合同制度。2007 年 6 月 29 日，第十届全国人民代表大会常务委员会第二十八次会议审议通过了《劳动合同法》，自 2008 年 1 月 1 日起施行，2012 年 12 月 28 日第十一届全国人民代表大会常务委员会第三十次会议对该法进行了修正，自 2013 年 7 月 1 日起施行。该法共 8 章 98 条。

中华人民共和国境内的企业、个体经济组织、民办非企业单位等组织（以下简称"用人单位"）与劳动者建立劳动关系，订立、履行、变更、解除或者终止劳动合同，适用《劳动合同法》。

国家机关、事业单位、社会团体和与其建立劳动关系的劳动者，订立、履行、变更、解除或者终止劳动合同，依照《劳动合同法》执行。

二、劳动合同的订立

订立劳动合同，应当遵循合法、公平、平等自愿、协商一致、诚实信用的原则。用人单位与劳动者自用工之日起即建立劳动关系，并应当订立书面劳动合同。已建立劳动关系，未同时订立书面劳动合同的，应当自用工之日起 1 个月内订立书面劳动合同。用人单位与劳动者在用工前订立劳动合同的，劳动关系自用工之日起建立。

劳动合同由用人单位与劳动者协商一致，并经用人单位与劳动者在劳动合同文本上签字或盖章生效。劳动合同文本由用人单位和劳动者各执一份。依法订立的劳动合同对双方当事人均有约束力，用人单位与劳动者应当履行劳动合同约定的义务。

用人单位应当建立职工名册备查。《劳动合同法》第 8 条规定："用人单位招用劳动者时，应当如实告知劳动者工作内容、工作条件、工作地点、职业危害、安全生产状况、劳动报酬，以及劳动者要求了解的其他情况；用人单位有权了解劳动者与劳动合同直接相关的基本情况，劳动者应当如实说明。"用人单位招用劳动者，不得扣押劳动者的居民身份证和其他证件，不得要求劳动者提供担保或者以其他名义向劳动者收取财物。

三、劳动合同的种类

劳动合同分为固定期限劳动合同、无固定期限劳动合同和以完成一定工作任务为期限的劳动合同。

固定期限劳动合同，是指用人单位与劳动者约定合同终止时间的劳动合同。用人单位与劳动者协商一致，可以订立固定期限劳动合同。

无固定期限劳动合同，是指用人单位与劳动者约定无确定终止时间的劳动合同。按照《劳动合同法》第 14 条的规定，用人单位与劳动者协商一致，可以订立无固定期限劳动合同。有下列情形之一，劳动者提出或者同意续订、订立劳动合同的，除劳动者提出订立固定期限劳动合同外，应当订立无固定期限劳动合同：（1）劳动者在该用人单位连续工作满 10 年的；（2）用人单位初次实行劳动合同制度或者国有企业改制重新订立劳动合同时，劳动者在该用人单位连续工作满 10 年且距法定退休年龄不足 10 年的；（3）连续订立 2 次固定期限劳动合同，且劳动者没有法定的用人单位可以解除劳动合同的情形，续订劳动合同的。

用人单位自用工之日起满 1 年不与劳动者订立书面劳动合同的，视为用人单位与劳动者已订立无固定期限劳动合同。

以完成一定工作任务为期限的劳动合同，是指用人单位与劳动者约定以某项工作的完成为合同期限的劳动合同。用人单位与劳动者协商一致，可以订立以完成一定工作任务为期限的劳动合同。

◆ 思考题

王先生于 1986 年进入某国有工厂工作。2007 年 8 月，该工厂改制成为私企，已经 51 岁的王先生是否可以要求与单位订立无固定期限劳动合同？

解析：

王先生可以要求与单位订立无固定期限劳动合同。

四、劳动合同的主要条款

劳动合同应当具备以下条款：（1）用人单位的名称、住所和法定代表人或者主要负责人；（2）劳动者的姓名、住址和居民身份证或者其他有效身份证件号码；（3）劳动合同期限；（4）工作内容和工作地点；（5）工作时间和休息休假；（6）劳动报酬；（7）社会保险；（8）劳动保护、劳动条件和职业危害防护；（9）法律、法规规定应当纳入劳动合同的其他事项。

劳动合同除上述必备条款外，用人单位与劳动者可以约定试用期、培训、保守秘密、补充保险和福利待遇等其他事项。

试用期包含在劳动合同期限内，劳动合同仅约定试用期的，试用期不成立，该期限为劳动合同期限。劳动合同期限 3 个月以上不满 1 年的，试用期不得超过 1 个月；劳动合同期限 1 年以上不满 3 年的，试用期不得超过 2 个月；3 年以上固定期限和无固定期限的劳动合同，试用期不得超过 6 个月。同一用人单位与同一劳动者只能约定一次试用期。劳动者在试用期的工资不得低于本单位相同岗位最低档工资或者劳动合同约定工资的 80%，并不得低于用人单位所在地的最低工资标准。

《劳动合同法》第 26 条规定下列劳动合同无效或者部分无效：（1）以欺诈、胁迫的手段或者乘人之危，使对方在违背真实意思的情况下订立或者变更劳动合同的；（2）用人单位免除自己的法定责任、排除劳动者权利的；（3）违反法律、行政法规强制性规定的。

对劳动合同的无效或者部分无效有争议的，由劳动争议仲裁机构或者人民法院确认。劳动合同部分无效，不影响其他部分效力的，其他部分仍然有效。劳动合同被确认无效，劳动者已付出劳动的，用人单位应当向劳动者支付劳动报酬。劳动报酬数额的确定，可以参照本单位相同或者相近岗位劳动者的劳动报酬。

五、劳动合同的履行和变更

用人单位与劳动者应当按照劳动合同的约定，全面履行各自的义务。

用人单位应当向劳动者及时足额支付劳动报酬。用人单位拖欠或者未足额支付劳动报酬的，劳动者可以依法向当地人民法院申请支付令，人民法院应当依法发出支付令。用人单位应当严格执行劳动定额标准，不得强迫或者变相强迫劳动者加班。用人单位安排加班的，应当按照国家有关规定向劳动者支付加班费。《劳动合同法》保护劳动者的生命安全和身体健康，第 32 条规定："劳动者拒绝用人单位管理人员违章指挥、强令冒险作业的，不视为违反劳动合同。劳动者对危害生命安全和身体健康的劳动条件，有权对用人单位提出批评、检举和控告。"用人单位变更名称、法定代表人、主要负责人或者投资人等事项，不影响劳动合同的履行。用人单位发生合并或者分立等情况，原劳动合同继续有效，劳动合同由承继其权利和义务的用人单位继续履行。用人单位与劳动者协商一致，可以变更劳动合同约定的内容。变更劳动合同，应当采用书面形式。变更后的劳动合同文本由用人单位和劳动者各执一份。

六、劳动合同的解除或终止

劳动合同的解除，是指劳动合同在订立以后尚未履行或尚未完全履行，由于合同双方或单方的法律行为致使双方当事人提前消灭劳动关系的法律行为。用人单位与劳动者协商一致，可以解除劳动合同。劳动者提前 30 日以书面形式通知用人单位，可以解除劳动合同。劳动者在试用期内提前 3 日通知用人单位，可以解除劳动合同。

《劳动合同法》第 38 条规定，用人单位有下列情形之一的，劳动者可以解除劳动合同：（1）未按照劳动合同约定提供劳动保护或者劳动条件的；（2）未及时足额支付劳动报酬的；（3）未依法为劳动者缴纳社会保险费的；（4）用人单位的规章制度违反法律、法规的规定，损害劳动者权益的；（5）因该法

第 26 条第 1 款规定的情形致使劳动合同无效的；（6）法律、行政法规规定劳动者可以解除劳动合同的其他情形。

用人单位以暴力、威胁或者非法限制人身自由的手段强迫劳动者劳动的，或者用人单位违章指挥、强令冒险作业危及劳动者人身安全的，劳动者可以立即解除劳动合同，不需事先告知用人单位。

劳动者有过失，用人单位可以将其辞退。劳动者有下列情形之一的，用人单位可以解除劳动合同：（1）在试用期间被证明不符合录用条件的；（2）严重违反用人单位的规章制度的；（3）严重失职，营私舞弊，给用人单位造成重大损害的；（4）劳动者同时与其他用人单位建立劳动关系，对完成本单位的工作任务造成严重影响，或者经用人单位提出，拒不改正的；（5）以欺诈、胁迫的手段或者乘人之危，使对方在违背真实意思的情况下订立或者变更劳动合同致使劳动合同无效的；（6）被依法追究刑事责任的。

劳动者无过失，用人单位也可以将其辞退，但要符合一定条件。有下列情形之一的，用人单位提前 30 日以书面形式通知劳动者本人或者额外支付劳动者一个月工资后，可以解除劳动合同：（1）劳动者患病或者非因工负伤，在规定的医疗期满后不能从事原工作，也不能从事由用人单位另行安排的工作的；（2）劳动者不能胜任工作，经过培训或者调整工作岗位，仍不能胜任工作的；（3）劳动合同订立时所依据的客观情况发生重大变化，致使劳动合同无法履行，经用人单位与劳动者协商，未能就变更劳动合同内容达成协议的。

因经营情况发生变化，用人单位可以裁减人员。有下列情形之一，需要裁减人员 20 以上或者裁减不足 20 人但占企业职工总数 10% 以上的，用人单位提前 30 日向工会或者全体职工说明情况，听取工会或者职工的意见后，裁减人员方案经向劳动行政部门报告，可以裁减人员。（1）依照《企业破产法》规定进行重整的；（2）生产经营发生严重困难的；（3）企业转产、重大技术革新或者经营方式调整，经变更劳动合同后，仍需裁减人员的；（4）其他因劳动合同订立时所依据的客观经济情况发生重大变化，致使劳动合同无法履行的。

用人单位在裁减人员时，应当优先留用下列人员：（1）与本单位订立较长期限的固定期限劳动合同的；（2）与本单位订立无固定期限劳动合同的；（3）家庭无其他就业人员，有需要扶养的老人或者未成年人的。用人单位在某些情况下，不得单方解除与劳动者的劳动合同。《劳动合同法》第42条规定，劳动者有下列情形之一的，用人单位不得解除劳动合同：（1）从事接触职业病危害作业的劳动者未进行离岗前职业健康检查，或者疑似职业病病人在诊断或者医学观察期间的；（2）在本单位患职业病或者因工负伤并被确认丧失或者部分丧失劳动能力的；（3）患病或者非因工负伤，在规定的医疗期内的；（4）女职工在孕期、产期、哺乳期的；（5）在本单位连续工作满15年，且距法定退休年龄不足5年的；（6）法律、行政法规规定的其他情形。

工会在劳动合同解除中起监督作用，用人单位单方解除劳动合同，应当事先将理由通知工会。用人单位违反法律、行政法规规定或者劳动合同约定的，工会有权要求用人单位纠正，用人单位应当研究工会的意见，并将处理结果书面通知工会。

劳动合同在一定情形下终止：（1）劳动合同期满的；（2）劳动者开始依法享受基本养老保险待遇的；（3）劳动者死亡，或者被人民法院宣告死亡或者宣告失踪的；（4）用人单位被依法宣告破产的；（5）用人单位被吊销营业执照、责令关闭、撤销或者用人单位决定提前解散的；（6）法律、行政法规规定的其他情形。

◆ 思考题

王某大学毕业时与一家公司订立劳动合同，约定试用期为6个月。2个月后，王某找到一家待遇更好的公司，提出解除劳动合同。公司认为解除合同的理由不成立，不同意解除。

问题： 王某能与公司解除劳动合同吗？

解析： 可以。

七、法律责任

国家各级政府劳动行政部门负责本行政区域内劳动合同制度实施的监督管理。用人单位直接涉及劳动者切身利益的规章制度违反法律、法规规定的，由劳动行政部门责令改正，给予警告；给劳动者造成损害的，应当承担赔偿责任。

用人单位提供的劳动合同文本未载明《劳动合同法》规定的劳动合同必

备条款或者用人单位未将劳动合同文本交付劳动者的,由劳动行政部门责令改正;给劳动者造成损害的,应当承担赔偿责任。

用人单位自用工之日起超过1个月不满1年未与劳动者订立书面劳动合同的,应当向劳动者每月支付2倍的工资。

用人单位违反《劳动合同法》规定不与劳动者订立无固定期限劳动合同的,自应当订立无固定期限劳动合同之日起向劳动者每月支付2倍的工资。

用人单位违反《劳动合同法》规定与劳动者约定试用期的,由劳动行政部门责令改正;违法约定的试用期已经履行的,由用人单位以劳动者试用期满月工资为标准,按已经履行的超过法定试用期的期间向劳动者支付赔偿金。

用人单位违反《劳动合同法》规定,扣押劳动者居民身份证等证件的,由劳动行政部门责令限期退还劳动者本人,并依照有关法律规定给予处罚。用人单位违反《劳动合同法》规定,以担保或者其他名义向劳动者收取财物的,由劳动行政部门责令限期退还劳动者本人,并以每人500元以上2000元以下的标准处以罚款;给劳动者造成损害的,应当承担赔偿责任。用人单位有下列情形之一的,由劳动行政部门责令限期支付劳动报酬、加班费或者经济补偿;劳动报酬低于当地最低工资标准的,应当支付其差额部分;逾期不支付的,责令用人单位按应付金额50%以上100%以下的标准向劳动者加付赔偿金:(1)未按照劳动合同的约定或者国家规定及时足额支付劳动者劳动报酬的;(2)低于当地最低工资标准支付劳动者工资的;(3)安排加班不支付加班费的;(4)解除或者终止劳动合同,未依照《劳动合同法》规定向劳动者支付经济补偿的。

用人单位有下列情形之一的,依法给予行政处罚;构成犯罪的,依法追究刑事责任;给劳动者造成损害的,应当承担赔偿责任:(1)以暴力、威胁或者非法限制人身自由的手段强迫劳动的;(2)违章指挥或者强令冒险作业危及劳动者人身安全的;(3)侮辱、体罚、殴打、非法搜查或者拘禁劳动者的;(4)劳动条件恶劣、环境污染严重,给劳动者身心健康造成严重损害的。

用人单位违反《劳动合同法》规定未向劳动者出具解除或者终止劳动合同的书面证明,由劳动行政部门责令改正;给劳动者造成损害的,应当承担赔偿责任。劳动者违反《劳动合同法》规定解除劳动合同,或者违反劳动合同中约定的保密义务或者竞业限制,给用人单位造成损失的,应当承担赔偿责任。

　　用人单位招用与其他用人单位尚未解除或者终止劳动合同的劳动者，给其他用人单位造成损失的，应当承担连带赔偿责任。

　　对不具备合法经营资格的用人单位的违法犯罪行为，依法追究法律责任；劳动者已经付出劳动的，该单位或者其出资人应当依照《劳动合同法》规定向劳动者支付劳动报酬、经济补偿、赔偿金；给劳动者造成损害的，应当承担赔偿责任。

　　个人承包经营违反《劳动合同法》规定招用劳动者，给劳动者造成损害的，发包的组织与个人承包经营者承担连带赔偿责任。

第四节　劳动争议的调解与仲裁

一、劳动争议的概念和适用范围

　　劳动争议，也称劳动纠纷，是指劳动关系双方当事人因执行劳动法或履行劳动合同发生的争议。

　　用人单位与劳动者发生的劳动争议包括：因确认劳动关系发生的争议；因订立、履行、变更、解除和终止劳动合同发生的争议；因除名、辞退和辞职、离职发生的争议；因工作时间、休息休假、社会保险、福利、培训以及劳动保护发生的争议；因劳动报酬、工伤医疗费、经济补偿或者赔偿金等发生的争议；法律、法规规定的其他劳动争议。发生劳动争议，劳动者可以与用人单位协商，也可以请工会或者第三方共同与用人单位协商，达成和解协议。当事人不愿协商、协商不成或者达成和解协议后不履行的，可以向调解组织申请调解；不愿调解、调解不成或者达成调解协议后不履行的，可以向劳动争议仲裁委员会申请仲裁；对仲裁裁决不服的，除法律另有规定的外，可以向人民法院提起诉讼。当事人对自己提出的主张，有责任提供证据。与争议事项有关的证据属于用人单位掌握管理的，用人单位应当提供；用人单位不提供的，应当承担不利后果。

　　2007年12月29日，第十届全国人民代表大会常务委员会第三十一次会议通过了《劳动争议调解仲裁法》，自2008年5月1日起施行。该法就劳动争议的调解和仲裁作出了具体的规定。

二、劳动争议的调解

发生劳动争议，当事人可以到下列调解组织申请调解：（1）企业劳动争议调解委员会；（2）依法设立的基层人民调解组织；（3）在乡镇、街道设立的具有劳动争议调解职能的组织。企业劳动争议调解委员会由职工代表和企业代表组成。职工代表由工会成员担任或者由全体职工推举产生，企业代表由企业负责人指定。企业劳动争议调解委员会主任由工会成员或者双方推举的人员担任。

当事人申请劳动争议调解可以书面或口头申请。口头申请的，调解组织应当当场记录申请人的基本情况、申请调解的争议事项、理由和时间。经调解达成协议的，应当制作调解协议书。调解协议书由双方当事人签名或者盖章，经调解员签名并加盖调解组织印章后生效，对双方当事人具有约束力，当事人应当履行。自劳动争议调解组织收到调解申请之日起15日内未达成调解协议的，当事人可以依法申请仲裁。达成调解协议后，一方当事人在协议约定期限内不履行调解协议的，另一方当事人可以依法申请仲裁。

因支付拖欠劳动报酬、工伤医疗费、经济补偿或者赔偿金事项达成调解协议，用人单位在协议约定期限内不履行的，劳动者可以持调解协议书依法向人民法院申请支付令，人民法院应当依法发出支付令。

三、劳动争议的仲裁

劳动争议仲裁委员会按照统筹规划、合理布局和适应实际需要的原则设立，不按行政区划层层设立。

劳动争议仲裁委员会由劳动行政部门代表、工会代表和企业方面代表组成。劳动争议仲裁委员会组成人员应当是单数。其依法履行下列职责：（1）聘任、解聘专职或者兼职仲裁员；（2）受理劳动争议案件；（3）讨论重大或者疑难的劳动争议案件；（4）对仲裁活动进行监督。

劳动争议仲裁委员会应当设仲裁员名册。仲裁员应当公道正派并符合下列条件之一：（1）曾任审判员的；（2）从事法律研究、教学工作并具有中级以上职称的；（3）具有法律知识、从事人力资源管理或者工会等专业工作满5年的；（4）律师执业满3年的。劳动争议由劳动合同履行地或者用人单位所在地的劳动争议仲裁委员会管辖。双方当事人分别向劳动合同履行地和用人单位所在地的劳动争议仲裁委员会申请仲裁的，由劳动合同履行地的劳动争议仲裁委员会管辖。劳动争议仲裁不收费，劳动争议仲裁委员会的经费由财政予以保障。

劳动争议申请仲裁的时效期间为 1 年，从当事人知道或者应当知道其权利被侵害之日起计算。劳动关系存续期间因拖欠劳动报酬发生争议的，劳动者申请仲裁不受仲裁时效期间的限制；但是，劳动关系终止的，应当自劳动关系终止之日起 1 年内提出。

劳动争议仲裁委员会裁决劳动争议案件实行仲裁庭制。仲裁庭由 3 名仲裁员组成，设首席仲裁员。简单劳动争议案件可以由 1 名仲裁员独任仲裁。

当事人申请劳动争议仲裁后，可以自行和解。达成和解协议的，可以撤回仲裁申请。仲裁庭在作出裁决前，应当先行调解。调解达成协议的，仲裁庭应当制作调解书。调解书应当写明仲裁请求和当事人协议的结果。调解书由仲裁员签名，加盖劳动争议仲裁委员会印章，送达双方当事人。调解书经双方当事人签收后，发生法律效力。调解不成或调解书送达前，一方当事人反悔的，仲裁庭应当及时作出裁决。

仲裁庭对追索劳动报酬、工伤医疗费、经济补偿或者赔偿金的案件，符合下列条件的，根据当事人的申请，可以裁决先予执行，移送人民法院执行：（1）当事人之间权利义务关系明确；（2）不先予执行将严重影响申请人的生活的。劳动者申请先予执行的，可以不提供担保。

下列劳动争议，除法律另有规定的外，仲裁裁决为终局裁决，裁决书自作出之日起发生法律效力：（1）追索劳动报酬、工伤医疗费、经济补偿或者赔偿金，不超过当地月最低工资标准 12 个月金额的争议；（2）因执行国家的劳动标准在工作时间、休息休假、社会保险等方面发生的争议。劳动者对上述仲裁裁决不服的，可以自收到仲裁裁决书之日起 15 日内向人民法院提起诉讼。

如果有证据证明上述裁决有下列情形之一，用人单位可以自收到仲裁裁决书之日起 30 日内向劳动争议仲裁委员会所在地的中级人民法院申请撤销裁决：（1）适用法律、法规确有错误的；（2）劳动争议仲裁委员会无管辖权的；（3）违反法定程序的；（4）裁决所根据的证据是伪造的；（5）对方当事人隐瞒了足以影响公正裁决的证据的；（6）仲裁员在仲裁该案时有索贿受贿、徇私舞弊、枉法裁决行为的。仲裁裁决被人民法院裁定撤销的，当事人可以自收到裁定书之日起 15 日内就该劳动争议事项向人民法院提起诉讼。

当事人对上述裁决以外的其他劳动争议案件的仲裁裁决不服的，可以自收到仲裁裁决书之日起 15 日内向人民法院提起诉讼；期满不起诉的，裁决书发生法律效力。当事人对于发生法律效力的调解书、裁决书，应当依照规定的期限履行。一方当事人逾期不履行的，另一方当事人可以依照《民事诉讼法》的有关规定向人民法院申请执行。受理申请的人民法院应当依法执行。

第五节　社会保障法律制度

一、社会保障和社会保障法

社会保障是指公民因年老、疾病、残疾、失业等原因生活困难时，由国家、社会或有关部门给予一定物质帮助，维持其基本生活需要的保障制度。

社会保障法是调整社会保障关系的法律规范的总称。社会保障关系是国家在对不能取得基本生活需要的公民提供各种基本生活保障的过程中所发生的社会关系，包括社会保险关系、社会救济关系、社会福利关系、社会优抚关系等。社会保障法具有广泛的社会性，它所规定的权利与义务涉及全体社会成员，公民从出生到死亡都是社会保障的受益人。社会保障法体现了尊老爱幼、扶弱济贫的伦理道德原则。社会保障法还具有实现社会公平的职能，通过社会保障，社会成员能够在基本生活得到保障的前提下参与社会的竞争，不至于因先天不足或生活无保障而生存困难，丧失平等参与社会公平竞争的机会。

有关社会保障的法律规定主要见于《宪法》《劳动法》《老年人权益保障法》（1996 年制定，2018 年修正）、《妇女权益保障法》（1992 年制定，2018 年修订）、《残疾人保障法》（1990 年制定，2018 年修正）。2010 年 10 月 28 日第十一届全国人民代表大会常务委员会第十七次会议通过了《社会保险法》，2018 年 12 月 29 日第三届全国人民代表大会常务委员会第七次会议进行了修正，该法共 12 章 98 条。这是我国在社会保障和改善民生领域的一部非常重要的法律。

二、社会保险法

（一）社会保险和社会保险法

社会保险是社会保障制度的主要内容，它是指国家通过立法建立的，对劳动者在其生、老、病、死、伤、残、失业以及发生其他生活困难时，给予物质帮助的制度。社会保险具有社会性，保险的对象包括社会上不同层次、不同行业、不同所有制形式和不同身份的各种劳动者；它具有补偿性，是对劳动者所遇劳动风险的补偿；它又具有互济性，通过统筹社会保险基金来分散劳动风险；它还具有强制性，通过国家立法强制实施。

社会保险与商业保险相比，具有以下不同：一是被保险人不同，无论是自然人还是社会组织，都可以成为商业保险的被保险人，而只有符合法定条件的公民才能参加社会保险；二是保险人不同，商业保险主要由保险公司经营，而社会保险则由政府举办；三是经营目的不同，商业保险的目的是营利，社会保险不以营利为目的；四是保险性质不同，商业保险为自愿保险，投保人自愿加入并完全承担保险费，保险费由保险合同规定；社会保险属于强制保险，用人单位为投保人，保险费由国家、用人单位和个人依法分担，社会保险金的给付由法律规定。

社会保险法是调整社会保险关系的法律规范的总称。《社会保险法》自2011年7月1日施行以来，进一步强化了政府的责任，同时更明确了社会保险相关各方的法律责任，使我国的社会保险制度更加规范、稳定地运行，并于2018年进行了修正。该法规定社会保险的项目、实施对象、经费来源、待遇标准、发放办法等，明确社会保险机构的性质与职能、社会保险的管理与监督等事项，目的是维护公民参加社会保险和享受社会保险待遇的合法权益，具有促进社会和谐稳定、调节国民收入的分配与再分配、使公民共享发展成果的重要作用。

（二）社会保险的内容

我国社会保险的主要内容是基本养老保险、失业保险、基本医疗保险、工伤保险和生育保险。

1. 基本养老保险

基本养老保险，又称老年社会保险或年金保险，是指劳动者在达到法定年龄并从事某种劳动达到法定年限后，依法领取一定数额费用的一种社会保险制度。基本养老保险区别于其他社会保险的主要特征是劳动者达到法定年龄，并从事某种劳动达到法定年限，被依法解除法定劳动义务。基本养老保险的宗旨是国家和社会依法提供一定的物质帮助给被解除劳动义务的劳动者，以维持其老年生活。

我国的基本养老保险，实行社会统筹与个人账户相结合的模式，《社会保险法》第 11 条第 2 款规定："基本养老保险基金由用人单位和个人缴费以及政府补贴等组成。"

职工参加基本养老保险，由用人单位和职工共同缴纳基本养老保险费。用人单位按照国家规定的本单位职工工资总额的比例缴纳基本养老保险费，记入基本养老保险统筹基金。职工按照国家规定的本人工资的比例缴纳基本养老保险费，记入个人账户。无雇工的个体工商户、未在用人单位参加基本养老保险的非全日制从业人员以及其他灵活就业人员可以参加基本养老保险，由个人缴纳基本养老保险费，分别记入基本养老保险统筹基金和个人账户。参加基本养老保险的个人，达到法定退休年龄时累计缴费满 15 年的，按月领取基本养老金。

个人账户不得提前支取，记账利率不得低于银行定期存款利率，免征利息税。个人死亡的，个人账户余额可以继承。

基本养老保险基金出现支付不足时，政府给予补贴。国家建立基本养老金正常调整机制。根据职工平均工资增长、物价上涨情况，适时提高基本养老保险待遇水平。

2. 失业保险

失业是指具有劳动能力并有劳动意愿的劳动者得不到劳动机会或者就业后又失去工作的状态。失业保险是指国家通过建立失业保险基金，使因失业而暂时中断生活来源的劳动者在法定期间内获得失业保险金，以维持其基本生活水平的一项社会保险制度。

失业保险的对象是有劳动能力并有劳动意愿但无劳动岗位的失业劳动者。为了防止失业人员产生依赖和不劳而获心理，失业人员需要符合一定的条件，才能从失业保险基金中领取失业保险金。《社会保险法》第 45 条规定："失业人员符合下列条件的，从失业保险基金中收取失业保险金：（1）失业前用人单位和本人已经缴纳失业保险费满一年；（2）非因本人意愿中断就业的；（3）已经进行失业登记，并有求职要求的。"

失业者不能长期享受失业保险待遇。失业保险待遇只能在法定期限内享受，超过法定期限，劳动者即使仍处于失业状态，也不能再享受失业保险待遇。失业前用人单位和本人累计缴费满 1 年不足 5 年的，领取失业保险金的期限最长为 12 个月；累计缴费满 5 年不足 10 年的，领取失业保险金的期限最长为 18 个月；累计缴费 10 年以上的，领取失业保险金的最长期限为 24 个月。失业保险费由用人单位和劳动者共同缴纳。

失业人员在领取失业保险金期间，参加职工基本医疗保险，享受基本医疗保险待遇。失业人员应当缴纳的基本医疗保险费从失业保险基金中支付，个人不缴纳基本医疗保险费。失业人员在领取失业保险金期间有下列情形之一的，停止领取失业保险金，并同时停止享受其他失业保险待遇：（1）重新就业的；（2）应征服兵役的；（3）移居境外的；（4）享受基本养老保险待遇的；（5）无正当理由，拒不接受当地人民政府指定部门或者机构介绍的适当工作或者提供的培训的。

失业保险金的标准，由省、自治区、直辖市人民政府确定，不得低于城市居民最低生活保障标准。

3. 基本医疗保险

基本医疗保险，指劳动者患病后在生活和医疗方面获得物质帮助的一种社会保险制度。实行基本医疗保险可以为劳动者在非因工负伤而生病、致残时提供医疗费用，弥补收入损失，恢复劳动能力并提供帮助，对于保障劳动者的身体健康具有重要意义。

《社会保险法》第 23 条规定，职工应当参加职工基本医疗保险。基本医疗保险实行社会统筹和个人账户相结合的模式。由用人单位和职工按照国家规定共同缴纳基本医疗保险费。无雇工的个体工商户、未在用人单位参加职工基本医疗保险的非全日制从业人员以及其他灵活就业人员可以参加职工基本医疗保险，由个人按照国家规定缴纳基本医疗保险费。职工达到法定退休年龄时累计缴费达到国家规定年限的，退休后不再缴纳基本医疗保险费，按照国家规定享受基本医疗保险待遇；未达到国家规定年限的，可以缴费至国家规定年限。符合基本医疗保险药品目录、诊疗项目、医疗服务设施标准以及急诊、抢救的医疗费用，按照国家规定从基本医疗保险基金中支付。下列医疗费用不纳入基本医疗保险基金支付范围：（1）应当从工伤保险基金中支付的；（2）应当由第三人负担的；（3）应当由公共卫生负担的；（4）在境外就医的。

4. 工伤保险

工伤保险，又称职业伤害保险，是指劳动者因工作原因受到事故伤害或者患职业病、致残、死亡时，对其本人或扶养亲属给予物质帮助和经济补偿的一项社会保险制度。它可以保障遭受工伤事故和患职业病的职工获得医疗救治、经济补偿和职业康复的权利，保障工伤职工及其扶养亲属获得物质帮助的权利，有利于社会安定，有利于分散用人单位的工伤风险，有利于促进用人单位积极加强劳动安全卫生工作、改善劳动条件，减少工伤事故造成的损害。2003 年 4 月 16 日，国务院第 5 次常务会议通过了《工伤保险条例》，并于 2010 年 12 月 20 日进行修订，该条例共 8 章 67 条，自 2011 年 1 月 1 日起施行。

工伤保险的投保人为用人单位，被保险人是与该用人单位建立了劳动关系的职工。《社会保险法》第 33 条规定："职工应当参加工伤保险，由用人单位缴纳工伤保险费，职工不缴纳工伤保险费。"工伤保险基金由用人单位缴纳的工伤保险费、工伤保险基金的利息和依法纳入工伤保险基金的其他资金构成。工伤保险实行无过错责任原则，无论工伤事故的责任归于用人单位还是职工，用人单位均应承担保险责任。

《工伤保险条例》第 14 条规定："职工有下列情形之一的，应当认定为工伤：（一）在工作时间和工作场所内，因工作原因受到事故伤害的；（二）工作时间前后在工作场所内，从事与工作有关的预备性或者收尾性工作受到事故伤害的；（三）在工作时间和工作场所内，因履行工作职责受到暴力等意外伤害的；（四）患职业病的；（五）因工外出期间，由于工作原因受到伤害或者发生事故下落不明的；（六）在上下班途中，受到非本人主要责任的交通事故或者城市轨道交通、客运轮渡、火车事故伤害的；（七）法律、行政法规规定应当认定为工伤的其他情形。"

《工伤保险条例》第 15 条第 1 款规定："职工有下列情形之一的，视同工伤：（一）在工作时间和工作岗位，突发疾病死亡或者在 48 小时之内经抢救无效死亡的；（二）在抢险救灾等维护国家利益、公共利益活动中受到伤害的；（三）职工原在军队服役，因战、因公负伤致残，已经取得革命伤残军人证，到用人单位后旧伤复发的。"职工因下列情形之一导致本人在工作中伤亡的，不认定为工伤或视同工伤：（1）故意犯罪的；（2）醉酒或者吸毒的；（3）自残或者自杀的。因工伤发生的下列费用，按照国家规定从工伤保险基金中支付：

（1）治疗工伤的医疗费用和康复费用；（2）住院伙食补助费；（3）到统筹地区以外就医的交通食宿费；（4）安装配置伤残辅助器具所需费用；（5）生活不能自理的，经劳动能力鉴定委员会确认的生活护理费；（6）一次性伤残补助金和一至四级伤残职工按月领取的伤残津贴；（7）终止或者解除劳动合同时，应当享受的一次性医疗补助金；（8）因工死亡的，其遗属领取的丧葬补助金、供养亲属抚恤金和因工死亡补助金；（9）劳动能力鉴定费。因工伤发生的下列费用，按照国家规定由用人单位支付：（1）治疗工伤期间的工资福利；（2）五级、六级伤残职工按月领取的伤残津贴；（3）终止或者解除劳动合同时，应当享受的一次性伤残就业补助金。

5. 生育保险

生育保险，是指女职工因怀孕和分娩所造成的暂时中断劳动、没有劳动收入时，从社会获得物质帮助和医疗保障服务的一种社会保险制度。《社会保险法》第53条规定："职工应当参加生育保险，由用人单位按照国家规定缴纳生育保险费，职工不缴纳生育保险费。"用人单位已经缴纳生育保险费的，其职工享受生育保险待遇；职工未就业配偶按照国家规定享受生育医疗费用待遇，所需资金从生育保险基金中支付。

生育保险待遇包括生育医疗费用和生育津贴。生育医疗费用包括下列各项：（1）生育的医疗费用；（2）计划生育的医疗费用；（3）法律、法规规定的其他项目费用。职工有下列情形之一的，可以按照国家规定享受生育津贴：（1）女职工生育享受产假；（2）享受计划生育手术休假；（3）法律、法规规定的其他情形。生育津贴按照职工所在用人单位上年度职工月平均工资计发。

生育保险，是对女职工生育子女全过程的物质保障，对于保护妇女身体健康和保障劳动力再生产，都具有积极的作用和重要的意义。

（三）法律责任

法律责任是社会保险法律制度中不可或缺的组成部分，只有通过法律责任的规定，才能确保社会保险法所设定的各项权利和义务得以实现，保障被保险人的合法权益。社会保险法中规定的法律责任包括民事法律责任、行政法律责任和刑事法律责任三种。

《社会保险法》第84条规定了不办理社会保险登记的责任："用人单位不办理社会保险登记的，由社会保险行政部门责令限期改正；逾期不改正的，对用人单位处应缴纳社会保险费数额一倍以上三倍以下的罚款，对其直接负责的主管人员和其他直接责任人员处五百元以上三千元以下的罚款。"

《社会保险法》第86条规定了未按时足额缴费的责任:"用人单位未按时足额缴纳社会保险费的,由社会保险费征收机构责令限期缴纳或者补足,并自欠缴之日起,按日加收万分之五的滞纳金;逾期仍不缴纳的,由有关行政部门处欠缴数额一倍以上三倍以下的罚款。"

社会保险经办机构以及医疗机构、药品经营单位等社会保险服务机构以欺诈、伪造证明材料或者其他手段骗取社会保险基金支出的,由社会保险行政部门责令退回骗取的社会保险金,处骗取金额2倍以上5倍以下的罚款;属于社会保险服务机构的,解除服务协议;直接负责的主管人员和其他直接责任人员有执业资格的,依法吊销其执业资格。以欺诈、伪造证明材料或者其他手段骗取社会保险待遇的,由社会保险行政部门责令退回骗取的社会保险金,处骗取金额2倍以上5倍以下的罚款。

社会保险经办机构及其工作人员有下列行为之一的,由社会保险行政部门责令改正;给社会保险基金、用人单位或者个人造成损失的,依法承担赔偿责任;对直接负责的主管人员和其他直接责任人员依法给予处分:(1)未履行社会保险法定职责的;(2)未将社会保险基金存入财政专户的;(3)克扣或者拒不按时支付社会保险待遇的;(4)丢失或者篡改缴费记录、享受社会保险待遇记录等社会保险数据、个人权益记录的;(5)有违反社会保险法律、法规的其他行为的。

社会保险费征收机构擅自更改社会保险费缴费基数、费率,导致少收或者多收社会保险费的,由有关行政部门责令其追缴应当缴纳的社会保险费或者退还不应当缴纳的社会保险费;对直接负责的主管人员和其他直接责任人员依法给予处分。

违反《社会保险法》规定,隐匿、转移、侵占、挪用社会保险基金或者违规投资运营的,由社会保险行政部门、财政部门、审计机关责令追回;有违法所得的,没收违法所得;对直接负责的主管人员和其他直接责任人员依法给予处分。

社会保险行政部门和其他有关行政部门、社会保险经办机构、社会保险费征收机构及其工作人员泄露用人单位和个人信息的,对直接负责的主管人员和其他直接责任人员依法给予处分;给用人单位或者个人造成损失的,应当承担赔偿责任。

　　国家工作人员在社会保险管理、监督工作中滥用职权、玩忽职守、徇私舞弊的，依法给予处分。违反《社会保险法》规定，构成犯罪的，依法追究刑事责任。

◆ **复习与思考**

1. 劳动者的基本权利和义务有哪些？
2. 劳动者可以解除劳动合同的情形有哪些？
3. 用人单位可以解除劳动合同的情形有哪些？
4. 用人单位不得解除劳动合同的情形有哪些？
5. 我国社会保险的主要内容有哪些？
6. 职工有哪些情形之一的，应当认定为工伤？

第九章

民事诉讼法

公正司法是维护社会公平正义的最后一道防线。深化司法体制综合配套改革，全面准确落实司法责任制，加快建设公正高效权威的社会主义司法制度，努力让人民群众在每一个司法案件中感受到公平正义。

——习近平在中国共产党第二十次全国代表大会上的报告

第一节　民事诉讼法概述

一、民事诉讼法的概念和任务

（一）民事诉讼法的概念

民事诉讼，是指人民法院在双方当事人和其他诉讼参加人的参与下，审理和解决民事案件的活动。它的特点是：（1）人民法院的审判活动在全过程中起着主导作用；（2）参加诉讼的双方当事人的法律地位是平等的；（3）审理和解决的是有关财产关系和人身关系的民事案件。

民事诉讼法，是规定人民法院受理公民之间、法人之间、其他组织之间以及他们相互之间因财产关系和人身关系提起的民事诉讼活动所应遵循的程序制度的法律规范的总称。我国于1982年3月8日第五届全国人民代表大会常务委员会第二十二次会议通过并颁布《民事诉讼法（试行）》，于同年10月1日起施行。经过9年的试行，1991年4月9日第七届全国人民代表大会第四次会议通过《民事诉讼法》，于同日施行。2007年10月28日，第十届全国人民代表大会常务委员会第三十次会议对《民事诉讼法》进行第一次修正，于2008年4月1日起施行。2012年8月31日，第十一届全国人民代表大会常务委员会第二十八次会议对《民事诉讼法》进行第二次修正，于 2013 年 1 月 1 日起施行。2017 年 6 月 27 日，第十二届全国人民代表大会常务委员会第二十八次会议对《民事诉讼法》进行第三次修正，于 2017 年 7 月 1 日起施行。2021 年 12 月 24 日，第十三届全国人民代表大会常务委员会第三十二次会议对《民事诉讼法》进行第四次修正，于 2022 年 1 月 1 日起施行。2023 年 9 月 1 日，第十四届全国人民代表大会常务委员会第五次会议对《民事诉讼法》进行第五次修正，于 2024 年 1 月 1 日起施行。

（二）民事诉讼法的任务

《民事诉讼法》第 2 条规定，该法的任务是：（1）保护当事人行使诉讼权利；（2）保证人民法院查明事实，分清是非，正确适用法律，及时审理民事案件；（3）确认民事权利义务关系，制裁民事违法行为，保护当事人的合法权益；（4）教育公民自觉遵守法律，维护社会秩序、经济秩序，保障社会主义建设事业顺利进行。

二、三部诉讼法共同的基本原则

民事诉讼法、行政诉讼法和刑事诉讼法有以下共同的基本原则。

（一）司法机关依法独立行使职权的原则

司法机关依法独立行使职权原则的含义是：（1）国家司法权由司法机关统一行使，其他任何机关、团体和个人都无权行使司法权；（2）司法机关依法行使职权，不受行政机关、社会团体和个人的干涉；（3）独立行使职权是指依照法律的规定行使职权，而不是离开法律规定独立行使职权。

（二）以事实为根据，以法律为准绳的原则

以事实为根据，就是要从客观实际存在的事实出发，实事求是，忠于案件事实真相，而不能以主观的想象、推测或想当然为根据。坚持以事实为根据，还要重证据。为此，不但要依法获取证据，注重调查研究，反复核查证据或材料，而且要鉴别真伪，抓住本质。只有充分掌握证据，并找出各个证据之间、证据与案件事实之间的内在联系，才能了解案件的全部真实情况，从而找到正确处理案件的根据。

以法律为准绳，就是在各类诉讼活动中，都必须严格依照法律的规定办事。只有严格依法办事，才能做到正确处理案件。

（三）公民在适用法律上一律平等的原则

这项原则的内容，包括两个方面：（1）公民在法律的适用上或执行上，一律平等；（2）公民不分民族、种族、性别、出身、职业、宗教信仰、财产状况、教育程度、居住期限和社会职务，在法律面前都是平等的，其合法权益同样受到国家法律的保护，同样承担法律规定的义务和法律责任。

（四）使用本民族语言、文字进行诉讼的原则

这项原则的内容包含两点：（1）在少数民族聚居或者多民族共同居住的地区，人民法院应当用当地民族通用的语言、文字进行审理和发布法律文书；（2）人民法院对于不通晓当地民族通用的语言、文字的诉讼参与人，应当为他们提供翻译。

（五）实行合议、回避、公开审判和两审终审制度的原则

合议，是指人民法院的审判活动必须由审判人员或者审判员与陪审员3人以上组成合议庭来进行。这是我国人民法院审理案件的基本组织形式。

回避，是指承办本案的审判人员、书记员、翻译人员、鉴定人、勘验人（包括承办刑事案件的侦查员、检察员）与本案有利害关系或其他特殊关系，可能影响公正处理的，必须退出本案的审理（侦查、检察、鉴定、勘验、翻译）活动。审判人员（侦查人员、检察人员）有下列情形之一的，应当自行回避，当事人及其法定代理人也有权要求他们回避：（1）是本案当事人或者是当事人、诉讼代理人近亲属的；（2）与本案有利害关系的；（3）与本案当事人、诉讼代理人有其他关系，可能影响对案件公正审理的。审判人员接受当事人、诉讼代理人请客送礼，或者违反规定会见当事人、诉讼代理人的，当事人有权要求他们回避。审判人员有前款规定的行为的，应当依法追究法律责任。

公开审判，是指人民法院审判案件，除法律规定不宜公开审判的以外，一律公开进行。这包括：开庭前公告当事人姓名、案由和开庭时间、地点；开庭时允许群众旁听和新闻媒介采访报道；公开宣告判决等。民事诉讼涉及国家秘密、个人隐私的案件不公开审理。离婚案件、涉及商业秘密的案件、当事人申请不公开审理的，可以不公开审理。刑事诉讼涉及国家秘密、个人隐私的案件和审判的时候被告人不满18周岁的案件一律不公开审理。

两审终审，是指一个案件经过两级法院审判即告终结的制度。也就是说，案件经第一审人民法院审理判决或裁定后，当事人不服的，可以依法向上一

级人民法院提起上诉审。第二审法院经过审理作出的判决或裁定，就是终审判决或裁定，当事人不能再提起上诉。

三、民事诉讼法特有的基本原则

民事诉讼法的基本原则，是指在民事诉讼活动的整个过程中起着普遍指导作用的基本准则。这些基本原则，是以宪法为根据，从我国的实际情况出发，按照社会主义民主和法制的要求，结合我国民事诉讼的特点而制定的。民事诉讼除了适用三部诉讼法共同的基本原则，根据民事诉讼的特点，还适用民事诉讼法特有的基本原则。

（1）当事人诉讼权利平等的原则，是指在民事诉讼中，双方当事人诉讼地位平等、诉讼权利对等。

（2）法院调解自愿和合法原则，是指在民事诉讼中，人民法院在事实清楚的基础上，分清是非，进行调解，促成当事人达成协议。调解达成协议，必须双方自愿，不得强迫。调解协议的内容不得违反法律规定。人民法院调解达成协议后制作的调解书经双方当事人签收后，即具有法律效力，不得上诉。离婚案件必须首先进行调解。

（3）辩论原则，是指在民事诉讼全过程中，双方当事人对自己的主张可以陈述和答辩，其内容包括三方面：①实体权利；②诉讼权利；③适用法律。辩论的形式既可以是书面的，也可以是言词的。

（4）处分原则，是指在民事诉讼中，应当遵循诚实信用原则。双方当事人有权在法律规定的范围内处分自己的民事权利和诉讼权利。

（5）社会支持起诉原则，是指在民事诉讼中，社会上的机关、团体、企事业单位对权利人的起诉给予支持，可派代表出庭。

（6）就地审判、巡回审判原则，是指在民事诉讼中，人民法院应尽量到纠纷发生的当地进行开庭和宣判，便利群众诉讼。

（7）人民检察院对民事诉讼实行法律监督的原则，是指在民事诉讼中，人民检察院有权对人民法院的审判活动及判决、裁定的执行活动是否合法实行法律监督，并享有抗诉权。例如，2017 年《民事诉讼法》修正后增加规定："人民检察院在履行职责中发现破坏生态环境和资源保护、食品药品安全领域侵害众多消费者合法权益等损害社会公共利益的行为，在没有前款规定的机关和组织或者前款规定的机关和组织不提起诉讼的情况下，可以向人民法院提起诉讼。前款规定的机关或者组织提起诉讼的，人民检察院可以支持起诉。"

（8）凡是在我国境内进行的民事诉讼均适用我国民事诉讼法的原则。

第二节 民事诉讼参加人

民事诉讼参加人，是指参加民事诉讼的当事人和诉讼代理人。当事人包括原告和被告、共同诉讼人、第三人。诉讼参加人不同于诉讼参与人，诉讼参与人除诉讼参加人以外，包括证人、鉴定人和翻译人员等。

一、当事人

民事诉讼中的当事人，是指因民事权利、义务发生争议而进行诉讼，并受人民法院的裁判约束的利害关系人。当事人可以是公民、法人，也可以是其他组织。

（一）原告、被告

原告是因民事权益发生争议或受到侵害，向人民法院起诉要求保护其合法权益的公民、法人或者其他组织。

被告是因民事权益发生争议或被指控侵害他人民事权益，而被人民法院通知应诉的公民、法人或者其他组织。

（二）共同诉讼人

当事人一方或双方为两人以上，其诉讼标的是共同的，或者诉讼标的是同一种类，人民法院认为可以合并审理并经当事人同意的，为共同诉讼。共同诉讼中的当事人，统称为共同诉讼人。诉讼标的是同一种类、当事人一方人数众多的共同诉讼即集团诉讼。如果在起诉时人数尚未确定，可以由法院发出公告，通知权利人在一定期间向法院登记，向法院登记的权利人可以推选代表人进行诉讼。

对污染环境、侵害众多消费者合法权益等损害社会公共利益的行为，法律规定的机关和有关组织可以向人民法院提起诉讼。

（三）第三人

第三人是指在民事诉讼中，对他人之间的诉讼标的有独立的请求权，或者与诉讼结果有法律上的利害关系，因而参加诉讼的人。第三人分为有独立请求权的第三人和无独立请求权的第三人。人民法院判决承担民事责任的无独立请求权的第三人，有当事人的诉讼权利义务。

二、诉讼代理人

诉讼代理人是指为了被代理人的利益，以被代理人的名义，在法定的、指定的或者委托的权限范围内，进行诉讼活动的人。诉讼代理人分为法定代理人、指定代理人和委托代理人。

当事人、法定代理人可以委托 1 人至 2 人作为诉讼代理人。下列人员可以被委托为诉讼代理人：（1）律师、基层法律服务工作者；（2）当事人的近亲属或者工作人员；（3）当事人所在社区、单位以及有关社会团体推荐的公民。

委托他人代为诉讼，必须向人民法院提交由委托人签名或者盖章的授权委托书。授权委托书必须记明委托事项和权限。诉讼代理人代为承认、放弃、变更诉讼请求，进行和解，提起反诉或者上诉，必须有委托人的特别授权。

离婚案件有诉讼代理人的，本人除不能表达意志的以外，仍应出庭；确因特殊情况无法出庭的，必须向人民法院提交书面意见；侨居在国外的中华人民共和国公民从国外寄交或者托交的授权委托书，必须经中华人民共和国驻该国的使领馆证明；没有使领馆的，由与中华人民共和国有外交关系的第三国驻该国的使领馆证明，再转由中华人民共和国驻该第三国使领馆证明，或者由当地的爱国华侨团体证明。

三、当事人的诉讼权利和义务

（一）当事人的诉讼权利

当事人的诉讼权利主要有：（1）当事人有起诉和反诉的权利；（2）当事人有委托诉讼代理人进行诉讼的权利；（3）当事人在诉讼中有进行辩论的权利；（4）经法院许可，当事人可以查阅本案的庭审材料，但涉及国家秘密或者个人隐私的材料除外；（5）当事人在证据可能灭失或者以后难以取得的情况下，可以向法院申请证据保全；（6）当事人有权申请财产保全；（7）当事人有申请回避权，对法院作出的回避决定不服时，可以申请复议；（8）经法庭许可，当事人有向证人、鉴定人和勘验人发问的权利；（9）当事人有查阅并申请补正庭审笔录的权利；（10）当事人不服第一审裁判时，可以在法定期限内提起上诉；（11）当事人对已经生效的裁判，认为有错误的，有提出申诉的权利；（12）对于已生效的裁判，如果诉讼一方当事人在法定期限内拒绝履行义务，胜诉一方当事人可以申请法院强制执行；（13）原告有放弃、变更、增加诉讼请求及撤诉的权利；（14）原告有权依法申请先予执行；（15）被告有应诉和答辩的权利；（16）当事人有和解的权利。

（二）当事人的诉讼义务

当事人的诉讼义务主要有：（1）必须依法正确行使诉讼权利，不得滥用诉讼权利；（2）必须遵守诉讼程序，服从法庭指挥，遵守法庭纪律；（3）自觉履行已生效的判决、裁定。

第三节　反诉、财产保全和先予执行

一、反诉

反诉，是指在已经开始的诉讼中，被告向原告提出的，可以使本诉失去作用或撤销本诉，要求人民法院共同审理的独立的反请求。

提出反诉，必须具备下列条件：（1）反诉的被告必须是本诉的原告；（2）提起反诉的时间必须是在举证期限届满前；（3）反诉只能向审理本诉的人民法院提起；（4）反诉与本诉的诉讼标的或者诉讼理由相互牵连。

二、财产保全

财产保全，是指人民法院对于可能因当事人一方的行为或者其他原因，使判决不能执行或者难以执行的案件，可以根据对方当事人的申请作出裁定，或在必要时主动作出裁定，对诉讼涉及的财产的一部分或全部所采取的强制措施。财产保全措施的种类有：（1）查封财物，或指定持有人保管，不允许擅自处理或移动；（2）扣押财物及其证件材料，不允许使用；（3）冻结银行存款。

申请人提出财产保全，应当同时提出财产保全申请书及担保财产的有关文件，并缴纳与此相当的财产保全费。申请人不提供担保的，驳回申请。申请人在人民法院采取保全措施后30日内不起诉的，人民法院应当解除财产保全。被申请人提供担保，以现金或财物及其证件材料作抵押或质押的，人民法院应当解除财产保全。

◆ 思考题

甲公司以乙公司为被告向法院提起诉讼，要求乙公司支付拖欠的货款 100 万元。在诉讼中，甲公司申请对乙公司一处价值 90 万元的房产采取保全措施，并提供担保。一审法院在作出财产保全裁定后发现，乙公司在向丙银行贷款 100 万元时，已将该房产和一辆小轿车抵押给丙银行。下列哪一选项是正确的？（　　）

A. 一审法院不能对该房产采取保全措施，因为该房产已抵押给丙银行

B. 一审法院可以对该房产采取保全措施，但是需要征得丙银行的同意

C. 一审法院可以对该房产采取保全措施，但是丙银行仍然享有优先受偿权

D. 一审法院可以对该房产采取保全措施，同时丙银行的优先受偿权丧失

答案：C。

三、先予执行

先予执行，又称暂先执行、先行给付，是指人民法院为了满足某种诉讼请求，在判决以前作出书面裁定，强制被申请人履行一定的义务，并且立即执行的诉讼活动。裁定先予执行的前提条件有两个：（1）双方当事人之间的权利、义务关系比较明确，原告的生活确实有困难；（2）被申请人有履行能力。

《民事诉讼法》规定，根据当事人的申请，人民法院可以裁定先予执行的案件有：追索赡养费、扶养费、抚养费、抚恤金、医疗费用、劳动报酬的案件，以及其他因情况紧急需要先予执行的案件，

第四节　民事诉讼证据及举证责任

一、证据的概念和特征

证据、是指能够证明案件真实情况的事实。

诉讼证据具有以下特征：

（1）客观性。它必须是客观存在的事实，任何主观臆断、推理和虚假的材料都不能成为诉讼证据。

（2）关联性。它必须与特定的案件有内在的必然联系，与该案件没有关联的事实不能成为诉讼证据。

（3）合法性。它必须符合法律要求的形式，并按法定程序收集和运用，不符合法定形式要求、违反法定程序取得的材料，不能作为诉讼证据。

二、证据的种类

《民事诉讼法》规定，民事诉讼证据有 8 种，即当事人的陈述、书证、物证、视听资料、电子数据、证人证言、鉴定意见、勘验笔录。

（1）当事人的陈述，是指当事人对事实经过的陈述。

（2）书证，是指能够以其文字内容证明案件真实情况的书面材料。

（3）物证，是指能够以其外形或属性证明案件真实情况的物品或痕迹。

（4）视听资料，是指以摄影、录音、录像等方式保存、反映案件事实的载体。

（5）电子数据，是指以电子数据方式保存、反映案件事实的载体。

（6）证人证言，是指亲眼看见或亲身经历本案情况的人提供的事实陈述。

（7）鉴定意见，是指公、检、法机关聘请的专家对书证、物证、视听资料的真实性提出的书面意见。当事人可以就查明事实的专门性问题向人民法院申请鉴定。当事人申请鉴定的，由双方当事人协商确定具备资格的鉴定人；协商不成的，由人民法院指定。当事人未申请鉴定，人民法院对专门性问题认为需要鉴定的，应当委托具备资格的鉴定人进行鉴定。鉴定人有权了解进行鉴定所需要的案件材料，必要时可以询问当事人、证人。鉴定人应当提出书面鉴定意见，在鉴定书上签名或者盖章。当事人可以申请人民法院通知有专门知识的人出庭，就鉴定人作出的鉴定意见或者专业问题提出意见。

（8）勘验笔录，是指公、检、法机关勘查现场、检验物品或痕迹所作的笔录。勘验物证或者现场，勘验人必须出示人民法院的证件，并邀请当地基层组织或者当事人所在单位派人参加。当事人或者当事人的成年家属应当到场，拒不到场的，不影响勘验的进行。有关单位和个人根据人民法院的通知，有义务保护现场，协助勘验工作。勘验人应当将勘验情况和结果制作笔录，由勘验人、当事人和被邀参加人签名或者盖章。

以上证据必须查证属实，才能作为认定事实的根据。

三、举证责任

举证责任，是指当事人在诉讼中对自己提出的主张，有提供证据证明其真实、合法的责任。《民事诉讼法》第 67 条第 1 款规定，当事人对自己提出的主张，有责任提供证据。这一规定，即"谁主张，谁举证"。无论是原告提出诉讼请求，被告反驳、否定原告的主张以及提出反诉，还是有独立请求权的第三人对原、被告之间争议的诉讼标的主张独立的请求权，都必须承担举证责任。人民法院也可以调查收集证据。

举证责任倒置，是指法律有明确规定的，举证责任由被告承担的情形，如医疗纠纷、食品安全纠纷等。

四、证据保全

证据保全，是指法院、当事人或公证机关在调查收集证据之前，对可能灭失或以后难以取得的证据采取措施加以收集和保存的制度，如照相、录音等。证据保全后可由公证机关在诉讼前进行公证。

采取证据保全的条件有：（1）需要保全的事实材料是能够证明案件事实的证据；（2）该证据如不及时采取保全措施，则可能灭失或以后难以取得；（3）保全措施必须在法院调查开始前采取。

◆ 思考题

齐某被宏达公司的汽车撞伤，诉至法院要求赔偿损失。下列关于本案举证责任的哪些说法是正确的？（　　　）

A. 原告齐某应当举证证明是被宏达公司的汽车所撞致伤

B. 原告齐某应当对自己受到的损失承担举证责任

C. 被告宏达公司应当对其主张的自己没有过错承担举证责任

D. 被告宏达公司应当对其主张的原告齐某有主观故意承担举证责任

答案：ABD。

第五节　民事诉讼中的管辖

一、管辖的含义

民事诉讼中的管辖，是指人民法院之间受理第一审民事案件的分工和权限。人民法院受理民事诉讼案件的范围是确定人民法院与其他机关、团体之间解决民事纠纷的分工，而管辖则是确定各级人民法院之间、同级人民法院之间受理民事案件的分工。我国《民事诉讼法》规定的管辖，包括级别管辖、地域管辖、移送管辖和指定管辖。

二、级别管辖

级别管辖是指各级人民法院受理第一审民事案件的职权范围。基层人民法院管辖除法律另有规定以外的第一审民事案件；中级人民法院管辖重大涉外第一审民事案件、在本辖区有重大影响的第一审民事案件，以及最高人民法院确定由中级人民法院管辖的第一审民事案件；高级人民法院管辖在本辖区有重大影响的第一审民事案件；最高人民法院管辖在全国有重大影响的第一审民事案件和其认为应当由本院审理的第一审民事案件。

三、地域管辖

地域管辖是指以地区来划分同级人民法院受理第一审民事案件的职权范围。根据民事案件的不同情况，地域管辖分为以下几种：

（一）一般地域管辖

一般地域管辖，是指民事诉讼一般由被告住所地人民法院管辖，被告住所地与经常居住地不一致的，由经常居住地人民法院管辖，即"原告就被告"的原则。但《民事诉讼法》又规定，下列民事诉讼由原告经常居住地人民法院管辖：（1）对不在中华人民共和国领域内居住的人提起的有关身份关系的诉讼；（2）对下落不明或者宣告失踪的人提起的有关身份关系的诉讼；（3）对被采取强制性教育措施或被监禁的人提起的诉讼。

（二）特殊地域管辖

特殊地域管辖，是指依特定标准确定的管辖。这主要指以下几种情况：

（1）因合同纠纷提起的诉讼，由被告住所地或者合同履行地人民法院管辖。合同或者其他财产权益纠纷的双方当事人可以在书面合同中协议选择被告住所地、合同履行地、合同签订地、原告住所地、标的物所在地等与争议有实际联系的地点的人民法院管辖，但不得违反《民事诉讼法》对级别管辖和专属管辖的规定。因保险合同纠纷提起的诉讼，由被告住所地或者保险标的物所在地人民法院管辖。（2）因侵权行为提起的诉讼，由侵权行为地或者被告住所地人民法院管辖。（3）因票据纠纷提起的诉讼，由票据支付地或者被告住所地人民法院管辖。（4）因铁路、公路、水上、航空运输和联合运输合同纠纷提起的诉讼，由运输始发地、目的地或者被告住所地人民法院管辖。（5）因铁路、公路、水上和航空事故请求损害赔偿提起的诉讼，由事故发生地或者车辆、船舶最先到达地及航空器最先降落地或者被告住所地人民法院管辖。（6）因船舶碰撞或者其他海事损害事故请求损害赔偿提起的诉讼，由碰撞发生地、碰撞船舶最先到达地、加害船舶被扣留地或者被告住所地人民法院管辖。（7）因海难救助费用提起的诉讼，由救助地或者被救助船舶最先到达地人民法院管辖。（8）因共同海损提起的诉讼，由船舶最先到达地、共同海损理算地或者航程终止地的人民法院管辖。（9）因公司设立、确认股东资格、分配利润、解散等纠纷提起的诉讼，由公司住所地人民法院管辖。

（三）专属管辖

专属管辖，是指法律规定某些民事案件只能由特定的人民法院管辖，如因不动产纠纷提起的诉讼，由不动产所在地人民法院管辖；因港口作业中发生纠纷提起的诉讼，由港口所在地人民法院管辖；因继承遗产纠纷提起的诉讼，由被继承人死亡时住所地或者主要遗产所在地人民法院管辖。

（四）共同管辖、选择管辖、协议管辖

共同管辖，是指两个以上的人民法院对同一民事案件都有管辖权，如同案几个被告的住所地分别在几个人民法院的辖区内，这几个人民法院对这一案件都有管辖权。

选择管辖，是指原告在几个有管辖权的人民法院中选择一个人民法院为管辖法院。选择管辖是以共同管辖为前提的。

协议管辖，又称约定管辖，是指当事人在纠纷发生前或纠纷发生后，以协议的方式来约定管辖的人民法院。我国《民事诉讼法》规定涉外民事诉讼中的某些案件适用协议管辖。

四、移送管辖和指定管辖

（一）移送管辖

移送管辖，是指人民法院发现受理的案件不属于本院管辖时，应当移送有管辖权的人民法院，受移送的人民法院应当受理。受移送的人民法院认为受移送的案件依照规定不属于本院管辖的，应当报请上级人民法院指定管辖，不得再自行移送。

（二）指定管辖

指定管辖，是指有管辖权的人民法院由于特殊原因，如因当事人申请回避等，不能行使管辖权的，由上级人民法院指定管辖。人民法院之间对管辖权发生争议，由争议双方协商解决；协商不成的，报请它们的共同上级人民法院指定管辖。

第六节　民事诉讼中的强制措施

一、民事诉讼强制措施的概念和种类

民事诉讼中的强制措施，是指为了保障民事诉讼活动的顺利进行，而对妨害民事诉讼的行为人所采取的一种强制方法。我国《民事诉讼法》规定的强制措施有以下五种：

（1）拘传，是指对必须到庭，经两次传票传唤无正当理由拒不到庭的被告，强制其到庭参加诉讼活动的强制措施。

（2）训诫，是指对妨害民事诉讼的行为人给予口头批评、教育的强制措施。

（3）责令退出法庭，是指责令妨害民事诉讼的行为人立即离开法庭的强制措施。

（4）罚款，是指责令妨害民事诉讼的行为人交付一定金额的货币的强制措施。对个人的罚款金额，为人民币 10 万元以下。对单位的罚款金额，为人民币 5 万元以上 100 万元以下。

（5）拘留，是指人民法院对于妨害民事诉讼且情节严重的行为人，在一

定时间内限制其人身自由的强制措施。拘留的期限，为 15 日以下。

二、民事诉讼强制措施的适用

（1）人民法院对违反法庭规则的人，可以予以训诫、责令退出法庭或者予以罚款、拘留。

（2）人民法院对哄闹、冲击法庭，侮辱、诽谤、威胁、殴打审判人员，严重扰乱法庭秩序的人，依法追究刑事责任；情节较轻的，予以罚款、拘留。

（3）诉讼参与人或者其他人有下列行为之一的，人民法院可以根据情节轻重予以罚款、拘留；构成犯罪的，依法追究刑事责任：①伪造、毁灭重要证据，妨碍人民法院审理案件的；②以暴力、威胁、贿买方法阻止证人作证或者指使、贿买、胁迫他人作伪证的；③隐藏、转移、变卖、毁损已被查封、扣押的财产，或者已被清点并责令其保管的财产，转移已被冻结的财产的；④对司法工作人员、诉讼参加人、证人、翻译人员、鉴定人、勘验人、协助执行的人，进行侮辱、诽谤、诬陷、殴打或者打击报复的；⑤以暴力、威胁或者其他方法阻碍司法工作人员执行职务的；⑥拒不履行人民法院已经发生法律效力的判决、裁定的。

人民法院对有前述行为之一的单位，可以对其主要负责人或者直接责任人员予以罚款、拘留；构成犯罪的，依法追究刑事责任。

（4）有义务协助调查、执行的单位有下列行为之一的，人民法院除责令其履行协助义务外，可以予以罚款：①有关单位拒绝或者妨碍人民法院调查取证的；②有关单位接到人民法院协助执行通知书后，拒不协助查询、扣押、冻结、划拨、变价财产的；③有关单位接到人民法院协助执行通知书后，拒不协助扣留被执行人的收入、办理有关财产权证照转移手续、转交有关票证、证照或者其他财产的；④其他拒绝协助执行的。

人民法院对有前述行为之一的单位，可以对其主要负责人或者直接责任人员予以罚款；对仍不履行协助义务的，可以予以拘留；并可以向监察机关或者有关机关提出予以纪律处分的司法建议。

（5）被拘留的人，由人民法院交公安机关看管。在拘留期间，被拘留人承认并改正错误的，人民法院可以决定提前解除拘留。

（6）对妨害民事诉讼的行为人采取强制措施，必须由人民法院决定。任何单位和个人采取非法拘禁他人或者非法私自扣押他人财产追索债务的，应当依法追究刑事责任，或者予以拘留、罚款。

第七节　诉讼费用

一、诉讼费用的意义及内容

当事人是为了自己的民事权益进行民事诉讼，不应当由国家负担诉讼费用。为了防止滥诉和无理缠讼，人民法院向当事人收取诉讼费用是合理的。当事人进行民事诉讼，应当按照规定交纳案件受理费。财产案件除交纳案件受理费外，当事人应按照规定交纳其他诉讼费用，包括：申请财产保全费、勘验费、鉴定费、公告费、翻译费、执行费；复制法律文书或庭审笔录的成本费；证人、鉴定人、翻译人员出庭的交通费、住宿费、误工补贴等。

当事人交纳诉讼费用确有困难的，可以按照规定向人民法院申请缓交、减交或者免交。

二、诉讼费用的负担原则

（1）案件受理费以当事人诉讼请求的价额为准，依累计递减法，按最高人民法院的规定，由原告预交；申请财产保全费、勘验费、鉴定费、公告费、翻译费、执行费由申请人预交；上诉费由上诉人预交；案件其他费用按照实际支出交纳。

（2）诉讼费用应当由败诉人负担，不论是原告还是被告，谁败诉就由谁负担诉讼费用，但胜诉方自愿负担的除外。

（3）当事人部分胜诉、部分败诉的，由双方按比例负担。

（4）原告撤诉的，费用减半，由原告负担。

（5）共同诉讼人败诉的，人民法院根据各当事人对诉讼标的的利害关系，决定诉讼费用的分担。

（6）调解成立的案件，诉讼费用的分担由当事人协商解决；协商不成的，由人民法院决定。

第八节　民事诉讼审判程序

民事诉讼审判程序包括第一审普通程序、简易程序、第二审程序、特别程序、审判监督程序、督促程序、公示催告程序。

一、第一审普通程序

第一审普通程序是人民法院审理民事案件时通常适用的最基本的程序。

（一）起诉

1. 起诉

起诉是指原告向人民法院提出诉讼请求的行为，起诉必须具备四个条件：（1）原告是与本案有直接利害关系的公民、法人或其他组织；（2）有明确的被告；（3）有具体的诉讼请求和事实、理由；（4）属于人民法院受理民事诉讼的范围和受诉人民法院管辖。起诉应以书面方式提出，即向人民法院递交起诉状，并按照被告人数提出副本。

2. 受理

受理是指人民法院经过对起诉状的审查，认为符合法定条件，予以立案审理的诉讼行为。

人民法院经过对起诉状的审查，认为符合法定起诉条件的，应当在7日内立案，并通知当事人。法院决定受理后，民事诉讼即告成立，诉讼法律关系随之产生，人民法院和诉讼参加人都必须严格按照法定程序进行诉讼活动。

（二）审理前的准备

审理前的准备，是人民法院受理案件以后为开庭审理所做的准备工作。

人民法院应当在立案之日起5日内将起诉状副本发送被告，告知被告在收到之日起15日内提出答辩状。被告提出答辩状的，人民法院应当自收到之日起5日内将答辩状副本发送原告。被告不提出答辩状的，不影响人民法院审理。

审判人员必须认真审核诉讼材料，调查收集必要的证据。人民法院派出人员进行调查时，应当向被调查人出示证件。调查笔录经被调查人校阅后，由被调查人、调查人签名或者盖章。

人民法院在必要时可以委托外地人民法院调查。委托调查，必须提出明确的项目和要求。受委托人民法院可以主动补充调查。受委托人民法院收到委托书后，应当在 30 日内完成调查。因故不能完成的，应当在上述期限内函告委托人民法院。

必须共同进行诉讼的当事人没有参加诉讼的，人民法院应当通知其参加诉讼。必须到庭的被告是指负有赡养、抚育、扶养义务和不到庭就无法查清案情的被告。人民法院对必须到庭的被告，经两次传票传唤，无正当理由拒不到庭的，可以拘传。

当事人可以向法庭申请证据保全，或者申请财产保全、先予执行。

（三）开庭审理

开庭审理是指人民法院在法庭上依法对案件进行审理的诉讼活动，包括开庭准备、法庭调查、法庭辩论、评议与宣判四个阶段。

1. 开庭准备

人民法院审理民事案件，应当在开庭 3 日以前通知当事人和其他诉讼参与人。公开审理的，应当公告当事人姓名、案由和开庭的时间、地点。开庭审理前，书记员应当查明当事人和其他诉讼参与人是否到庭，宣布法庭纪律。

开庭审理时，由审判长或者独任审判员核对当事人，宣布案由，宣布审判人员、法官助理、书记员等的名单，告知当事人有关的诉讼权利和义务，询问当事人是否提出回避申请。

2. 法庭调查

证据应当在法庭上出示，并由当事人互相质证。对于涉及国家秘密、商业秘密和个人隐私的证据应当保密，需要在法庭出示的，不得在公开开庭时出示。

法庭调查按照下列顺序进行：当事人陈述；告知证人的权利义务，证人作证，宣读未到庭的证人证言；出示书证、物证、视听资料和电子数据；宣读鉴定意见；宣读勘验笔录。

3. 法庭辩论

法庭辩论是由当事人根据事实和法律，围绕诉讼请求和答辩意见进行的。先由原告及其诉讼代理人发言，再由被告及其诉讼代理人答辩，然后第三人及其诉讼代理人发言或者答辩，最后是双方互相辩论。法庭辩论终结，由审判长或者独任审判员按照原告、被告、第三人的先后顺序征询各方最后意见。

4. 评议与宣判

法庭辩论终结，应当依法作出判决。判决前能够调解的，还可以进行调解，调解不成的，应当及时判决。人民法院对公开审理或者不公开审理的案件，一律公开宣告判决。当庭宣判的，应当在 10 日内发送判决书；定期宣判的，宣判后立即发给判决书。宣告判决时，必须告知当事人上诉权利、上诉期限和上诉的法院。宣告离婚判决，必须告知当事人在判决发生法律效力前不得另行结婚。

下列情况可以缺席判决：（1）原告经传票传唤，无正当理由拒不到庭，或者未经法庭许可中途退庭的，可以按撤诉处理；被告反诉的；（2）被告经传票传唤，无正当理由拒不到庭，或者未经法庭许可中途退庭的；（3）宣判前，人民法院裁定原告不准许撤诉，原告经传票传唤，无正当理由拒不到庭的。

人民法院适用普通程序审理的案件，应当在立案之日起 6 个月内审结。有特殊情况需要延长的，由本院院长批准，可以延长 6 个月。

最高人民法院的判决、裁定，以及依法不准上诉或者超过上诉期没有上诉的判决、裁定，是发生法律效力的判决、裁定。

◆ 思考题

根据《民事诉讼法》和有关司法解释，当事人可以约定下列哪些事项？
（　　）

A. 约定合同案件的管辖法院

B. 约定离婚案件的管辖法院

C. 约定举证时限

D. 法院指定的举证时限不得少于 30 日

答案：ABC。

二、简易程序

简易程序，是基层人民法院和它派出的法庭审理简单的民事案件所适用的程序。所谓简单的民事案件，是指事实清楚、权利义务关系明确、争议不大的民事案件。

对简单的民事案件，原告可以口头起诉。当事人双方可以同时到基层人民法院或者它派出的法庭，请求解决纠纷。基层人民法院或它派出的法庭可以当即审理，也可以用简便方式随时传唤当事人、证人。适用简易程序的案件由审判员一人独任审理。人民法院适用简易程序审理案件，应当在立案之日起 3 个月内审结。

三、第二审程序

第二审程序是指人民法院审理上诉案件所适用的程序。上诉必须由法定的上诉人在法定期限内以上诉状的形式提出。法定的上诉人包括当事人及其法定代理人，委托代理人须经被代理人特别授权才能提起上诉。对判决提起上诉的期限为 15 日，对裁定提起上诉的期限为 10 日。当事人不得单独就诉讼费用的决定提出上诉。上诉状应当通过原审人民法院提交，也可以直接向第二审人民法院提交。

第二审人民法院应当组成合议庭，对上诉案件进行开庭审理。经过审理，按照不同情形，分别作出处理：

（1）原判决、裁定认定事实清楚，适用法律正确的，以判决、裁定方式驳回上诉，维持原判决、裁定。

（2）原判决、裁定认定事实错误或者适用法律错误的，以判决、裁定方式依法改判、撤销或者变更。

（3）原判决认定基本事实不清的，裁定撤销原判决，发回原审人民法院重审，或者查清事实后改判。

（4）原判决遗漏当事人或者违法缺席判决等严重违反法定程序的，裁定撤销原判决，发回原审人民法院重审。原审人民法院对发回重审的案件作出判决后，当事人提起上诉的，第二审人民法院不得再次发回重审。

人民法院审理对判决的上诉案件，应当在第二审立案之日起 3 个月内审结。有特殊情况需要延长的，由本院院长批准。

四、特别程序

特别程序是人民法院审理法定的特殊案件所适用的程序。这里的特殊案件是指：选民资格案件；宣告失踪或者宣告死亡案件；指定遗产管理人案件；

认定公民无民事行为能力或者限制民事行为能力案件；认定财产无主案件；确认调解协议案件；实现担保物权案件。

五、审判监督程序

审判监督程序，是指人民法院对已发生法律效力又确有错误的判决和裁定，进行再次审理所适用的程序，亦称再审程序。

当事人的申请符合下列情形之一的，人民法院应当再审：（1）有新的证据，足以推翻原判决、裁定的；（2）原判决、裁定认定的基本事实缺乏证据证明的；（3）原判决、裁定认定事实的主要证据是伪造的；（4）原判决、裁定认定事实的主要证据未经质证的；（5）对审理案件需要的主要证据，当事人因客观原因不能自行收集，书面申请人民法院调查收集，人民法院未调查收集的；（6）原判决、裁定适用法律确有错误的；（7）审判组织的组成不合法或者依法应当回避的审判人员没有回避的；（8）无诉讼行为能力人未经法定代理人代为诉讼或者应当参加诉讼的当事人，因不能归责于本人或者其诉讼代理人的事由，未参加诉讼的；（9）违反法律规定，剥夺当事人辩论权利的；（10）未经传票传唤，缺席判决的；（11）原判决、裁定遗漏或者超出诉讼请求的；（12）据以作出原判决、裁定的法律文书被撤销或者变更的；（13）审判人员在审理该案件时有贪污受贿、徇私舞弊、枉法裁判行为的；（14）提出证据证明调解违反自愿原则或者调解协议的内容违反法律，经人民法院审查属实的。

当事人申请再审，应当在判决、裁定发生法律效力后 6 个月内提出；有前述第 1 项、第 3 项、第 12 项、第 13 项规定情形的，自知道或者应当知道之日起 6 个月内提出。

当事人对已经发生法律效力的解除婚姻关系的判决、调解书，不得申请再审。

因当事人申请裁定再审的案件由中级人民法院以上的人民法院审理，但当事人依照《民事诉讼法》第 210 条的规定选择向基层人民法院申请再审的除外。最高人民法院、高级人民法院裁定再审的案件，由本院再审或者交其他人民法院再审，也可以交原审人民法院再审。

人民法院应当自收到再审申请书之日起 3 个月内审查，符合《民事诉讼法》规定的，裁定再审；不符合《民事诉讼法》规定的，裁定驳回申请。有特殊情况需要延长的，由本院院长批准。

六、督促程序、公示催告程序

督促程序，是债权人申请人民法院发出支付令，督促债务人履行一定给付义务的程序。债权人请求债务人给付金钱、有价证券，在债权人与债务人没有其他债务纠纷，并且支付令能够送达债务人的条件下，可以向有管辖权的基层人民法院申请支付令。

人民法院受理申请后，经审查认为债权债务关系明确、合法的，应当向债务人发出支付令。

债务人在收到支付令之日起 15 日内不提出异议又不履行支付令的，债权人可以向人民法院申请执行。如果债务人依法向人民法院提出书面异议，人民法院经审查，异议成立的，应当裁定终结督促程序，支付令自行失效，转入诉讼程序。

公示催告程序，是指人民法院根据丧失票据的当事人的申请，以公告的方式催促不明确的利害关系人在规定期间内申报权利、提出票据，否则，将判决宣告利害关系人持有的票据无效的一种程序。公示催告的期间，由人民法院根据情况决定，但不得少于 60 日。

第九节　执行程序

一、一般规定

申请执行的期间为 2 年，从法律文书规定履行期间的最后一日起计算；法律文书规定分期履行的，从最后一期履行期限届满之日起计算；法律文书未规定履行期间的，从法律文书生效之日起计算。申请执行时效的中止、中断，适用法律有关诉讼时效中止、中断的规定。

执行员接到申请执行书或者移交执行书，应当向被执行人发出执行通知，并可以立即采取强制执行措施。

发生法律效力的民事判决、裁定，以及刑事判决、裁定中的财产部分，由第一审人民法院或者与第一审人民法院同级的被执行的财产所在地人民法院执行。

　　执行工作由执行员进行。采取强制执行措施时，执行员应当出示证件。执行完毕后、应当将执行情况制作笔录，由在场的有关人员签名或者盖章。

　　在执行中，被执行人向人民法院提供担保，并经申请执行人同意的，人民法院可以决定暂缓执行及暂缓执行的期限。被执行人逾期仍不执行的，人民法院有权执行被执行人的担保财产或者担保人的财产。

　　在执行中，双方当事人自行和解达成协议的，执行员应当将协议内容记入笔录，由双方当事人签名或者盖章。一方当事人不履行和解协议的，人民法院可以根据对方当事人的申请，恢复对原生效法律文书的执行。

　　当事人、利害关系人认为执行行为违反法律规定的，可以向负责执行的人民法院提出书面异议。当事人、利害关系人提出书面异议的，人民法院应当自收到书面异议之日起 15 日内审查，理由成立的，裁定撤销或者改正；理由不成立的，裁定驳回。当事人、利害关系人对裁定不服的，可以自裁定送达之日起 10 日内向上一级人民法院申请复议。

　　人民法院自收到申请执行书之日起超过 6 个月未执行的，申请执行人可以向上一级人民法院申请执行。上一级人民法院经审查，可以责令原人民法院在一定期限内执行，也可以决定由本院执行或者指令其他人民法院执行。

　　执行过程中，案外人对执行标的提出书面异议的，人民法院应当自收到书面异议之日起 15 日内审查，理由成立的，裁定中止对该标的的执行；理由不成立的，裁定驳回。案外人、当事人对裁定不服，认为原判决、裁定错误的，依照审判监督程序办理；与原判决、裁定无关的，可以自裁定送达之日起 15 日内向人民法院提起诉讼。

　　作为被执行人的公民死亡的，以其遗产偿还债务。作为被执行人的法人或者其他组织终止的，由其权利义务承受人履行义务。

　　人民检察院有权对民事执行活动实行法律监督。

◆▶ 思考题

　　人民法院判决乙赔偿甲 10 万元，并登报赔礼道歉。判决生效后乙交付甲 10 万元，但未按期赔礼道歉。甲申请强制执行。执行中，甲、乙自行达成口头协议，约定乙免于赔礼道歉，但另付甲 1 万元。法院下列哪一做法正确？（　　）

　　A. 不允许，因口头协议超出生效判决的范围

B. 允许，法院视为申请人撤销申请

C. 允许，法院要将当事人口头协议内容记入笔录，由甲、乙签字或盖章

D. 允许，法院根据当事人协议内容制作调解书

答案： C。

二、执行措施

被执行人未按执行通知履行法律文书确定的义务，应当报告当前以及收到执行通知之日前 1 年的财产情况。被执行人拒绝报告或者虚假报告的，人民法院可以根据情节轻重对被执行人或者其法定代理人、有关单位的主要负责人或者直接责任人员予以罚款、拘留。

被执行人未按执行通知履行法律文书确定的义务，人民法院有权向有关单位查询被执行人的存款、债券、股票、基金份额等财产情况，有权扣押、冻结、划拨、变价被执行人的财产，但查询、扣押、冻结、划拨、变价的财产不得超出被执行人应当履行义务的范围。人民法院决定扣押、冻结、划拨、变价财产，应当作出裁定，并发出协助执行通知书，有关单位必须办理。

被执行人未按执行通知履行法律文书确定的义务，人民法院有权扣留、提取被执行人应当履行义务部分的收入，但应当保留被执行人及其所扶养家属的生活必需费用。人民法院扣留、提取收入时，应当作出裁定，并发出协助执行通知书，被执行人所在单位、银行、信用合作社和其他有储蓄业务的单位必须办理。

被执行人未按执行通知履行法律文书确定的义务，人民法院有权查封、扣押、冻结、拍卖、变卖被执行人应当履行义务部分的财产，但应当保留被执行人及其所扶养家属的生活必需品。人民法院查封、扣押财产时，被执行人是公民的，应当通知被执行人或者他的成年家属到场；被执行人是法人或者其他组织的，应当通知其法定代表人或者主要负责人到场。拒不到场的，不影响执行。被执行人是公民的，其工作单位或者财产所在地的基层组织应当派人参加。对被查封、扣押的财产，执行员必须造具清单，由在场人签名或者盖章后，交被执行人一份。被执行人是公民的，也可以交他的成年家属一份。被查封的财产，执行员可以指定被执行人负责保管。因被执行人的过错造成的损失，由被执行人承担。

财产被查封、扣押后，执行员应当责令被执行人在指定期间履行法律文书确定的义务。被执行人逾期不履行的，人民法院应当拍卖被查封、扣押的财产；不适于拍卖或者当事人双方同意不进行拍卖的，人民法院可以委托有关单位变卖或者自行变卖。国家禁止自由买卖的物品，交有关单位按照国家规定的价格收购。

被执行人不履行法律文书确定的义务，并隐匿财产的，人民法院有权由院长签发搜查令，对被执行人及其住所或者财产隐匿地进行搜查。

法律文书指定交付的财物或者票证，由执行员传唤双方当事人当面交付，或者由执行员转交，并由被交付人签收。有关单位持有该项财物或者票证的，应当根据人民法院的协助执行通知书转交，并由被交付人签收。有关公民持有该项财物或者票证的，人民法院通知其交出；拒不交出的，强制执行。

强制迁出房屋或者强制退出土地，由院长签发公告，责令被执行人在指定期间履行。被执行人逾期不履行的，由执行员强制执行。强制执行时，被执行人是公民的，应当通知被执行人或者他的成年家属到场；被执行人是法人或者其他组织的，应当通知其法定代表人或者主要负责人到场。拒不到场的，不影响执行。被执行人是公民的，其工作单位或者房屋、土地所在地的基层组织应当派人参加。执行员应当将强制执行情况记入笔录，由在场人签名或者盖章。强制迁出房屋被搬出的财物，由人民法院派人运至指定处所，交给被执行人。被执行人是公民的，也可以交给他的成年家属。因拒绝接收而造成的损失，由被执行人承担。

在执行中，需要办理有关财产权证照转移手续的，人民法院可以向有关单位发出协助执行通知书，有关单位必须办理。

对判决、裁定和其他法律文书指定的行为，被执行人未按执行通知履行的，人民法院可以强制执行或者委托有关单位或者其他人完成，费用由被执行人承担。

被执行人未按判决、裁定和其他法律文书指定的期间履行给付金钱义务的，应当加倍支付迟延履行期间的债务利息。被执行人未按判决、裁定和其他法律文书指定的期间履行其他义务的，应当支付迟延履行金。

人民法院采取执行措施后，被执行人仍不能偿还债务的，应当继续履行义务。债权人发现被执行人有其他财产的，可以随时请求人民法院执行。

被执行人不履行法律文书确定的义务的，人民法院可以对其采取或者通知有关单位协助采取限制出境，在征信系统记录、通过媒体公布不履行义务信息以及法律规定的其他措施。

◆ 复习与思考

1. 审判人员（侦查人员、检察人员）应当自行回避的情形包括哪些？

2. 民事诉讼法特有的基本原则有哪些？

3. 当事人的诉讼权利包括哪些？

4. 提出反诉，必须具备哪些条件？

5. 财产保全措施的种类有哪些？

6. 裁定先予执行的前提条件是什么？裁定先予执行的案件有哪些？

7. 民事诉讼证据有哪些种类？

8. 我国关于级别管辖的规定是什么？

9. 民事诉讼审判包括哪些程序？

10. 人民法院应当再审的情形有哪些？

公正司法事关人民切身利益，事关社会公平正义，事关全面推进依法治国。要坚持司法体制改革的正确政治方向，坚持以提高司法公信力为根本尺度，坚持符合国情和遵循司法规律相结合，坚持问题导向、勇于攻坚克难，坚定信心，凝聚共识，锐意进取，破解难题，坚定不移深化司法体制改革，不断促进社会公平正义。

——习近平在十八届中央政治局第二十一次集体学习时的讲话

第一节　刑事诉讼法概述

一、我国刑事诉讼法的概念

诉讼是国家司法机关在当事人和其他诉讼参与人的参加下，以裁判或以其他方式解决案件而进行的活动。根据案件的不同性质，诉讼主要可以分为刑事诉讼、民事诉讼和行政诉讼。

所谓刑事诉讼，是指为追究犯罪嫌疑人、被告人刑事责任而进行的诉讼活动，其内容是查明和认定犯罪嫌疑人、被告人是否有犯罪行为，如果有犯罪行为，应处以何种刑罚。刑事诉讼法就是规定刑事诉讼活动应当遵循的原则、制度和程序，规定人民法院、人民检察院、公安机关、案件当事人和其他诉讼参与人在刑事诉讼活动中的职权、职责、权利和义务的法律规范的总和。我国刑事诉讼法的主要渊源是《刑事诉讼法》，该法于 1979 年 7 月第五届全国人民代表大会第二次会议通过，1996 年 3 月第八届全国人民代表大会第四次会议对该法进行了第一次修正，2012 年 3 月第十一届全国人民代表大会第五次会议对该法作了第二次修正，2018年10月第十三届全国人民代表大会常务委员会第六次会议对该法作了第三次修正。同时，在其他法律中，例如在《宪法》《人民法院组织法》《人民检察院组织法》《人民警察法》《律师法》《监狱法》等法律中也有一些有关刑事诉讼制度和程序的规定。

刑事诉讼法是程序法，它与作为实体法的刑法有着密切联系。刑法规定了犯罪和刑罚，是定罪量刑的标准和尺度，没有刑法，定罪量刑就失去了依据；刑事诉讼法是刑法得以正确执行的必要保证，没有公安机关、人民检察院和人民法院依照刑事诉讼法进行侦查、起诉和审判活动，刑法再好也无法实施。因此，一个国家在制定刑法的同时，必然要制定相应的刑事诉讼法，以保证刑法的实施。

二、我国刑事诉讼法的任务

《刑事诉讼法》第2条规定："中华人民共和国刑事诉讼法的任务，是保证准确、及时地查明犯罪事实，正确应用法律，惩罚犯罪分子，保障无罪的人不受刑事追究，教育公民自觉遵守法律，积极同犯罪行为作斗争，维护社会主义法制，尊重和保障人权，保护公民的人身权利、财产权利、民主权利和其他权利，保障社会主义建设事业的顺利进行。"

我国刑事诉讼法的任务，体现为惩罚犯罪与保障人权的统一。惩罚犯罪体现在通过刑事诉讼法程序，在准确、及时查明案件事实真相的基础上，对构成犯罪的被告人公正地适用刑法，从而有效地打击犯罪，保护人民。同时，在刑事诉讼的全过程中，十分重视保障诉讼参与人特别是犯罪嫌疑人、被告人的权利免受非法侵害。人权保障在刑事诉讼中处于非常重要的地位，《刑事诉讼法》在规定各种强制措施的同时，又规定了每一种强制措施的严格实施程序，防止公权力的滥用，避免造成对犯罪嫌疑人权利的侵犯。2012年对《刑事诉讼法》的修正，对于证据制度、辩护制度、强制措施、侦查程序、审判程序、执行程序的修改和对一些特别程序的设置，表现出十分重视尊重和保障人权的原则。在刑事诉讼活动中，应当努力实现惩罚犯罪与保障人权的有机结合，而不应有所偏废。2018年《刑事诉讼法》又经历了一次大范围修正，此次修正主要是为了调整检察职能，以与国家监察体制改革相适应，主要包括《监察法》与《刑事诉讼法》的衔接、职务犯罪管辖的调整等方面。此外，修正后的《刑事诉讼法》还对缺席审判程序、刑事速裁程序和认罪认罚从宽制度等内容进行了规定。

三、我国刑事诉讼法的基本原则

（一）概述

我国刑事诉讼法的基本原则，是指导人民法院、人民检察院和公安机关正确进行刑事诉讼活动的基本准则。它们贯穿于整个刑事诉讼过程中。在立案、侦查，起诉、审判、执行等各个诉讼阶段中，只有严格按照这些基本原则办事，才能保证正确地处理案件，实现刑事诉讼法的任务。

刑事诉讼法的基本原则包括：人民法院、人民检察院和公安机关依法行使各自的职权；人民法院、人民检察院依法独立行使审判权、检察权；人民法院、人民检察院和公安机关进行诉讼活动必须依靠群众；以事实为根据，以法律为准绳；对于一切公民，在适用法律上一律平等；人民法院、人民检察院和公安机关在刑事诉讼活动中分工负责、互相配合、互相制约；人民检察院依法对刑事诉讼实行法律监督；各民族公民有权使用本民族语言文字进行诉讼；人民法院实行两审终审制；公开审判；犯罪嫌疑人、被告人有权获得辩护；保障诉讼参与人依法享有诉讼权利；未经人民法院依法判决，对任何人都不得确定有罪；保障不应追究刑事责任的人不受追诉；对外国人犯罪的追究适用我国刑事诉讼法等。

（二）公、检、法三机关依法行使职权

这一原则有两方面的含义：一方面，根据《刑事诉讼法》的规定，对刑事案件的侦查、拘留、执行逮捕、预审，由公安机关负责；检察、批准逮捕、检察机关直接受理的案件的侦查、提起公诉，由人民检察院负责；审判由人民法院负责。除法律特别规定的以外，其他任何机关、团体和个人都无权行使这些权力。也就是说，进行刑事诉讼是公安机关、人民检察院和人民法院法定的专有职权，任何其他党政机关和团体、个人都无权僭越或者代替。除公、检、法三机关之外，任何其他机关、团体和个人如果行使这些权力，都是非法的，涉及案件的有关公民可以拒绝参与和接受；其所进行的一切活动都不具有法律上的效力，而且违法行使了这些权力的人还必须承担相应的法律责任。这对维护社会主义法治是十分必要的。这里讲的"法律特别规定"是指《刑事诉讼法》和其他法律的有关规定。如《刑事诉讼法》第4条规定："国家安全机关依照法律规定，办理危害国家安全的刑事案件，行使与公安机关相同的职权。"第 308 条规定："军队保卫部门对军队内部发生的刑事案件行使侦查权。中国海警局履行海上维权执法职责、对海上发生的刑事案件行使侦查权。对罪犯在监狱内犯罪的案件由监狱进行侦查。军队保卫部门、中国海警局、监狱办理刑事案件，适用本法的有关规定。"

另一方面，《刑事诉讼法》还规定，人民法院、人民检察院和公安机关进行刑事诉讼，必须严格遵守该法和其他法律的有关规定。如果这些机关在进行刑事诉讼中有违法行为，也就是执法者本身违法，对维护国家法治必然产生不良的影响。如果违反的是法律的强制性规定，还会直接导致诉讼行为无效的后果。

（三）公、检、法三机关进行诉讼活动必须依靠群众

人民法院、人民检察院和公安机关进行诉讼活动，必须依靠群众，坚持群众路线。这是我国人民民主专政的国家性质所决定的。我国公安、检察、审判机关都有依靠群众办案的优良传统和经验。

人民法院、人民检察院和公安机关只有紧密依靠群众，得到广大人民群众的支持和协助，才能迅速查清案件事实，准确打击犯罪。因此，在刑事诉讼活动中，应当打破神秘主义和孤立主义的观念，把专门机关独立行使职权和依靠群众二者有机地结合起来，把专门机关的工作置于广大群众的支持和监督之下，这样，既可以防止错误的发生；同时，广大人民群众在参加同危害国家安全的犯罪分子及其他刑事犯罪分子的斗争过程中，也能受到教育，从而增强维护社会主义法治的自觉性。

（四）公、检、法三机关分工负责，互相配合，互相制约

《刑事诉讼法》根据《宪法》确立的原则规定，人民法院、人民检察院和公安机关进行刑事诉讼，应当分工负责，互相配合，互相制约，以保证准确有效地执行法律。这是在刑事诉讼中协调公、检、法三机关相互关系的基本原则。分工负责就是根据各自的职权，各尽其责，不能彼此推诿或相互代替；互相配合就是在各自的职权范围内互通情况、互相支援和协助；互相制约就是在诉讼程序中以各自的法定职责相互监督和约束，以防止和纠正彼此在办案工作中可能出现或已经出现的错误。分工负责、互相配合、互相制约是紧密相连、不可分割的，不能只强调某一方面，而忽视或丢弃其他方面。

（五）人民检察院依法对刑事诉讼实行法律监督

人民检察院依法对刑事诉讼实行法律监督，是由我国检察机关的性质所

决定的。《宪法》第 134 条规定："中华人民共和国人民检察院是国家的法律监督机关。"在刑事诉讼中，这种法律监督作用主要表现在：通过对公安机关侦查的案件进行审查并决定是否逮捕、起诉，对直接受理的案件进行侦查，对刑事案件提起公诉、支持公诉，对公安、审判机关的侦查活动、审判活动和执行刑罚的活动是否合法，实行法律监督。因此，人民检察院对刑事诉讼实行法律监督是其法律监督职责的重要组成部分，对于保证国家刑事法律的统一、正确实施，维护当事人和其他诉讼参与人的合法权益，准确、及时地惩罚犯罪，具有十分重要的意义。

（六）犯罪嫌疑人、被告人有权获得辩护

犯罪嫌疑人、被告人有权获得辩护，这是一项宪法原则，也是刑事诉讼的一项重要原则。犯罪嫌疑人、被告人的辩护权是指犯罪嫌疑人、被告人就被指控的犯罪行为是否属实，依法是否应受刑罚制裁，以及情节的轻重、定罪量刑是否恰当、有关机关对他采取的追诉措施是否合法等问题为自己进行辩解的权利。对于这项权利，人民法院、人民检察院和公安机关均有义务加以保障，不得任意侵犯和剥夺。

犯罪嫌疑人、被告人的辩护权除由犯罪嫌疑人、被告人自己行使外，可以委托下列人员行使：律师、人民团体或者犯罪嫌疑人、被告人所在单位推荐的人；犯罪嫌疑人、被告人的监护人、亲友。犯罪嫌疑人自被侦查机关第一次讯问或者采取强制措施之日起，有权委托辩护人；在侦查期间，只能委托律师作为辩护人。被告人有权随时委托辩护人。

犯罪嫌疑人、被告人因经济困难或者其他原因没有委托辩护人的，本人及其近亲属可以向法律援助机构提出申请。对符合法律援助条件的，法律援助机构应当指派律师为其提供辩护。犯罪嫌疑人、被告人是盲、聋、哑人，或者是尚未完全丧失辨认或者控制自己行为能力的精神病人，没有委托辩护人的，以及犯罪嫌疑人、被告人可能被判处无期徒刑、死刑，没有委托辩护人的，人民法院、人民检察院和公安机关应当通知法律援助机构指派律师为其提供辩护。

在审判过程中，被告人可以拒绝辩护人继续为他辩护，也可以另行委托辩护人。

辩护人或者其他任何人，不得帮助犯罪嫌疑人、被告人隐匿、毁灭、伪造证据或者串供，不得威胁、引诱证人作伪证以及进行其他干扰司法机关诉讼活动的行为。

（七）保障诉讼参与人的诉讼权利

刑事诉讼的参与人，是指当事人（被害人、自诉人、犯罪嫌疑人、被告人、附带民事诉讼的原告人和被告人）、法定代理人、诉讼代理人、辩护人、证人、鉴定人和翻译人员。由于诉讼参与人在诉讼中的地位和作用各不相同，法律赋予他们不同的诉讼权利，这些诉讼权利都应得到保障。《刑事诉讼法》第 14 条规定："人民法院、人民检察院和公安机关应当保障犯罪嫌疑人、被告人和其他诉讼参与人依法享有的辩护权和其他诉讼权利。诉讼参与人对于审判人员、检察人员和侦查人员侵犯公民诉讼权利和人身侮辱的行为，有权提出控告。"

（八）未经人民法院依法判决，对任何人都不得确定有罪

《刑事诉讼法》第 12 条规定："未经人民法院依法判决，对任何人都不得确定有罪。"这是《刑事诉讼法》一项十分重要的原则。在刑事诉讼中，确定被告人有罪的权力由人民法院统一行使。人民法院的定罪权只能以判决的形式行使，且必须按照刑法和刑事诉讼法的规定制作判决书。受到刑事追诉的人，在侦查和审查起诉阶段被称为"犯罪嫌疑人"，在检察机关提起公诉后被称为"被告人"。

（九）对不应追究刑事责任的不予追诉

《刑事诉讼法》第 16 条规定，有下列情形之一的，不追究刑事责任；已经追究的，应当撤销案件，或者不起诉，或者终止审理，或者宣告无罪：（1）情节显著轻微、危害不大，不认为是犯罪的；（2）犯罪已过追诉时效期限的；（3）经特赦令免除刑罚的；（4）依照《刑法》告诉才处理的犯罪，没有告诉或者撤回告诉的；（5）犯罪嫌疑人、被告人死亡的；（6）其他法律规定免予追究刑事责任的。在刑事诉讼的不同阶段，对法定不追诉的不同处理是：侦查阶段为撤销案件，审查起诉阶段为不起诉，审理阶段为终止审理或者宣告无罪。

（十）追究外国人犯罪适用我国刑事诉讼法

我国《刑事诉讼法》第 17 条第 1 款规定，对于外国人犯罪应当追究刑事责任的，适用该法的规定。这是维护国家主权所必需的。但对于享有外交特权和豁免权的外国人犯罪应当追究刑事责任的，通过外交途径解决。

第二节　管辖

一、管辖的概念

刑事诉讼中的管辖，是指人民法院、人民检察院和公安机关在受理刑事案件方面，各级人民法院在受理、审判第一审刑事案件方面，以及普通法院和专门法院在受理、审判刑事案件方面的分工。管辖的适当划分，对于便利群众，保障公民合法权益，以及公、检、法各机关顺利地进行刑事诉讼，都具有重要意义。依据划分标准的不同，管辖可以分为职能管辖和审判管辖。

二、职能管辖

职能管辖又称立案管辖，是指人民法院、人民检察院和公安机关（包括国家安全机关）立案受理案件的权限的划分，主要解决这三个机关的职责分工问题。

按照《刑事诉讼法》的规定，刑事案件的侦查由公安机关进行，法律另有规定的除外。人民检察院在对诉讼活动实行法律监督中发现的司法工作人员利用职权实施的非法拘禁、刑讯逼供、非法搜查等侵犯公民权利、损害司法公正的犯罪，可以由人民检察院立案侦查。对于公安机关管辖的国家机关工作人员利用职权实施的重大犯罪案件，需要由人民检察院直接受理的时候，经省级以上人民检察院决定，可以由人民检察院立案侦查。自诉案件，由人民法院直接受理。

三、审判管辖

审判管辖，是指各级人民法院上下级之间，以及不同地区、不同类型的人民法院之间，对刑事案件受理权限的划分。它解决的是不同法院之间的分工问题。依不同标准，审判管辖可以分为级别管辖、地域管辖和专门管辖。

（一）级别管辖

依对第一审刑事案件的受理权限划分的管辖，称为级别管辖。根据《刑事诉讼法》的规定，除依法应由上级人民法院管辖的第一审刑事案件外，其他刑事案件都由基层人民法院管辖。由中级人民法院管辖的第一审刑事案件包括危害国家安全、恐怖活动案件及可能判处无期徒刑、死刑的案件。高级人民法院管辖的第一审刑事案件，是全省（自治区、直辖市）性的重大刑事案件。最高人民法院管辖的第一审刑事案件，是全国性的重大刑事案件。

由此可见，级别管辖主要是根据案件性质、影响大小和法定刑的轻重来划分的。在这些规定的基础上，法律还对级别管辖作了一些灵活的规定。例如，上级人民法院在必要时可以审判下级人民法院管辖的第一审刑事案件；下级人民法院如果认为依法应由它受理的第一审刑事案件案情重大、复杂，需要由上级人民法院审判的，也可以请求移送上一级人民法院审判。

（二）地域管辖

地域管辖是指同级人民法院之间对于第一审刑事案件的职权划分。《刑事诉讼法》关于地域管辖有下列规定：

（1）原则上由犯罪地的人民法院管辖。所谓犯罪地，是指犯罪行为发生地。对于以非法占有为目的的财产犯罪，犯罪地既包括犯罪行为发生地，也包括犯罪分子实际取得财产的犯罪结果发生地。如果几个同级人民法院对某一案件都有权管辖，则由最初受理的人民法院审判，必要时也可以移送主要犯罪地的人民法院审判。

（2）被告人居住地的人民法院管辖。如果案件由被告人居住地的人民法院审判更为适宜的，也可以由被告人居住地的人民法院管辖。

（3）指定管辖。管辖不明或几个人民法院对管辖有争议的案件，依照《刑事诉讼法》的规定，上级人民法院可以指定其中的一个人民法院审判，也可以指定下级人民法院将案件移送其他人民法院审判。

（三）专门管辖

专门管辖是指专门人民法院与普通人民法院在管辖案件方面的权限分工。凡属专门人民法院管辖的案件，即不归普通人民法院管辖。专门人民法院管辖的案件，由法律另行规定。

第三节　回避

回避，是指与案件或者案件的当事人有某种关系的侦查、检察和审判人员，以及某些诉讼参与人不得参与本案诉讼活动的一项刑事诉讼制度。建立回避制度，既有利于防止有关办案人员由于某种原因而影响客观公正地处理案件，也有利于保障当事人在诉讼中正常行使自己的权利，体现了我国刑事诉讼的民主性。

回避可分为自行回避和申请回避两种。自行回避，是指具有法定回避情形之一的侦查、检察和审判人员，以及某些诉讼参与人主动要求回避；申请回避，是指案件的当事人及其法定代理人，认为侦查、检察和审判人员，以及某些诉讼参与人具有法定回避情形，而向人民法院、人民检察院、公安机关提出申请，要求他们回避。

根据《刑事诉讼法》的规定，回避的对象包括侦查人员、检察人员、审判人员、书记员、翻译人员和鉴定人。回避的理由有以下几种：（1）是本案的当事人或者是当事人的近亲属的；（2）本人或者他的近亲属与本案有利害关系的；（3）担任过本案的证人、鉴定人、辩护人、诉讼代理人的；（4）与本案当事人有其他关系，可能影响公正处理案件的；（5）审判人员、检察人员、侦查人员私自会见过当事人及其委托的人，或者接受过当事人及其委托的人请客送礼的。审判人员、检察人员、侦查人员的回避，应当分别由院长、检察长、公安机关负责人决定；院长的回避，由审判委员会决定；检察长和公安机关负责人的回避，由同级人民检察院检察委员会决定；书记员、翻译人员和鉴定人的回避，分别由院长、检察长、公安机关负责人决定。对驳回申请回避的决定，当事人及其法定代理人可以申请复议一次。对侦查人员的回避作出决定前，侦查人员不能停止对案件的侦查。

第四节　证据

一、证据的概念和意义

《刑事诉讼法》规定，可以用于证明案件事实的材料，都是证据。

作为诉讼证据，必须具备客观性、关联性和合法性。首先，必须是确实存在的客观事实；其次，这些事实与案件有客观联系，并能证明案件中有待证明的问题。这是对诉讼证据实质性的要求。从程序上来说，刑事诉讼中证据的提供、收集和审查必须符合法定的程序要求，证据材料在形式上必须符合法律要求，必须经过法定程序出示和查证。

刑事诉讼中查明案情的过程，就是一个收集和运用证据来认定犯罪事实的过程。案件的真实情况，虽然都是已经发生过的事实，但是犯罪分子往往是用隐蔽的、狡猾的手段作案，犯罪后又往往千方百计地企图逃避罪责。此外，也会有某些似是而非、捕风捉影的指证，甚至有挟私诬告、制作伪证陷害他人的情况。因此，在整个刑事诉讼活动中，从立案侦查、审查起诉一直到最后的审理判决，对证据的收集、审查、鉴别、判断和运用，都是其中的核心问题。只有掌握了确凿、充分的证据，才能认定被告人是否有罪和罪行的轻重，并据以作出正确的判决。

二、证据的种类

从证据理论的角度，可以依据不同的标准把刑事诉讼中各种各样的证据作不同的分类。例如，依证据是否直接源于案件事实，可以把证据分为原始证据和传来证据；依证据是否能直接证明案件主要事实，可以把证据分为直接证据和间接证据；依证据的证明作用，可以把证据分为控诉证据和辩护证据。《刑事诉讼法》则依据证据的表现形式，把证据分为8种：（1）物证；（2）书证；（3）证人证言；（4）被害人陈述；（5）犯罪嫌疑人、被告人供述和辩解；（6）鉴定意见；（7）勘验、检查、辨认、侦查实验等笔录；（8）视听资料、电子数据。

物证，是指能够对案件真实情况起证明作用的物品或痕迹。它是以客观存在的物的形状、特性、品质或痕迹等外部特征来证明与案件有关的事实的。在刑事诉讼中，物证是运用得极为广泛的重要证据。

书证，是指以其所记载的内容来证明案件事实的文件。这是书证与物证相区别的根本点。如果只是利用书面文件的外部特征来作证据，如被告人遗留在现场的信件，其内容与案情无关，但能作为被告人曾到过此地的证据，那就只是物证，而不是书证。

证人证言，是指知道案件情况的人就有关的事实所作的陈述。凡是知道案件情况的人都有作证的义务，但是生理上、精神上有缺陷或者年幼，不能辨别是非、不能正确表达的人，不能作证人。证人证言必须在法庭上经过公诉人、被害人和被告人、辩护人双方质证并且查实以后，才能作为定案的根据。法庭查明证人有意作伪证或者隐匿罪证的时候，应当依法处理。

被害人陈述，是指直接遭受犯罪行为侵害的人就案件事实所作的陈述。

被害人既可以是自然人，也可以是单位。

犯罪嫌疑人、被告人的供述和辩解，是指犯罪嫌疑人、被告人就案件事实向侦查、检察或审判人员所作的供认罪行或否认罪行的陈述，即通常所说的口供。

鉴定意见，是指鉴定人受公安、检察或审判机关的指派或聘请，运用专门知识或技术，对案件的某些专门问题进行鉴定后所提出的书面意见，如法医学鉴定、司法精神病学鉴定、书法笔迹鉴定、痕迹鉴定、化学鉴定、会计鉴定、技术鉴定等。在诉讼中，当事人对鉴定意见有疑问的，人民法院应当依法通知鉴定人出庭作证或者由其出具相关说明，也可以依法补充鉴定或者重新鉴定。

勘验笔录，是指办案人员对与犯罪有关的场所、物品、尸体等进行勘查、检验后所作的记录。

检查笔录，是指办案人员为确定被害人、犯罪嫌疑人、被告人的某些特征、伤害情况和生理状态，对他们的人身进行检验和观察后所作的客观记载。

辨认笔录，是指在侦查人员的主持下，对被害人、证人、犯罪嫌疑人与本案件有关的物品、尸体、场所等进行识别认定所作的记录。

侦查实验笔录，是指侦查机关对进行侦查实验的时间、地点、实验条件以及实验经过和结果等所作的客观记载。

视听资料，是指利用录音、录像、电子计算机以及其他高科技设备所存储的信息来证明案件真实情况的资料。

电子数据，既包括反映法律关系产生、变更或者消灭的电子信息正文，又包括反映电子信息生成、存储、传递、修改、增删等过程的电子记录，还包括电子信息所处的硬件和软件环境，如电子邮件、网上聊天记录、网络博客、电子签名等。

三、刑事诉讼中的举证责任和证据的收集与运用

公诉案件中被告人有罪的举证责任由人民检察院承担，自诉案件中被告人有罪的举证责任由自诉人承担。

审判人员、检察人员、侦查人员必须依照法定程序，收集能够证实犯罪嫌疑人、被告人有罪或者无罪、犯罪情节轻重的各种证据。严禁刑讯逼供和以威胁、引诱、欺骗以及其他非法方法收集证据，不得强迫任何人证实自己

有罪。必须保证一切与案件有关或者了解案情的公民，有客观地、充分地提供证据的条件，除特殊情况外，可以吸收他们协助调查。

人民法院、人民检察院和公安机关有权向有关单位和个人收集、调取证据。有关单位和个人应当如实提供证据。行政机关在行政执法和查办案件过程中收集的物证、书证、视听资料、电子数据等证据材料，在刑事诉讼中可以作为证据使用。对涉及国家秘密、商业秘密、个人隐私的证据，应当保密。凡是伪造证据、隐匿证据或者毁灭证据的，无论属于何方，必须受法律追究。

刑事诉讼中证据的运用，应当遵循以下原则：

（1）诉讼文书必须忠实于事实真相。公安机关提请批准逮捕书、人民检察院起诉书、人民法院判决书，必须忠实于事实真相。故意隐瞒事实真相的，应当追究责任。

（2）重证据而不轻信口供。对一切案件的判处都要重证据，重调查研究，不轻信口供。只有被告人供述，没有其他证据的，不能认定被告人有罪和处以刑罚；没有被告人供述，证据确实充分的，可以认定被告人有罪和处以刑罚。证据确实、充分，应当符合以下条件：①定罪量刑的事实都有证据证明；②据以定案的证据均经法定程序查证属实；③综合全案证据，对所认定事实已排除合理怀疑。

（3）排除非法收集的证据。采用刑讯逼供等非法方法收集的犯罪嫌疑人、被告人供述和采用暴力、威胁等非法方法收集的证人证言、被害人陈述，应当予以排除。收集物证、书证不符合法定程序，可能严重影响司法公正的，应当予以补正或者作出合理解释；不能补正或者作出合理解释的，对该证据应当予以排除。在侦查、审查起诉、审判时发现有应当排除的证据的，应当依法予以排除，不得作为起诉意见、起诉决定和判决的依据。

人民检察院接到报案、控告、举报或者发现侦查人员以非法方法收集证据的，应当进行调查核实。对于确有以非法方法收集证据情形的，应当提出纠正意见；构成犯罪的，依法追究刑事责任。

法庭审理过程中，审判人员认为可能存在以非法方法收集证据情形的，应当对证据收集的合法性进行法庭调查。当事人及其辩护人、诉讼代理人有权申请人民法院对以非法方法收集的证据依法予以排除。申请排除以非法方法收集的证据的，应当提供相关线索或者材料。

（4）证明证据收集的合法性。在对证据收集的合法性进行法庭调查的过程中，人民检察院应当对证据收集的合法性加以证明。现有证据材料不能证明证据收集的合法性的，人民检察院可以提请人民法院通知有关侦查人员或者其他人员出庭说明情况；人民法院可以通知有关侦查人员或者其他人员出庭说明情况。有关侦查人员或者其他人员也可以要求出庭说明情况。经人民法院通知，有关人员应当出庭。对于经过法庭审理，确认或者不能排除存在以非法方法收集证据情形的，对有关证据应当予以排除。

（5）保护证人及其近亲属。人民法院、人民检察院和公安机关应当保障证人及其近亲属的安全。对证人及其近亲属进行威胁、侮辱、殴打或者打击报复，构成犯罪的，依法追究刑事责任；尚不够刑事处罚的，依法给予治安管理处罚。对于危害国家安全犯罪、恐怖活动犯罪、黑社会性质的组织犯罪、毒品犯罪等案件，证人、鉴定人、被害人因在诉讼中作证，本人或者其近亲属的人身安全面临危险的，人民法院、人民检察院和公安机关应当采取保护措施。

第五节　强制措施

一、强制措施的概念和意义

强制措施是公安机关、人民检察院和人民法院为了保证侦查和审判工作的顺利进行，防止犯罪嫌疑人或者被告人继续危害社会，依法对他们的人身自由加以限制或者剥夺的方法。《刑事诉讼法》中的强制措施不是刑罚，也不是行政处罚，它是为了防止犯罪嫌疑人、被告人或现行犯逃避或妨碍侦查和审判（如逃跑、自杀、毁灭证据、串供等），保证侦查、审判工作顺利进行，以及防止他们继续犯罪而采取的措施。

公民的人身自由是宪法保障的一项基本权利，因此强制措施只有法定的机关——公安机关、人民检察院和人民法院才有权采用。而且各种强制措施都有其法律规定的适用条件和程序，有关机关应当根据不同对象的具体情况决定是否采用强制措施和采用哪种强制措施，既不可对不同具体情节滥用强制措施，也不可麻痹大意，疏于防范。

二、强制措施的种类

根据《刑事诉讼法》的规定，强制措施有拘传、取保候审，监视居住、拘留和逮捕五种。

（一）拘传

拘传，是指人民法院、人民检察院和公安机关强制未被羁押的犯罪嫌疑人、被告人到案接受讯问的一种强制措施。

（二）取保候审

取保候审，是指人民法院、人民检察院和公安机关责令犯罪嫌疑人、被告人提出保证人或者交纳保证金，保证不逃避或者妨碍侦查、起诉、审判，并且随传随到的一种强制措施。根据《刑事诉讼法》的规定，取保候审适用于可能判处管制、拘役或者独立适用附加刑和可能判处有期徒刑以上的刑罚而采取取保候审不致发生社会危险性的犯罪嫌疑人、被告人，或者患有严重疾病，生活不能自理，怀孕或正在哺乳自己婴儿的妇女，采取取保候审不致发生社会危险性的犯罪嫌疑人、被告人以及羁押期限届满，案件尚未办结，需要采取取保候审的犯罪嫌疑人、被告人。取保候审由公安机关执行。

被取保候审的犯罪嫌疑人、被告人应当遵守以下规定：（1）未经执行机关批准不得离开所居住的市、县；（2）住址、工作单位和联系方式发生变动的，在 24 小时以内向执行机关报告；（3）在传讯的时候及时到案；（4）不得以任何形式干扰证人作证；（5）不得毁灭、伪造证据或者串供。人民法院、人民检察院和公安机关可以根据案件情况，责令被取保候审的犯罪嫌疑人、被告人遵守以下一项或者多项规定：（1）不得进入特定的场所；（2）不得与特定的人员会见或者通信；（3）不得从事特定的活动；（4）将护照等出入境证件、驾驶证件交执行机关保存。取保候审最长不得超过 12 个月。

（三）监视居住

监视居住，是指人民法院、人民检察院和公安机关责令犯罪嫌疑人、被告人在一定期限内不得离开规定的区域，并对其行动进行监视和控制的一种强制措施。监视居住的适用对象是符合逮捕条件而有下列情形之一的犯罪嫌疑人、被告人：（1）患有严重疾病、生活不能自理的；（2）怀孕或者正在哺乳自己婴儿的妇女；（3）系生活不能自理的人的唯一扶养人；（4）因为案件的特殊情况或者办理案件的需要，采取监视居住措施更为适宜的；（5）羁押期限届满，案件尚未办结，需要采取监视居住措施的。

对符合取保候审条件，但犯罪嫌疑人、被告人不能提出保证人，也不交纳保证金的，可以监视居住。监视居住由公安机关执行。《刑事诉讼法》规定，被监视居住的犯罪嫌疑人、被告人应当遵守以下规定：（1）未经执行机关批准不得离开执行监视居住的处所；（2）未经执行机关批准不得会见他人或者通信；（3）在传讯的时候及时到案；（4）不得以任何形式干扰证人作证；（5）不得毁灭、伪造证据或者串供；（6）将护照等出入境证件、身份证件、驾驶证件交执行机关保存。被监视居住的犯罪嫌疑人、被告人违反上述规定，情节严重的，可以予以逮捕；需要予以逮捕的，可以对犯罪嫌疑人、被告人先行拘留。监视居住最长不得超过6个月。

（四）拘留和逮捕

逮捕是一种剥夺犯罪嫌疑人、被告人人身自由而予以羁押的强制措施。《刑事诉讼法》规定，对有证据证明有犯罪事实，可能判处徒刑以上刑罚的犯罪嫌疑人、被告人，采取取保候审尚不足以防止发生下列社会危险性的，应当予以逮捕：（1）可能实施新的犯罪的；（2）有危害国家安全、公共安全或者社会秩序的现实危险的；（3）可能毁灭、伪造证据，干扰证人作证或者串供的；（4）可能对被害人、举报人、控告人实施打击报复的；（5）企图自杀或者逃跑的。对有证据证明有犯罪事实，可能判处10年有期徒刑以上刑罚的，或者有证据证明有犯罪事实，可能判处徒刑以上刑罚，曾经故意犯罪或者身份不明的，应当予以逮捕。被取保候审、监视居住的犯罪嫌疑人、被告人违反取保候审、监视居住规定，情节严重的，可以予以逮捕。逮捕犯罪嫌疑人、被告人，必须经过人民检察院批准或者人民法院决定，由公安机关执行。

拘留，是指公安机关、人民检察院在侦查过程中，遇到紧急情况，依法临时剥夺某些现行犯或者重大嫌疑分子的人身自由的一种强制措施。我国《刑事诉讼法》规定，公安机关对于现行犯或者重大嫌疑分子，如果有下列情形之一，可以先行拘留：（1）正在预备犯罪、实行犯罪或者在犯罪后即时被发觉的；（2）被害人或者在场亲眼看见的人指认他犯罪的；（3）在身边或者住处发现有犯罪证据的；（4）犯罪后企图自杀、逃跑或者在逃的；（5）有毁灭、伪造证据或者串供可能的；（6）不讲真实姓名、住址，身份不明的；（7）有流窜作案、多次作案、结伙作案重大嫌疑的。该法还规定，对于有下列情形的人，任何公民都可以立即扭送公安机关、人民检察院或者人民法院处理；正在实行犯罪或者在犯罪后即时被发觉的；通缉在案的；越狱逃跑的；正在被追捕的。公安机关拘留人的时候，必须出示拘留证。拘留后，应当立即将被拘留人送看守所羁押，至迟不得超过 24 小时。除无法通知或者涉嫌危害国家安全犯罪、恐怖活动犯罪通知可能有碍侦查的情形以外，应当在拘留后 24 小时以内，通知被拘留人的家属。有碍侦查的情形消失以后，应当立即通知被拘留人的家属。公安机关对被拘留的人，应当在拘留后的 24 小时以内进行讯问。在发现不应当拘留的时候，必须立即释放，发给释放证明；认为需要逮捕的，应当在拘留后的 3 日以内，提请人民检察院审查批准。在特殊情况下，提请批准逮捕的时间可以延长 1 日至 4 日。对于流窜作案、多次作案、结伙作案的重大嫌疑分子，提请审查批准的时间可以延长至 30 日。人民检察院应当在接到提请批准逮捕书后的 7 日以内，作出批准逮捕或者不批准逮捕的决定。人民检察院不批准逮捕的，公安机关应当在接到通知后立即释放，并且将执行情况及时通知人民检察院。对于需要继续侦查，并且符合取保候审、监视居住条件的，依法取保候审或者监视居住。

人民检察院审查批准逮捕，可以讯问犯罪嫌疑人；有下列情形之一的，应当讯问犯罪嫌疑人：（1）对是否符合逮捕条件有疑问的；（2）犯罪嫌疑人要求向检察人员当面陈述的；（3）侦查活动可能有重大违法行为的。人民检察院审查批准逮捕，可以询问证人等诉讼参与人，听取辩护律师的意见；辩护律师提出要求的，应当听取辩护律师的意见。

第六节　刑事诉讼阶段

一、立案

刑事诉讼一般分为立案、侦查、起诉、审判和执行五个阶段。但如果是自诉案件，就不需要经过侦查、起诉阶段，在立案后即可进入审判。还有某些案件，经过立案和侦查之后，被认为应予撤销或不予起诉，诉讼活动也就至此结束。

立案是指公安机关、人民检察院和人民法院按照管辖范围，对报案、控告、举报、自首等材料进行审查后，认为确有犯罪事实并且依照法律应当追究刑事责任时，决定作为刑事案件予以受理的诉讼活动。因此，立案是刑事诉讼的开始。

二、侦查

（一）侦查的概念和任务

侦查是指公安机关和人民检察院在办理案件过程中，依照法律进行的专门调查工作和采取的有关强制性措施。

侦查的主要任务是依法收集和审查各种证据，证实犯罪行为，确定犯罪嫌疑人，并对犯罪嫌疑人采取必要的强制措施，以保证刑事诉讼程序的继续进行，使犯罪分子受到应得的审判和惩罚，并使无罪的人不受刑事追究。侦查是提起公诉和实行审判的基础，是刑事诉讼中十分重要的一个程序。

（二）侦查活动

侦查活动亦称侦查行为或侦查措施。侦查人员在办案过程中所进行的各种专门调查和采取的有关措施，主要有以下几种：

1. 讯问犯罪嫌疑人

对犯罪嫌疑人的讯问是每个案件的必经程序，必须由公安机关或人民检察院的侦查人员负责进行。每次讯问犯罪嫌疑人时，侦查人员不得少于 2 人。

传唤或者拘传持续的时间不得超过 12 小时；案情特别重大、复杂，需要采取拘留、逮捕措施的，传唤、拘传持续的时间不得超过 24 小时。不得以连续传唤、拘传的形式变相拘禁犯罪嫌疑人。传唤、拘传犯罪嫌疑人，应当保证犯罪嫌疑人的饮食和必要的休息时间。

犯罪嫌疑人对侦查人员的提问，应当如实回答。但是对与本案无关的问题，有拒绝回答的权利。侦查人员在讯问犯罪嫌疑人的时候，应当告知犯罪嫌疑人如实供述自己罪行可以从宽处理的法律规定。

侦查人员在讯问犯罪嫌疑人的时候，可以对讯问过程进行录音或者录像；对于可能判处无期徒刑、死刑的案件或者其他重大犯罪案件，应当对讯问过程进行录音或者录像。录音或者录像应当全程进行，保持完整性。

讯问未成年犯罪嫌疑人、被告人须按特别程序中的有关规定进行。

2. 询问证人

询问证人应当个别进行。询问时，应当告知他应当如实地提供证据、证言和有意作伪证或者隐匿罪证要负的法律责任。

询问不满 18 周岁的证人，适用询问未成年犯罪嫌疑人的相关规定。

询问被害人，适用询问证人的程序。

3. 勘验、检查

侦查人员对于与犯罪有关的场所、物品、人身、尸体应当进行勘验或者检查。在必要的时候，可以指派或者聘请具有专门知识的人，在侦查人员的主持下进行勘验、检查。任何单位和个人，都有义务保护犯罪现场，并且立即通知公安机关派员勘验。

对于死因不明的尸体，公安机关有权决定解剖，并且通知死者家属到场。

为了确定被害人、犯罪嫌疑人的某些特征、伤害情况或者生理状态，可以对人身进行检查，可以提取指纹信息，采集血液、尿液等生物样本。犯罪嫌疑人如果拒绝检查，侦查人员认为必要的时候，可以强制检查。检查妇女的身体，应当由女工作人员或者医师进行。

4. 搜查

为了收集犯罪证据、查获犯罪嫌疑人，侦查人员可以对犯罪嫌疑人以及可能隐藏罪犯或者犯罪证据的人的身体、物品、住处和其他有关的地方进行搜查。在搜查的时候，应当有被搜查人或者他的家属、邻居或者其他见证人在场。搜查妇女的身体，应当由女工作人员进行。

任何单位和个人有义务按照人民检察院和公安机关的要求，交出可以证明犯罪嫌疑人有罪或者无罪的物证、书证、视听资料等证据。

5. 查封、扣押物证、书证

在侦查活动中发现的可用以证明犯罪嫌疑人有罪或者无罪的各种财物、文件，应当查封、扣押；与案件无关的财物、文件，不得查封、扣押。对于查封、扣押的财物、文件，要妥善保管或者封存，不得使用、调换或者损毁。

侦查人员认为需要扣押犯罪嫌疑人的邮件、电报的时候，经公安机关或者人民检察院批准，即可通知邮电机关将有关的邮件、电报检交扣押。不需要继续扣押的时候，应立即通知邮电机关。

人民检察院、公安机关根据侦查犯罪的需要，可以依照规定查询、冻结犯罪嫌疑人的存款、汇款、债券、股票、基金份额等财产。有关单位和个人应当配合。犯罪嫌疑人的存款、汇款、债券、股票、基金份额等财产已被冻结的，不得重复冻结。

对查封、扣押的财物、文件、邮件、电报或者冻结的存款、汇款、债券、股票、基金份额等财产，经查明确实与案件无关的，应当在 3 日以内解除查封、扣押、冻结，予以退还。

6. 鉴定

为了查明案情，需要解决案件中某些专门性问题的时候，应当指派、聘请有专门知识的人进行鉴定。侦查机关应当将用作证据的鉴定意见告知犯罪嫌疑人、被害人。如果犯罪嫌疑人、被害人提出申请，可以补充鉴定或者重新鉴定。

7. 技术侦查措施

公安机关在立案后，对于危害国家安全犯罪、恐怖活动犯罪、黑社会性质的组织犯罪、重大毒品犯罪或者其他严重危害社会的犯罪案件，根据侦查犯罪的需要，经过严格的批准手续，可以采取技术侦查措施。人民检察院在立案后，对于利用职权实施的严重侵犯公民人身权利的重大犯罪案件，根据侦查犯罪的需要，经过严格的批准手续，可以采取技术侦查措施，按照规定交有关机关执行。追捕被通缉或者批准、决定逮捕的在逃的犯罪嫌疑人、被告人，经过批准，可以采取追捕所必需的技术侦查措施。

采取技术侦查措施，必须严格按照批准的措施种类、适用对象和期限执行。侦查人员对采取技术侦查措施过程中知悉的国家秘密、商业秘密和个人隐私，应当保密；对采取技术侦查措施获取的与案件无关的材料，必须及时销毁。采取技术侦查措施获取的材料，只能用于对犯罪的侦查、起诉和审判，不得用于其他用途。公安机关依法采取技术侦查措施，有关单位和个人应当配合，并对有关情况予以保密。

为了查明案情，在必要的时候，经公安机关负责人决定，可以由有关人员隐匿其身份实施侦查。但是，不得诱使他人犯罪，不得采用可能危害公共安全或者发生重大人身危险的方法。对涉及给付毒品等违禁品或者财物的犯罪活动，公安机关根据侦查犯罪的需要，可以依照规定实施控制下交付。

8. 通缉

应当逮捕的犯罪嫌疑人如果在逃，公安机关可以发布通缉令，采取有效措施，追捕归案。各级公安机关在自己管辖的地区以内，可以直接发布通缉令；超出自己管辖的地区，应当报请有权决定的上级机关发布。

（三）侦查终结

侦查终结，是指侦查机关对于自己立案侦查的案件，经过一系列的侦查活动，根据已经查明的事实、证据，依照法律规定，足以对案件作出起诉、不起诉或者撤销案件的结论，决定不再进行侦查，并对犯罪嫌疑人作出处理的一种诉讼活动。

在案件侦查终结前，辩护律师提出要求的，侦查机关应当听取辩护律师的意见，并记录在案。辩护律师提出书面意见的，应当附卷。

公安机关侦查终结的案件，应当做到犯罪事实清楚，证据确实、充分，并且写出起诉意见书，连同案卷材料、证据一并移送同级人民检察院审查决定；同时将案件移送情况告知犯罪嫌疑人及其辩护律师。

在侦查过程中，发现不应对犯罪嫌疑人追究刑事责任的，应当撤销案件；犯罪嫌疑人已被逮捕的，应当立即释放，发给释放证明，并且通知原批准逮捕的人民检察院。

关于侦查羁押期限，根据《刑事诉讼法》的规定，对犯罪嫌疑人逮捕后的侦查羁押期限，一般不得超过2个月，侦查机关应当在此期限内侦查终结案件。案情复杂、期限届满不能终结的案件，可以经上一级人民检察院批准延长1个月。下列四种案件，在延长期限届满时仍不能侦查终结的，经省、自治区、直辖市人民检察院批准或者决定，可以延长2个月：（1）交通十分不便的边远地区的重大复杂案件；（2）重大的犯罪集团案件；（3）流窜作案的重大复杂案件；（4）犯罪涉及面广，取证困难的重大复杂案件。对犯罪人可能判处10年有期徒刑以上刑罚，依照上述规定延长期限届满，仍不能侦查终结的，经省、自治区、直辖市人民检察院批准或者决定，可以再延长2个月。

三、起诉

（一）公诉与自诉

我国的刑事诉讼有公诉和自诉两种控告犯罪的形式。由被害人本人或其法定代理人直接向法院提出控告，进行诉讼的，称为自诉；由有权代表国家起诉的机关向法院提出控告进行诉讼的，称为公诉。

根据《刑事诉讼法》的规定，除了依照《刑法》规定告诉才处理的案件，被害人有证据证明的轻微的刑事案件和被害人有证据证明对被告人侵犯自己人身、财产权利的行为应当依法追究刑事责任，而公安机关或者人民检察院不予追究被告人刑事责任的案件可以实行自诉以外，其余刑事案件都必须经过公诉。

我国法定的公诉机关就是各级人民检察院，其他任何机关、团体或个人都不能行使这项权力。对大多数刑事案件实行国家公诉制度，是因为犯罪行为所侵害的不只是被害人的利益，更涉及国家和社会的利益。为了保障国家和社会的利益，维护国家法纪，必须由国家授权的专门机关来追究犯罪者的刑事责任。同时由于许多犯罪案件的情节都比较复杂，要查清案情，取得证据，并支持控诉，也不是被害人个人所能担当的。由此可见，公诉制度是一项必要的和优越的诉讼制度。

（二）审查起诉

我国《刑事诉讼法》规定，凡需要提起公诉的案件，一律由人民检察院审查决定。人民检察院在审查案件时，必须查明犯罪事实、情节是否清楚，证据是否确实、充分，犯罪性质和罪名的认定是否正确，有无遗漏罪行和其他应当追究刑事责任的人，是否属于不应追究刑事责任的，有无附带民事诉讼，侦查活动是否合法等方面的情况。

人民检察院审查案件，应当讯问犯罪嫌疑人，听取辩护人或者值班律师、被害人及其诉讼代理人的意见，并记录在案。辩护人或者值班律师、被害人及其诉讼代理人提出书面意见的，应当附卷。对于需要补充侦查的，可以退回公安机关补充侦查，也可以自行侦查。

《刑事诉讼法》还规定，人民检察院对于监察机关、公安机关移送起诉的案件，应当在 1 个月以内作出决定，重大、复杂的案件，可以延长半个月。对于补充侦查的案件，应当在 1 个月内补充侦查完毕。补充侦查以二次为限。

（三）提起公诉

人民检察院对自己侦查终结的案件，以及审查公安机关移送要求起诉的案件，认为犯罪嫌疑人的犯罪事实已经查清，证据确实、充分，依法应当追究刑事责任，从而作出起诉决定，按照审判管辖的规定将案件提交人民法院审判，称为提起公诉。

人民检察院决定对犯罪嫌疑人提起公诉时，应制作起诉书。起诉书应连同案卷材料、证据一并移送人民法院。

（四）不起诉

不起诉，是指人民检察院对侦查终结的刑事案件审查后，确认依法不追究刑事责任，或可以免除刑罚，不将犯罪嫌疑人交付审判，而自行终止刑事诉讼的一项诉讼活动。根据《刑事诉讼法》的规定，犯罪嫌疑人没有犯罪事实，或者有《刑事诉讼法》第 16 条规定的情形之一的，人民检察院应当作出不起诉决定；对于犯罪情节轻微，依照《刑法》规定不需要判处刑罚或者免除刑罚的，人民检察院可以作出不起诉决定；对于二次补充侦查的案件，人民检察院仍然认为证据不足，不符合起诉条件的，应当作出不起诉的决定。不起诉决定具有终止诉讼的效力，产生无罪的法律后果。因此，人民检察院决定不起诉的案件，应当同时对侦查中查封、扣押、冻结的财物解除查封、扣押、冻结。对被不起诉人需要给予行政处罚、处分或者需要没收其违法所得的，人民检察院应当提出检察意见，移送有关主管机关处理。有关主管机关应当将处理结果及时通知人民检察院。

人民检察院作出不起诉的决定后，应当公开宣布，并且将不起诉决定书送达被不起诉人和他的所在单位。如果被不起诉人在押，应当立即释放。对于不起诉决定，公安机关认为有错误时，可以要求复议，如果意见不被接受，可以向上一级人民检察院提请复核；被害人如果不服，可以自收到决定书后 7 日内向上一级人民检察院申诉，请求提起公诉，也可以直接向人民法院起诉。

四、附带民事诉讼

被害人由于被告人的犯罪行为而遭受物质损失的，在刑事诉讼过程中，有权提起附带民事诉讼。被害人死亡或者丧失行为能力的，被害人的法定代理人、近亲属有权提起附带民事诉讼。如果是国家财产、集体财产遭受损失的，人民检察院在提起公诉的时候，可以提起附带民事诉讼。

人民法院审理附带民事诉讼案件，可以进行调解，或者根据物质损失情况作出判决、裁定。人民法院对于附带民事诉讼，原则上应当同刑事案件一并审判，只有为了防止刑事案件审判的过分迟延，才可以在刑事案件审判之后，由同一审判组织（合议庭）继续审理附带民事诉讼。

五、审判

所谓审判，就是人民法院依照刑事诉讼法的原则和程序，查清案件事实，并在查清事实的基础上，依照刑法和其他法律的有关规定，对被告人是否犯罪，犯什么罪，是否适用刑罚，适用什么刑罚，作出判决或者裁定。我国

《宪法》和《人民法院组织法》都规定，人民法院依照法律规定独立行使审判权，不受行政机关、社会团体和个人的干涉。在刑事诉讼侦查、起诉和审判三个主要阶段中，审判是最后的具有决定意义的阶段。无论是人民检察院提起公诉的案件，还是被害人自诉的案件，关于案件的全部事实和证据，控诉和辩护双方所提出的一切理由、证据以及法律依据，都必须经过法院开庭的直接和集中的审查。只有经过人民法院开庭审理后所确认的事实和证据，才能成为定案的依据；只有人民法院发生法律效力的判决，才能确定被告人有罪并处以刑罚。

（一）审判组织

审判组织是指人民法院审判案件的组织形式。根据《刑事诉讼法》和《人民法院组织法》的规定，人民法院审判案件的组织形式有独任庭、合议庭两种。

独任庭是指案件由审判员一人独任审判的组织形式，只适用于基层人民法院适用简易程序审理的案件。

合议庭是指由数名审判员或由审判员和人民陪审员集体审判案件的组织形式，是人民法院审判案件的基本组织形式。根据《刑事诉讼法》的规定，基层人民法院、中级人民法院审判第一审案件，应当由审判员3人或者由审判员和人民陪审员共3人或者7人组成合议庭进行；高级人民法院、最高人民法院审判第一审案件，应当由审判员3人至7人或者由审判员和人民陪审员共3人或者7人组成合议庭进行。合议庭开庭审理并且评议后，应当作出判决。对于疑难、复杂、重大的案件，合议庭认为难以作出决定的，由合议庭提请院长决定提交审判委员会讨论决定。

（二）公诉案件的第一审普通程序

人民法院在收到人民检察院提起公诉的案件后，应当首先进行程序性审查。对于起诉书中有明确的指控犯罪事实的，应当决定开庭审判。对于决定开庭审判的案件，人民法院应当做好开庭审判前的准备工作。

公开审判是人民法院审判案件的一项基本原则。根据《刑事诉讼法》的规定，人民法院审判第一审案件应当公开进行。但是有关国家秘密和个人隐私的案件，不公开审理；涉及商业秘密的案件，当事人申请不公开审理的，可以不公开审理。对不公开审理的案件，应当当庭宣布不公开审理的理由。另外，根据特别程序的规定，审判的时候被告人不满18周岁的案件，不公开审理。但是，经未成年被告人及其法定代理人同意，未成年被告人所在学校和未成年人保护组织可以派代表到场。所有案件，不论是否公开审理，宣告判决时应当一律公开进行。

人民法院审判公诉案件，人民检察院应当派员出席法庭支持公诉。

法庭审判包括开庭、法庭调查、法庭辩论、被告人最后陈述、评议、宣判等环节。

开庭是法庭审判的开始，而法庭调查是法庭审理的中心环节。公诉人宣读起诉书后，被告人、被害人可以就起诉书指控的犯罪进行陈述，公诉人可以讯问被告人。被害人、附带民事诉讼的原告人和辩护人、诉讼代理人，经审判长许可，可以向被告人发问。审判人员可以讯问被告人。

公诉人、当事人或者辩护人、诉讼代理人对证人证言有异议，且该证人证言对案件定罪量刑有重大影响，人民法院认为证人有必要出庭作证的，证人应当出庭作证。公诉人、当事人或者辩护人、诉讼代理人对鉴定意见有异议，人民法院认为鉴定人有必要出庭的，鉴定人应当出庭作证。经人民法院通知，鉴定人拒不出庭作证的，鉴定意见不得作为定案的根据。

证人作证，审判人员应当告知他要如实地提供证言和有意作伪证或者隐匿罪证要负的法律责任。公诉人、当事人和辩护人、诉讼代理人经审判长许可，可以对证人、鉴定人发问。审判长认为发问的内容与本案无关时，应当制止。审判人员可以询问证人、鉴定人。经人民法院通知，证人没有正当理由不出庭作证的，人民法院可以强制其到庭，但是被告人的配偶、父母、子女除外。

在法庭调查中，公诉人、辩护人应当向法庭出示物证，让当事人辨认，对未到庭的证人的证言笔录、鉴定人的鉴定意见、勘验笔录和其他作为证据的文书，应当当庭宣读。审判人员应当听取公诉人、当事人和辩护人、诉讼代理人的意见。当事人和辩护人、诉讼代理人有权申请通知新的证人到庭，调取新的物证，申请重新鉴定或者勘验。对于这种申请，法庭应作出是否同意的决定。合议庭对证据有疑问的，可以宣布休庭，对证据进行调查核实。人民法院调查核实证据，可以进行勘验、检查、扣押、鉴定和查询、冻结。

法庭审理过程中，对与定罪、量刑有关的事实、证据都应当进行调查、辩论。经审判长许可，公诉人、当事人和辩护人、诉讼代理人可以对证据和案件情况发表意见，并且可以互相辩论。审判长宣布法庭辩论终结后，被告人有最后陈述的权利。

在法庭审判过程中，如果诉讼参与人或者旁听人员违反法庭秩序，审判长应当警告制止。对不听制止的，可以强行带出法庭；情节严重的，处以1000元以下的罚款或者15日以下的拘留。对聚众哄闹、冲击法庭或者侮辱、诽谤、威胁、殴打司法工作人员或者诉讼参与人，严重扰乱法庭秩序，构成犯罪的，依法追究刑事责任。

在被告人最后陈述后，审判长宣布休庭，合议庭进行评议，根据已经查明的事实、证据和有关法律规定，分别作出以下判决：（1）案件事实清楚，证据确实、充分，依据法律认定被告人有罪的，应当作出有罪判决；（2）依据法律认定被告人无罪的，应当作出无罪判决；（3）证据不足，不能认定被告人有罪的，应当作出证据不足、指控的犯罪不能成立的无罪判决。

人民法院审理公诉案件，应当在受理后2个月内宣判，至迟不得超过3个月。但对可能判处死刑的案件或者附带民事诉讼的案件，以及交通十分不便的边远地区的重大复杂案件，重大的犯罪集团案件，流窜作案的重大复杂案件，犯罪涉及面广、取证困难的重大复杂案件，经上一级人民法院批准，可以延长3个月；因特殊情况还需要延长的，报请最高人民法院批准。

（三）自诉案件的审判程序

依据《刑事诉讼法》的规定，人民法院对于自诉案件进行审查后，可以分别作如下处理：犯罪事实清楚，有足够证据的案件，应当开庭审判；缺乏罪证的自诉案件，如果自诉人提不出补充证据，应当说服自诉人撤回自诉，或者裁定驳回。自诉人经两次依法传唤，无正当理由拒不到庭的，或者未经法庭许可中途退庭的，按撤诉处理。人民法院对于自诉案件，可以进行调解。

（四）简易程序

基层人民法院管辖的案件，符合下列条件的，可以适用简易程序审判：（1）案件事实清楚、证据充分的；（2）被告人承认自己所犯罪行，对指控的犯罪事实没有异议的；（3）被告人对适用简易程序没有异议的。人民检察院在提起公诉的时候，可以建议人民法院适用简易程序。但是，有下列情形之一的，不适用简易程序：（1）被告人是盲、聋、哑人，或者是尚未完全丧失辨认或者控制自己行为能力的精神病人的；（2）有重大社会影响的；（3）共同犯罪案件中部分被告人不认罪或者对适用简易程序有异议的；（4）其他不宜适用简易程序审理的。

适用简易程序审理案件，对可能判处 3 年有期徒刑以下刑罚的，可以组成合议庭进行审判，也可以由审判员一人独任审判；对可能判处的有期徒刑超过 3 年的，应当组成合议庭进行审判。适用简易程序审理公诉案件，人民检察院应当派员出席法庭。

适用简易程序审理案件，经审判人员许可，被告人及其辩护人可以同公诉人、自诉人及其诉讼代理人互相辩论。

适用简易程序审理案件，不受普通程序关于送达期限、讯问被告人、询问证人、鉴定人、出示证据、法庭辩论程序规定的限制。但在判决宣告前应当听取被告人的最后陈述意见。适用简易程序审理案件，人民法院应当在受理后 20 日以内审结；对可能判处的有期徒刑超过 3 年的，可以延长至一个半月。

人民法院在审理过程中，发现不宜适用简易程序的，应当中止审理，变更为普通程序，按公诉案件或自诉案件的程序重新审理。

（五）第二审程序

第二审程序也称上诉审程序。被告人、自诉人和他们的法定代理人，不服地方各级人民法院第一审的判决、裁定，均有权向上一级人民法院上诉。被告人的辩护人和近亲属，在取得被告人同意后，也可以提出上诉。地方各级人民检察院认为本级人民法院第一审的判决、裁定确有错误时，应向上一级人民法院提出抗诉。第二审程序即根据这种上诉或抗诉而进行的诉法程序。

被害人及其法定代理人不服地方各级人民法院第一审的判决的，自收到判决书后 5 日以内，有权请求人民检察院提出抗诉。人民检察院自收到被害人及其法定代理人的请求后 5 日以内，应当作出是否抗诉的决定并且答复请求人。

《刑事诉讼法》规定，不服判决的上诉和抗诉的期限为 10 日，不服裁定的上诉和抗诉的期限为 5 日，从接到判决书、裁定书的第二日起算。

第二审人民法院审理上诉或抗诉案件，应就第一审判决认定的事实和适用法律作全面审查，而不受上诉或者抗诉范围的限制。共同犯罪的案件只有部分被告人上诉的，应当对全案行审查，一并处理。

第二审人民法院对于下列案件，应当组成合议庭，开庭审理：（1）被告人、自诉人及其法代理人对第一审认定的事实、证据提出异议，可能影响定罪量刑的上诉案件；（2）被告人被判处死刑的上诉案件；（3）人民检察院抗诉的案件；（4）其他应当开庭审理的案件。

第二审人民法院决定不开庭审理的，应当讯问被告人，听取其他当事人、辩护人、诉讼代理人的意见。

第二审人民法院开庭审理上诉、抗诉案件，可以到案件发生地或者原审人民法院所在地进行。

人民检察院提出抗诉的案件或者第二审人民法院开庭审理的公诉案件，同级人民检察院都应当派员出席法庭。

第二审人民法院对上诉、抗诉案件进行审理后，应按下述情况分别处理：（1）原判决认定事实和适用法律正确、量刑适当的，应当裁定驳回上诉或者抗诉，维持原判；（2）原判决认定事实没有错误，但适用法律有错误，或者量刑不当的，应当改判；（3）原判决事实不清楚或者证据不足的，可以在查清事实后改判，也可以裁定撤销原判，发回原审人民法院重新审判。原审人民法院重新审理作出判决后，被告人提出上诉或者人民检察院提出抗诉的，第二审人民法院应当依法作出判决或者裁定，不得再发回原审人民法院重新审判。

第二审人民法院审理被告人或者其法定代理人、辩护人、近亲属上诉的案件，不得加重被告人的刑罚。第二审人民法院发回原审人民法院重新审判的案件，除有新的犯罪事实，人民检察院补充起诉的以外，原审人民法院也不得加重被告人的刑罚。但是人民检察院提出抗诉或者自诉人提出上诉的，不受上述规定的限制。

根据两审终审制原则，第二审的判决、裁定是终审的判决、裁定，于送达后即发生法律效力。

（六）死刑复核程序

死刑复核程序是我国《刑事诉讼法》对死刑案件规定的一种特别监督程序。死刑是剥夺犯罪人生命的最严厉的刑罚，因此，除实行两审终审制外，我国还在法律上特别规定了死刑复核程序，以尽量避免发生偏差和错误。

《刑事诉讼法》规定，死刑案件除由最高人民法院判决的以外，应当报请最高人民法院核准。中级人民法院判处死刑的第一审案件，被告人不上诉的，应当由高级人民法院复核后，报请最高人民法院核准。高级人民法院不同意判处死刑的，可以提审或者发回重新审判。高级人民法院判处死刑的第一审案件被告人不上诉的，和判处死刑的第二审案件，都应当报请最高人民法院核准。中级人民法院判处死刑缓期 2 年执行的案件，由高级人民法院核准。

（七）审判监督程序

审判监督程序是对已经发生法律效力的判决和裁定，发现其确有错误，重新进行审查处理的一种诉讼程序。它的特点是只适用于已经发生法律效力的判决和裁定，其范围不限于对下级人民法院的判决和裁定，也包括本法院的判决和裁定；审判监督程序的适用也不受时间限制。审判监督的目的是使已经发生法律效力但确有错误的判决或裁定，能够得到补救和纠正。

各级人民法院院长对本院已经发生法律效力的判决和裁定，最高人民法院对各级人民法院以及上级人民法院对下级人民法院已经发生法律效力的判决和裁定，以及最高人民检察院对各级人民法院以及上级人民检察院对下级人民法院已经发生法律效力的判决和裁定，如果发现确有错误，均有权提起审判监督程序。

《刑事诉讼法》还规定，当事人及其法定代理人、近亲属，对已经发生法律效力的判决、裁定，可以向人民法院或者人民检察院提出申诉，但是不能停止判决、裁定的执行。当事人及其法定代理人、近亲属的申诉符合下列情形之一的，人民法院应当重新审判：（1）有新的证据证明原判决、裁定认定的事实确有错误的；（2）据以定罪量刑的证据不确实、不充分，依法应当予以排除，或者证明案件事实的主要证据之间存在矛盾的；（3）原判决、裁定适用法律确有错误的；（4）违反法律规定的诉讼程序，可能影响公正审判的；（5）审判人员在审理该案件的时候，有贪污受贿、徇私舞弊、枉法裁判行为的。

（八）判决和裁定

判决是人民法院对受理的案件，经过法庭审理后，依法对案件的实体问题所作的具有法律约束力的决定。判决根据案件的性质，可以分为刑事判决、民事判决和行政判决。

判决是人民法院适用法律行使国家审判权的结果。人民法院已经发生法律效力的判决具有强制性和法律的权威性，即使判决确有错误，也只能由法院依照法定的审判监督程序予以撤销或者变更，任何其他机关、团体或者个人都无权撤销或变更法院的判决，也不能对判决已经处理的问题，作出其他的决定。判决必须采用书面形式，即判决书。判决书应包含首部、事实部分、理由部分、决定部分和尾部五项必要的内容。

　　裁定是人民法院在审理案件过程中和判决执行过程中对程序问题和某些特定的实体问题所作的决定。裁定根据案件的性质，也分为刑事裁定、民事裁定和行政裁定三类。裁定可以是书面的（裁定书），也可以是口头的。口头裁定应记入审判笔录，与书面裁定有相同的效力。对于裁定，依照法律规定，有的可以上诉，有的不能上诉。

　　《刑事诉讼法》还规定了对某些审理中有关程序的问题法庭可以作出决定的情况，如第 31 条关于申请回避的决定，第 197 条关于是否同意申请通知新的证人到庭，调取新的物证，申请重新鉴定或者勘验的决定等。这类"决定"凡属合议庭有权作出的，也可认定为裁定的范围。

六、执行

　　有关机关为实现已经发生法律效力的判决或裁定所规定的内容而进行的工作称为执行。

　　执行是刑事诉讼程序的最后阶段。

　　凡已过法定期限没有上诉、抗诉的判决和裁定，终审的判决和裁定，最高人民法院核准的死刑的判决和高级人民法院核准的死刑缓期 2 年执行的判决，均属发生法律效力的判决和裁定，应及时、正确地加以执行。《刑事诉讼法》对于无罪、免除刑事处罚判决的执行，死刑令的签发及执行，死刑的停止执行，死刑缓期 2 年的执行，罪犯的交付执行，暂予监外执行，社区矫正，管制及剥夺政治权利的执行，罚金的执行，没收财产的执行，对减刑、假释的监督，刑罚执行中错案、申诉的处理，均作了明确的规定。

　　《刑事诉讼法》规定，人民检察院对执行机关执行刑罚的活动是否合法实行监督。如果发现有违法的情况，应当通知执行机关纠正。

第七节　特别程序

　　我国《刑事诉讼法》设置了五个特别程序。这些特别程序的设置同其他重要规定一样，都是惩罚犯罪与保障人权相结合原则的重要体现。

一、未成年人刑事案件诉讼程序

　　未成年人刑事案件诉讼程序，是指专门适用于未成年人刑事案件的侦查、起诉、审判、执行等程序的一种特别刑事诉讼程序。《刑事诉讼法》设置这一程序，是为了更好地保障未成年人的诉讼权利和其他合法权益，并且有利于未成年犯更好地回归社会。办理未成年人刑事案件时，对于这一特别程序未作规定的事项，按照《刑事诉讼法》的其他规定进行。

《刑事诉讼法》规定，对犯罪的未成年人实行教育、感化、挽救的方针，坚持教育为主、惩罚为辅的原则。人民法院、人民检察院和公安机关办理未成年人刑事案件，应当保障未成年人行使其诉讼权利，保障未成年人得到法律帮助，并由熟悉未成年人身心特点的审判人员、检察人员、侦查人员承办。未成年犯罪嫌疑人、被告人没有委托辩护人的，人民法院、人民检察院、公安机关应当通知法律援助机构指派律师为其提供辩护。

公安机关、人民检察院、人民法院办理未成年人刑事案件，根据情况可以对未成年犯罪嫌疑人、被告人的成长经历、犯罪原因、监护教育等情况进行调查。

对未成年犯罪嫌疑人、被告人应当严格限制适用逮捕措施。人民检察院审查批准逮捕和人民法院决定逮捕，应当讯问未成年犯罪嫌疑人、被告人，听取辩护律师的意见。对被拘留、逮捕和执行刑罚的未成年人与成年人应当分别关押、分别管理、分别教育。

对于未成年人刑事案件，在讯问和审判的时候，应当通知未成年犯罪嫌疑人、被告人的法定代理人到场。无法通知、法定代理人不能到场或者法定代理人是共犯的，也可以通知未成年犯罪嫌疑人、被告人的其他成年亲属，所在学校、单位，居住地基层组织或者未成年人保护组织的代表到场，并将有关情况记录在案。到场的法定代理人可以代为行使未成年犯罪嫌疑人、被告人的诉讼权利。

对于未成年人涉嫌侵犯公民人身权利、民主权利罪、侵犯财产罪、妨害社会管理秩序罪，可能判处 1 年有期徒刑以下刑罚，符合起诉条件，但有悔罪表现的，人民检察院可以作出附条件不起诉的决定。人民检察院在作出附条件不起诉的决定以前，应当听取公安机关、被害人的意见。在附条件不起诉的考验期内，由人民检察院对被附条件不起诉的未成年犯罪嫌疑人进行监督考察。附条件不起诉的考验期为 6 个月以上 1 年以下，从人民检察院作出附条件不起诉的决定之日起计算。被附条件不起诉的未成年犯罪嫌疑人，应当遵守下列规定：（1）遵守法律法规，服从监督；（2）按照考察机关的规定报告自己的活动情况；（3）离开所居住的市、县或者迁居，应当报经考察机关批准；（4）按照考察机关的要求接受矫治和教育。在考验期内有下列情形之一的，人民检察院应当撤销附条件不起诉的决定，提起公诉：（1）实施新的犯罪或者发现决定附条件不起诉以前还有其他犯罪需要追诉的；（2）违反治安管理规定或者考察机关有关附条件不起诉的监督管理规定，情节严重的。在考验期内没有上述情形，考验期满的，人民检察院应当作出不起诉的决定。

审判的时候被告人不满 18 周岁的案件，不公开审理。但是，经未成年被告人及其法定代理人同意，未成年被告人所在学校和未成年人保护组织可以派代表到场。犯罪的时候不满 18 周岁，被判处 5 年有期徒刑以下刑罚的，应当对相关犯罪记录予以封存。犯罪记录被封存的，不得向任何单位和个人提供，但司法机关为办案需要或者有关单位根据国家规定进行查询的除外。依法进行查询的单位，应当对被封存的犯罪记录的情况予以保密。

二、当事人和解的公诉案件诉讼程序

2012 年修正《刑事诉讼法》时，为了进一步化解矛盾纠纷，促进社会和谐，适当地扩大了和解程序的适用范围，将一部分公诉案件纳入了和解程序
《刑事诉讼法》规定，下列两种公诉案件，犯罪嫌疑人、被告人真诚悔罪，通过向被害人赔偿损失、赔礼道歉等方式获得被害人谅解，被害人自愿和解的，双方当事人可以和解：（1）因民间纠纷引起，涉嫌侵犯公民人身权利、民主权利罪、侵犯财产罪，可能判处 3 年有期徒刑以下刑罚的；（2）除渎职犯罪以外的可能判处 7 年有期徒刑以下刑罚的过失犯罪案件。但是，犯罪嫌疑人、被告人在 5 年以内曾经故意犯罪的，不适用和解。

双方当事人和解的，公安机关、人民检察院、人民法院应当听取当事人和其他有关人员的意见，对和解的自愿性、合法性进行审查，并主持制作和解协议书。对于达成和解协议的案件，公安机关可以向人民检察院提出从宽处理的建议。人民检察院可以向人民法院提出从宽处罚的建议；对于犯罪情节轻微，不需要判处刑罚的，可以作出不起诉的决定。人民法院可以依法对被告人从宽处罚。

三、缺席审判程序

《刑事诉讼法》设置这一程序，主要是为了对贪污贿赂犯罪案件，以及需

要及时进行审判，经最高人民检察院核准的严重危害国家安全犯罪、恐怖活动犯罪案件，但犯罪嫌疑人、被告人在境外时进行及时的审判，目的在于惩戒犯罪。

《刑事诉讼法》规定，对于上述案件，监察机关，公安机关移送起诉，人民检察院认为犯罪事实已经查清，证据确实、充分，依法应当追究刑事责任的，可以向人民法院提起公诉，由犯罪地、被告人离境前居住地或者最高人民法院指定的中级人民法院组成合议庭进行审理。

人民法院应当通过有关国际条约规定的或者外交途径提出的司法协助方式，或者被告人所在地法律允许的其他方式，将传票和人民检察院的起诉书副本送达被告人。传票和起诉书副本送达后，被告人未按要求到案的，人民法院应当开庭审理，依法作出判决，并对违法所得及其他涉案财产作出处理。人民法院缺席审判案件，被告人有权委托辩护人，被告人的近亲属可以代为委托辩护人。被告人及其近亲属没有委托辩护人的，人民法院应当通知法律援助机构指派律师为其提供辩护。

人民法院应当将判决书送达被告人及其近亲属、辩护人。被告人或者其近亲属不服判决的，有权向上一级人民法院上诉。辩护人经被告人或者其近亲属同意，可以提出上诉。人民检察院认为人民法院的判决确有错误的，应当向上一级人民法院提出抗诉。

在审理过程中，被告人自动投案或者被抓获的，人民法院应当重新审理。罪犯在判决、裁定发生法律效力后到案的，人民法院应当将罪犯交付执行刑罚。交付执行刑罚前，人民法院应当告知罪犯有权对判决、裁定提出异议。罪犯对判决、裁定提出异议的，人民法院应当重新审理。依照生效判决、裁定对罪犯的财产进行的处理确有错误的，应当予以返还、赔偿。

因被告人患有严重疾病无法出庭，中止审理超过 6 个月，被告人仍无法出庭，被告人及其法定代理人、近亲属申请或者同意恢复审理的，人民法院可以在被告人不出庭的情况下缺席审理，依法作出判决。被告人死亡的，人民法院应当裁定终止审理，但有证据证明被告人无罪，人民法院经缺席审理确认无罪的，应当依法作出判决。人民法院按照审判监督程序重新审判的案件，被告人死亡的，人民法院可以缺席审理，依法作出判决。

四、犯罪嫌疑人、被告人逃匿、死亡案件违法所得的没收程序

《刑事诉讼法》设置这一程序，是为了加强惩治腐败犯罪和恐怖活动犯罪的力度，并与我国已加入的《联合国反腐败公约》及有关反恐怖问题的决议相衔接。

《刑事诉讼法》规定，对于贪污贿赂犯罪、恐怖活动犯罪等重大犯罪案件，犯罪嫌疑人、被告人逃匿，在通缉 1 年后不能到案，或者犯罪嫌疑人、被告人死亡，依照《刑法》规定应当追缴其违法所得及其他涉案财产的，人民检察院可以向人民法院提出没收违法所得的申请。公安机关认为有上述情形的，应当写出没收违法所得意见书，移送人民检察院。没收违法所得的申请应当提供与犯罪事实、违法所得相关的证据材料，并列明财产的种类、数量、所在地及查封、扣押、冻结的情况。人民法院在必要的时候，可以查封、扣押、冻结申请没收的财产。人民法院经审理，对经查证属于违法所得及其他涉案财产，除依法返还被害人的以外，应当裁定予以没收；对不属于应当追缴的财产的，应当裁定驳回申请，解除查封、扣押、冻结措施。对于人民法院依照上述规定作出的裁定，犯罪嫌疑人、被告人的近亲属和其他利害关系人或者人民检察院可以提出上诉、抗诉。

在审理过程中，在逃的犯罪嫌疑人、被告人自动投案或者被抓获的，人民法院应当终止审理。没收犯罪嫌疑人、被告人财产确有错误的，应当予以返还、赔偿。

五、依法不负刑事责任的精神病人的强制医疗程序

在我国，精神障碍患者的人权是同其他社会成员一样受到尊重和保护的。我国《精神卫生法》规定，精神障碍患者的教育、劳动、医疗以及从国家和社会获得物质帮助等方面的合法权益受法律保护。其住院医疗分为两种情况：对于具备完全行为能力，能够辨认自己行为的轻度精神障碍患者，住院治疗实行自愿原则，自愿住院治疗者可以随时要求出院，医疗机构应当同意；对于有伤害倾向的重度精神障碍患者，则由公安机关协助医疗机构采取措施对其强制实施住院治疗，以防止其对他人造成伤害。因此，《刑事诉讼法》设置依法不负刑事责任的精神病人的强制医疗程序，既是出于保障公众安全、维

护社会秩序的需要，也能对患者自身起到保护作用。

我国《刑事诉讼法》规定，实施暴力行为，危害公共安全或者严重危害公民人身安全，经法定程序鉴定依法不负刑事责任的精神病人，有继续危害社会可能的，可以予以强制医疗。强制医疗的决定须由人民法院作出。

公安机关发现精神病人符合强制医疗条件的，应当写出强制医疗意见书，移送人民检察院。对于公安机关移送的或者在审查起诉过程中发现的精神病人符合强制医疗条件的，人民检察院应当向人民法院提出强制医疗的申请。人民法院在审理案件过程中发现被告人符合强制医疗条件的，可以作出强制医疗的决定。对实施暴力行为的精神病人，在人民法院决定强制医疗前，公安机关可以采取临时的保护性约束措施。

人民法院受理强制医疗的申请后，应当组成合议庭进行审理。人民法院审理强制医疗案件，应当通知被申请人或者被告人的法定代理人到场。被申请人或者被告人没有委托诉讼代理人的，人民法院应当通知法律援助机构指派律师为其提供法律帮助。强制医疗机构应当定期对被强制医疗的人进行诊断评估。对于已不具有人身危险性，不需要继续强制医疗的，应当及时提出解除意见，报决定强制医疗的人民法院批准。被强制医疗的人及其近亲属有权申请解除强制医疗。

人民检察院对强制医疗的决定和执行实行监督。

◆ 复习与思考

1. 简述我国刑事诉讼法的任务。
2. 谈谈《刑事诉讼法》对于级别管辖的规定。
3. 强制措施的种类有哪些？
4. 被取保候审的犯罪嫌疑人、被告人应当遵守哪些规定？
5. 公安机关对于现行犯或者重大嫌疑分子，在哪些情形下可以先行拘留？
6. 简述《刑事诉讼法》关于侦查羁押期限的规定。
7. 符合哪些条件，可以适用简易程序审判？

公平正义是司法的灵魂和生命。要深化司法责任制综合配套改革，加强司法制约监督，完善人员分类管理，健全司法职业保障，规范司法权力运行，提高司法办案质量和效率。要健全社会公平正义法治保障制度，努力让人民群众在每一个司法案件中感受到公平正义。

——习近平在中央全面依法治国工作会议上的讲话

第一节　行政诉讼法概述

一、行政诉讼法的概念和特有原则

（一）行政诉讼法的概念

行政诉讼法，是规定人民法院在当事人及其他诉讼参加人的参与下，在审理行政案件中进行各种诉讼活动所应遵循的程序制度的法律规范的总称。1989 年 4 月第七届全国人民代表大会第二次会议通过《行政诉讼法》，自1990 年 10 月 1 日起施行。全国人民代表大会常务委员会分别于 2014 年、2017 年对该法进行了修正。

《行政诉讼法》的基本任务是：保证人民法院公正、及时审理行政案件，解决行政争议，保护公民、法人和其他组织的合法权益，监督行政机关依法行使职权。

（二）行政诉讼的特点

行政诉讼，是指人民法院根据公民、法人或其他组织的请求，依法审理和解决行政案件的活动。行政诉讼具有以下特点：

（1）行政诉讼由行政管理活动中的被管理者即公民、法人或其他组织提起。

（2）被告是行政机关和行政机关工作人员，包括法律、法规、规章授权的组织。按照我国《行政诉讼法》的规定，对行政机关采取广义理解。

（3）行政诉讼是被管理者认为某行政行为侵犯其合法权益而请求司法保护的诉讼。

（4）行政诉讼以行政机关的某行政行为是否合法为裁判对象。

（三）行政诉讼法的特有原则

行政诉讼法的原则，包括各个诉讼法共有的基本原则，也包括根据行政诉讼的特点而具有的特有原则。我国《行政诉讼法》突出强调的原则主要有如下几个方面：

（1）人民法院应当保障公民、法人和其他组织的起诉权利，对应当受理的行政案件依法受理。行政机关及其工作人员不得干预、阻碍人民法院受理行政案件。

（2）被诉行政机关负责人应当出庭应诉。不能出庭的，应当委托行政机关相应的工作人员出庭。

（3）人民法院审查行政行为的合法性。

（4）当事人在行政诉讼中的法律地位平等。

（5）当事人在行政诉讼中有进行辩论的权利。

（6）人民检察院有权对行政诉讼实行法律监督。

二、行政诉讼的受案范围

行政诉讼的受案范围，是指人民法院受理并审理行政争议的范围，即人民法院受理行政案件的权限。我国《行政诉讼法》在规定法院的受案范围时，主要考虑两方面的因素：一是尽可能扩大法院的受案范围，以便给当事人的合法权益提供更有力的司法保护；二是法院在我国政权体制中的地位、法院的审判力量、法院与行政机关的关系及目前的行政诉讼意识。

（一）人民法院受理行政案件的范围

人民法院受理的行政案件有以下几类：

（1）对行政拘留、暂扣或者吊销许可证和执照、责令停产停业、没收违法所得、没收非法财物、罚款、警告等行政处罚不服的。

（2）对限制人身自由或者对财产的查封、扣押、冻结等行政强制措施和行政强制执行不服的。

（3）申请行政许可，行政机关拒绝或者在法定期限内不予答复，或者对行政机关作出的有关行政许可的其他决定不服的。

（4）对行政机关作出的关于确认土地、矿藏、水流、森林、山岭、草原、荒地、滩涂、海域等自然资源的所有权或者使用权的决定不服的。

（5）对征收、征用决定及其补偿决定不服的。

（6）申请行政机关履行保护人身权、财产权等合法权益的法定职责，行政机关拒绝履行或者不予答复的。

（7）认为行政机关侵犯其经营自主权或者农村土地承包经营权、农村土地经营权的。

（8）认为行政机关滥用行政权力排除或者限制竞争的。

（9）认为行政机关违法集资、摊派费用或者违法要求履行其他义务的。

（10）认为行政机关没有依法支付抚恤金、最低生活保障待遇或者社会保险待遇的。

（11）认为行政机关不依法履行、未按照约定履行或者违法变更、解除政府特许经营协议、土地房屋征收补偿协议等协议的。

（12）认为行政机关侵犯其他人身权、财产权等合法权益的。

除前述规定外，人民法院受理法律、法规规定可以提起诉讼的其他行政案件。

（二）人民法院不予受理的事项

按照《行政诉讼法》的规定，人民法院不予受理的事项包括：（1）国防、外交等国家行为；（2）行政法规、规章或者行政机关制定、发布的具有普遍约束力的决定、命令；（3）行政机关对行政机关工作人员的奖惩、任免等决定；（4）法律规定由行政机关最终裁决的行政行为。

最高人民法院于 2018 年制定的《关于适用〈中华人民共和国行政诉讼法〉的解释》进一步明确了几种不属于人民法院受案范围的行为，其中包括：（1）公安、国家安全等机关依照《刑事诉讼法》的明确授权实施的行为；（2）调解行为以及法律规定的仲裁行为；（3）行政指导行为；（4）驳回当事人对行政行为提起申诉的重复处理行为；（5）行政机关作出的不产生外部法律效力的行为；（6）行政机关为作出行政行为而实施的准备、论证、研究、层报、咨询等过程性行为；（7）行政机关根据人民法院的生效裁判、协助执行通知书作出的执行行为，但行政机关扩大执行范围或者采取违法方式实施的除外；（8）上级行政机关基于内部层级监督关系对下级行政机关作出的听取报告、执法检查、督促履责等行为；（9）行政机关针对信访事项作出的登记、受理、交办、转送、复查、复核意见等行为；（10）对公民、法人或者其他组织权利义务不产生实际影响的行为。

◆【案例】

周某诉某公安分局拖延履行法定职责案

原告周某居住在长沙市某社区，部分社区居民经常在晚上8点左右到其楼下的人行道上跳广场舞，音响器材音量过大，严重影响其安静生活。周某报警要求某公安分局依法进行处理。某公安分局接警后，多次到现场劝说跳舞居民将音响音量调小，或者更换跳舞场地，但一直未有明显效果。此后，原告向人民法院起诉，要求某公安分局依法处理。人民法院经审理认为，某公安分局对于原告报警所称的部分居民在其楼下跳广场舞并使用音响器材这一行为是否存在违法事项，是否需要进行行政处罚等实质问题并未依法予以认定，遂判决某公安分局依法对周某的报案作出处理。判决生效后，该公安分局又数次对跳舞的居民进行劝解、教育，并加强与当地社区的合作，引导广场舞队转移至距离原处百米之外的空坪上。原告所住的社区也在政府部门的积极协调和支持下，与长沙某汽车站达成一致，将在车站附近建设一块专门用于广场舞等娱乐活动的健身场所，既避免噪声扰民，又给跳舞健身爱好者提供自由活动的场所。

◆ 拓展

《环境噪声污染防治法》（2018年修正，已失效）

第58条　违反本法规定，有下列行为之一的，由公安机关给予警告，可以并处罚款：……（二）违反当地公安机关的规定，在城市市区街道、广场、公园等公共场所组织娱乐、集会等活动，使用音响器材，产生干扰周围生活环境的过大音量的；……

《治安管理处罚法》

第7条 国务院公安部门负责全国的治安管理工作。县级以上地方各级人民政府公安机关负责本行政区域内的治安管理工作。治安案件的管辖由国务院公安部门规定。

第58条 违反关于社会生活噪声污染防治的法律规定，制造噪声干扰他人正常生活的，处警告；警告后不改正的，处二百元以上五百元以下罚款。

三、管辖

行政诉讼的管辖是指上下级人民法院之间以及同级人民法院之间受理第一审行政案件的分工和权限。《行政诉讼法》规定的管辖可分为级别管辖、地域管辖、移送管辖和指定管辖。

（一）级别管辖

级别管辖，是指上下级人民法院之间受理第一审行政案件的分工和权限。具体分工如下：

（1）最高人民法院管辖全国范围内重大、复杂的第一审行政案件。

（2）高级人民法院管辖本辖区内重大、复杂的第一审行政案件。

（3）中级人民法院管辖的第一审行政案件，包括：对国务院部门或者县级以上地方人民政府所作的行政行为提起诉讼的案件；海关处理的案件；本辖区内重大、复杂的案件；其他法律规定由中级人民法院管辖的案件。

《行政诉讼法》第24条还规定：上级人民法院有权审理下级人民法院管辖的第一审行政案件。下级人民法院对其管辖的第一审行政案件，认为需要由上级人民法院审理或者指定管辖的，可以报请上级人民法院决定。

（4）基层人民法院管辖除上级人民法院管辖的第一审行政案件以外的其他行政案件。

（二）地域管辖

地域管辖，是指同级人民法院之间受理第一审行政案件的分工和权限。它是根据人民法院的辖区和当事人所在地或者诉讼标的所在地的关系来确定第一审行政案件的管辖。地域管辖分为一般地域管辖和特殊地域管辖。

一般地域管辖，是按照最初作出行政行为的行政机关所在地而确定的管辖。具体的管辖原则是：行政案件由最初作出行政行为的行政机关所在地人民法院管辖；经复议的案件，也可以由复议机关所在地人民法院管辖。

特殊地域管辖主要有以下几种情况：因不动产提起的行政诉讼，由不动产所在地人民法院管辖；对限制人身自由的行政强制措施不服提起的行政诉讼，由被告所在地或者原告所在地人民法院管辖；经最高人民法院批准，高级人民法院可以根据审判工作的实际情况，确定若干人民法院跨行政区域管辖行政案件；两个以上人民法院都有管辖权的案件，原告可以选择其中一个人民法院提起诉讼；原告向两个以上有管辖权的人民法院提起诉讼的，由最先立案的人民法院管辖。

（三）移送管辖

移送管辖，是指某一法院受理行政案件后，发现本院对该案件没有管辖权，将案件移送有管辖权的法院审理。人民法院发现受理的案件不属于本院管辖的，应当移送有管辖权的人民法院，受移送的人民法院应当受理。受移送的人民法院认为受移送的案件按照规定不属于本院管辖的，应当报请上级人民法院指定管辖，不得再自行移送。

（四）指定管辖

指定管辖，是指上级法院以裁定的方式指定某一下级法院管辖某一行政案件。指定管辖的主要情形包括：有管辖权的人民法院由于特殊原因不能行使管辖权的，由上级人民法院指定管辖；人民法院对管辖权发生争议，由争议双方协商解决；协商不成的，报它们的共同上级人民法院指定管辖。下级人民法院对其管辖的第一审行政案件，认为需要由上级人民法院指定管辖的，可以报请上级人民法院决定。

◆【案例】

王某的户籍所在地是甲市A区，工作单位所在地是甲市B区。2002年1月，王某在乙市出差时因涉嫌嫖娼被乙市A区公安分局传唤，后被该公安分局以嫖娼为由处以罚款500元。在被处罚以前，王某被留置于乙市B区两天。经复议，王某对罚款和留置措施提起行政诉讼。

分析：

从管辖权来看，在本案中，甲市A区人民法院，乙市A区、B区的人民法院都具有管辖权。王某可选择其中一个人民法院起诉。

四、行政诉讼参加人

行政诉讼参加人，是指因与行政争议存在直接利害关系，而参加行政诉讼的整个过程或者主要阶段的人以及与其诉讼地位相类似的人。行政诉讼参加人包括除审判人员、书记员、执行人员以外的参加行政诉讼的人，即当事人、诉讼代理人、证人、鉴定人员和翻译人员等。

（一）当事人

当事人，是指因行政行为发生争议，以自己的名义到人民法院起诉、应诉和参加诉讼，并受法院裁判约束的公民、法人或其他组织以及行政机关。当事人包括原告、被告和第三人。

1. 当事人的诉讼权利和义务

行政诉讼当事人的诉讼权利与民事诉讼当事人的诉讼权利基本相同。行政诉讼当事人特别的诉讼权利主要有：（1）原告有权申请人民法院裁定停止具体行政行为的执行；（2）被告行政机关在第一审程序中有改变被诉具体行政行为的权利。

行政诉讼当事人特别的诉讼义务主要有：（1）被告行政机关在行政诉讼中负有举证责任；（2）被告行政机关在诉讼过程中，不得自行向原告和证人收集证据。

2. 原告

行政诉讼的原告，是指认为行政机关的行政行为侵犯其合法权益，而依法以自己的名义向人民法院起诉的公民、法人或其他组织。

行政行为的相对人以及其他与行政行为有利害关系的公民、法人或者其他组织，有权提起诉讼。

有权提起诉讼的公民死亡，其近亲属可以提起诉讼。近亲属包括配偶、父母、子女、兄弟姐妹、祖父母、外祖父母、孙子女、外孙子女和其他具有扶养、赡养关系的亲属。

有权提起诉讼的法人或其他组织终止的，承受其权利的法人或者其他组织可以提起诉讼；在非国有企业被合并的情况下，被合并的企业或其法定代表人仍具有起诉权。

《行政诉讼法》还规定了可以提起行政诉讼的一种特殊主体，即人民检察院。人民检察院可以提起公益性的行政诉讼。人民检察院在履行职责中发现生态环境和资源保护、食品药品安全、国有财产保护、国有土地使用权出让等领域负有监督管理职责的行政机关违法行使职权或者不作为，致使国家利益或者社会公共利益受到侵害的，应当向行政机关提出检察建议，督促其依法履行职责。行政机关不依法履行职责的，人民检察院依法向人民法院提起诉讼。

3. 被告

行政诉讼的被告，是指作出行政行为，相对人认为侵犯自身合法权益并向人民法院提起诉讼，而由人民法院通知应诉的行政机关或者法律、法规授权的组织。

行政诉讼的被告有如下几种情形：

（1）公民、法人或者其他组织依法直接向人民法院起诉的，作出行政行为的行政机关是被告。

（2）经复议的案件，复议机关决定维持原行政行为的，作出原行政行为的行政机关和复议机关是共同被告；复议机关改变原行政行为的，复议机关是被告。

（3）复议机关在法定期限内未作出复议决定，公民、法人或者其他组织起诉原行政行为的，作出原行政行为的行政机关是被告；起诉复议机关不作为的，复议机关是被告。

（4）两个以上行政机关作出同一行政行为的，共同作出行政行为的行政机关是共同被告。

（5）行政机关委托的组织所作的行政行为，委托的行政机关是被告。

（6）行政机关被撤销或者职权变更的，继续行使其职权的行政机关是被告。

4. 共同诉讼人

共同诉讼，是指当事人一方或者双方为二人以上，因同一行政行为发生的行政案件，或者因同类行政行为发生的行政案件、人民法院认为可以合并审理并经当事人同意的诉讼。

共同诉讼人是指在共同诉讼案件中，人数在两个或者两个以上的一方或双方当事人。原告一方是两个或两个以上主体的，称为"共同原告"。被告一方是两个或两个以上主体的，称为"共同被告"。

当事人一方人数众多的共同诉讼，可以由当事人推选代表人进行诉讼。

代表人的诉讼行为对其所代表的当事人发生效力，但代表人变更、放弃诉讼请求或者承认对方当事人的诉讼请求，应当经被代表的当事人同意。

5. 第三人

行政诉讼的第三人，是指与被诉行政行为有利害关系或者同案件处理结果有利害关系的其他公民、法人或者其他组织。第三人与被诉行政行为或案件处理结果有着直接的利害关系，以自己的名义，为维护自身的合法权益而参加诉讼，在诉讼中具有独立的地位。第三人既不依附于原告，也不依附于被告。

行政诉讼中的第三人有权提出与本案有关的诉讼请求，如要求维持、撤销或者变更行政行为等。人民法院判决第三人承担义务或者减损第三人权益的，第三人有权依法提起上诉。

（二）诉讼代理人

行政诉讼代理人的种类与民事诉讼代理人相同。《行政诉讼法》规定了法定代理人和委托代理人两种情形。

法定代理人，是指基于亲权或监护权而产生、为无诉讼行为能力的公民进行诉讼而设立的代理人。委托代理人，是指受当事人、法定代理人委托代为进行诉讼行为的人。当事人、法定代理人，可以委托1人至2人作为诉讼代理人。可以被委托作为诉讼代理人的人员包括：律师、基层法律服务工作者；当事人的近亲属或者工作人员；当事人所在社区、单位以及有关社会团体推荐的公民。

诉讼代理人的权利包括：（1）代理诉讼的律师，有权按照规定查阅、复制本案有关材料，有权向有关组织和公民调查、收集与本案有关的证据。对涉及国家秘密、商业秘密和个人隐私的材料，应当依照法律规定保密。（2）当事人和其他诉讼代理人有权按照规定查阅、复制本案庭审材料，但涉及国家秘密、商业秘密和个人隐私的内容除外。

◆【案例】

某市在实施城市规划的过程中，发布了一个规范性文件，规定以投标的方式，将西城商业用地的使用权转让给出资的企业，以出资额的高低决定中标者。2010年1月，甲公司与乙公司均出资投标，两个企业的其他条件基本相同，但甲公司的出资额大大高于乙公司的出资额。然而，该市政府最后作出由乙公司开发这块商业用地的决定。甲公司不服，认为市政府侵犯了其公平竞争的合法权益，向人民法院提起行政诉讼，要求撤销市政府作出的由乙公司开发商业用地的决定。

分析：

在本案中，甲公司具有原告资格。乙公司是本案中的第三人，第三人有权提出与本案有关的诉讼主张。如乙公司对人民法院的一审判决不服，有权提起上诉。

五、诉讼证据及举证责任

《行政诉讼法》规定，行政诉讼证据有如下几种，即书证、物证、视听资料、电子数据、证人证言、当事人的陈述、鉴定意见、勘验笔录和现场笔录等。

《行政诉讼法》规定，被告（即作出行政行为的行政机关）要对其作出的行政行为负举证责任。行政诉讼被告的举证责任包括：提供作出该行政行为的证据，说明其事实上和法律上的依据；提供适用法律、法规和其他规范性文件的证据；提供证明行政行为属于其职权范围的证据；提供证明行政行为的作出符合法定程序的证据；提供行使职权符合立法目的的证据；提供关于行政处罚合理的证据；提供其不履行或拖延履行法定职责的合法事由或正当理由的证据；等等。

行政诉讼证据的收集、调取和认定，应当注意如下几点：

（1）被告不提供或者无正当理由逾期提供证据，视为没有相应证据。但是，被诉行政行为涉及第三人合法权益，第三人提供证据的除外。

（2）在诉讼过程中，被告及其诉讼代理人不得自行向原告、第三人和证人收集证据。

（3）原告可以提供证明行政行为违法的证据。原告提供的证据不成立的，不免除被告的举证责任。

（4）人民法院有权向有关行政机关以及其他组织、公民调取证据。但是，不得为证明行政行为的合法性调取被告作出行政行为时未收集的证据。

（5）与所审理案件有关的下列证据，原告或者第三人不能自行收集的，可以申请人民法院调取：由国家机关保存而须由人民法院调取的证据；涉及国家秘密、商业秘密和个人隐私的证据；确因客观原因不能自行收集的其他证据。

（6）人民法院应当按照法定程序，全面、客观地审查核实证据。证据须经法庭审查属实，才能作为认定案件事实的根据。证据应当在法庭上出示，并由当事人互相质证。以非法手段取得的证据，不得作为认定案件事实的根据。

第二节　行政诉讼程序

行政诉讼程序主要包括：起诉和受理、第一审程序、第二审程序、审判监督程序和执行程序等。

一、起诉和受理

（一）起诉

行政诉讼的起诉有两种类型。

（1）直接向人民法院起诉。只要法律、法规没有明确规定必须经过复议的，公民、法人或其他组织对行政行为不服时，都可以直接向人民法院起诉。

（2）经复议后向人民法院起诉。这又分为两种情况：一是法律、法规明确规定必须经过复议才能向人民法院起诉；二是虽然法律、法规没有规定必须经过复议，但公民、法人或其他组织自愿选择先申请复议，对复议决定不服的，再向人民法院起诉。

1. 起诉的条件

行政诉讼的原告提起诉讼的条件主要有：（1）原告是认为行政行为侵犯其合法权益的公民、法人或者其他组织；（2）有明确的被告；（3）有具体的诉讼请求和事实根据；（4）属于人民法院受案范围和受诉人民法院管辖。

法律、法规规定在起诉前必须向行政机关申请复议的，应经过行政复议，或者复议机关逾期不作复议决定后才能起诉。

此外，《行政诉讼法》的一项特别规定值得关注。按照该法第53条第1款的规定，"公民、法人或者其他组织认为行政行为所依据的国务院部门和地方人民政府及其部门制定的规范性文件不合法，在对行政行为提起诉讼时，可以一并请求对该规范性文件进行审查"。这里所提到的规范性文件不含规章。

2. 提起行政诉讼的法定期限

行政诉讼应当在法定期间内提出。所涉及的时效期间主要有以下几种：

（1）公民、法人或者其他组织直接向人民法院提起诉讼的，应当自知道或者应当知道作出行政行为之日起 6 个月内提出；法律另有规定的除外。

（2）公民、法人或者其他组织对复议决定不服的，可以在收到复议决定书之日起 15 日内向人民法院起诉。

（3）复议机关逾期不作决定的，申请人可在复议期满之日起 15 日内向人民法院起诉，法律另有规定的除外。

（4）因不动产提起诉讼的案件，自行政行为作出之日起超过 20 年，其他案件自行政行为作出之日起超过 5 年提起诉讼的，人民法院不予受理。

（5）公民、法人或者其他组织申请行政机关履行保护其人身权、财产权等合法权益的法定职责，行政机关在接到申请之日起 2 个月内不履行的，公民、法人或者其他组织可以向人民法院提起诉讼。法律、法规对行政机关履行职责的期限另有规定的，从其规定。

起诉应当向人民法院递交起诉状，并按照被告人数提出副本。书写起诉状确有困难的，可以口头起诉，由人民法院记入笔录，出具注明日期的书面凭证，并告知对方当事人。

（二）受理

人民法院在接到起诉状时对符合本法规定的起诉条件的，应当登记立案。对当场不能判定是否符合本法规定的起诉条件的，应当接收起诉状，出具注明收到日期的书面凭证，并在七日内决定是否立案。不符合起诉条件的，作出不予立案的裁定。裁定书应当载明不予立案的理由。原告对裁定不服的，可以提起上诉。

人民法院既不立案，又不作出不予立案裁定的，当事人可以向上一级人民法院起诉。上一级人民法院认为符合起诉条件的，应当立案、审理，也可以指定其他下级人民法院立案、审理。

二、第一审程序

人民法院审理行政案件的普通程序实行合议制。合议庭在审判长的组织领导下进行活动。合议庭成员平等，对于案件的调查、审理、裁判及其他重要问题，由全体成员共同研究，按照少数服从多数原则作出决定。合议庭成员对其所审理的案件负集体责任。行政诉讼的一审程序与民事诉讼的一审程序类似，这里不赘述。

人民法院应当在立案之日起 6 个月内作出第一审判决。有特殊情况需要延长的，由高级人民法院批准，高级人民法院审理第一审案件需要延长的，由最高人民法院批准。

（一）一审判决的类型

人民法院经过审理，根据不同情况可以作出如下类型的判决：

1. 维持行政行为的判决

人民法院经过审理，认定被诉行政行为证据确凿，适用法律、法规正确，符合法定程序的，或者原告申请被告履行法定职责或者给付义务理由不成立的，判决驳回原告的诉讼请求。

2. 撤销行政行为的判决

人民法院认定被诉行政行为有下列情形之一的，判决撤销或者部分撤销，并可以判决被告重新作出行政行为：主要证据不足的；适用法律、法规错误的；违反法定程序的；超越职权的；滥用职权的；明显不当的。撤销判决分为判决全部撤销、判决部分撤销及判决撤销并责成被告重新作出行政行为三种情况。

3. 确认行政行为违法的判决

人民法院判决确认行政行为违法，但不撤销行政行为的几种情形包括：行政行为依法应当撤销，但撤销会给国家利益、社会公共利益造成重大损害的；行政行为程序轻微违法，但对原告权利不产生实际影响的。

行政行为有下列情形之一，不需要撤销或者判决履行的，人民法院判决确认违法：行政行为违法，但不具有可撤销内容的；被告改变原违法行政行为，原告仍要求确认原行政行为违法的；被告不履行或者拖延履行法定职责，判决履行没有意义的。

人民法院判决确认违法或者无效的，可以同时判决责令被告采取补救措施；给原告造成损失的，依法判决被告承担赔偿责任。

4. 限期或继续履行的判决

人民法院经过审理，查明被告不履行法定职责的，判决被告在一定期限内履行。限期履行适用于下列情况：符合法定条件，向被告申请颁发许可证和执照，被告拒绝颁发或不予答复的；被告没有依法发给抚恤金的；申请被告履行保护人身权、财产权的法定职责，被告拒绝履行或不予答复的；等等。

人民法院认为行政机关不依法履行、未按照约定履行或者违法变更、解除政府特许经营协议、土地房屋征收补偿协议等协议的，人民法院判决被告承担继续履行、采取补救措施或者赔偿损失等责任。被告变更、解除上述协议合法但未依法给予补偿的，人民法院判决给予补偿。

5. 变更行政行为的判决

行政处罚明显不当，或者其他行政行为涉及对款额的确定、认定确有错误的，人民法院可以判决变更。人民法院判决变更，不得加重原告的义务或者减损原告的权益。但利害关系人同为原告，且诉讼请求相反的除外。

6. 确认给付义务的判决

人民法院经过审理，查明被告依法负有给付义务的，判决被告履行给付义务。

7. 确认行政行为无效的判决

行政行为有实施主体不具有行政主体资格或者没有法律依据等重大且明显违法情形，原告申请确认行政行为无效的，人民法院判决确认无效。人民法院判决确认行政行为违法或者无效的，可以同时判决责令被告采取补救措施；给原告造成损失的，依法判决被告承担赔偿责任。

（二）简易程序

人民法院审理第一审行政案件，认为事实清楚、权利义务关系明确、争议不大的，可以适用简易程序。适用简易程序的案件主要包括：依法当场作出被诉行政行为的案件；案件涉及款额 2000 元以下的案件；属于政府信息公开的案件。除上述规定以外的第一审行政案件，当事人各方同意适用简易程序的，可以适用简易程序。发回重审、按照审判监督程序再审的案件不适用简易程序。

适用简易程序审理的行政案件，由审判员一人独任审理，并应当在立案之日起 45 日内审结。

人民法院在审理过程中，发现案件不宜适用简易程序的，裁定转为普通程序。

三、第二审程序

当事人不服人民法院第一审判决的，有权在判决书送达之日起 15 日内向上一级人民法院提起上诉。当事人不服人民法院第一审裁定的，有权在裁定书送达之日起 10 日内向上一级人民法院提起上诉。

人民法院对上诉案件，应当组成合议庭，开庭审理。经过阅卷、调查和询问当事人，对没有提出新的事实、证据或者理由，合议庭认为不需要开庭审理的，也可以不开庭审理。人民法院审理上诉案件，应当对原审人民法院的判决、裁定和被诉行政行为进行全面审查。

人民法院审理上诉案件，应当在收到上诉状之日起 3 个月内作出终审判决。有特殊情况需要延长的，由高级人民法院批准，高级人民法院审理上诉案件需要延长的，由最高人民法院批准。

人民法院审理上诉案件，按照下列情形，分别处理：（1）原判决、裁定认定事实清楚，适用法律、法规正确的，判决或者裁定驳回上诉，维持原判决、裁定；（2）原判决、裁定认定事实错误或者适用法律、法规错误的，依法改判、撤销或者变更；（3）原判决认定基本事实不清、证据不足的，发回原审人民法院重审，或者查清事实后改判；（4）原判决遗漏当事人或者违法缺席判决等严重违反法定程序的，裁定撤销原判决，发回原审人民法院重审。

◆【案例】

李某庆诉上海市静安区人民政府、

上海市人民政府房屋征收补偿决定及行政复议决定案

（一）基本案情

上海市静安区人民政府（以下简称"静安区政府"）于 2012 年 10 月 19 日作出房屋征收决定，李某庆户承租的公房在征收范围内。安置补偿协商过程中，静安区住房保障和房屋管理局（以下简称"静安房管局"）向李某庆户提供货币补偿和房屋产权调换两种方式选择，因李某庆不认可《补偿方案》，双方在签约期限内未达成补偿协议。静安房管局于 2015 年 1 月 19 日报请静安区政府作房屋征收补偿决定。静安区政府受理后，组织双方进行调查和调解，李某庆出席但调解未成。静安区政府经审查，认定静安房管局提出的以结算差价的房屋产权调换方式补偿李某庆户的方案合法、适当,遂于2015年2月5日作出房屋征收补偿决定,并将决定书依法送达李某庆及静安房管局,同时在基地张贴公示。李某庆不服,于2015年4月3日向上海市人民政府(以下简称"上海市政府")提出行政复议。上海市政府受理后,经审查作出行政复议决定,维持静安区政府所作房屋征收补偿决定,李某庆仍不服,遂提起本案诉讼。

(二)裁判结果

上海市第二中级人民法院认为,根据《国有土地上房屋征收与补偿条例》和《上海市国有土地上房屋征收与补偿实施细则》的规定,静安区政府具有作出房屋征收补偿决定的行政职权。其于法定期限内作出被诉房屋征收补偿决定,行政程序并无不当。被诉房屋征收补偿决定认定事实清楚,法律适用准确。上海市政府在规定的期限内作出行政复议决定,程序合法。遂判决驳回李某庆的诉讼请求。上海市高级人民法院以与一审基本相同的理由判决驳回上诉,维持原判。

最高人民法院认为,静安房管局因与李某庆在《补偿方案》确定的签约期限内达不成补偿协议,报请静安区政府作出补偿决定。静安区政府受理后,核实相关材料,组织召开调解会,并在调解未成的情况下,在法定期限内作出被诉房屋征收补偿决定,程序合法。静安区政府依据租用公房凭证记载的居住面积乘以相应系数计算被征收房屋建筑面积,结合房屋评估单价等确定货币补偿金额及补贴款等,并以上海市土地储备中心安排的用于征收地块安置的房源安置给李某庆户,未侵犯李某庆户的合法利益,安置方案并无不当。此外,经上海房地产估价师事务所有限公司评估,被征收房屋于征收决定公告之日的房地产市场评估单价为29 233元/平方米,该地块评估均价为29 200元。李某庆在规定的期限内未申请复核。后静安房管局向李某庆征询是否需要专家鉴定,李某庆明确表示拒绝。在协商过程中,静安房管局向李某庆户提供货币补偿和房屋产权调换两种方式选择,因李某庆不认可《补偿方案》,双方在签约期限内未达成补偿协议。据此,李某庆提出的评估报告违法及剥夺其安置补偿方式选择权的异议缺乏依据。上海市政府在规定的期限内作出行政复议决定,适用法律正确,程序合法。遂裁定驳回李某庆的再审申请。

（三）典型意义

本案的典型意义在于：一方面，人民法院在行政审判中要按照严格司法的要求，坚持被诉行政行为合法性审查的标准，监督和促进行政机关全面履行政府职能，助力法治政府尽快建成。另一方面，在被诉行政行为达到合法性要求的情况下，人民法院应当作出明确的认定，既彰显依法行政的原则，使后续的行政执法活动有所遵循，又明晰权利保护的界限，为人民群众依法维权提供规范和指引。本案中，人民法院通过对被诉征收补偿决定和行政复议决定的全面审查，特别是从被诉行政行为职权合法性、程序合法性、实体认定合法性等多个方面进行了审查，同时对相对人的实体权益保护问题作了认定。在确认行政行为合法和相对人权益得到保障的前提下，裁定驳回相对人的再审申请。

四、审判监督程序

审判监督程序是指人民法院发现已经发生法律效力的判决、裁定违反法律、法规，依法对案件再次进行审理的程序。它不是必经的审理程序，不具有审级的性质。审判监督程序包括再审程序和提审程序。

再审程序，是指人民法院为了纠正已经发生法律效力的判决、裁定的错误，依照审判监督程序对案件再次进行审判的活动。再审分为自行再审和指令再审。

提审程序，是指上级人民法院按照审判监督程序对下级人民法院已经发生法律效力的判决、裁定进行审理的活动。

当事人对已经发生法律效力的判决、裁定，认为确有错误的，可以向上一级人民法院申请再审，但判决、裁定不停止执行。当事人的申请符合下列情形之一的，人民法院应当再审：不予立案或者驳回起诉确有错误的；有新的证据，足以推翻原判决、裁定的；原判决、裁定认定事实的主要证据不足、未经质证或者系伪造的；原判决、裁定适用法律、法规确有错误的；违反法律规定的诉讼程序，可能影响公正审判的；原判决、裁定遗漏诉讼请求的；据以作出原判决、裁定的法律文书被撤销或者变更的；审判人员在审理该案件时有贪污受贿、徇私舞弊、枉法裁判行为的。

审判监督案件的审理分别适用第一审或第二审程序：只经过第一审程序审结的案件无论是自行再审还是指令再审，仍适用第一审程序，作出的裁判是第一审裁判，当事人不服的，可以提起上诉；凡经过第二审程序审结的案件，无论是自行再审还是指令再审，都只能适用第二审程序，所作的判决、裁定为终审判决、裁定，当事人不服的，不得上诉；凡是最高人民法院或上级人民法院按照审判监督程序提审的案件，应按第二审程序进行审理，所作的判决、裁定为终审判决、裁定，当事人不得上诉。

五、执行程序

行政案件的执行是指人民法院按照法定程序，对已经生效的法律文书，在负有义务的一方当事人拒不履行义务时，强制其履行义务，保证生效法律文书的内容得以实现的活动。

执行的管辖有两种情况：发生法律效力的行政判决书、行政裁定书、行政赔偿判决书和行政赔偿调解书，由第一审人民法院执行；行政机关申请人民法院强制执行其作出的行政行为的，由申请人所在地的基层人民法院受理；执行对象为不动产的，由不动产所在地的基层人民法院受理。

人民法院主要是根据当事人的申请启动执行程序；公民、法人或者其他组织拒绝履行判决、裁定、调解书的，行政机关或者第三人可以向第一审人民法院申请强制执行，或者由行政机关依法强制执行；行政机关拒绝履行法院法律文书的，作为原告或者第三人的公民、法人或其他组织可以提出执行申请；行政管理相对人拒绝行政机关的行政行为，又不起诉，并且法律、法规规定应当申请人民法院强制执行的，作出该行政行为的行政机关可以向人民法院提出执行申请。

《行政诉讼法》规定的执行措施主要包括：

（1）对公民、法人或其他组织的执行措施。其中主要包括：划拨或者转交、扣留、提取被执行人的存款或者劳动收入；查封、扣押、冻结、变卖被执行人的财产；强制迁出房屋；强制拆除违章建筑或强制退出土地等。

（2）对被告行政机关适用的执行措施。其中主要包括：对应当归还的罚款或者应当给付的款额，通知银行从该行政机关的账户内划拨；在规定期限内不履行的，从期满之日起，对该行政机关负责人按日处 50 元至 100 元的罚款；将行政机关拒绝履行的情况予以公告；向监察机关或者该行政机关的上一级行政机关提出司法建议，接受司法建议的机关，根据有关规定进行处理，并将处理情况告知人民法院；拒不履行判决、裁定、调解书，社会影响恶劣的，可以对该行政机关直接负责的主管人员和其他直接责任人员予以拘留，情节严重，构成犯罪的，依法追究刑事责任。

六、行政诉讼程序中的几项特别规定

（一）停止执行

诉讼期间，通常不停止行政行为的执行，但在一些法定情形下，人民法院可以裁定停止执行：被告认为需要停止执行的；原告或者利害关系人申请停止执行，人民法院认为该行政行为的执行会造成难以弥补的损失，并且停止执行不损害国家利益、社会公共利益的；人民法院认为该行政行为的执行会给国家利益、社会公共利益造成重大损害的；法律、法规规定停止执行的。当事人对停止执行或者不停止执行的裁定不服的，可以申请复议一次。

（二）先予执行

人民法院对起诉行政机关没有依法支付抚恤金、最低生活保障金和工伤、医疗社会保险金的案件，权利义务关系明确、不先予执行将严重影响原告生活的，可以根据原告的申请，裁定先予执行。当事人对先予执行裁定不服的，可以申请复议一次。复议期间不停止裁定的执行。

（三）调解的例外适用

人民法院审理行政案件通常不适用调解，但是，行政赔偿、补偿以及行政机关行使法律、法规规定的自由裁量权的案件可以调解。调解应当遵循自愿、合法原则，不得损害国家利益、社会公共利益和他人合法权益。

（四）裁判的法律依据

人民法院审理行政案件所依照的法律依据，主要包括如下几条：

（1）以法律和行政法规、地方性法规为依据。地方性法规适用于本行政区域内发生的行政案件。

（2）人民法院审理民族自治地方的行政案件，还可以以该民族自治地方的自治条例和单行条例为依据。

（3）人民法院审理行政案件，参照规章。

（4）人民法院在审理行政案件中，经审查认为所涉及的规范性文件不合法的，不作为认定行政行为合法的依据，并向制定机关提出处理建议。

◆【案例】

何某强诉华中科技大学拒绝授予学位案

（一）基本案情

原告何某强系第三人华中科技大学武昌分校（以下简称"武昌分校"）2003 级通信工程专业的本科毕业生。武昌分校是独立的事业法人单位，无学士学位授予资格。根据国家对民办高等学校学士学位授予的相关规定和双方协议约定，被告华中科技大学同意对武昌分校符合学士学位条件的本科毕业生授予学士学位，并在协议附件载明《华中科技大学武昌分校授予本科毕业生学士学位实施细则》（以下简称《实施细则》）。其中第 2 条规定"凡具有我校学籍的本科毕业生，符合本《实施细则》中授予条件者，均可向华中科技大学学位评定委员会申请授予学士学位"，第 3 条规定"……达到下述水平和要求，经学术评定委员会审核通过者，可授予学士学位。……（三）通过全国大学英语四级统考"。2006 年 12 月，华中科技大学作出《关于武昌分校、文华学院申请学士学位的规定》，规定通过全国大学外语四级考试是非外国语专业学生申请学士学位的必备条件之一。

2007 年 6 月 30 日，何某强获得武昌分校颁发的《普通高等学校毕业证书》，由于其本科学习期间未通过全国大学英语四级考试，武昌分校根据上述《实施细则》，未向华中科技大学推荐其申请学士学位。8 月 26 日，何某强向华中科技大学和武昌分校提出授予工学学士学位的申请。2008 年 5 月 21 日，武昌分校作出书面答复，因何某强没有通过全国大学英语四级考试，不符合授予条件，华中科技大学不能授予其学士学位。

（二）裁判结果

湖北省武汉市洪山区人民法院于 2008 年 12 月 18 日作出［2008］洪行初字第 81 号行政判决，驳回原告何某强要求被告华中科技大学为其颁发工学学士学位的诉讼请求。湖北省武汉市中级人民法院于 2009 年 5 月 31 日作出［2009］武行终字第 61 号行政判决，驳回上诉，维持原判。

（三）裁判要点

（1）具有学位授予权的高等学校，有权对学位申请人提出的学位授予申请进行审查并决定是否授予其学位。申请人对高等学校不授予其学位的决定不服提起行政诉讼的，人民法院应当依法受理。

（2）高等学校依照《学位条例暂行实施办法》的有关规定，在学术自治范围内制定的授予学位的学术水平标准，以及据此标准作出的是否授予学位的决定，人民法院应予支持。

（四）裁判理由

法院生效裁判认为：本案争议焦点主要涉及被诉行政行为是否可诉、是否合法以及司法审查的范围问题。

1. 被诉行政行为具有可诉性

根据《学位条例》等法律、行政法规的授权，被告华中科技大学具有审查授予普通高等学校学士学位的法定职权。依据《学位条例暂行实施办法》第4条第2款"非授予学士学位的高等学校，对达到学士学术水平的本科毕业生，应当由系向学校提出名单，经学校同意后，由学校就近向本系统、本地区的授予学士学位的高等学校推荐。授予学士学位的高等学校有关的系，对非授予学士学位的高等学校推荐的本科毕业生进行审查考核，认为符合本暂行办法第三条及有关规定的，可向学校学位评定委员会提名，列入学士学位获得者的名单"，以及国家促进民办高等学校办学政策的相关规定，华中科技大学有权按照与民办高等学校的协议，对于符合本校学士学位授予条件的民办高等学校本科毕业生经审查合格授予普通高等学校学士学位。

本案中，第三人武昌分校是未取得学士学位授予资格的民办高等学校，该院校与华中科技大学签订的合作办学协议约定，武昌分校对该校达到学士学术水平的本科毕业生，向华中科技大学推荐，由华中科技大学审核是否授予学士学位。依据《学位条例暂行实施办法》的规定和华中科技大学与武昌分校之间合作办学的协议，华中科技大学具有对武昌分校推荐的应届本科毕业生进行审查和决定是否颁发学士学位的法定职责。武昌分校的本科毕业生何某强以华中科技大学在收到申请之日起60日内未授予其工学学士学位，向人民法院提起行政诉讼，符合最高人民法院《关于执行〈中华人民共和国行政诉讼法〉若干问题的解释》（已失效）第39条第1条的规定。因此，华中科技大学是本案适格的被告，何某强对华中科技大学不授予其学士学位不服提起诉讼的，人民法院应当依法受理。

2. 被告制定的《实施细则》第3条的规定符合上位法规定

《学位条例》第4条规定："高等学校本科毕业生，成绩优良，达到下述学术水平者，授予学士学位：（一）较好地掌握本门学科的基础理论、专门知识和基本技能……"《学位条例暂行实施办法》第25条规定："学位授予单位可根据本暂行实施办法，制定本单位授予学位的工作细则。"该办法赋予学位授予单位在不违反《学位条例》所规定授予学士学位基本原则的基础上，在学术自治范围内制定学士学位授予标准的权力和职责，华中科技大学在此授权范围内将全国大学英语四级考试成绩与学士学位挂钩，属于学术自治的范畴。高等学校依法行使教学自主权，自行对其所培养的本科生教育质量和学术水平作出具体的规定和要求，是对授予学士学位的标准的细化，并没有违反《学位条例》第4条和《学位条例暂行实施办法》第25条的原则性规定。何某强因未通过全国大学英语四级考试，不符合华中科技大学学士学位的授予条件，武昌分校未向华中科技大学推荐其申请授予学士学位，故华中科技大学并不存在不作为的事实，对何某强的诉讼请求不予支持。

3. 对高等学校授予学位行为的司法审查以合法性审查为原则

各高等学校根据自身的教学水平和实际情况在法定的基本原则范围内确定各自学士学位授予的学术水平衡量标准，是学术自治原则在高等学校办学过程中的具体体现。在符合法律法规规定的学位授予条件的前提下，确定较高的学士学位授予学术标准或适当放宽学士学位授予学术标准，均应由各高等学校根据各自的办学理念、教学实际情况和对学术水平的理想追求自行决定。对学士学位授予的司法审查不能干涉和影响高等学校的学术自治原则，学位授予类行政诉讼案件司法审查的范围应当以合法性审查为基本原则。

◆ 复习与思考

1. 简述行政诉讼法的特有原则。

2.《行政诉讼法》规定人民法院不予受理的事项有哪些？

3.《行政诉讼法》关于级别管辖的规定是什么？

4. 一般地域管辖的原则是什么？

5. 特殊地域管辖主要有哪些情况？

6. 什么是行政诉讼当事人？

7. 行政诉讼的被告有哪些情形？

8. 简述行政诉讼被告的举证责任。

9. 一审判决的类型有哪些？

第十二章
国际法

　　我们应该共同推动国际关系法治化。推动各方在国际关系中遵守国际法和公认的国际关系基本原则，用统一适用的规则来明是非、促和平、谋发展。"法者，天下之准绳也。"在国际社会中，法律应该是共同的准绳，没有只适用他人、不适用自己的法律，也没有只适用自己、不适用他人的法律。适用法律不能有双重标准。我们应该共同维护国际法和国际秩序的权威性和严肃性，各国都应该依法行使权利，反对歪曲国际法，反对以"法治"之名行侵害他国正当权益、破坏和平稳定之实。

　　——习近平在和平共处五项原则发表60周年纪念大会上的讲话

第一节　国际公法

一、国际公法的概念和特征

　　国际公法，或称国际法，是指国家之间在交往过程中形成的，用以调整国际关系，主要是国家间以及国家与国际组织间权利义务关系的，有拘束力的法律规范的总和。其具有以下基本特征：

　　（1）国际法的主体主要是国家，国际法主要调整国家之间的关系。此外，由国家组成的国际组织、类似国家的政治实体在一定范围内和条件下也是国际法的主体。国际社会没有超国家的立法机关，国际法是国家之间在交往中通过协议制定或公认的法律。

　　（2）国际法的制定者、执行者、受制裁者都是国家。国家通过协议制定国际法规范，国际法规范的实施主要依靠国家本身的行动保证。

（3）国际法的渊源主要有国际条约和国际习惯。国际条约是国家之间所缔结的确定它们之间权利和义务关系的书面协议。两个国家之间签订的条约称为双边条约，三个或三个以上国家签订的条约称为多边条约。国际条约一般只对缔约国有约束力。国际习惯是指在国际交往中各国长期、反复使用，并承认其法律约束力的行为规范。此外，重要国际组织的决议，也是国际法的渊源。

二、国际公法的主体及其权利与责任

国际法的主体是指具有直接享受国际法上权利和承担国际法上义务能力的国际法律关系的独立参加者。国家和国际组织是国际法的主体。国家和国际组织作为国际法的主体，必须具备两个条件：一是有独立参加国际法律关系的能力；二是有直接承受国际法上权利和义务的能力。

作为国际法主体的国家，主要由四个要素构成：一是定居的居民。一定数量的居民才能形成社会，形成一定的经济和政治结构，组成国家。二是确定的领土。领土是国家赖以存在的物质基础，也是国家进行主权活动和行使排他性权力的空间。领土包括领陆、领水和领空。三是政权组织，即代表国家对内实行有效的统治、对外进行交往的政权组织。四是主权。主权作为国家区别于其他实体的根本标志，具体体现为不受任何其他国家控制的独立处理对内、对外事务的权力，是国家的固有属性。这四个要素是一个统一整体。必须同时具备，才能形成国家，成为国际法的主体。

作为国际法主体的国家，既享有权利又承担义务。国家主要享有以下几种基本权利：

（1）独立权。每个国家都有按照自己的意志处理本国对内、对外事务，不受他国干涉和控制的权利。

（2）平等权。一切国家不论其大小、强弱，社会、政治、经济制度的性质，也不论其发展水平的高低，其法律地位一律平等。

（3）自保权，是指国家保卫自己独立和生存的权利。一方面，国家有权使用自己的力量进行国防建设，防止外来侵略；另一方面，国家遭受外国武力攻击时，有行使单独或集体自卫的权利。

（4）管辖权。国家的管辖权包括：一是领域管辖，指国家对其领土内的一切人、物和发生的事件，有权管辖；二是国籍管辖，指国家对一切具有其国籍的人有权实行管辖，即使是居住在他国的人；三是保护性管辖，为了保护国家及其公民的重大利益，在一定条件下，国家有权对外国人在该国领土外对该国公民的犯罪行为行使管辖权；四是普通管辖，根据国际法的规定，某些特定的犯罪，如战争犯罪、贩卖奴隶或毒品、灭绝种族、海盗等，由于危害国际和平与安全及全人类共同利益，不论犯罪行为发生于何地以及犯罪人的国籍如何，各国都有权管辖。

作为国际法主体的国家承担的国际法律责任的主要形式如下：

（1）限制主权，是指对他国进行武装侵略，侵犯他国主权、独立和领土完整，破坏国际和平与安全的国家，可全面或局部限制其行使主权。

（2）恢复原状，是指侵害国应将受害国被损害的事物恢复到不法行为发生前的状态，如归还非法掠夺的财产等。

（3）赔偿，是指侵害国对受害国的物质损失应给付相应的货币或物质赔偿。关于赔偿范围，既包括对国家的赔偿，又包括对受害国国民的赔偿。

（4）道歉，是指侵害国向受害国表示道歉，给受害国以精神上的补偿，如向受害国国旗、国徽行礼致敬，保证不再发生类似事件等。

国际组织也是国际法的重要主体。两个以上国家或其政府、人民、民间团体基于特定目的，以一定协议形式而成立的常设团体，都可以称为国际组织。国际组织有主权国家组成的政府间国际组织，也有民间团体或个人组成的非政府间国际组织；有全球性国际组织，也有区域性国际组织。联合国和世界贸易组织是两个重要的全球性国际组织，它们都是重要的国际法主体。

三、国际公法中的国籍和国籍法

（一）国籍的概念和意义

国籍是区分本国人、外国人和无国籍人的标志。它通常是指一个人属于一个国家的公民或国民的法律资格，表示这个人与该国稳定的法律联系。国籍，主要是指自然人的国籍，也包括法人、船舶和飞机的国籍。

国籍，无论对个人还是对国家都具有重要意义：（1）国籍是一项人权。（2）国籍是一国确定公民身份的根据，确定其公民不同于外国人的法律地位并对其行使属人管辖权。（3）基于国籍，个人对其所属国负有效忠的义务（如服兵役等），在国际上享有本国的外交保护。

（二）国籍的取得与丧失

1. 国籍的取得

国籍的取得主要有两种途径，一种是原始国籍的取得，另一种是因入籍而取得。原始国籍的取得主要有三个标准：（1）血统主义，即以父母的国籍来确定一个人的国籍；（2）出生地主义，即出生地决定一个人的国籍，不问其父母的国籍为何；（3）混合主义，即兼采取血统主义和出生地主义，现今大多数国家采取这种办法处置国籍问题。

继有国籍是指具有一个国籍的人取得新的国籍，其形式有申请入籍以及基于婚姻、收养、认领或继承等事实入籍。（1）自愿申请入籍，这是入籍的主要方式。一国是否允准外国人和无国籍人加入其国籍，这是该国主权范围内的事，他国无权干涉。（2）婚姻，是指一国国民由于与他国国民结婚而取得他国国籍。（3）养父母所属国可以按优惠的条件给予被收养人国籍。

2. 国籍的丧失

国籍的丧失是指一个人丧失某一特定国家的国民身份。丧失国籍有两种情况：一是自愿丧失，即以当事人意志为基础的，申请退籍和自愿选择某一国籍。二是非自愿丧失国籍，主要是由于取得外国国籍，婚姻、收养或认领等原因而丧失本国国籍。

丧失本国国籍的法律后果是：当事人与原籍国之间的权利义务关系随即解除，其不再具有原籍国国民资格。但是，许多国家还有恢复国籍的规定。

四、现代国际法的基本原则

国际法的基本原则是指各国公认的，具有普遍意义且构成国际法基础的法律原则。国际法的原则主要体现在《联合国宪章》以及 1970 年 10 月 24 日联合国大会通过的《关于各国依联合国宪章建立友好关系及合作之国际法原则之宣言》（以下简称《国际法原则宣言》）之中。中国和印度等国提出并倡导的和平共处五项原则，即相互尊重主权和领土完整、互不侵犯、互不干涉内政、平等互利、和平共处，对上述国际法文件中的国际法原则加以高度概括，并迅速为各国所公认，成为现代国际法的基本原则。

（一）相互尊重主权和领土完整原则

这是五项原则中最根本的原则。国家主权原则是国际法的基石，而尊重国家主权首先体现在尊重国家的领土完整，两者是密不可分的。

国家主权，在国际法上是指国家独立自主地处理其对内、对外事务的最高权力。国家主权在国际法上具有如下特征：（1）主权是国家最根本的属性；（2）主权是国家固有的权利，并非外界所赋予，国际法只是对其加以确认；（3）主权在国内表现为领土最高权，在对外关系上表现为独立权及自卫权；（4）不能把主权绝对化，主权国负有相互尊重对方主权的义务，所有国家应同等地受国际法的约束。

国家主权原则的中心思想是各国主权平等。这应包括以下要素：各国在法律地位上平等；每一国享有充分主权所固有的权利；国家的人格、领土完整与政治独立受到尊重；各国在国际秩序中应善意履行其国际义务与责任。1970 年《国际法原则宣言》除重申上述四项外，还强调各国均有义务尊重其他国家的人格，均有权自由选择并发展其政治、经济、社会和文化制度。

（二）互不侵犯原则

互不侵犯原则是尊重国家主权和领土完整原则的直接引申和重要保证。互不侵犯原则的主要内容有：各国有义务不首先使用武力；有义务以和平方式解决国际争端；有义务避免从事侵略战争的宣传；有义务不侵犯他国国界和侵入他国领土；对侵略战争负有国际责任；不得以国家领土作为军事占领的对象；不得采取任何强制行动剥夺被压迫民族的民族自决权。

（三）互不干涉内政原则

互不干涉内政原则是主权平等原则的要求。不干涉内政，是指国家在互相交往中不得以任何理由或任何方式，直接或间接地干涉他国主权管辖范围内的一切事务，国际组织也不得干涉属于成员国国内管辖的事项。1965 年联合国大会通过了《关于各国内政不容干涉及其独立与主权之保护宣言》，强调：任何国家，不论为何理由，均不得直接或间接干涉其他国家的内政、外交；不得使用政治、军事、经济等措施威胁他国，以使其屈服；不得组织、制造、资助、煽动或纵容他国内部颠覆政府的活动；不得干涉另一国的内乱。

（四）平等互利原则

平等互利原则是从传统国际法的国家平等原则发展而来的一项原则。国家平等是指国家在国际法上的权利平等，主权国家享有同样的权利，并负有同样的义务。不能因各国在国际政治生活中所起的作用不同而在法律上有所差异，不能造成其法律上的不平等。在国与国的交往中，只有在平等的基础上才会互利，在互利的条件下才有真正的平等。不能以损害对方来满足自己的要求，更不能以牺牲他国利益或欺诈、强迫他国来实现自己的利益。

（五）和平共处原则

和平共处原则既是五项原则的总称，又是一项单列的原则。它有三个方面的内容：（1）各国不应因社会制度和意识形态的不同而互相攻击和敌视，甚至尝试颠覆和消灭对方，而应和平地同时存在和相处；（2）各国应在和平的环境和条件下友好往来，善意合作，发展相互关系；（3）各国应以和平方式解决相互之间的争端。

五、联合国及其常设机构

（一）联合国的宗旨及作用

联合国是当今国际社会最重要的具有广泛职能的国际组织，它是继国际联盟之后根据 1945 年在旧金山会议上签订的《联合国宪章》而成立的。联合国总部设在纽约。

根据《联合国宪章》第一章第 1 条的规定，联合国的宗旨为：维持国际和平及安全；发展各国之间以尊重人民平等权利及自决原则为根据的友好关系，并采取其他适当办法，以增强普遍和平；促进国际经济、社会及文化等方面的合作；构成协调各国行动的中心，以达成上述共同目的。为了实现联合国的宗旨，《联合国宪章》第 2 条规定了联合国及其会员国应遵循的七项原则。这些原则也构成了国际法基本原则的主要内容。

《联合国宪章》第二章规定了联合国会员国的资格。参加旧金山制宪会议或签署 1942 年《联合国家宣言》，并依本国宪法程序批准了宪章的国家为联合国创始会员国，共包括 51 个国家，其后加入的国家为接纳会员国。《联合国宪章》规定，一切爱好和平、接受该宪章所载的义务、经联合国组织确认能够并愿意履行这些义务的国家，均可以成为联合国会员国。接纳新会员国须经安理会推荐，经联合国大会以 2/3 多数表决通过。中国是联合国的创始国之一。20 世纪 60 年代，涌现了大批新独立的国家，第三世界国家在联合国中占了绝大多数，改变了联合国内部的力量对比。1971 年 10 月 25 日，联合国大会以 76 票赞成、35 票反对、17 票弃权的表决，恢复了中华人民共和国在联合国的合法席位。作为联合国安理会的常任理事国，中国在国际事务中发挥着越来越重要的作用。

（二）联合国的常设机构

联合国设 7 个主要机构：联合国大会、安全理事会、经济及社会理事会、托管理事会、人权理事会、国际法院、秘书处。

1. 联合国大会

联合国大会由全体会员国组成。每年举行一次常会，从每年 9 月的第三个星期二到 12 月 25 日举行。必要时，秘书长应安全理事会或过半数会员国的请求，联合国大会还可以召开特别会议和紧急特别会议。联合国大会具有广泛的职权，可以讨论宪章范围内，或者有关联合国任何机关的职权的任何问题或事项。除安全理事会正在处理的事项外，它可以就这些问题或事项向会员国或安全理事会提出建议。

联合国大会的决议以表决方式进行，每个会员国有一个投票权。对于修改宪章、接纳新会员国等重要问题，须由出席并投票的会员国 2/3 多数通过。对于一般问题的决议，以过半数通过，联合国大会对联合国组织内部事务通过的决议对组织及会员国具有拘束力，对于维持国际和平与安全问题作出的决议只有建议的性质，因为，安全理事会在这个问题上有优先权。

2. 安全理事会（简称安理会）

安理会是联合国在维持国际和平与安全方面负有主要责任的机关，由常任理事国和非常任理事国组成。常任理事国为中国、俄国、美国、英国、法国 5 个国家，它们不经选举且永久担任。10 个非常任理事国由联合国大会按地区分配名额选举产生，任期为 2 年，每年改选 5 个国家，不得连任。这种选任理事国的方式，既使安理会能够反映不同国家的利益和愿望，又不使安理会过于庞大。安理会主席由理事国按英文国名首字母的排列次序轮流担任，任期 1 个月。

安理会的表决程序颇为复杂。每个理事国有一个投票权。对于程序问题，15 个理事国中的 9 个以上理事国同意即可通过；对于实质问题，也要 9 个以上理事国同意方能通过，但任何一个常任理事国的反对票都可以否决决议，这就要求五大国一致；常任理事国不参加投票或投弃权票，不构成否决。在对某一事项是否属于程序问题发生争议时，须先行表决决定，常任理事国可以行使否决权。如被否决，就是实质问题，需要按实质问题表决。这样一来，5 个常任理事国就有了双重否决权。五大国一致原则在保证大国在安理会中发挥特殊作用的同时也遭致了批评。安理会的改革成为现在联合国改革的重要课题之一。

◆ **思考题**

甲、乙两国为陆地邻国。由于边界资源的开采问题，两国产生了激烈的武装冲突，战火有进一步蔓延的趋势。甲、乙均为联合国成员国。针对此事态，如果通过联合国安理会采取相关措施以实现停火和稳定局势，那么，根据《联合国宪章》有关规定，下列哪一选项是正确的？

A. 只有甲、乙两国中的任一国把该事项提交安理会后，安理会才有权对该事项进行审议

B. 在对采取措施的决议草案进行表决时，若获得全体理事国中 1/2 多数的同意，其中包括常任理事国的一致同意，该决议即被通过

C. 在对采取措施的决议草案进行表决时，安理会常任理事国中任何一国投弃权票不妨碍该决议的通过

D. 只有得到甲、乙两国的分别同意，安理会通过的上述决议才能对其产生拘束力

答案：C。

3. 经济及社会理事会（简称经社理事会）

经社理事会是在联合国大会权力之下负责协调联合国经济、社会和文化活动的机关，由 54 个理事国组成。理事国由联合国大会选举产生，任期为 3 年，每年改选 1/3，可以连任。从 1972 年起，中国一直当选为经社理事会理事国。

经社理事会的主要职权包括：就国际经济、社会、文化、教育、卫生及其他有关事项进行研究并提出建议；就其职权范围内的事项召集国际会议，拟定公约草案，提交联合国大会；与各专门机构订立协定，使它们同联合国建立关系，并协调其活动；同有关的非政府组织进行磋商；经联合国大会许可，为会员国或专门机构提供服务。

4. 托管理事会

托管理事会是在联合国大会权力下负责监督和托管领土行政管理的机关。自联合国成立以来，置于国际托管制度下的领土共 11 块。1994 年，最后一块托管地独立，托管理事会已无地可托管，其地位和职能将是联合国改革中有

待解决的一个问题。

5. 人权理事会

联合国大会于 2006 年 3 月 15 日以 170 个国家投票赞成设立联合国人权理事会，以取代总部设在瑞士日内瓦的人权委员会。人权理事会是联合国负责处理人权事务的常设机构，它的主要职能是：促进各国人权情况的交流与合作，监督和审议严重违反人权的情况，检查、督促各国人权状况的改善，推进世界人权事业的健康发展。人权理事会会员国有 47 个国家，由联合国大会以过半数通过。如会员国违反人权，经联合国大会 2/3 多数通过，将予以除名。人权理事会每年召开一次会议，研究处理有关人权问题的事务，提出改善和发展国际人权的各种建议。

6. 国际法院

国际法院是联合国的主要司法机关，由联合国和安理会从候选人中分别独立选举出 15 名不同国籍的法官组成。选出的法官要能代表世界各大文化和主要法系，所以，席位按地区分配。作为惯例，安理会常任理事国在国际法院均有本国的法官。法官的任期为 9 年，每三年改选 5 名，可连选连任。法官不代表任何国家，不受本国政府的制约。国际法院设在荷兰海牙。国际法院有权审理争端当事国自愿提交的诉讼案件，判决由出庭法官的过半数作出。判决是终局判决，不得上诉，对当事国有约束力。一方不履行判决应负的义务时，他方可以向安理会申诉。不过，由于当事国是自愿接受法院管辖的，所以很少出现诉讼当事国拒绝执行法院判决的情况。法院也可以应联合国大会和安理会的要求就任何法律问题提出咨询意见。

7. 秘书处

秘书处是联合国的常设行政机构，其任务是为联合国其他机构服务，并执行这些机构指定的计划和政策。秘书处由秘书长和其他国际公务员组成，秘书长是联合国的行政首长，由联合国大会根据安理会的推荐任命，任期 5年，可连选连任。秘书处的工作人员由秘书长根据联合国大会所定章程委派、雇用。

（三）联合国的专门机构

除了常设机构，联合国还有专门机构，如国际劳工组织、世界卫生组织、世界知识产权组织、国际货币基金组织、国际复兴开发银行（世界银行）、联合国粮食及农业组织、联合国教育、科学及文化组织、国际民用航空组织、国际海事组织、国际电信联盟等 16 个机构。这些专门机构根据与联合国缔结的协定发生联系。它们有自己的组织章程、成员、立法和执行机构、议事规则、秘书处和预算等，所以是独立的国际组织。我国参加了联合国所有专门机构。

六、国际人权法及国际人权保护

（一）国际人权法的内涵和渊源

国际人权法是现代国际法的重要分支之一。国际人权法是指国家在国际人权领域进行活动时必须遵守的，有关尊重、促进和保护人的基本权利和自由的原则、规则和制度的总称。

国际人权法的基本特征是：（1）国际人权法的主体是国家；（2）国际人权法的渊源主要是国际人权公约、宣言和国际惯例；（3）国际人权法的主要原则是尊重、促进和保护人的基本权利和自由；（4）国际人权法的主要内容是国家在国际人权领域互动应享有的权利和必须承担的国际义务，以及对于违反这些义务的惩治措施。

第二次世界大战以后，联合国通过和制定以及各国缔结的有关人权问题的国际公约、宣言、决议等文件达到近百个，它们是国际人权法的主要渊源。这些条约依其制定或通过的机关及内容大致分为四类：

（1）联合国大会通过的全面规定基本人权的尊重和保护的一般性公约，包括：《世界人权宣言》《经济、社会及文化权利国际公约》《公民权利和政治权利国际公约》《公民权利和政治权利国际公约任择议定书》以及《发展权利宣言》等，它们构成了国际人权宪章。

（2）联合国大会通过、批准或由联合国主持订立的关于尊重和保护某类个人或某类权利的特殊公约，包括：《防止及惩治灭绝种族罪公约》《消除一切形式种族歧视国际公约》《禁止并惩治种族隔离罪行国际公约》《废止奴隶制、奴隶贩卖及类似奴隶制的制度与习俗补充公约》《妇女政治权利公约》《消除对妇女一切形式歧视公约》《儿童权利公约》《关于难民地位的公约》《反对劫持人质国际公约》《禁止酷刑和其他残忍不人道或有辱人格的待遇或处罚公约》等。

（3）联合国有关专门机构通过的特殊性公约，如国际劳工组织通过的《1957 年废除强迫劳动公约》和联合国教育、科学及文化组织通过的《取缔教育歧视公约》等。

（4）区域性国际组织通过或主持订立的一般性和特殊性的公约，如《欧洲人权公约》《美洲人权公约》《非洲人权和民族权宪章》等。

（二）国际人权宪章

国际人权宪章主要由《世界人权宣言》《经济、社会及文化权利国际公约》《公民权利和政治权利国际公约》《公民权利和政治权利国际公约任择议定书》和《发展权利宣言》等构成。

1. 《世界人权宣言》

《世界人权宣言》（以下简称《宣言》）是第二次世界大战后第一个关于人权的专门性国际文件，是有组织的国际社会第一次就人权和基本自由作出的国际宣言。

《宣言》是联合国大会于 1948 年 12 月 10 日以 48 票赞成、0 票反对、8 票弃权通过的。《宣言》由序言和 30 条正文组成。《宣言》第一次在国际范围内系统地提出了人权的基本内容和共同奋斗的目标，宣布了世界各地所有男女毫无区别地都有权享受的各种基本人权和自由，为此后的国际人权活动奠定了基础。《宣言》宣称：人人生而自由，在尊严和权利上一律平等。人人有资格享受本宣言所载的一切权利和自由，不分种族、肤色、性别、语言、宗教、政治或其他见解、国籍或社会出身、财产或其他身份等任何区别。这些权利和自由包括公民权利和政治权利（第 3 条至第 21 条）以及经济、社会、文化权利（第 22 条至第 27 条）两大类。最后，《宣言》强调了权利与义务的不可分割性，指出："人人对社会负有义务……人人在行使他的权利和自由时，只受法律所确定的限制，确定此种限制的唯一目的在于保证对旁人的权利和自由给予应有的承认和尊重，并在一个民主的社会中适应道德、公共秩序和普遍福利的正当需要。"《宣言》还强调需要一种社会的和国家的秩序，以使各项权利与自由得到充分实现。

2. 《经济、社会及文化权利国际公约》

《经济、社会及文化权利国际公约》是联合国大会于 1966 年 12 月 16 日以 105 票通过的，于 1976 年 1 月 3 日生效。我国政府于 1997 年 10 月签署，2001 年 2 月经全国人民代表大会常务委员会批准，在我国正式生效。

《经济、社会及文化权利国际公约》包括一个序言和 31 条正文。该公约的序言和第 1 条、第 3 条、第 5 条的规定与《公民权利和政治权利国际公约》

的序言和第 1 条、第 3 条、第 5 条的规定几乎完全一样，只是侧重点有所不同。

该公约第一次在世界范围内以法律的形式确立了经济、社会、文化权利，具体包括工作权、组织和参加工会权、休息权、同工同酬权，以及包括社会保险在内的社会保障权、免于饥饿权、身心健康权、受教育权、参加文化生活权。这些权利与公民权利和政治权利具备同等重要性和不可分割性。该公约确认："只有在创造了使人可以享受其经济、社会及文化权利，正如享有其公民和政治权利一样的条件的情况下，才能实现自由人类享有免于恐惧和匮乏的自由的理想。"显然，彻底实现该公约所载的各项权利，对于维护世界广大劳动人民的利益，改善劳动大众的人权状况，具有十分重要的意义。在这方面，该公约第 2 条具有特别的意义。按照该条规定，该公约参加国须以单独或国际合作的方式，"用一切适当办法，尤其包括用立法方法，逐渐达到本公约中所承认的权利的充分实现"。该公约授权联合国经社理事会监督其的实施。经社理事会设立了经济、社会、文化权利委员会，以协助其完成任务。

3. 《公民权利和政治权利国际公约》

《公民权利和政治权利国际公约》也是联合国大会于 1966 年 12 月 14 日以 106 票通过的，于 1976 年 3 月 23 日生效。我国政府于 1998 年 10 月签署，尚未经全国人民代表大会常务委员会批准。

该公约包含一个序言和 53 条正文。序言部分强调承认人权是世界自由、正义与和平的基础，人权源于人的固有尊严，人权中的公民权利和政治权利与经济、社会、文化权利不可分割，同等重要。第 1 条规定"所有人民都有自决权"；第 3 条规定男女权利平等；第 5 条为固定保留条款，以防止破坏或限制其他条款所规定的各种权利，并保障不在该公约规定之内的权利。

该公约对公民权利和政治权利作了具体规定，并以保障个人应享有的这些权利和基本自由为宗旨。该公约所确认的权利和基本自由大体上与《宣言》中公布的公民权利和政治权利相当。但是，有些被列入《宣言》的权利，如私有财产权和庇护权未被包括在该公约所承认的权利之中。同时，该公约对某些权利的享受作了限制，如第 18 条、第 19 条、第 21 条、第 22 条规定，对宗教信仰自由、言论自由、集会自由、结社自由等，在为保障公共安全、公共秩序、公共卫生或道德或者他人的权利和自由所必需的范围内可依法加以限制。该公约第 4 条还允许缔约国在社会紧急状态威胁到国家生存时限制某些权利的享受，但这类限制，不得与缔约国依法所负的其他国际义务相矛盾，而且不得包含纯粹基于种族、肤色、性别、语言、宗教或社会出身的理由的歧视。该公约强调，有些权利如生命权、免受酷刑权、禁止奴隶制和不得强迫奴役等，即使在紧急状态下也不得克减（第 4 条），不能加以限制。该公约规定，设立人权事务委员会作为监督机构，监督公约规定的实施，审议缔约国为实现公约规定所采取的措施的定期报告。特别值得指出的是，该公约包含了一系列反映新独立的第三世界国家要求的内容，体现了当时国际社会的进步主流。

4.《发展权利宣言》

《发展权利宣言》是联合国大会于 1986 年 12 月 4 日通过的。

该宣言包括序言和 10 条正文。该宣言确认"发展权利是一项不可剥夺的人权"，任何人都享有参与、促进并享受经济、社会、文化和政治发展的权利。"人的发展权利意味着充分实现民族自决权"，对他们的所有自然资源和财富行使不可剥夺的完全主权。"人是发展的主体"，人应成为发展权利的积极参与者和受益者。所有的人都应单独地和集体地对发展负有责任，因而应增进和保护一个适当的政治、社会和经济秩序以利于发展。各国应对创造有利于实现发展权利的国家和国际条件负主要责任，并应依照《联合国宪章》建立友好关系与合作的国际法原则，促进基于主权平等、相互依赖、各国互利与合作的新的国际经济秩序的建立，并激励遵守和实现人权。

（三）国际人权机构

1. 人权理事会

联合国大会于 2006 年 3 月 15 日以 170 个国家投票赞成设立联合国人权理事会，以取代总部设在瑞士日内瓦的人权委员会。人权理事会是联合国负责处理人权事务的常设机构，它的主要职能是：促进各国人权情况的交流与合作，监督和审议严重违反人权的情况，检查、督促各国人权状况的改善，推进世界人权事业的健康发展。人权理事会会员国有 47 个国家，由联合国大会以过半数通过。如会员国违反人权，经联合国大会 2/3 多数通过，将予以除名。人权理事会每年召开一次会议，研究处理有关人权问题的事务，提出改善和发展国际人权的各种建议。

2. 促进和保护人权小组委员会

根据经社理事会 1946 年 6 月 21 日 9 ［Ⅱ］号决议，人权委员会于 1947

年设立了"防止歧视和保护少数小组委员会"。1999年根据经社理事会决议，改名为"促进和保护人权小组委员会"。该委员会现有专家26名，均以个人身份任职。根据经社理事会1986年第1986/35号决议，每两年改选小组委员会中的半数成员，人选由各国政府提名，由人权理事会秘密投票选举产生，任期4年，可连选连任。该委员会的职能是：进行各项研究，尤其是根据《宣言》进行研究，并就防止任何形式涉及人权与基本自由的歧视和保护在种族、民族、宗教和语言上属于少数人等问题向人权理事会提出建议；履行经社理事会或人权理事会可能委托的任何其他职能。该委员会也设立一些工作组，在其届会期间举行会议来协助它处理有关问题。广泛利用指派的成员担任专题报告员也是该委员会工作的一个特色。

3. 妇女地位委员会

妇女地位委员会是根据经社理事会1946年6月1日11［Ⅱ］号决议设立的，是联合国处理妇女问题的主要机构。妇女地位委员会由理事会选举的联合国会员国的代表组成，依据公平地域分配原则，选举产生。委员以国家代表身份任职，任期4年。妇女地位委员会现有成员45名。委员会的职能是就人权和有关影响妇女的问题进行研究，并就在政治、经济、社会和教育领域促进有关妇女权利的事项向经社理事会提交报告、提出建议，接受有关歧视妇女的来文。该委员会还担当了历届世界妇女大会筹备委员会的角色，并因此在政治方面获得了相当大的影响力。

4. 联合国人权事务高级专员与联合国人权高级专员署

联合国人权事务高级专员，简称人权高专，是根据联合国大会第48届会议于1993年12月通过的第48/141号决议设立的，主要负责协调联合国在人权领域的具体事务。人权高专为副秘书长级，由联合国秘书长提名，经联合国大会核准，并适当顾及地域轮换，任期4年，可连任1次。在联合国大会、经社理事会和人权委员会的授权和决定的框架内，人权高专负责协调联合国人权领域的活动。

1997年10月，第52届联合国大会通过联合国秘书长安南提出的对联合国人权秘书处进行改组的方案，将原联合国人权中心并入联合国人权事务高级专员办公室，称为"联合国人权事务高级专员署"，由人权高专负责主管，总部设在日内瓦，并在联合国总部纽约设有办事处。

除了上述专门机构之外，不定期有一些根据具体的人权条约成立的专门性监督机构，如人权事务委员会、经济、社会及文化权利委员会、消除种族歧视委员会、消除对妇女歧视委员会、儿童权利委员会、禁止酷刑委员会等。

（四）国际人权保护机制与措施

国际人权保护是指各国缔结国际条约来确立国家在这方面的义务，并通过必要而适当的国内立法和救济措施确保国际人权的普遍而充分地实现。为保障各国履行其承担的有效国际人权义务，包括联合国在内的许多国际组织及主要的国际人权公约分别建立了监督和保证有关国家履行其人权义务的机制和程序，其中主要有以下几种：（1）设立国际人权机构。如联合国人权事务高级专员、第三委员会、经社理事会、人权理事会、联合国秘书处人权中心等。（2）报告及审查制度。多数人权条约都规定了报告和审查制度，如《废止奴隶制、奴隶贩卖及类似奴隶制的制度与习俗补充公约》《禁止酷刑和其他残忍、不人道或有辱人格的待遇或处罚公约》等都有此规定。（3）处理缔约国来文及和解制度。一些人权条约规定了一套处理缔约国来文指控及和解的制度，设立和解委员会处理来文指控及和解。（4）个人申诉制度。一些人权条约规定，联合国人权委员会有权接受并处理个人的书面控诉。联合国及其人权组织就是通过报告、国家控诉、个人来文和申诉等程序进行国际人权保护的。另外，可以通过国际合作，解决属于国际经济、社会、文化及人类福利性质的问题，消除文盲、贫困、落后等妨碍人权实现的现象，促进社会进步和发展，使基本人权得到普遍的尊重并具备实现的条件。国际社会还可以依据国际法，对严重侵犯人权的国家给予制裁，迫使其履行国际义务。对由殖民主义、种族主义和外国侵略、占领造成的粗暴侵犯人权的行为，以及种族隔离、种族歧视、种族灭绝、贩卖奴隶、国际恐怖组织侵犯人权的严重事件，国际社会还可以采取干预行动（包括派遣维和部队、提供人道主义援助等），保护国际人权。在这方面，联合国已经和正在发挥重要作用。

七、外交和领事关系

（一）外交和外交关系

对"外交"一词的解释，历来有所不同。现代意义上的外交，一般是指国家为实现其对外政策，由国家元首、政府首脑、外交部长、外交代表机关等进行的诸如访问、谈判、交涉、发出外交文件、缔结条约、参加国际组织和国际会议等对外活动。

国与国之间进行国际交往，运用谈判、会议和缔约的方法，以及互设常设外交代表机关所形成的国家关系，称为外交关系。外交关系属于国家对外关系的范畴。国家的对外关系涉及多方面的事务，包括政治、经济、文化等各方面的关系，外交关系是国家对外关系的一个特殊方面。调整外交关系的国际法原则、规则和制度，统称为外交关系法或外交法。1961年《维也纳外交关系公约》是外交关系法上一部最基本，亦是最重要的国际公约。

国家借以与其他国家保持外交关系的各种机关统称国家外交机关。国家外交机关可分为中央机关和派出机关两大类，前者的所在地在国内，后者则通常在国外。一国的中央外交机关一般包括国家元首、政府和外交部门。派出的外交机关又称外交代表机关，有两种形式：一种是常设的外交代表机关，另一种是临时性的外交代表机关，即特别使团。狭义的常设外交代表机关仅指派驻一国行使经常联系和交涉职务的常设使馆，按其馆长的级别分为三级，即大使馆、公使馆、代办处。广义的常设外交代表机关还包括向国际组织如联合国派遣的常驻代表团。

依据1961年《维也纳外交关系公约》的规定，常设使馆的职务主要有：（1）在接受国中作为派遣国的代表；（2）在国际法许可的限度内，在接受国中保护派遣国及其国民的正当权益；（3）代表本国政府与接受国政府进行外交交涉；（4）以一切合法手段了解接受国的政治、经济、文化和社会的状况，并向本国政府作出报告；（5）促进派遣国与接受国之间的友好关系和发展两国间经济、文化和科学等方面的合作。

外交代表又称外交使节，有广义和狭义之分。狭义的外交代表仅指充任常设使馆馆长的外交官，广义的则还包括常设使馆中有外交官职衔的人员及临时性使团中具有外交官地位的人员。

国家之间建立外交关系后，就要互设使馆，互派使节。使馆馆长的派遣须事先征得接受国政府的同意，若接受国不同意接受某一人选，它无须向派遣国说明不予同意的理由，这是基于对接受国主权的尊重。充任使馆馆长的外交代表，在获得接受国同意之后即可携带国书赴任。所谓国书（派遣国书），是证明被任命的人为派遣国国家元首或外交部长向接受国国家元首或外交部长派遣的外交使节的正式文书。

根据1961年《维也纳外交关系公约》的规定，除其他情形外，外交代表的职务遇有下列情势之一即告终止：派遣国通知接受国其外交代表职务已终止；接受国通知派遣国称该国拒绝承认该外交代表为使馆人员。此外，外交代表满任、升级，派遣国与接受国断绝外交关系，派遣国或接受国发生革命或剧烈冲突而产生新政府等原因，也可以导致外交代表职务的终止。

◆ **思考题**

经乙国同意，甲国派特别使团与乙国进行特定外交任务谈判，甲国国民贝登和丙国国民奥马均为使团成员，下列哪些选项是正确的？（　　）

A. 甲国对奥马的任命须征得乙国同意，乙国一经同意则不可撤销此项同意

B. 在甲国特别使团下榻的房舍遇到大暴雨无法获得使团团长明确答复时，乙国可以推定获得同意进入房舍

C. 贝登在公务之外开车肇事被诉诸乙国法院，因贝登有豁免权乙国法院无权管辖

D. 特别使团也适用对使馆人员的"不受欢迎的人"的制度

答案：BD。

（二）外交特权与豁免权

所谓外交特权与豁免权，是指根据国际法或有关协议，在国家间互惠的基础上，为使一国外交代表在驻在国能够有效地执行职务，而由驻在国给予的特别权利和优遇。

1961年《维也纳外交关系公约》分别规定了对使馆和外交代表的特权与豁免权。使馆的特权和豁免权主要包括：（1）使馆馆舍不可侵犯；（2）使馆财产及档案不可侵犯；（3）通信自由；（4）行动及旅行自由；（5）免除捐税，免纳关税；（6）使馆及其馆长有权在使馆馆舍、使馆馆长的寓所和交通工具上使用派遣国的国旗或国徽标志。

外交代表的特权和豁免权主要包括：（1）人身不可侵犯；（2）寓所、财产和书信文件不可侵犯；（3）对接受国的刑事和行政管辖的豁免权；（4）免除捐税；（5）免纳关税；（6）行李免受查验。

除外交代表外，下列人员在不同程度上亦享有特权和豁免权：（1）外交代表的同户家属；（2）使馆行政技术人员及其家属；（3）使馆服务人员（不是接受国国民并且不在该国永久居住者）。此外，国家元首、政府首脑、外交

部长、特别使团的团长（特使）及使团成员、途经或作短暂停留的驻第三国的外交人员、参加政府性国际会议的代表，也享有外交特权与豁免权。

享有外交特权和豁免权的人员对驻在国有以下义务：（1）尊重驻在国法律的规定；（2）不干涉驻在国内政；（3）不滥用外交特权与豁免权；（4）不在驻在国为私人利益从事任何专业或商业活动。

◆ 思考题

甲乙两国 1990 年建立大使级外交关系，并缔结了双边《外交特权豁免议定书》。2007 年两国交恶。甲国先宣布将其驻乙国的外交代表机构由大使馆降为代办处，乙国遂宣布断绝与甲国的外交关系。之后，双方分别撤走了各自驻对方的使馆人员。对此，下列哪一选项是正确的？（   ）

A. 甲国的行为违反国际法，应承担国际责任

B. 乙国的行为违反国际法，应承担国际责任

C. 上述《外交特权豁免议定书》终止执行

D. 甲国可以查封没收乙国使馆在甲国的财产

答案：C。

（三）领事制度

一国官员根据协议在他国一定地区执行领事职务所形成的国家间的关系，称为领事关系。1963 年《维也纳领事关系公约》是调整领事关系的主要国际公约。

领事职务由领事机关执行。领事机关包括使馆内的领事部与专设的领事馆。领事馆的等级依次分为四级：总领事馆、领事馆、副领事馆、领事代理处。相应地，领事人员的级别也分为总领事、领事、副领事和领事代理人四级。在实践中，并非每个国家都实行四级领馆制。设立哪一级的领事馆及其地点和辖区，由派遣国与接受国协商决定。每个领事馆有一个执行领事职务的区域，称为领事辖区。

领事的职务主要包括：在国际法许可的限度内，在接受国保护派遣国及其国民个人与法人的利益；增进派遣国与接受国间的商业、经济、文化及科学关系的发展，并在其他方面促进两国间的友好关系；以一切合法手段了解接受国商业、经济、文化等方面的情况，并报告本国；处理派遣国国民的护

照及履行证件事项，并为拟赴派遣国旅行的人士办理签证或签发其他文件；帮助派遣国国民；执行公证、认证及民事登记等法律手续，但以接受国法律未加禁止为限；监督和协助派遣国的船舶、航空器及其航行人员；执行派遣国责成办理的而为接受国所许可的其他职务。

为了使领事机关及其人员能够正常地履行其职能，驻在国给予领事机关和领事人员一定的特权和豁免权，称为"领事特权和豁免权"。领事馆的特权和豁免权主要包括：领馆馆舍在一定限度内不可侵犯；领馆档案及文件不可侵犯；通信自由；行动自由；免纳捐税和关税；使用国旗、国徽等国家标志；与派遣国国民通信和联络；等等。领事官员及其他领馆人员享有的特权和豁免权有：人身自由受一定的保护；一定限度的管辖豁免权；一定限度的作证义务的免除；免纳捐税、关税和免受查验；免除接受国法律、规章对外侨登记和居留证所规定的一切义务；免予适用社会保险办法；免除个人劳务及捐献、屯宿等军事义务。

第二节 国际私法

一、国际私法的概念与渊源

一般认为，国际私法是指以涉外民事、商事法律关系为调整对象的法律规范的总和。随着国际交往的不断增加，在发生分歧或诉讼时，由于各国的法律规定不一样，就会出现各当事人主张适用对自己有利的国家的法律的冲突。国际私法就是以解决各国的涉外民事、商事法律冲突为中心任务的一个独立的法律部门。

国际私法所调整的涉外民事关系，是一种广义的民事关系。除涉外物权关系、知识产权关系、债权关系和涉外婚姻家庭关系、继承关系外，涉外劳务关系以及涉外商事关系也包括在国际私法的调整对象之中。此外，这一法律部门还包括调整涉外民事诉讼关系和涉外商事仲裁关系的法律制度和规范。

国际私法的规范最早大量出现在国内的立法中，所以，国内法是国际私法的主要渊源。为了寻找解决冲突的最佳途径，有关国家签订国际条约，直接规定缔约国当事人之间的权利义务关系，这些国际条约也是国际私法的渊源。此外，国际惯例同样是国际私法的渊源。

二、国际私法的主体

国际私法的主体是指能够参与国际民商事关系，享有权利和承担义务的人。作为国际私法的合格主体应具备两个基本条件：一是具有独立地参与国际民商事关系的能力；二是具有享有国际私法上的权利和承担国际私法上的义务的能力。

国际私法上有四类主体：自然人、法人、国家和国际组织。

三、冲突规范和准据法的确定

（一）冲突规范的概念和类型

冲突规范，又称法律适用规范或法律选择规范，是国际私法中最基本、最主要的规范，它是在调整或处理涉及两个以上国家（或法域）法律的民事关系或民事争议时，指定应适用其中哪一个国家（或法域）的法律来确定当事人的权利、义务的规则。例如，"物权关系依物之所在地法""人的能力依当事人的本国法（或住所地法）""侵权责任适用侵权行为地法"等，都是冲突规范。

在运用间接调整手段即冲突规范来判决一个民事案件时，必须把有关的冲突规范和被冲突规范指定的国家的实体规范结合起来，如此才能作出实体法上的判决结论。

冲突规范按其指定准据法的方式不同，可以分为单边冲突规范、双边冲突规范、重叠性冲突规范和选择性冲突规范四种基本类型。目前总的趋势是大量采用双边冲突规范和选择性冲突规范来确定各种涉外民事关系的法律适用。

运用冲突规范来判决一个民事案件时，必须注意冲突规范适用的"范围"和"系属"。"范围"亦称"连接的对象"，是指冲突规范适用的不同法律关系。"系属"主要是通过连结点给"范围"中规定的不同法律关系指定应适用的准据法。

在冲突规范的适用中，还应注意反致、转致、间接反致。反致，指甲国法院受本国冲突规范指引应适用乙国法，而乙国的冲突规范却又指引应适用甲国法，最终甲国法院依此指引适用了甲国的实体法。转致，指甲国法院依其本国冲突规范的指引应适用乙国法，而依乙国冲突规范的指引应适用丙国法，最终甲国法院依此指引适用了丙国的实体法。间接反致，指甲国法院依本国冲突规范的指引应适用乙国法，依乙国冲突规范的指引应适用丙国法，而依丙国冲突规范的指引应适用甲国法，最终甲国法院依据甲国的实体法处理了案件。

（二）准据法的确定

准据法是指被冲突规范指定用来判定当事人的权利和义务的特定实体法律。这个"法律"可能是法院国的法律，也可能是某一外国的法律。

在运用冲突规范来确定某种涉外民事关系的准据法时，需要注意解释识别问题。所谓"识别"，是指依据一定的法律观点或法律概念，对有关的事实构成的性质作出"定性"或"分类"，把它归入特定的法律范畴，从而确定应该援用哪一种冲突规范的法律认识过程。

识别主要应依法院地法的观点和概念进行，只有在必要时，才兼顾其他有关国家的法律观点或法律概念，这是目前各国实践中比较一致的做法。

四、我国涉外民事关系的法律适用

《涉外民事关系法律适用法》由 2010 年 10 月 28 日第十一届全国人民代表大会常务委员会第十七次会议通过，自 2011 年 4 月 1 日起施行。其主要内容有以下几点：

（1）一般规定。当事人依照法律规定可以明示选择涉外民事关系适用的法律；中华人民共和国法律对涉外民事关系有强制性规定的，直接适用该强制性规定；外国法律的适用将损害中华人民共和国社会公共利益的，适用中华人民共和国法律；涉外民事关系适用外国法律，该国不同区域实施不同法律的，适用与该涉外民事关系有最密切联系区域的法律；涉外民事关系的定性，适用法院地法律；涉外民事关系适用的外国法律，由人民法院、仲裁机构或者行政机关查明；当事人选择适用外国法律的，应当提供该国法律；不能查明外国法律或者该国法律没有规定的，适用中华人民共和国法律。

（2）关于人的行为能力问题。自然人的民事权利能力，适用经常居所地法律。自然人的民事行为能力，适用经常居所地法律。自然人从事民事活动，依照经常居所地法律为无民事行为能力，依照行为地法律为有民事行为能力的，适用行为地法律，但涉及婚姻家庭、继承的除外。依法适用国籍国法律，自然人具有两个以上国籍的，适用有经常居所的国籍国法律；在所有国籍国均无经常居所的，适用与其有最密切联系的国籍国法律。自然人无国籍或者国籍不明的，适用其经常居所地法律。法人及其分支机构的民事权利能力、民事行为能力、组织机构、股东权利义务等事项，适用登记地法律。法人的主营业地与登记地不一致的，可以适用主营业地法律。法人的经常居所地，为其主营业地。

（3）结婚和离婚问题。结婚条件，适用当事人共同经常居所地法律；没有共同经常居所地的，适用共同国籍国法律；没有共同国籍，在一方当事人经常居所地或者国籍国缔结婚姻的，适用婚姻缔结地法律。结婚手续，符合婚姻缔结地法律、一方当事人经常居所地法律或者国籍国法律的，均为有效。协议离婚，当事人可以协议选择适用一方当事人经常居所地法律或者国籍国法律。当事人没有选择的，适用共同经常居所地法律；没有共同经常居所地的，适用共同国籍国法律；没有共同国籍的，适用办理离婚手续机构所在地法律。诉讼离婚，适用法院地法律。

◆ 思考题

中国人甲与法国人乙在瑞士结婚并定居瑞士。婚后因感情不和，甲回到中国提起离婚诉讼。关于该案涉及的离婚以及因离婚而引起的财产分割的法律适用问题，下列哪些选项是正确的？（　　）

A. 该婚姻的有效性应适用法国法律

B. 该案涉及的离婚案件适用中国法律

C. 财产分割动产适用瑞士法，不动产适用不动产所在地法

D. 涉及该案的财产分割应适用中国法律

答案：BD。

（4）继承问题。法定继承，适用被继承人死亡时经常居所地法律，但不动产法定继承，适用不动产所在地法律。遗嘱方式，符合遗嘱人立遗嘱时或者死亡时经常居所地法律、国籍国法律或者遗嘱行为地法律的，遗嘱均为成立。遗嘱效力，适用遗嘱人立遗嘱时或者死亡时经常居所地法律或者国籍国法律。

（5）物权问题。不动产物权，适用不动产所在地法律。当事人可以协议

选择动产物权适用的法律。当事人没有选择的，适用法律事实发生时动产所在地法律。当事人可以协议选择运输中动产物权发生变更适用的法律。当事人没有选择的，适用运输目的地法律。权利质权，适用质权设立地法律。

（6）合同问题。当事人可以协议选择合同适用的法律。当事人没有选择的，适用履行义务最能体现该合同特征的一方当事人经常居所地法律或者其他与该合同有最密切联系的法律。消费者合同，适用消费者经常居所地法律；消费者选择适用商品、服务提供地法律或者经营者在消费者经常居所地没有从事相关经营活动的，适用商品、服务提供地法律。劳动合同，适用劳动者工作地法律；难以确定劳动者工作地的，适用用人单位主营业地法律。劳务派遣，可以适用劳务派出地法律。

（7）侵权责任问题。侵权责任，适用侵权行为地法律，但当事人有共同经常居所地的，适用共同经常居所地法律。侵权行为发生后，当事人协议选择适用法律的，按照其协议。产品责任，适用被侵权人经常居所地法律；被侵权人选择适用侵权人主营业地法律、损害发生地法律的，或者侵权人在被侵权人经常居所地没有从事相关经营活动的，适用侵权人主营业地法律或者损害发生地法律。通过网络或者采用其他方式侵害姓名权、肖像权、名誉权、隐私权等人格权的，适用被侵权人经常居所地法律。

（8）收养、扶养和监护问题。收养的条件和手续，适用收养人和被收养人经常居所地法律。收养的效力，适用收养时收养人经常居所地法律。收养关系的解除，适用收养时被收养人经常居所地法律或者法院地法律。扶养，适用一方当事人经常居所地法律、国籍国法律或者主要财产所在地法律中有利于保护被扶养人权益的法律。监护，适用一方当事人经常居所地法律或者国籍国法律中有利于保护被监护人权益的法律。

（9）诉讼时效问题。诉讼时效，适用相关涉外民事关系应当适用的法律。

◆ 思考题

中国籍 14 岁少年曲某随父赴甲国读书。曲父在甲国购买住房后，因生意原因返回中国，行前安排乙国籍好友李某监护曲某在甲国期间的学习生活。如果就有关曲某的监护问题在中国某法院涉诉，关于本案的法律适用，下列哪一选项是正确的？（　　）

A. 应适用甲国法律，因曲某在甲国有住所

B. 应适用中国法律，因曲某为中国籍

C. 应适用乙国法律，因监护人李某为乙国籍

D. 应适用与曲某有最密切联系的法律

答案：B。

五、国际民事诉讼程序

（一）国际民事诉讼的概念

国际民事诉讼，亦称涉外民事诉讼，是指诉讼主体中至少有一方当事人为外国公民、法人或其他组织的民事诉讼。在诉讼当事人全部为内国人的情况下，如果诉讼涉及位于外国的标的或在外国发生的法律事实，因而在取证或执行判决等方面，必须适用涉外民事诉讼程序特别规定的，也属于国际民事诉讼的范畴。此外，一般认为，国际商事仲裁也应被包括在广义的国际民事诉讼这一范畴之中。

（二）国际民事诉讼法院管辖权

国际民事诉讼法院管辖权的确定，一般应考虑到有利于维护国家的司法主权，有利于防止或减少国家之间法院管辖权上的冲突，便利诉讼的进行，以及有利于诉讼程序或判决在有关国家得到承认和执行等四个方面的因素。上述四个方面亦可表述为在确定国际民事诉讼法院管辖权时应考虑的四项基本原则，即遵守国家司法主权原则、国际民事管辖权协调原则、便利诉讼原则和有效原则。

（三）司法协助

司法协助是指根据国家之间签订的有关条约，或通过外交途径，一国法院接受他国法院的请求，协助进行某些诉讼行为。狭义的司法协助仅指协助送达诉讼文书和调查取证，广义的司法协助，还包括协助执行对方法院作出的判决或裁定。在我国签订的双边司法协助协定中，有的还把刑事和行政方面的司法协助包括在内。

根据我国《民事诉讼法》的规定，人民法院和外国法院可以根据我国和外国缔结或共同参加的国际条约，或者按照互惠原则，互相请求代为送达文书、调查取证以及进行其他诉讼行为。

（四）判决或裁定的相互承认和执行

我国《民事诉讼法》规定，人民法院作出的发生法律效力的判决、裁定，

如果被执行人或其财产不在我国领域内，并拒绝执行该判决或裁定的，既可以由当事人直接向有管辖权的外国法院申请承认和执行，也可以由人民法院根据我国缔结或者生效或者参加的国际条约或按照互惠原则，请求外国法院承认和执行。

我国领域内作出的生效仲裁裁决，当事人请求执行的，如果被执行人或其财产不在中国领域内，应当由当事人直接向有管辖权的外国法院申请承认和执行。外国法院作出的生效判决或裁定，需要我国人民法院承认和执行的，亦可依以上两种途径，请求我国人民法院承认和执行。对此，人民法院应依双方签订的或共同参加的条约或互惠原则进行审查，认为不违反我国法律的基本原则或国家的主权、安全、社会公共利益的，裁定承认其效力；需要执行的，发出执行令，依我国有关法律执行。否则，不予承认和执行。

第三节　国际经济法

一、国际经济法的概念和调整范围

国际经济法是调整国际经济关系的法律规范的总称。国内法、国际条约和国际惯例构成了国际经济法的主要渊源。国际经济法的调整范围不仅包括平等主体的当事人之间的横向交易关系，也包括国家、国际组织对横向交易的纵向管理和管制关系。国家、自然人、法人、国际经济组织，都可以成为国际经济关系的主体。跨国公司是分设在两个或两个以上国家的实体组成的企业，由于其战略的全球性和管理的集中以及公司内部的相互联系，在国际经济活动中的作用越来越大。

国际货物买卖、国际技术许可、国际投资、国际融资构成了主要的国际经济交易。按照世界贸易组织的划分，国际贸易可以分为货物贸易和服务贸易。凡是不提供货物或不主要提供货物的贸易，都可以理解为服务贸易。

二、国际货物买卖法

（一）国际货物买卖合同

调整国际货物买卖合同双方当事人权利、义务的，主要是国内合同法、

《联合国国际货物销售合同公约》和《国际贸易术语解释通则》。根据当事人意思自治原则，当事人可以在合同中约定是否采用《联合国国际货物销售合同公约》、某国合同法或某一国际惯例。

《联合国国际货物销售合同公约》适用于合同当事人营业地在不同缔结国的货物销售合同，不适用于提供服务或劳务的合同；对销售程序有特殊要求的货物，如股票、船只等，也不适用该公约。该公约只调整合同的成立与当事人之间的权利、义务。合同及其条款的效力、惯例的效力、合同对货物所有权的可能影响，以及货物造成的人身伤亡责任，不属于该公约调整的范围。因此，在选择适用该公约时，须同时选择某一国内法作为补充。

（二）买卖双方的权利、义务及违约责任

根据《联合国国际货物销售合同公约》，买卖双方都承担通知义务和保全货物的义务。除此之外，卖方主要承担四项大的义务：交付货物、货物与合同约定相符、交付单据、保证交付的货物不侵犯包括知识产权在内的他人的权利。买方主要承担两项大的义务：支付货款和收取货物。

违约，根据违约程度可以分为根本违约和非根本违约，根据违约时间可以分为预期违约和实际违约。

根本违约，是指其结果实际剥夺了另一方当事人根据合同有权预期得到的东西，除非违约方不能预知且同等资格、通情达理的人在相同的情况下也没有理由预知这种结果。在根本违约的情况下，受害方可以宣告合同无效，即解除合同。

预期违约，是指在合同规定的履行期限到来之前，一方当事人通过声明或行为表明其不履行合同或不能履行合同。在一方预期违约的情形下，另一方可以中止履行合同。在预期违约构成根本违约时，受害方可以宣告合同无效。

一方违反合同应负的损害赔偿额，应与另一方当事人遭受的包括利润在内的损失额相等，但不得超过违反合同的一方在订立合同时依照他当时已经知道或理应知道的事实和情况，对违反合同预料到或理应预料到的可能损失。损害赔偿可以与其他救济措施同时适用。

在卖方违约时，买方还可以享受其他救济：要求卖方实际履行合同义务、交付替代物、减价、修补更换等。在买方违约时，卖方也可以要求买方实际履行、赔偿或宣告合同无效。

违约方在遇到非他所能控制的障碍时，可以免除其违约责任。但对于因第三方原因造成违约的，只有在该第三方也根据非他所能控制的障碍免责时，合同的违约方才能最终免除其违约责任。

（三）货物所有权和风险转移

关于货物所有权何时以何种方式从卖方转移到买方，各国法律没有统一规定。《联合国国际货物销售合同公约》对此也没有规定。根据我国相关法律的规定，动产所有权在交付时转移，或者按照当事人的约定转移。

货物风险是指货物灭失或损坏的风险。买卖双方如何分配风险承担、风险何时由卖方转移给买方承担，直接涉及双方的权利、义务和利益。货物风险转移可以采取下述几种方式：交付时转移、合同订立时转移以及买方接受时转移，涉及货物运输的，货物交付承运人时转移。但具体转移时间，须结合合同采用的具体贸易术语来确定。

三、国际技术贸易法

（一）国际技术贸易的基本概念

技术贸易是以技术为标的的贸易。"技术"是指制造某一产品，应用某项工艺或提供某项服务的系统知识。"标的"主要是某一发明、外观设计、实用新型或植物新品种、技术情报或技能专家为某一工厂的设计、安装、运营服务等，还可以包括专有技术、商业秘密、专利、商标、版权及邻接权、集成电路等。技术贸易的方式主要有：技术的买断、许可、提供技术咨询或服务，特许经营，成套设备或关键设备买卖，以技术投资的合营，工程承包等。至于技术贸易的国际性并没有一个统一的标准，不同国家有不同的规定。有的以当事人的营业地或惯常住所地在不同的国家为标准，有的以当事人的国籍为标准。

（二）国际技术贸易法的基本概念

国际技术贸易法是调整一国范围的技术贸易关系的法律规范的总和。调整的法律关系，表现为横向的平等当事人之间的关系和纵向的管理者与被管理者之间的关系。

国际技术贸易法的渊源是国内法、国际条约和惯例。

国际技术贸易法的法律关系（即权利义务关系）的主要特点是：（1）当事人不平等的交易地位，这是由知识产权的垄断性决定的，技术的许可方可能滥用其优势地位。（2）国家对技术交易进行干预，受证方国家和许可方所在国家都可能对技术交易进行干预，以保护当事人的合法权益。（3）严格的管制性。国际技术贸易法规定了严格的管制规范，一方面，通过知识产权法保护知识产权，赋予发明者垄断权；另一方面，通过竞争法组织对竞争的人为限制，以保护知识产权及有关技术。另外，涉及国家安全利益的技术，各国对其许可转让实施严格的管制。

四、国际投资法

（一）国际投资法的概念和渊源

国际投资法是指调整国际私人直接投资关系的法律规范的总称。国内立法和国际条约构成了国际投资法的主要渊源。直接投资与间接投资的区别在于投资者对企业有无管理权或控制权。

资本输出国的国内立法主要是鼓励、促进、保护对外投资，而资本输入国的国内立法特别是发展中国家的投资立法主要是鼓励、保护和管理外来投资。

（二）国际投资的法律形式

根据《中外合资经营企业法》（已失效）、《中外合作经营企业法》（已失效）和《外资企业法》（已失效）等有关法律的规定，中外合资经营企业、中外合作经营企业、外资企业合作开发资源，构成了我国主要的国际投资形式。在责任形式上，外商投资企业可以采取法人、非法人形式、有限责任公司形式和股份有限公司形式。

（三）有关投资的国际条约

双边投资协定构成了国际条约的主要形式。《多边投资担保机构公约》《解决国家与他国国民间投资争端公约》是直接调整国际投资的多边条约。世界贸易组织《与贸易有关的投资措施协议》《服务贸易总协定》也对国际投资具有重大影响。

五、世界贸易组织

（一）世界贸易组织的法律地位

1994年4月15日，在摩洛哥的马拉喀什市举行的关税总协定乌拉圭回合部长会议决定成立更具全球性的世界贸易组织（World Trade Organization，WTO，以下简称"世贸组织"），以取代成立于 1947 年的《关税及贸易总协定》（GATT）。

世贸组织是一个独立于联合国的永久性国际组织，在法律上与联合国等国际组织处于平等地位。世贸组织具有法人地位，它在调解成员争端方面具有更高的权威性和有效性。该组织的基本原则和宗旨是，通过实施市场开放、非歧视和公平贸易等原则来达到推动实现世界贸易自由化的目标。世贸组织于 1995 年 1 月 1 日正式成立并开始运作，负责管理世界经济和贸易秩序，总部设在日内瓦莱蒙湖畔的关贸总协定总部大楼内。1996 年 1 月 1 日，世贸组织正式取代关贸总协定临时机构，成为永久性国际组织。

世贸组织管辖的范围除传统的和乌拉圭回合新确定的货物贸易外，还包括长期游离于关贸总协定外的知识产权、投资措施和非货物贸易（服务贸易）等领域。作为正式的国际贸易组织，它负责组织实施多边贸易协议以及作为一个论坛和提供多边贸易谈判场所，并负责定期审议其成员的贸易政策和统一处理成员之间的贸易争端，还负责加强同国际货币基金组织和世界银行的合作，以实现全球经济决策的一致性，但不能直接干预成员内部的非经济事务。

世贸组织的最高决策权力机构是部长会议，至少每两年召开一次会议。下设总理事会和秘书处，负责世贸组织日常会议和工作。总理事会设有货物贸易、非货物贸易（服务贸易）、知识产权三个理事会，以及贸易与发展、预算两个委员会。总理事会还下设贸易政策核查机构，它监督各个委员会并负责起草国家政策评估报告。对美国、欧盟、日本、加拿大每两年起草一份政策评估报告，对最发达的 16 个国家每 4 年一次，对发展中国家每 6 年一次。上诉法庭负责对成员间发生的分歧进行仲裁。

世贸组织成员资格分为两种，即创始成员和新加入成员。创始成员必须是关贸总协定的缔约方；世贸组织在接纳新成员时，须在部长级大会上由 2/3 多数成员投票表决通过。世贸组织的法律制度是现代国际经济法的组成部分。国际经济法是调整国际经济关系的法律规范的总和，包括国际货币法、国际投资法、国际贸易法、国际经济组织法、国际税收法、国际经济合作与发展法等。

（二）世界贸易组织的基本法律原则

1. 公平贸易原则

在货物贸易领域，降低关税、取消数量限制等都体现了公平竞争原则。各成员的出口贸易经营者不得采取不公正的贸易手段，进行或扭曲国际贸易竞争，尤其不能采取倾销和补贴的方式在他国销售产品。世贸组织强调，以倾销或补贴方式出口本国产品，给进口方国内工业造成实质性损害，或有实质性损害威胁时，该进口方可以根据受损的国内工业的指控，采取反倾销和反补贴措施。同时，世贸组织强调，反对成员滥用反倾销和反补贴措施达到其贸易保护的目的。在服务贸易领域，要求成员方提供国民待遇和市场准入机会，不低于服务贸易承诺表中所作的承诺。

2. 关税减让原则

"关税减让"一直是多边国际谈判的主要议题。关税减让谈判一般在产品主要供应者与主要进口者之间进行，其他国家也可参加。对于双边的减让谈判结果，其他成员按照最惠国待遇原则可不经谈判而适用。

3. 透明度原则

该原则要求各成员将有效实施的有关管理对外贸易的各项法律、法规、行政规章、司法判决等迅速加以公布，以供其他成员政府和贸易经营者了解、获知；各成员政府之间或政府机构之间签署的影响国际贸易政策的现行协定和条约也应加以公布；各成员应在其境内统一、公正和合理地实施各项法律、法规、行政规章、司法判决等。

4. 针对国营贸易企业原则

世界组织对国营贸易企业的主要要求是，在进行有关进出口的购买或销售时，应只以商业上的考虑作为标准，并为其他成员企业提供参与这种购买或销售的充分竞争机会。

5. 非歧视性贸易原则

该原则具体表现为最惠国待遇及国民待遇。最惠国待遇是指如果一成员给予另一成员某种优惠的待遇，它就应该"立即、无条件地"将同样的优惠待遇扩展到所有成员以保证没有任何成员受到"歧视性"待遇。国民待遇是指对其他成员方的产品、服务或服务提供者及知识产权所有者和持有者所提供的待遇，不低于本国同类产品、服务或服务提供者及知识产权所有者和持有者所享有的待遇。国民待遇要求在进口方境内所享有的待遇"不低于"境内相同情形下的待遇。如果对进口产品征收某种国内税，而对同类国产产品却不征收，进口产品的销售就会受到影响，使其他制度没有意义。

6. 一般禁止数量限制原则

关税是货物在国家间自由流动的重要壁垒，世贸组织要求把各种阻碍措施关税化，使其透明、易衡量。要求成员方逐渐下调关税，除非因为实际困难并与其他成员方谈判同意，不得提高关税。

非关税壁垒是关税以外各种可能限制国际贸易的措施，如技术标准、动植物检验检疫措施、海关估价、许可证、原产地、装运前检验、投资贸易、国营贸易、企业经营。世贸组织制定了专门协议，规范成员方实施上述措施的行为。

在货物贸易方面，世贸组织仅允许进行"关税"保护，而禁止其他非关税壁垒，尤其是以配额和许可证为主要方式的"数量限制"。但禁止数量限制也有一些重要的例外。如国际收支困难的国家被允许实施数量限制，发展中国家的"幼稚工业"也被允许加以保护。

◆ ▇ 复习与思考

1. 国际公法的基本特征。
2. 原始国籍的取得主要有哪三个标准？
3. 现代国际法的基本原则是什么？
4. 联合国的宗旨是什么？
5. 简述我国涉外民事法律关系中结婚和离婚问题的法律适用。
6. 世界贸易组织的基本法律原则包括哪些？